成田高等学校付属中学校

〈収録内容〉

2024年度 ……………………第一志望（算・理・社・国）
一　　般（算・理・社・国）

2023年度 ……………………第一志望（算・理・社・国）
一　　般（算・理・社・国）

2022年度 ……………………第一志望（算・理・社・国）
一　　般（算・理・社・国）

※第一志望国語の大問二は、問題に使用された作品の著作権者が二次使用の許可を出していないため、問題を掲載しておりません。

2021年度 ……………………第一志望（算・理・社・国）
一　　般（算・理・社・国）

JN078991

便利な DL コンテンツは右の QR コードから

解答用紙

⇒

※データのダウンロードは 2025 年 3 月末日まで。
※データへのアクセスには、右記のパスワードの入力が必要となります。 ⇒ 566326

〈合格最低点〉

	第一志望	一　般
2024年度	185点	205点
2023年度	178点	182点
2022年度	170点	172点
2021年度	183点	183点

※点数は、男子／女子

本書の特長

実戦力がつく入試過去問題集

- 問題 ……………… 実際の入試問題を見やすく再編集。
- 解答用紙 …… 実戦対応仕様で収録。
- 解答解説 …… 詳しくわかりやすい解説には、難易度の目安がわかる「基本・重要・やや難」の分類マークつき（下記参照）。各科末尾には合格へと導く「ワンポイントアドバイス」を配置。採点に便利な配点つき。

入試に役立つ分類マーク

基本 確実な得点源！
受験生の 90%以上が正解できるような基礎的、かつ平易な問題。
何度もくり返して学習し、ケアレスミスも防げるようにしておこう。

重要 受験生なら何としても正解したい！
入試では典型的な問題で、長年にわたり、多くの学校でよく出題される問題。
各単元の内容理解を深めるのにも役立てよう。

やや難 これが解ければ合格に近づく！
受験生にとっては、かなり手ごたえのある問題。
合格者の正解率が低い場合もあるので、あきらめずにじっくりと取り組んでみよう。

合格への対策、実力錬成のための内容が充実

- 各科目の出題傾向の分析、合否を分けた問題の確認で、入試対策を強化！
- その他、学校紹介、過去問の効果的な使い方など、学習意欲を高める要素が満載！

解答用紙ダウンロード 解答用紙はプリントアウトしてご利用いただけます。弊社ＨＰの商品詳細ページよりダウンロードしてください。トビラのＱＲコードからアクセス可。

UD FONT 見やすく読みまちがえにくいユニバーサルデザインフォントを採用しています。

成田高等学校付属中学校

生徒数　381名
〒286-0023
千葉県成田市成田27
☎0476-22-2131
成田線成田駅、京成本線京成成田駅各徒歩15分、JRバス関東・千葉交通「松原」徒歩5分、成田スカイアクセス線成田湯川駅より自転車約20分

文武両道の充実した環境から各界で活躍する人材を輩出大学進学に向けても徹底支援

URL	https://www.narita.ac.jp

プロフィール　現代の諸問題に主体的に取り組む生徒を育成

成田山新勝寺の宗教的使命の達成と、地方文化の向上のために創設されたという理念に基づき、文武両道に励むことを通じ、社会に貢献する人材の育成に努めている。本校の育てたい生徒として「己を知り、自ら思考・行動・発信するとともに、他者を受け入れ理解して、ともに高めあえる生徒」と定め、日頃の授業だけでなく総合的な探究の時間や文化祭など様々な場で生徒の持つ力を発揮できるよう取り組んでいる。

カリキュラム　高2から進路別の文系・理系コースを設置

高校2年生まで毎週土曜日にも授業を実施し、中・高6カ年の一貫教育を実践するため、独自のカリキュラムを編成している。

中学では、基礎学力を築く重要な時期と考え、特に主要3教科を重視している。授業時間を増やして、2年次までに中学課程を修了し、3年次には高校課程の先取り授業を行う。

高校では、大学進学を目指したクラス編成を基本に、徹底した学力の充実を図っており、2年次で進路別に、文系と理系のコースに分かれる。内進生と高入生は別のクラス編成だが、高入生も大学受験を意識して1年次から効果的に先取り学習を行っている。また授業だけでなく、個別質問対応も充実しており、授業後の質問から大学受験用の添削まで昼休みや放課後に受けることができる。ラーニングセンターは平日午前7時から午後7時まで利用可能。(中学生は午後6時まで)

第2コンピュータ教室

学校生活　全国大会で活躍する運動部

文化祭(葉牡丹祭)など、主な学校行事は中・高合同で実施されている。体育祭は中・高別で実施。中学ではそのほか、林間学校や、スキー教室などもある。また、修学旅行は、中学が奈良・京都、高校は海外(検討中)へ行く。

充実した学校施設・設備を活用し、クラブ活動も大変盛んである。学術・文化クラブ17(中学11)、運動クラブ15(中学13)、同好会3(中学1)があり、陸上競技部、競技かるた部、社会科研究部、クイズ研究会、ダンスドリル部、水泳部が全国大会、放送部が全国放送コンテストに出場するほか、野球部、弓道部、山岳部、音楽部、柔道部、剣道部、自然科学部等全国規模の大会や関東大会等で活躍している。

進路　ほぼ全生徒が大学に進学

卒業生のほとんどが大学に進学する。2023年度の進路状況は、北海道大、東北大、筑波大、埼玉大、茨城大、千葉大、千葉県立保健医療大、お茶の水女子大、東京都立大、金沢大、東京藝大などの国公立大をはじめ、私立大学では慶應義塾大、早稲田大、上智大、東京理科大、明治大、中央大、立教大、青山学院大、法政大、学習院大など。指定校推薦枠は、早稲田大、東京理科大、立教大、明治大など約500名ある。近年は自らの課題研究を生かし、総合型選抜入試にチャレンジする生徒も目立つ。

トピックス　令和5年度2つのPC室リニューアル　PBLを通して自分の生き方を深く考える

令和5年度に2つのコンピュータ教室を同時にリニューアルした。1教室はWindows11のデスクトップ型パソコンにより、従前のOfficeソフトはもちろんのこと、プログラミング教育を考慮したVisual Studioなどを導入している。もう1教室はMacbook Airとし、標準インストール以外にもAdobe Creative CloudやXcodeなどのアプリも導入。情報や技術の授業以外にも活用できることを視野に入れ、教室内はキャスタ付き折りたたみ式の机と椅子にした。これによりレイアウトの自由度が増してPCや生徒のiPadによる小規模でのプレゼン実習やお互いの作品を比較などもできる環境も導入。これからも生徒が学びやすい教室を意識し、施設をよりよくアップデートしていきたいと考えている。

放送部

中学校の「総合的な学習の時間」高校での「総合的な探究の時間」を中心に生徒一人ひとりが社会における課題を見つけ、考え、解決に向けて研究する機会を設けている。

特に中学では地域学習・職業学習、高校では現在の世界で起きている多くの問題に対してそれぞれフィールドワークやグループワークなどを通して調査・研究・発表を行う。社会は大きく変化しており、日頃身のまわりで起きているあらゆる事柄が繋がっているといっても過言ではない。好奇心を持ち、幅広く探究することで高校でも早い時期から学問への入口を知り、自分自身が将来どのように生きるか考える機会として捉えてほしい。学ぶ意味を再認識するPBLが生徒自身の人生を育てていると言っても過言ではない。共に頑張ろう。

2024年度入試要項

試験日　1/20（詳細は本校HPにて要確認）
試験科目　国・算・理・社

2024年度	募集定員	受験者数	合格者数	競争率
第一志望	35	120	45	2.7
一般	60	199	96	2.1

過去問の効果的な使い方

① **はじめに**　ここでは，受験生のみなさんが，ご家庭で過去問を利用される場合の，一般的な活用法を説明していきます。もし，塾に通われていたり，家庭教師の指導のもとで学習されていたりする場合は，その先生方の指示にしたがって，過去問を活用してください。その理由は，通常，塾のカリキュラムや家庭教師の指導計画の中に過去問学習が含まれており，どの時期から，どのように過去問を活用するのか，という具体的な方法がそれぞれの場合で異なるからです。

② **目的**　言うまでもなく，志望校の入学試験に合格することが，過去問学習の第一の目的です。そのためには，それぞれの志望校の入試問題について，どのようなレベルのどのような分野の問題が何問，出題されているのかを確認し，近年の出題傾向を探り，合格点を得るための試行錯誤をして，各校の入学試験について自分なりの感触を得ることが必要になります。過去問学習は，このための重要な過程であり，合格に向けて，新たに実力を養成していく機会なのです。

③ **開始時期**　過去問との取り組みは，通常，全分野の学習が一通り終了した時期，すなわち6年生の7月から8月にかけて始まります。しかし，各分野の基本が身についていない場合や，反対に短期間で過去問学習をこなせるだけの実力がある場合は，9月以降が過去問学習の開始時期になります。

④ **活用法**　各年度の入試問題を全問マスターしよう，と思う必要はありません。完璧を目標にすると挫折しやすいものです。できるかぎり多くの問題を解けるにこしたことはありませんが，それよりも重要なのは，現実に各志望校に合格するために，どの問題が解けなければいけないか，どの問題は解けなくてもよいか，という眼力を養うことです。

算数

どの問題を解き，どの問題は解けなくてもよいのかを見極めるには相当の実力が必要になりますし，この段階にいきなり到達するのは容易ではないので，この前段階の一般的な過去問学習法，活用法を2つの場合に分けて説明します。

☆偏差値がほぼ55以上ある場合

掲載順の通り，新しい年度から順に年度ごとに3年度分以上，解いていきます。

ポイント1…問題集に直接書き込んで解くのではなく，各問題の計算法や解き方を，明快にわかるように意識してノートに書き記す。

ポイント2…答えの正誤を点検し，解けなかった問題に印をつける。特に，解説の 基本 重要 がついている問題で解けなかった問題をよく復習する。

ポイント3…1回目にできなかった問題を解き直す。同様に，2回目，3回目，…と解けなければいけない問題を解き直す。

ポイント4…難問を解く必要はなく，基本をおろそかにしないこと。

☆偏差値が50前後かそれ以下の場合

ポイント1～4以外に，志望校の出題内容で「計算問題・一行問題」の比重が大きい場合，これらの問題をまず優先してマスターするとか，例えば，大問2までをマスターしてしまうとよいでしょう。

理科

理科は1から順番に解くことにほとんど意味はありません。理科は，性格の違う4つの分野が合わさった科目です。また，同じ分野でも単なる知識問題なのか，あるいは実験や観察の考察問題なのかによってもかかる時間がずいぶんちがいます。記述，計算，描図など，出題形式もさまざまです。ですから，解く順番の上手，下手で，10点以上の差がつくこともあります。

過去問を解き始める時も，はじめに1回分の試験問題の全体を見通して，解く順番を決めましょう。得意分野から解くのもよいでしょう。短時間で解けそうな問題を見つけて手をつけるのも効果的です。くれぐれも，難問に時間を取られすぎないように，わからない問題はスキップして，早めに全体を解き終えることを意識しましょう。

社会

社会は1から順番に解いていってかまいません。ただし，時間のかかりそうな，「地形図の読み取り」，「統計の読み取り」，「計算が必要な問題」，「字数の多い論述問題」などは後回しにするのが賢明です。また，3分野(地理・歴史・政治)の中で極端に得意，不得意がある受験生は，得意分野から手をつけるべきです。

過去問を解くときは，試験時間を有効に活用できるよう，時間は常に意識しなければなりません。ただし，時間に追われて雑にならないようにする注意が必要です。“誤っているもの”を選ぶ設問なのに“正しいもの”を選んでしまった，“すべて選びなさい”という設問なのに一つしか選ばなかったなどが致命的なミスになってしまいます。問題文の“正しいもの”，“誤っているもの”，“一つ選び”，“すべて選び”などに下線を引いて，一つ一つ確認しながら問題を解くとよいでしょう。

過去問を解き終わったら，自己採点し，受験生自身でふり返りをしましょう。できなかった問題については，なぜできなかったのかについての分析が必要です。例えば，「知識が必要な問題」ができなかったのか，「問題文や資料から判断する問題」ができなかったのかで，これから取り組むべきことも大きく異なってくるはずです。また，正解できた問題も，「勘で解いた」，「確信が持てない」といったときはふり返りが必要です。問題集の解説を読んでも納得がいかないときは，塾の先生などに質問をして，理解するようにしましょう。

国語

過去問に取り組む一番の目的は，志望校の傾向をつかみ，本番でどのように入試問題と向かい合うべきか考えることです。素材文の傾向，設問の傾向，問題数の傾向など，十分に研究していきましょう。

取り組む際は，まず解答用紙を確認しましょう。漢字や語句問題の量，記述問題の種類や量などが，解答用紙を見て，わかります。次に，ページをめくり，問題用紙全体を確認しましょう。どのような問題配列になっているのか，問題の難度はどの程度か，などを確認して，どの問題から取り組むべきかを判断するとよいでしょう。

一般的に「漢字」→「語句問題」→「読解問題」という形で取り組むと，効率よく時間を使うことができます。

また，解答用紙は，必ず，実際の大きさのものを使用しましょう。字数指定のない記述問題などは，解答欄の大きさから，書く量を考えていきましょう。

算数　出題傾向の分析と合格への対策

●出題傾向と内容

一般・第一志望ともに大問5題，小問20題で構成されており，[1]は簡単な四則計算，[2]は短問4題である。[3]～[5]の大問については「平面図形」「場合の数」「立体図形」「平均算」「規則性」「速さの三公式と比」「割合と比」「演算記号」などの分野から，出題されている。

全分野の中で出題率の高い分野は「平面図形」「立体図形」「和と差の文章題」「数の性質」などであり，一般・第一志望ともに[3]～[5]のなかに「やや難しい」問題がふくまれる場合があるが，これらは難問ではない。解きやすい問題から解くことがポイントである。

✔学習のポイント

計算問題は，それほど複雑ではない。図形や文章題についても，標準問題までのレベルの定着を図ることが第一である。

●2025年度の予想と対策

本校の過去問を利用し，解けた問題と解けなかった問題をチェックして解けなかった問題に反復して挑戦し，解けるようにしよう。さらに[1]・[2]の問題は，全問正解を目指して練習しよう。

[3]～[5]については，例えば(2)や(3)の問題の解き方が思いつかない場合，(1)や(2)の解法や答えが利用できないかを考えてみよう。

また，どの問題についても計算の工夫ができないかを常に考え，×3.14の計算は式を簡単にしてから，最後に×3.14を演算するようにしよう。毎日，計算練習を実行して，単位換算に慣れておこう。

▼年度別出題内容分類表

※　よく出ている順に☆，◎，○の３段階で示してあります。

出題内容			2022年		2023年		2024年	
			第一	一般	第一	一般	第一	一般
数と計算		四則計算	○	○	○	○	○	○
		概数・単位の換算	◎		○	◎		○
		数の性質			○	☆	◎	☆
		演算記号			☆			
図形		平面図形	☆	☆	☆	☆	☆	☆
		立体図形	◎		☆		☆	
		面積	○	☆	◎	☆	☆	○
		体積と容積	◎		◎		◎	
		縮図と拡大図			○			
		図形や点の移動			○	☆		
速さ		三公式と比	◎	☆	○	○	☆	☆
	文章題	旅人算	○	☆			☆	
		流水算						☆
		通過算・時計算	○					
割合		割合と比	☆	☆	☆	☆	☆	☆
	文章題	相当算・還元算						
		倍数算						
		分配算				○		
		仕事算・ニュートン算						
文字と式								
2量の関係(比例・反比例)								
統計・表とグラフ								☆
場合の数・確からしさ						☆		○
数列・規則性				☆	☆			○
論理・推理・集合								
その他の文章題		和差・平均算					○	
		つるかめ・過不足・差集め算			○		◎	○
		消去・年令算	○					
		植木・方陣算				○		

成田高等学校付属中学校

算数 ——グラフで見る最近３ヶ年の傾向——

最近３ヶ年に出題されたすべての問題を内容別に分類・集計し，全体に対して何パーセントくらいの割合になっているかを示しました。

（網かけ）…… 50 校の平均　　（黒）…… 成田高等学校付属中学校

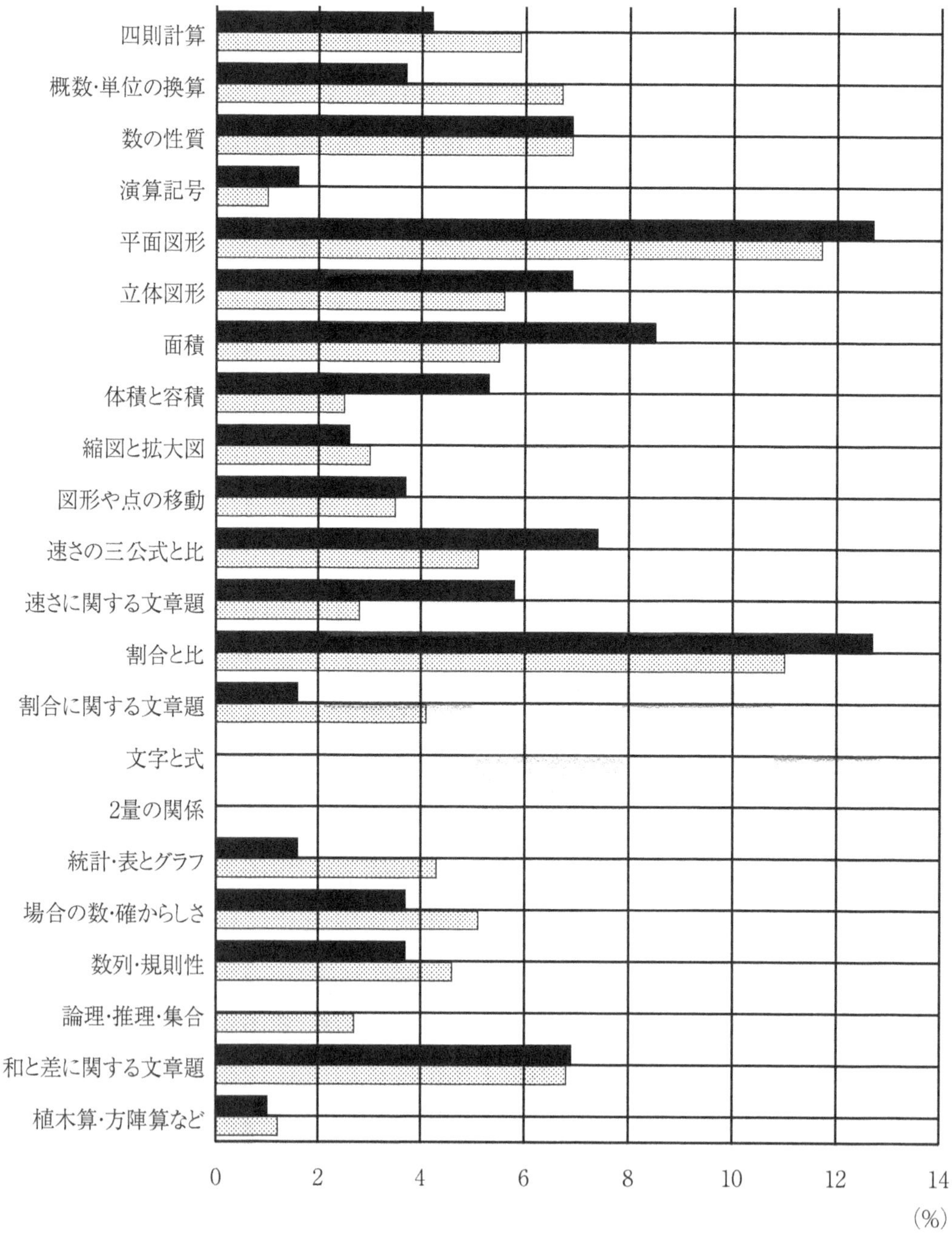

理科　出題傾向の分析と合格への対策

●出題傾向と内容

一般，第一志望とも，大問数は4問で，生物，地学，物理，化学の各領域から広くバランスよく出題される。全体の小問数は15問前後である。試験時間に対して設問数は多くなく，じっくり考えることができるが，1問の重みが大きい。出題形式は，記号選択が多いものの，語句を答えるものや，文で答えるものも，ほぼ毎回出題されている。計算問題もいくつか出題されることがある。

記憶したことをそのまま答える設問だけでなく，実験や観察をもとに考えたり，問題文で与えられる知識を使って判断したりする設問がよく出題されている。難問は少なく，基本的な設問を取ることができれば合格点に達する。

学習のポイント

多くの問題を解いて考える習慣を身につけ，さらに，日常から理科的な現象に関心を持ち知識を増やしておこう。

●2025年度の予想と対策

広範囲からバランスよく出題され，基本を重視する出題内容は，変わらないだろう。その中で，思考力を要する設問や，文で記述する設問は，引き続き出題されると予想される。

基礎的な知識を身につけるのは必須である。ただし，読むだけ，覚えるだけの学習はよくない。基本的な問題集などを使って，より多くの問題練習をおこない，具体的な事例をより多く考える習慣をつけたい。

身近な現象や，環境問題についての出題もみられる。日常から身のまわりを理科的に見る習慣を心がけ，広く活きた知識を吸収したい。

▼年度別出題内容分類表

※　よく出ている順に☆，◎，○の３段階で示してあります。

出題内容		2022年		2023年		2024年	
		第一	一般	第一	一般	第一	一般
生物	植物			☆	○	☆	
	動物	☆	☆		○		
	人体						☆
	生物総合				◎		
天体・気象・地形	星と星座						
	地球と太陽・月				☆		☆
	気象		☆	◎		☆	
	流水・地層・岩石	☆					
	天体・気象・地形の総合						
物質と変化	水溶液の性質・物質との反応		☆	◎			
	気体の発生・性質	○		○			○
	ものの溶け方				◎	☆	
	燃焼	○					☆
	金属の性質						
	物質の状態変化	◎		○	○		
	物質と変化の総合	○					
熱・光・音	熱の伝わり方	○		☆			
	光の性質						
	音の性質						
	熱・光・音の総合						
力のはたらき	ばね						
	てこ・てんびん・滑車・輪軸						☆
	物体の運動						
	浮力と密度・圧力						
	力のはたらきの総合						
電流	回路と電流		○		☆		
	電流のはたらき・電磁石	○	◎			☆	
	電流の総合						
実験・観察		◎	◎	◎	◎	◎	◎
環境と時事／その他		○		○	○		○

成田高等学校付属中学校

理科 ――グラフで見る最近３ヶ年の傾向――

最近３ヶ年に出題されたすべての問題を内容別に分類・集計し，全体に対して何パーセントくらいの割合になっているかを示しました。

（網掛け）……50校の平均　　（黒）……成田高等学校付属中学校

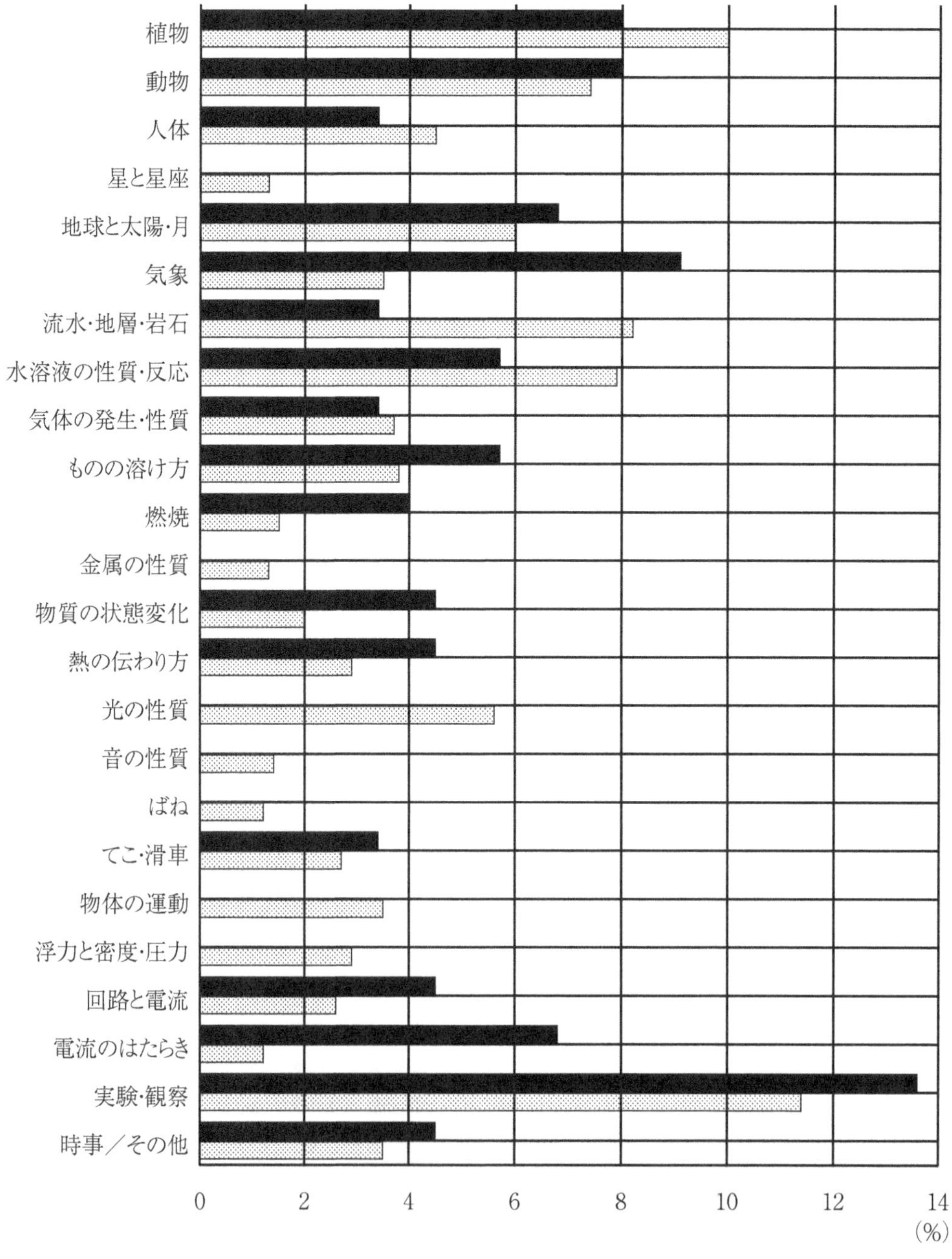

社会

出題傾向の分析と合格への対策

●出題傾向と内容

大問が3題，小問が25題前後出され，分野は地理，歴史，政治の3分野からまんべんなく出される形式が一般選抜，第一志望選抜ともにほぼ定着し，今年度も同様。全体に語句もしくは短文を書かせる問題もあり，時間的にはやや忙しいと思った方が良い。

今年度は，地理は一般選抜は「中部地方」に関連することがらが問われ，第一志望選抜では「自然災害」に関連する内容が出されている。歴史では，一般選抜では「戦さ」に関連する事柄，第一志望選抜では「食事」に関連することがらが問われた。政治は一般選抜では政治に関するさまざまなことがらが，第一志望選抜では現代日本の課題について出されている。

学習のポイント

地理は用語とその意味の勉強を！
歴史は各時代の特色を意識して勉強しよう！
政治は三権と時事問題をしっかりおさえよう！

●2025年度の予想と対策

地理では基本的な日本の国土と自然や土地利用などに関する出題が多いので，おさえておきたい。また用語に関しては，言葉だけでなくその意味をしっかりとおさえておきたい。また，世界地理にもある程度注意を払っておく必要がある。ニュースなどでよく見る国の場所はおさえておくこと。

歴史は各時代の特色をおさえるとともに，法制度や土地制度，経済などのテーマに沿っても歴史の流れをおさえたい。また，人物について問われることが多いので，人名だけでなくその人の時代や業績もおさえること。

政治は憲法や政治のしくみを重点的におさえ，ニュースや新聞で時事問題についても必ずおさえておきたい。

▼年度別出題内容分類表

※　よく出ている順に☆，◎，○の３段階で示してあります。

出題内容			2022年		2023年		2024年	
			第一	一般	第一	一般	第一	一般
地理	日本の地理	地図の見方						
		日本の国土と自然		☆	☆	◎	☆	◎
		人口・土地利用・資源	○	○	○		○	○
		農業	○	○	○		○	○
		水産業	○				○	○
		工業	○					○
		運輸・通信・貿易				◎		
		商業・経済一般						
	公害・環境問題			○		◎		
	世界の地理		○			◎		○
日本の歴史	時代別	原始から平安時代	○	◎	◎	◎	◎	○
		鎌倉・室町時代	○	◎	○	○	◎	○
		安土桃山・江戸時代	◎	◎	☆	◎	◎	◎
		明治時代から現代	◎		○	○	○	◎
	テーマ別	政治・法律	◎	☆	☆	◎	◎	☆
		経済・社会・技術		○	◎	○	○	○
		文化・宗教・教育	○		◎	◎	☆	
		外交	○	○	○		○	○
政治	憲法の原理・基本的人権		◎	○		◎	○	
	政治のしくみと働き		○	☆		◎	○	☆
	地方自治							
	国民生活と福祉							
	国際社会と平和		◎		☆	○	○	○
時事問題			○	○	◎	◎	☆	○
その他			○		○	◎	○	

成田高等学校付属中学校

社会 ——グラフで見る最近3ヶ年の傾向——

最近3ヶ年に出題されたすべての問題を内容別に分類・集計し，全体に対して何パーセントくらいの割合になっているかを示しました。

[網掛け]……50校の平均　　[黒]……成田高等学校付属中学校

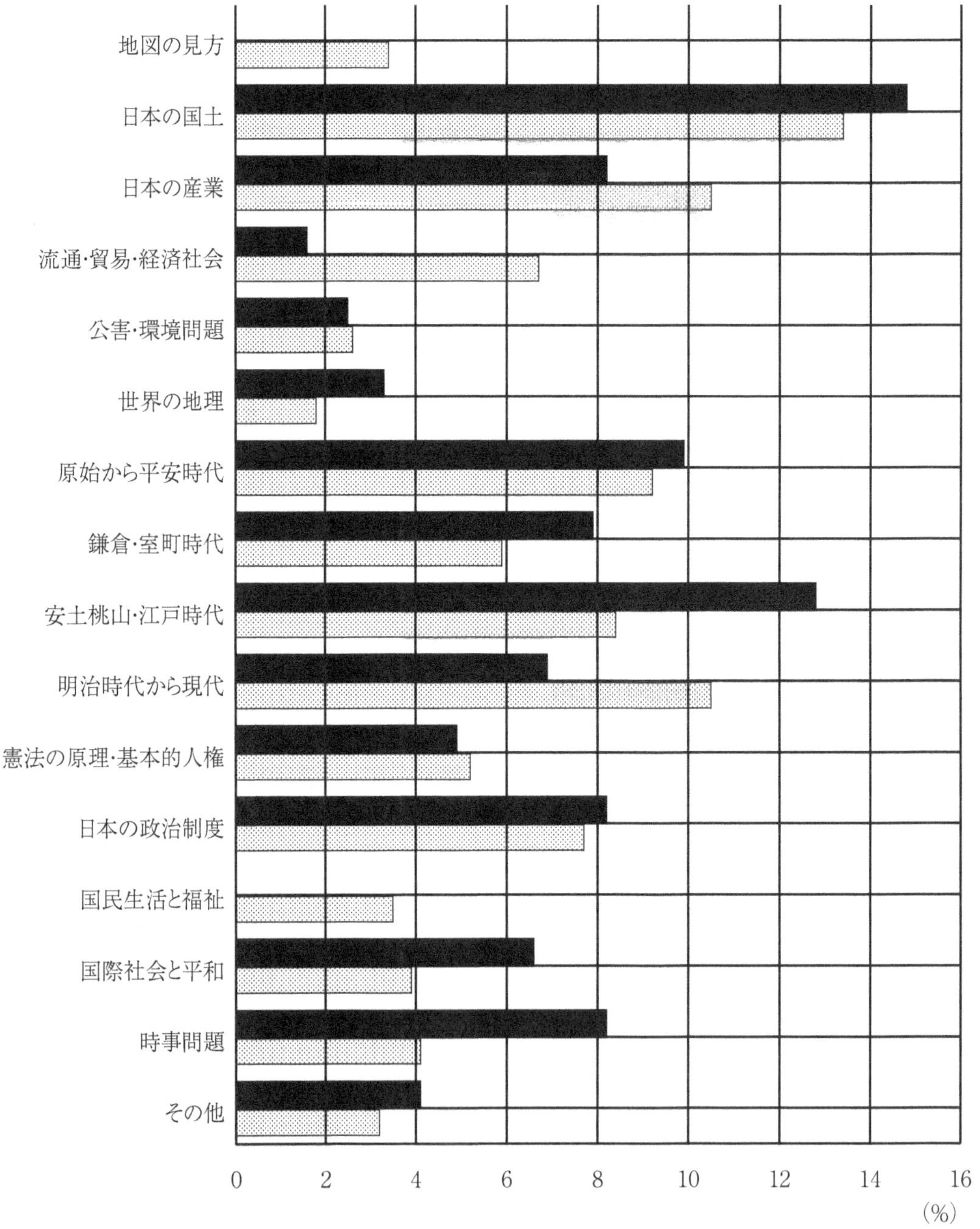

国語　出題傾向の分析と合格への対策

●出題傾向と内容

一般，第一志望ともに，知識問題，論理的文章と文学的文章の長文問題が各1題ずつの大問3題構成であった。

論理的文章は，専門的なテーマであるが，読みやすい内容である。文学的文章は，主人公や登場人物の心情などがていねいに描かれた内容になっている。いずれの文章題も，選択問題を中心に，書き抜き，10～30字程度の記述問題，知識問題も出題されている。

知識分野はことわざ・慣用句・四字熟語から熟語の作成，カタカナ語の意味など幅広い知識が必要である。

知識から読解力まで，総合的な国語力を試される内容である。

学習のポイント

知識分野をしっかりたくわえておこう！
選択問題は確かな根拠で正確に見極めよう！

●2025年度の予想と対策

長文2題に，知識分野の独立問題の構成は今後も続くと見られる。

論理的文章，文学的文章いずれも内容を正確に読み取れるようにしておく。過去問などを通して，段落ごとの要旨，場面ごとの心情の変化をおさえながら，全体の流れをしっかりつかんでいく練習をしておきたい。

選択問題では，選択肢の説明をていねいに読み取り，本文の内容と合っているか，しっかり見極めることが重要だ。文章の流れを的確につかんで内容を正確に読み取れるようにしよう。

知識分野は標準的なレベルだが，ことわざ・慣用句～カタカナ語をふくめたことばの意味などバラエティに富んでいるので，日ごろから語彙(ごい)力を鍛えておくことが不可欠だ。過去に出題された短歌や俳句もおさえておきたい。

▼年度別出題内容分類表

※　よく出ている順に☆，◎，○の３段階で示してあります。

出題内容			2022年		2023年		2024年	
			第一	一般	第一	一般	第一	一般
内容の分類	読解	主題・表題の読み取り	○	○				
		要旨・大意の読み取り	○	○	○	○	○	○
		心情・情景の読み取り	◎	◎	◎	◎	☆	☆
		論理展開・段落構成の読み取り			○		○	◎
		文章の細部の読み取り	☆	☆	☆	☆	☆	
		指示語の問題				○	○	
		接続語の問題	○	○	○		○	○
		空欄補充の問題	◎	◎	◎	◎	☆	☆
	知識	ことばの意味	◎	◎	◎	◎	○	◎
		同類語・反対語					○	○
		ことわざ・慣用句・四字熟語	○	◎	○	◎	◎	◎
		漢字の読み書き	○	◎	○	○	○	○
		筆順・画数・部首						
		文と文節						
		ことばの用法・品詞			○			
		かなづかい						
		表現技法	○					
		文学作品と作者						
		敬語	○	○				
	表現	短文作成						
		記述力・表現力	◎	◎	◎	◎	◎	◎
文の種類		論説文・説明文	○	○	○	○	○	○
		記録文・報告文						
		物語・小説・伝記	○	○	○	○	○	○
		随筆・紀行文・日記						
		詩（その解説も含む）						
		短歌・俳句（その解説も含む）	○					
		その他						

成田高等学校付属中学校

国語 ——グラフで見る最近３ヶ年の傾向——

最近３ヶ年に出題されたすべての問題を内容別に分類・集計し，全体に対して何パーセントくらいの割合になっているかを示しました。

▒……50校の平均　　■……成田高等学校付属中学校

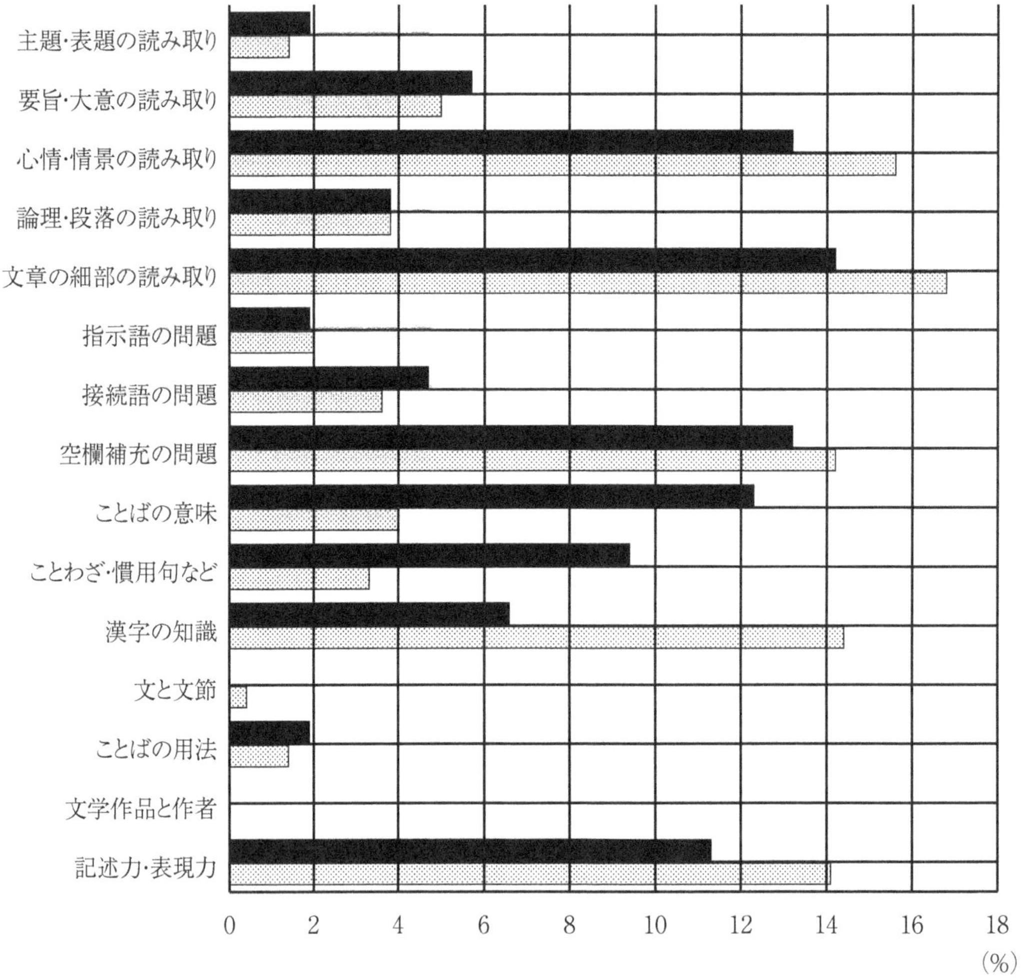

	論説文 説明文	物語・小説 伝記	随筆・紀行 文・日記	詩 (その解説)	短歌・俳句 (その解説)
成田高等学校 付属中学校	46.2%	46.2%	0.0%	0.0%	7.7%
50校の平均	47.0%	45.0%	8.0%	0.0%	0.0%

2024年度　合否の鍵はこの問題だ!!

（一般）

算　数　3 (1)

正六角形の「面積比」についての重要な問題であり，「三角形の面積」に関する考え方が問われる。

【問題】

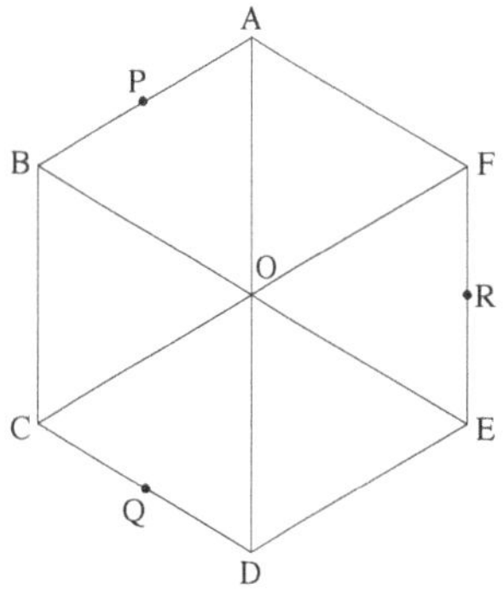

正六角形ABCDEFの辺AB，CD，EFの中央の点をそれぞれP，Q，Rとし，AD，BE，CFは点Oで交わる。

① 正六角形ABCDEFと三角形ADPの面積比を求めなさい。

② 正六角形ABCDEFと三角形PQRの面積比を求めなさい。

【考え方】

① 正六角形ABCDEFの面積…図1より，6とする。

三角形APOの面積…0.5 ┐ ← ここが基本
三角形APDの面積…1 ┘

したがって，面積比は6：1

② 正六角形ABCDEFの最小の正三角形の個数…図2より，$4\times6=24$（個）

正三角形PQRの最小の正三角形の個数…$1+3+5=3\times3=9$（個）

したがって，面積比は24：9＝8：3

図1

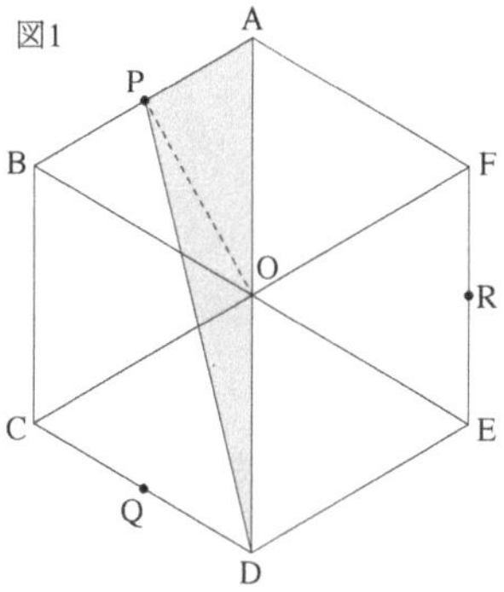

図2

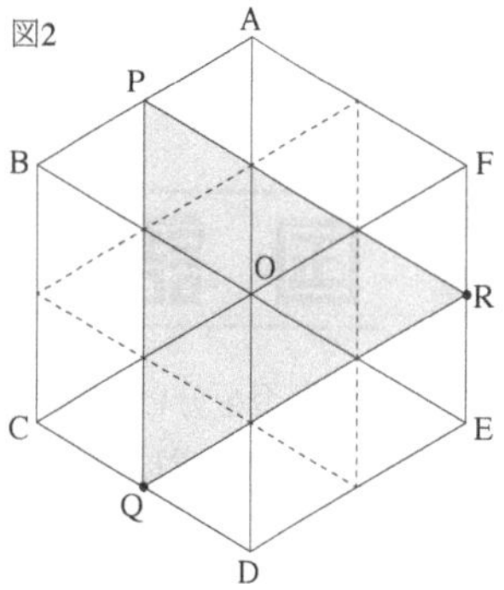

理　科　4

本年も，基礎的な知識と理解を問う問題が並んだ。ただ覚えるだけでなく，問題文や図から読み取ったり，実験や観察を通して考えたりする学習が重視された問題である。日ごろから図表を活用した学習を心がけたい。また，基本的な計算はじゅうぶんに習熟しておきたい。3は，基本的ではあるが手間のかかる問題である。練習を積んで，短時間で答えを出せるようにしよう。

4は，燃焼に関する問題である。

(1)は基本的な知識の問題である。図を読み間違わないようにていねいに解きたい。

(2)は燃焼に関する実験の問題である。空気がどのように流れているか考えると解答が得られる。

(3)は，カーボンニュートラルに関する問題で，深い理解と思考力が必要である。プラスチックの原料は石油だから，プラスチックを燃焼させたときの二酸化炭素は，もともと地中に閉じ込められていた炭素が由来である。だから，大気中の二酸化炭素は増える。一方，紙製品や木材は，植物が原料で，もともと大気中の二酸化炭素から光合成によってできたものである。つまり炭素は，大気→植物→紙製品や木材→大気と移動したので，大気中の二酸化炭素は減った分が増えただけである。日ごろから環境問題に関心を持って考える受験生は解きやすかっただろう。

社会 [7]

[7]は政治に関連する問題で，国会，内閣，裁判所の三権や社会保障に関する内容の他，国際社会に関連する事柄が問われている。三権に関連する設問以外はやや一般的な中学受験の社会科の問題の範囲を超えており，難易度は高い。三権に関連する設問も，やや細かい正確な知識を持っていないと正解できないものもあるので，難易度は高めである。三権に関連するものでは，(3)の三権が他の権力に対して持つ権限で国会が裁判所に対して持つ弾劾裁判の内容の選択肢を選ぶものがやや難しいかもしれない。また(4)の社会保障の四つの柱に関する設問も説明文がそれぞれどの柱のものかを選ぶのが難しいかもしれない。

国際社会関連では，(5)のPKOを答えるものは解答できる受験生が多いとは思うが，(6)でウクライナ戦争のきっかけとしてウクライナが加盟を求めたNATOを答えるものは時事問題についての対策を十分にしている受験生以外は難しいであろう。また(7)のスーダンの位置を問うものも，自衛隊がスーダンに派遣されていたのが少し前のことなのもあり難しかったのではないか。

国語 [三] 問十二

★合否を分けるポイント

この文章についての説明として最も適当なものを選ぶ選択問題である。本文で描かれている物語の世界を的確に読み取れているかがポイントだ。

★主人公の視点で物語の世界を読み取っていく

本文は，いじめが原因で学校に行けなくなって転校した雪乃は，父の航介が移住した田舎で，母の英理子と離れて暮らしている→東京では絶対に見られない，雪を頂く山々がそびえる綺麗な光景を見ながら，航介が運転する車の中で，雪乃は航介と話をしている→英理子が学校のことを何も言わなかったことで，自分を見捨ててしまったのではないかと雪乃は不安になる→航介は雪乃が学校に行きたくなければ行かなくていいという考えであること，雪乃には遠回りでも自分の頭で考えて答えを出してほしいと思っていることを話す→さらに，自分が感じている正直な気持ちを見きわめ，もうちょっとだけ頑張れることを考えてみる，ということも言われる→〈今よりちょっとの頑張り〉を続けている英理子，そんな母を心から尊敬している航介に雪乃は安心した，という物語が描かれている。これらの内容から，主人公の雪乃の心情を説明しているエが正解となる。アの「美しい雪山の情景」は本文で描かれているが，「自然のなかで雪乃の心がのびやかに開かれていく様子」は描かれていない。航介は雪乃との会話の中で，雪乃や英理子の呼び方を変えているのは，その時の雰囲気や自分の気持ちに合わせているからなので，イの「心のきょり」は当てはまらない。雪乃自身の心情の変化のことだけで，父や母に対する思いを説明していないウも当てはまらない。本文で描かれている物語の世界を，主人公の雪乃の心情に寄りそって読み取りながら，間違いと思われる選択肢のどこが当てはまらないかもしっかりと確認していこう。

2024年度

★★★★★★★★★★★★★★★★★★★★★★★

入　試　問　題

2024年度

成田高等学校付属中学校入試問題（第一志望）

【算　数】（50分）　＜満点：100点＞

【注意】 答えが分数になる場合は，これ以上約分できない分数で答えなさい。

1　次の計算をしなさい。

(1)　$23\times18-(67-59)\div4$

(2)　$23.4\times0.5-2.34\div0.6$

(3)　$\left(1\frac{2}{3}+\frac{1}{4}\right)\div2\frac{7}{8}\times\frac{3}{14}$

(4)　$\left(\frac{3}{8}+1.2\times1.2\right)\times\frac{5}{7}\div1.21$

2　次の問いに答えなさい。

(1)　ある品物を3000円で仕入れ，25％の利益を見込《みこ》んで定価をつけましたが，特売日に定価の８％引きで売りました。このときの利益は何円ですか。ただし，消費税は考えないものとします。

(2)　右の図で，印をつけた角の大きさの和は何度ですか。

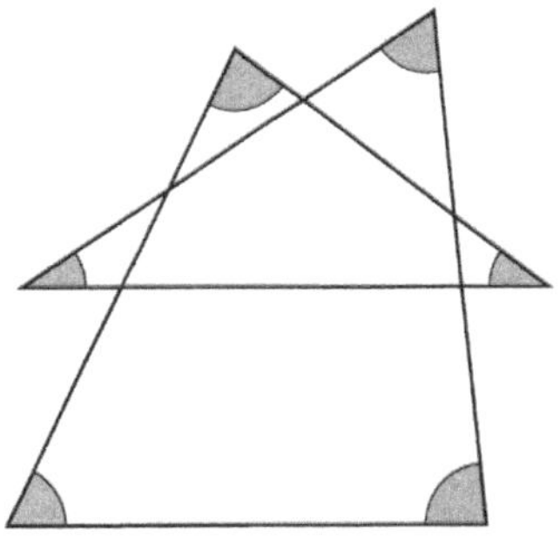

(3)　今までに算数のテストが何回かあり，その平均点は82点です。次のテストで100点をとると，全体の平均点は84点になります。算数のテストは今までに何回ありましたか。

(4)　20問のクイズがあります。100点からスタートし，問題に正解すると５点もらえ，まちがえると２点ひかれます。20問答えたときの点数の合計が172点だったとき，まちがえた問題は全部で何問でしたか。図や式と言葉を使って説明しなさい。ただし，答えのみ書いた場合は不正解となります。

3　周りの長さが1800mの池があります。A，Bの２人が池の周りにあるＳ地点を出発して，この池の周りをそれぞれ一定の速さで進みます。次の問いに答えなさい。

(1)　ある日，Aは分速80m，Bは分速70mで同時に反対方向に出発し，歩き続けました。２人は何分ごとに出会いますか。

(2)　ある日，Bが分速60mで出発した５分後に，AがBとは反対方向に進んだところ，２人はAが出発してから10分後に初めて出会いました。このとき，Aの速さは分速何mですか。

⑶　ある日，２人は反対方向に同時に出発すると10分後に初めて出会い，同じ方向に同時に出発すると60分後に初めてAはBを追い越《こ》しました。このとき，Bの速さは分速何mですか。

⑷　ある日，Aは池の周りを３周しました。初めは分速200mで走りましたが，途中《とちゅう》で分速150mに走る速さを変えたところ，３周するまでに31分かかりました。出発してから30分で３周するには，走る速さを変えた地点で分速何mの速さにすればよいですか。

4　長方形の形をしたかべを，正方形の形をしたタイルで，重ねたりはみだしたりすることなくしきつめます。次の問いに答えなさい。

⑴　右の図のようなかべを，㋐～㋓の４種類のタイル11枚《まい》を使ってしきつめました。タイル㋓の１辺の長さが６cmのとき，かべの面積は何cm^{2}ですか。

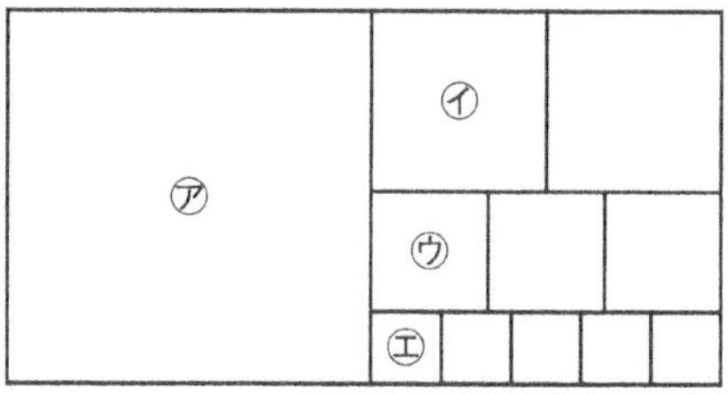

⑵　縦《たて》108cm，横360cmのかべを，１種類のタイルを使ってできるだけ少ない枚数でしきつめるとき，このタイルの１辺の長さを求めなさい。

⑶　横の長さが縦の長さより長いかべを，１辺の長さが７cmのタイルだけを使ってしきつめると65枚必要でした。かべの縦と横の長さをそれぞれ求めなさい。ただし，かべの縦の長さは７cmより長いものとします。

⑷　縦391cm，横2024cmのかべを，１種類のタイルだけを使ってできるだけ少ない枚数でしきつめるとき，使うタイルの枚数を求めなさい。

5　１辺の長さが１cmの立方体64個をすき間なく積み上げて，１辺の長さが４cmの立方体をつくります。円周率を3.14として，次の問いに答えなさい。

⑴　図１のように１辺の長さが２cmの正方形を上の面から下の面までまっすぐにくりぬきます。

①　くりぬいて残った立体の体積は何cm^{3}ですか。

②　くりぬいて残った立体の表面全体の面積は何cm^{2}ですか。

図１

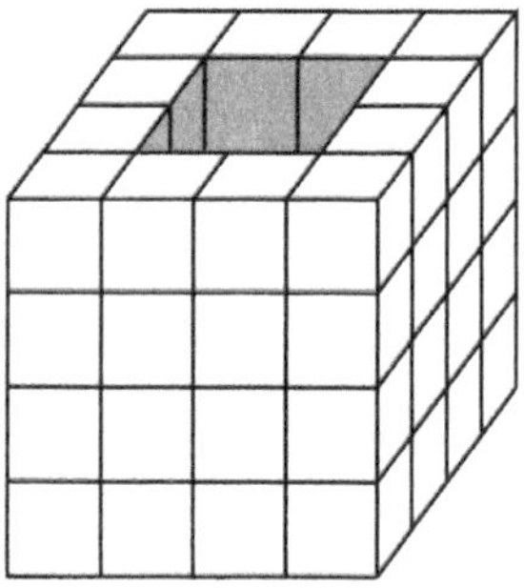

⑵　図２のように，⑴でくりぬいて残った立体から，さらに，半径が１cmの円を正面から立方体の反対側の面までまっすぐにくりぬきます。

①　くりぬいて残った立体の体積は何cm^{3}ですか。

②　くりぬいて残った立体の表面全体の面積は何cm^{2}ですか。図や式と言葉を使って説明しなさい。ただし，答えのみ書いた場合は不正解となります。

図２

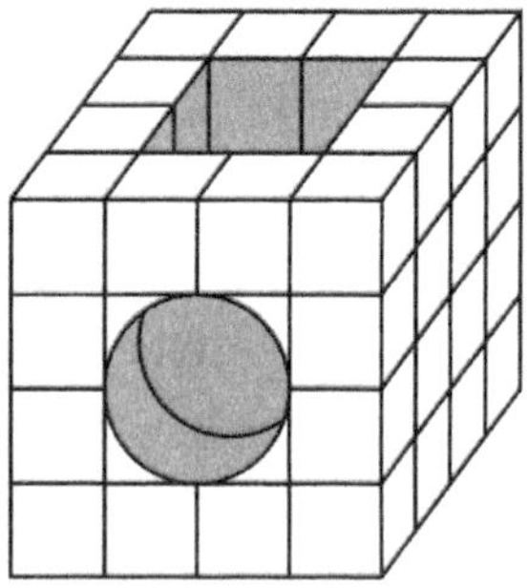

【理科・社会】（50分）　＜満点：各50点＞

理科

1　アサガオの葉で，光合成が行われる条件について調べるために実験を行いました。後の問いに答えなさい。

【実験】　図１のように葉が何枚《なんまい》かついたアサガオのはちを，x一日中暗室に置いた。その次の日にふが入った葉の一部をアルミニウムはくでおおい，葉全体に日光がよく当たる場所に置いた。数時間後にこの葉をつみとってアルミニウムはくをとり外し，図２のように，つみとった葉を熱湯にひたし，次に温めたエタノールにひたした。その後，水洗《みずあら》いし，葉をヨウ素液につけて，葉の色の変化を調べ，結果を表にまとめた。

図１

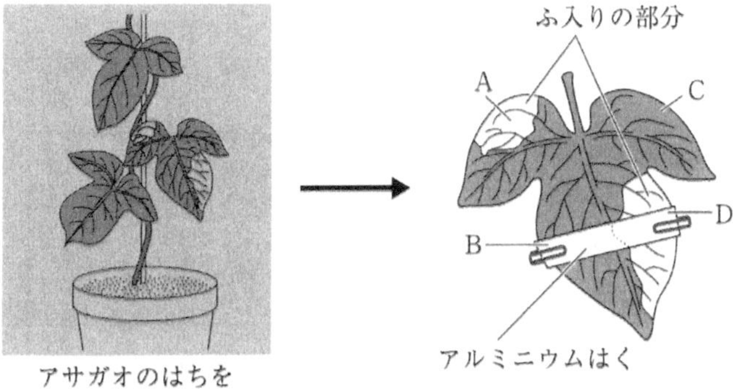

アサガオのはちを
一日中暗室に置く。

A：アルミニウムはくでおおっていないふ入りの部分
B：アルミニウムはくでおおった緑色の部分
C：アルミニウムはくでおおっていない緑色の部分
D：アルミニウムはくでおおったふ入りの部分

図２

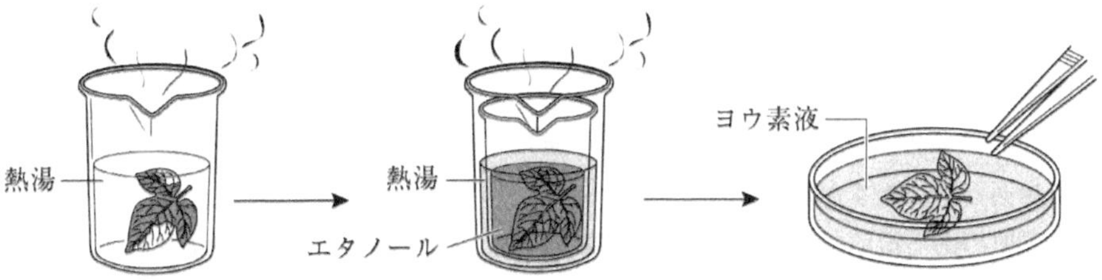

【実験の結果】

アサガオの葉の部分	A	B	C	D
色の変化	変化なし	変化なし	青むらさき色に変わった	変化なし

(1)　下線部xについて，アサガオのはちを一日中暗室に置いた理由として適当なものを次のア～エから１つ選び，記号で答えなさい。

ア　葉が乾燥《かんそう》するのを防ぐため。　**イ**　葉が呼吸《こきゅう》しないようにするため。

ウ　葉からデンプンをなくすため。　**エ**　葉にごみなどがつかないようにするため。

⑵　**図２**で，葉を熱湯にひたす理由として適当なものを次の**ア**～**エ**から１つ選び，記号で答えなさい。

ア　葉の緑色を濃《こ》くするため。　　**イ**　葉を脱色《だっしょく》するため。

ウ　葉の表面の毛をとりのぞくため。　　**エ**　葉をやわらかくするため。

⑶　実験の結果から，アサガオの葉で光合成が行われる条件が，葉の緑色の部分であることを確かめるためには，**図１**のＡ～Ｄのうち，どの部分の実験の結果を比べればよいですか。適当なものを次の**ア**～**カ**から１つ選び，記号で答えなさい。

ア　ＡとＢ　**イ**　ＡとＣ　**ウ**　ＡとＤ　**エ**　ＢとＣ　**オ**　ＢとＤ　**カ**　ＣとＤ

2　**図１**は，連続した３日間の午前９時の，日本付近の雲画像を集めたものです。後の問いに答えなさい。ただし，**図１**の雲画像は日付順には並《なら》んでいません。

図１

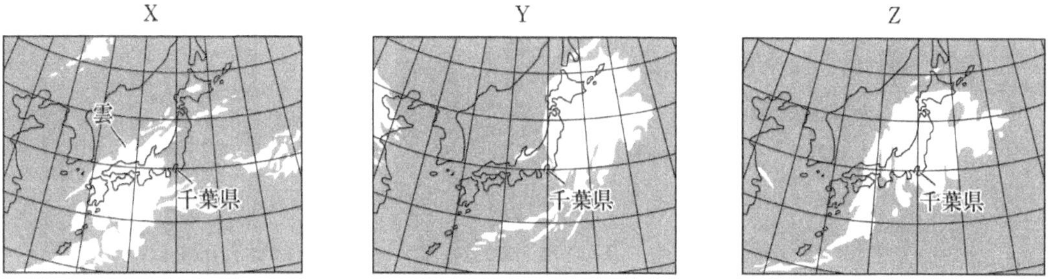

⑴　**図１**のＸの雲画像が示す日の千葉県の天気として最も適当なものを次の**ア**～**エ**から１つ選び，記号で答えなさい。

ア　午前中は晴れていたが，午後からは雲が増え雨が降《ふ》った。

イ　午前中は雨が降ったが，午後からは雲がなくなり晴れた。

ウ　一日中雲がなく晴れていた。

エ　一日中雲におおわれ雨が降っていた。

⑵　**図１**のように雲画像が変化するのは，１年を通して日本上空に吹《ふ》く風が影響《えいきょう》しているからです。この風を何といいますか。

⑶　**図２**は千葉県のある場所での連続した２日間の気温の変化を示したグラフです。このグラフから１日目は晴れ，２日目は雨か曇《くも》りと判断しました。１日目が晴れだと判断した理由を**25文字以内**で答えなさい。

図２

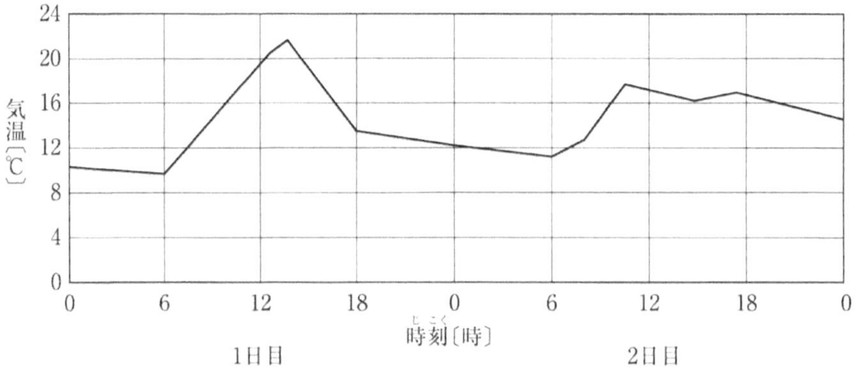

3 電磁石《でんじしゃく》について調べるために実験を行いました。後の問いに答えなさい。

【実験】 導線を100回巻《ま》いたコイルに鉄しんを入れて電磁石をつくり，スイッチとかん電池をつなぎ，スイッチを入れて電流を流した。このとき，鉄しんのA側に方位磁針《じしん》を置くと，図のようにN極が引きつけられた。

図

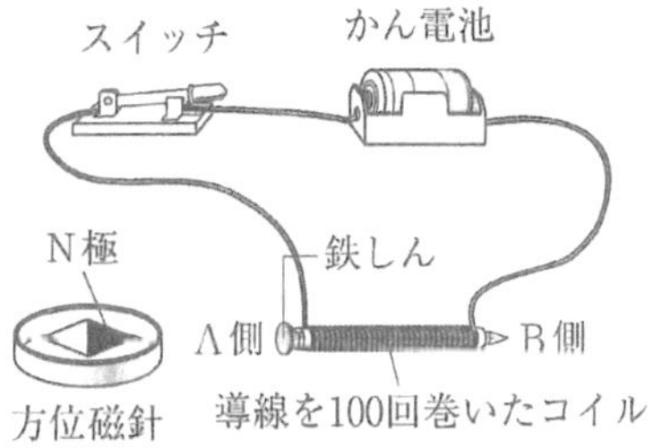

(1) 図の状態から，かん電池の向きを逆にして電流の流れる向きを逆にしました。このとき，鉄しんのB側に方位磁針を置くとどのようになりますか。適当なものを次のア～エから１つ選び，記号で答えなさい。

ア
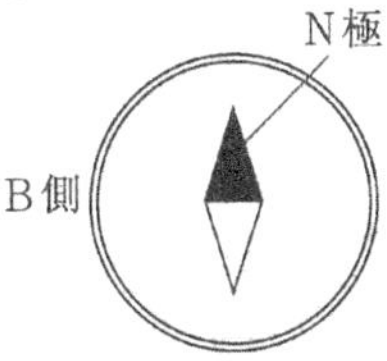

イ
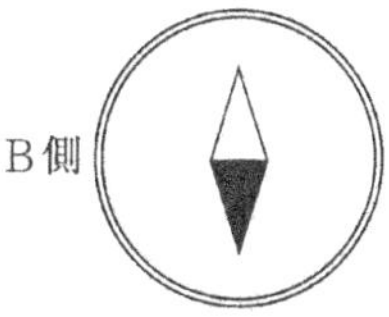

ウ
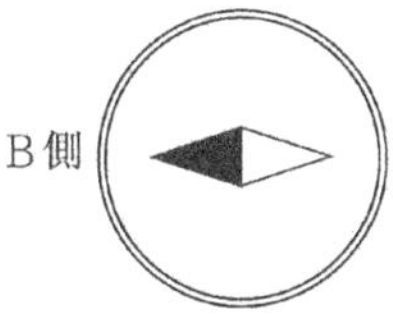

エ
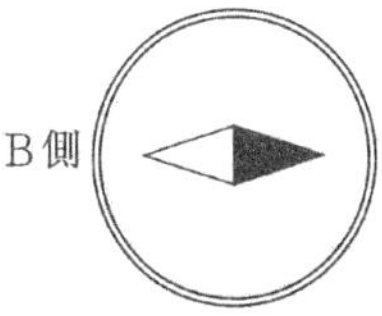

(2) 図の状態から次のア～エの操作《そうさ》をそれぞれ行ったとき，電磁石の力が最も強くなるものを１つ選び，記号で答えなさい。

ア もう１つかん電池を用意して並列《へいれつ》につなぎ，コイルの巻き数を50回にしたものにかえる。

イ もう１つかん電池を用意して並列につなぎ，コイルの巻き数を150回にしたものにかえる。

ウ もう１つかん電池を用意して直列につなぎ，コイルの巻き数を50回にしたものにかえる。

エ もう１つかん電池を用意して直列につなぎ，コイルの巻き数を150回にしたものにかえる。

(3) ごみ処理場《しょりじょう》では，ふっうの磁石ではなく電磁石を使って，アルミ缶《かん》とスチール缶に分別します。ここで電磁石が使われるのは，電磁石にどのような性質があるからですか。**25文字以内**で答えなさい。

4 もののとけ方について調べる実験を行いました。後の問いに答えなさい。

【実験】 60℃の水200ｇがそれぞれ入ったビーカーA～Cに，砂糖《さとう》，ミョウバン，食塩のいずれかをそれぞれ120ｇ加えてよくかき混ぜたところ，ビーカーAの水よう液には多くとけ残りがあり，ビーカーBの水よう液には少しのとけ残りがあり，ビーカーCの水よう液はすべてとけた。また，ビーカーA，Bをさらに70℃まで加熱してよくかき混ぜると，ビーカーAの水よう液ではあまり変化が見られなかったが，ビーカーBの水よう液はすべてとけた。次のページの図は，砂糖，ミョウバン，食塩について，水の温度と100ｇの水にとける物質の質量との関係を表したグラフである。

図

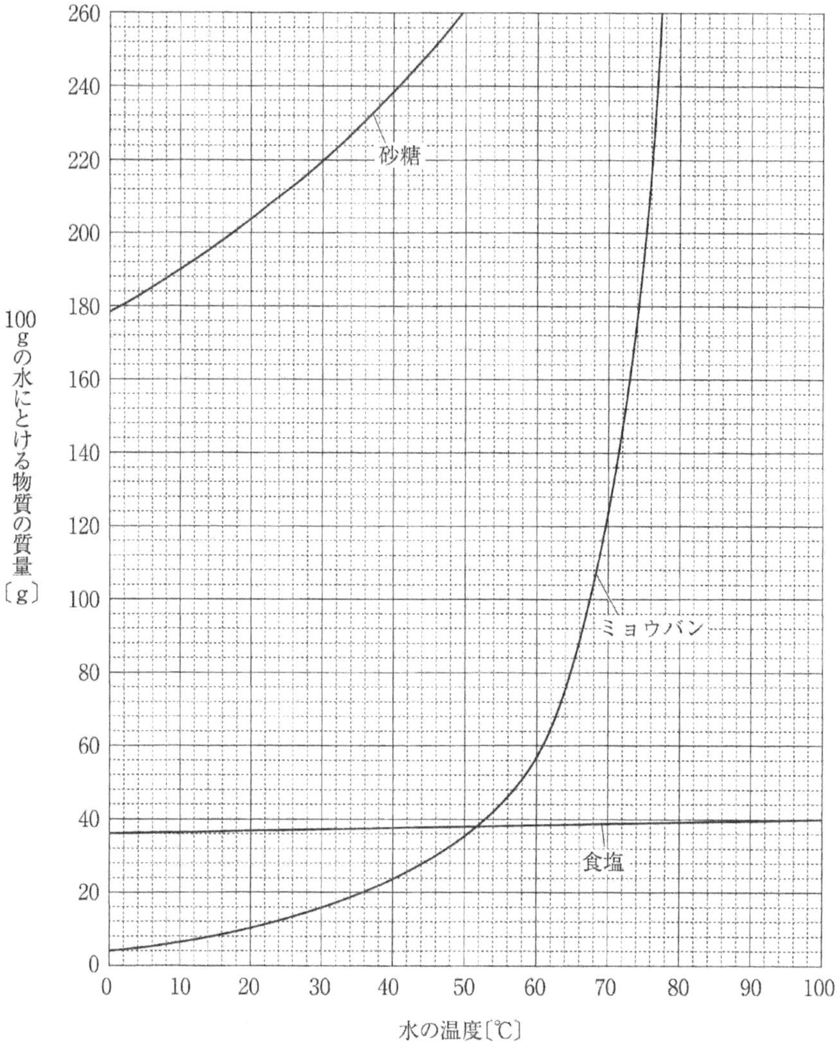

⑴　ビーカーAの水よう液の少量を蒸発皿《じょうはつざら》に入れ，しばらく加熱したところ，結晶《けっしょう》がでてきました。この結晶をけんび鏡で観察したときのスケッチとして適当なものを次の**ア**～**エ**から１つ選び，記号で答えなさい。

ア

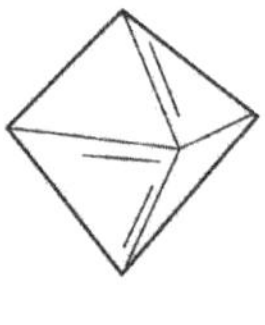

イ

ウ

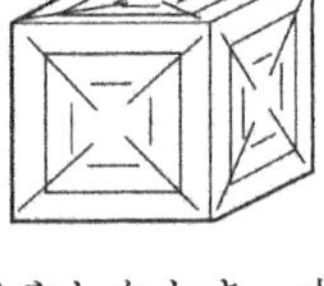

エ

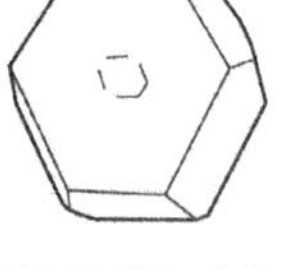

⑵　70℃まで温めたビーカーBの水よう液を30℃まで冷やしたとき，水よう液中に結晶が現れました。このときにビーカーBの水よう液中に現れた結晶の質量は何gですか。

⑶　ビーカーCの水よう液を30℃まで冷やしたときのビーカーCの水よう液の濃度《のうど》は何％ですか。小数第一位まで答えなさい。

社会

5 次の文章は日本の災害についての先生と中学１年生の生徒との会話です。次の文章を読んで，後の問いに答えなさい。

先生：1923年に関東大震災《かんとうだいしんさい》がおこってから，今年でちょうど100年が経ちました。日本は地震をはじめとした災害が多くおこる国です。

生徒：豪雨《ごうう》の被害《ひがい》などは毎年ニュースになっていますよね。社会科の授業で，日本は夏と冬に吹《ふ》く [①] の影響《えいきょう》で雨や雪が多く降ると学びました。

先生：その通りです。日本では②地域によってさまざまな気候が見られますが，特に③九州地方は台風の通り道となることも多いため，豪雨による被害を受けやすくなっています。

生徒：農業などの産業は，気候の影響を受けやすいので大変ですよね。

先生：④やませによる冷害で，いつもの年に比べて米の収穫《しゅうかく》量が大幅《おおはば》に減った年もありました。だから，日本では冷害に強い米をつくろうと，品種改良が進められたのです。

生徒：災害が多い国だからこそ，それを乗り越《こ》えようとしてきたのですね。私たちが生まれた頃《ころ》におこった東日本大震災の復興支援《しえん》もまだ続いていますよね。

先生：そうですね。東日本大震災がおこってから12年が経ちましたが，現在も避難《ひなん》生活を続けざるを得ない人々がいます。

生徒：東日本大震災では揺《ゆ》れの被害だけではなく，津波《つなみ》の被害も大きかったのですよね。

先生：よく知っていますね。特にリアス海岸の広がる⑤三陸《さんりく》海岸は壊滅《かいめつ》的な被害を受けました。

生徒：三陸海岸というと，⑥養殖《ようしょく》業などの水産業がさかんなイメージがあります。

先生：はい。現在は三陸海岸での生産活動が再開されているので，おいしいホタテやワカメなどの養殖が行われていますよ。

生徒：こう考えてみると，日本は本当にさまざまな災害がおこりやすい国ですね。地震がおこらないようにすることや，台風が来ないようにすることができたらいいのですが……。

先生：災害そのものがおこらないようにすることは難しいですが，災害の被害を少しでも減らすため取り組みがありますよ。⑦自助・共助・公助の３つの連携《れんけい》が円滑《えんかつ》であるほど，災害の被害は軽減できるといわれています。

生徒：いざという時に身を守れるように，日頃《ひごろ》から備えておくべきということですね。

⑴ [①] に当てはまる語句を答えなさい。

⑵ 下線部②に関連して，次のア～エはそれぞれ帯広《おびひろ》（北海道），軽井沢《かるいざわ》（長野県），静岡（静岡県），高松《たかまつ》（香川県）の気温と降水量を示したものです。高松に当てはまるものを１つ選び，記号で答えなさい。

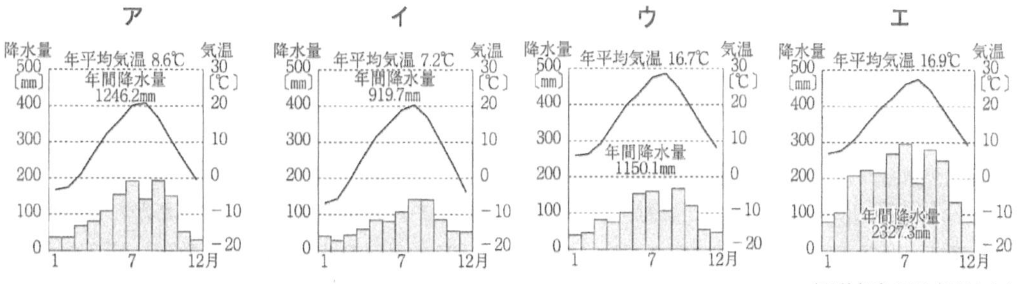

（理科年表 2023 年版より）

⑶　下線部③に関連して，**表**中の**ア**～**エ**は九州地方に位置する福岡県，熊本県，鹿児島県，沖縄県の農業産出額とその内訳を示したものです。鹿児島県に当てはまるものを１つ選び，記号で答えなさい。

表　（単位：億円）

	農業産出額	米	野菜	果実	畜産《ちくさん》
ア	910	5	127	60	397
イ	3407	361	1221	338	1192
ウ	1977	344	707	239	383
エ	4772	208	562	98	3120

＊統計年次は2020年
（データでみる県勢2023より）

⑷　下線部④が吹く方向として最も適当なものを**地図**中の**ア**～**エ**から１つ選び，記号で答えなさい。

地図

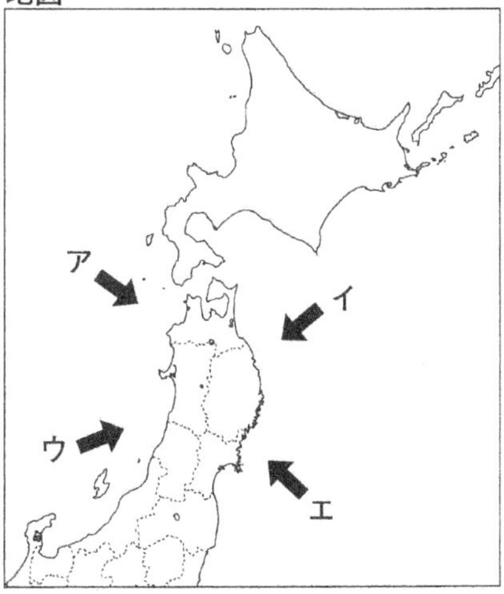

⑸　下線部⑤に関連して，次の**ア**～**エ**は，それぞれリアス海岸が見られる三陸海岸，若狭湾《わかさわん》沿岸，志摩《しま》半島，宇和海《うわかい》沿岸の一部を示したものです。三陸海岸に当てはまるものを１つ選び，記号で答えなさい。

ア

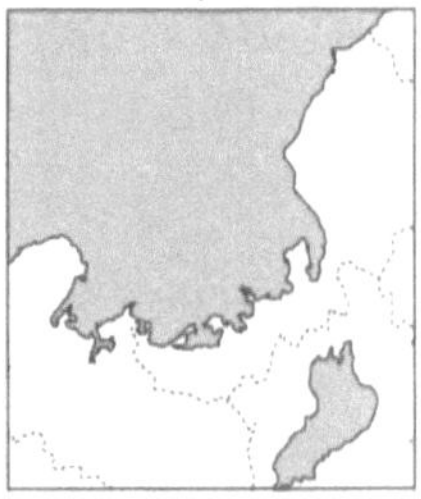

イ

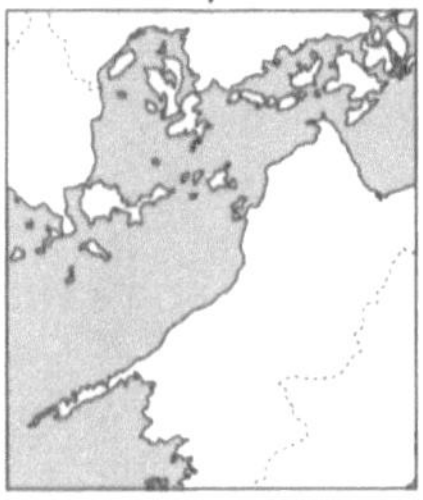

ウ

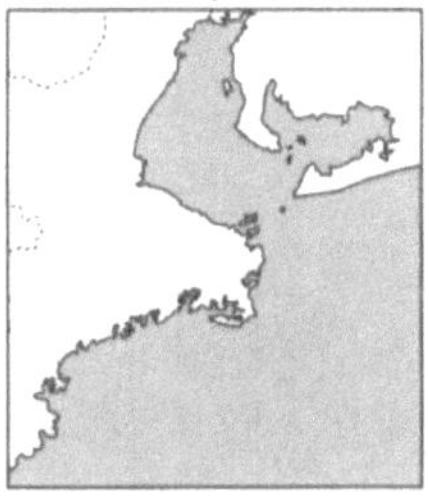

エ

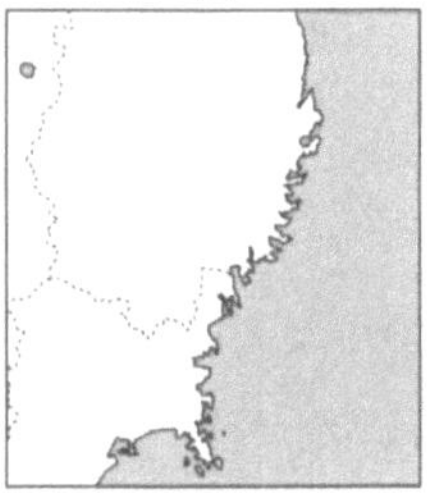

⑹　下線部⑥に関連して，三陸海岸をはじめとしたリアス海岸では，養殖業がさかんに行われています。リアス海岸が養殖に適している理由を，リアス海岸の特徴《とくちょう》にふれて簡潔に答えなさい。

(7)　下線部⑦に関連して，災害の被害を減らすための取り組みは，それぞれ自助・共助・公助の３つにわけることができます。次の**Ａ**～**Ｃ**の取り組みを３つに分類したときの組み合わせとして正しいものを後の**ア**～**カ**から１つ選び，記号で答えなさい。

Ａ　被災した人や，災害で被害を受けるおそれのある人のために，学校の体育館が避難所として開設された。

Ｂ　災害がおこった際に，自分の身の安全が確保できたので，お年寄りなどの支援が必要な人の避難の手助けを行った。

Ｃ　大きなタンスやテレビなどが地震の揺れで倒《たお》れないようにするために，ネジなどの工具を使って固定した。

ア　Ａ－自助　Ｂ－共助　Ｃ－公助　　**イ**　Ａ－自助　Ｂ－公助　Ｃ－共助
ウ　Ａ－共助　Ｂ－自助　Ｃ－公助　　**エ**　Ａ－共助　Ｂ－公助　Ｃ－自助
オ　Ａ－公助　Ｂ－自助　Ｃ－共助　　**カ**　Ａ－公助　Ｂ－共助　Ｃ－自助

６　次の文章を読んで，後の問いに答えなさい。

日本の食事は長い歴史と文化を持っており，古代から現代に至るまでにさまざまな変化を繰《く》り返してきました。

今から約１万2000年前に始まったとされる縄文《じょうもん》時代には，人々は狩《か》りや採集を行って生活をしていました。①縄文時代の遺跡《いせき》からは，貝を食べたあとの貝殻《かいがら》などを捨てた貝塚《かいづか》が発見されるとがあります。貝塚をくわしく調べることで，縄文時代の人々がどのような動物や魚介《かい》類，木の実などを食べていたのかがわかります。また，②奈良《なら》時代の食事の様子も，平城京跡《あと》から発見された木簡《もっかん》などからわかります。木簡とは，税につけられた荷札など文字の書かれた木の札であり，全国各地から運ばれた特産物などが記録されています。

平安《へいあん》時代の後期に現れた武士は，貴族に比べて質素な生活を送っていました。鎌倉《かまくら》時代に入って③武士の政権が成立しても武士の食事の質素さは変わらず，１日に２回，④玄米《げんまい》と焼き魚や梅干しなどのおかずを食べて生活していました。安土桃山《あづちももやま》時代になると⑤南蛮《なんばん》貿易によって外国の食材や調味料が日本に伝わり，カステラなどのお菓子《かし》も日本へと持ち込《こ》まれました。

江戸《えど》時代には，現代へと続く１日３食の習慣が定着しました。江戸の人々はそばやてんぷら，うなぎや握《にぎ》りずしなどを好んで食べていたとされています。また，鎖国《さこく》体制下ではありましたが，長崎で行われていた貿易によって⑥オランダから西洋の食文化が持ち込まれ，長崎市中では，当時日本人に避《さ》けられていた肉食文化も知られるようになりました。⑦明治《めいじ》時代に入ると西洋文化が積極的に取り入れられるようになり，やがて西洋料理を日本風にアレンジしたすき焼きやカレー，肉じゃがなどの料理が生まれました。このような時代の変化を経て，現代の日本では多様な食事が楽しまれています。

(1)　下線部①からは，豊作や子孫の繁栄《はんえい》を願ってつくられたとされる人形が発見されています。このような人形を何というか，答えなさい。

(2)　下線部②の文化について述べた文として最も適当なものを次の**ア**～**エ**から１つ選び，記号で答えなさい。

ア　『枕草子《まくらのそうし》』や『源氏物語《げんじものがたり》』など，かな文字を使った文学作品が著《あらわ》されました。

イ　天皇や貴族，農民の和歌をおさめた『万葉集《まんようしゅう》』がまとめられました。

ウ　仏教の教えを人々に広めるために，聖徳太子《しょうとくたいし》によって法隆寺《ほうりゅうじ》が建てられました。

エ　雪舟《せっしゅう》によって，すみ絵（水墨画《すいぼくが》）が芸術として大成されました。

⑶　下線部③である鎌倉幕府を倒すために承久《じょうきゅう》の乱をおこした人物として最も適当なものを次の**ア～エ**から１つ選び，記号で答えなさい。

ア　聖武《しょうむ》天皇　　**イ**　藤原道長《ふじわらのみちなが》　　**ウ**　足利義満《あしかがよしみつ》　　**エ**　後鳥羽《ごとば》上皇

⑷　下線部④に関連して，鎌倉時代には，１年のうちに同じ土地で米と麦を栽培《さいばい》する○○○が始まりました。○○○に当てはまる語句を**漢字３字**で答えなさい。

⑸　下線部⑤の相手国として当てはまるものを次の**ア～エ**から１つ選び，記号で答えなさい。

ア　スペイン，ポルトガル　　**イ**　イギリス，フランス

ウ　ロシア，ポーランド　　**エ**　イタリア，ギリシャ

⑹　下線部⑥に関連して，次の**資料１・資料２**は当時の日本やヨーロッパに関するもので，後の文章はこれらの**資料１・資料２**から読み取れることをまとめたものです。文章中の□に当てはまる内容を，「キリスト教」という言葉を使用して，簡潔に答えなさい。

【資料１】　1613年に日本で出された法令

そもそも日本は神国である。……キリスト教の人々は貿易だけでなく……勝手にキリスト教を広め，日本の政治を改め，自分の領土にしようとしている。……急いで（キリスト教を）禁じなければ，後に必ず国家のわざわいとなるだろう。

（『異国日記』より，一部改変）

【資料２】　当時のキリスト教

16世紀に宗教改革と呼ばれる運動がおこり，キリスト教はカトリックとプロテスタントという宗派にわかれた。カトリックはプロテスタントに比べて布教活動を積極的に行い，アジアやアフリカなどへ宣教師を派遣《はけん》した。カトリックはフランスやイタリア，スペインやポルトガルなどで主に信《しん》仰《こう》され，プロテスタントはオランダやイギリスなどで主に信仰された。

江戸時代初期の日本では，**資料１**のようにキリスト教を禁止する法令が出されていました。オランダはヨーロッパの国の中でも［　　　　　　　　　　］ため，日本との貿易が許可されていたのだと考えられます。

⑺　下線部⑦に関連して，明治時代初期の日本の様子について述べた文として**誤っているもの**を次の**ア～エ**から１つ選び，記号で答えなさい。

ア　福沢諭吉《ふくざわゆきち》が『学問のすゝ《す》め』を書いて学問の必要性を説きました。

イ　学制によって６歳《さい》以上の男女が小学校に通うことが定められました。

ウ　新橋《しんばし》－横浜《よこはま》間に日本で初めて鉄道が開通しました。

エ　日本初の女子留学生である津田梅子《つだうめこ》が，「女子英学塾《じょしえいがくじゅく》（現在の津田塾大学《つだじゅくだいがく》）」を創設しました。

7　成田さんは，現代日本の課題について表にまとめました。次の表を見て，後の問いに答えなさい。

課題	内容
少子高齢《こうれい》化	日本の①人口変化の特徴としては，人口減少と少子高齢化が挙げられる。これにより政府の予算に占《し》める社会保障費の割合の高まりや，労働人口の減少といった問題が見られる。また，地域によっては過疎《かそ》や②過密といった問題もおこっている。
投票率の低さ	日本国憲法における原則の１つとして［③］が定められていることから，選挙によって選出される④国会議員や地方議員などにより政治が行われる。しかし，いずれの選挙においても投票率の低さが問題となっており，特に若い世代を中心に，意見が政治に反映されにくい状況《じょうきょう》が発生している。
環境《かんきょう》問題	日本だけでなく世界中で地球温暖化や大気汚染《おせん》といった環境問題が発生している。⑤国際連合のUNEPなどをはじめとして国際的に環境保護に取り組んでいる他，日本国内では二酸化炭素の排出《はいしゅつ》量を削減《さくげん》するために，⑥再生可能エネルギーへの移行を目指している。

(1)　下線部①に関連して，次の**A**～**C**は人口ピラミッドという国や地域の人口を男女別・年齢別に示したもので，それぞれ日本における1970年，1990年，2020年の人口を示しています。これらを年代の古い順に並べたものとして最も適当なものを後の**ア**～**カ**から１つ選び，記号で答えなさい。

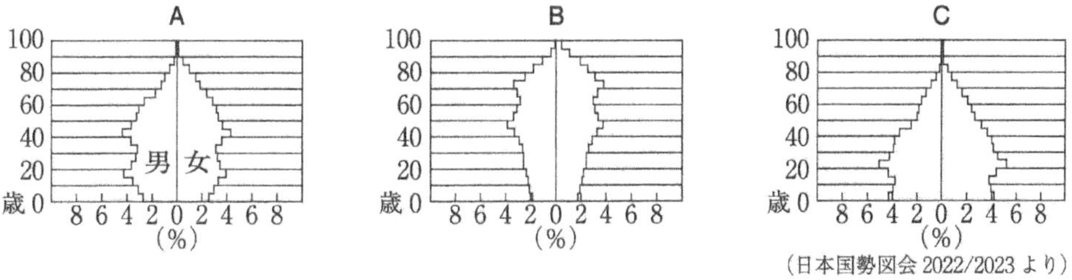

（日本国勢図会 2022/2023 より）

ア　**A**→**B**→**C**　　**イ**　**A**→**C**→**B**　　**ウ**　**B**→**A**→**C**

エ　**B**→**C**→**A**　　**オ**　**C**→**A**→**B**　　**カ**　**C**→**B**→**A**

(2)　下線部②でおこることとして**誤っているもの**を次の**ア**～**エ**から１つ選び，記号で答えなさい。

ア　公共交通機関の路線廃止《はいし》　　**イ**　住宅の不足　　**ウ**　ゴミの増加　　**エ**　騒音《そうおん》

(3)　日本では人口減少が進む一方で，世界には人口増加が進む国もあります。2023年半ばに中国を抜いて人口が世界最多となったとされる国の名前を答えなさい。

(4)　［③］に当てはまる語句を**漢字４字**で答えなさい。

(5)　下線部④は日本国憲法において「国の唯一《ゆいいつ》の○○○○」とされています。○○○○に当てはまる語句を**漢字４字**で答えなさい。

⑹　下線部⑤に関連して，国際連合にはUNEPなどのさまざまな機関があり，世界遺産の保護を行っているUNESCOも専門機関の１つです。次のＤ～Ｆは日本にある世界遺産を示しており，それぞれ**地図**中の**Ｘ～Ｚ**に位置しています。それぞれの世界遺産が位置する場所の組み合わせとして正しいものを後の**ア～カ**から１つ選び，記号で答えなさい。

D

E

F

地図

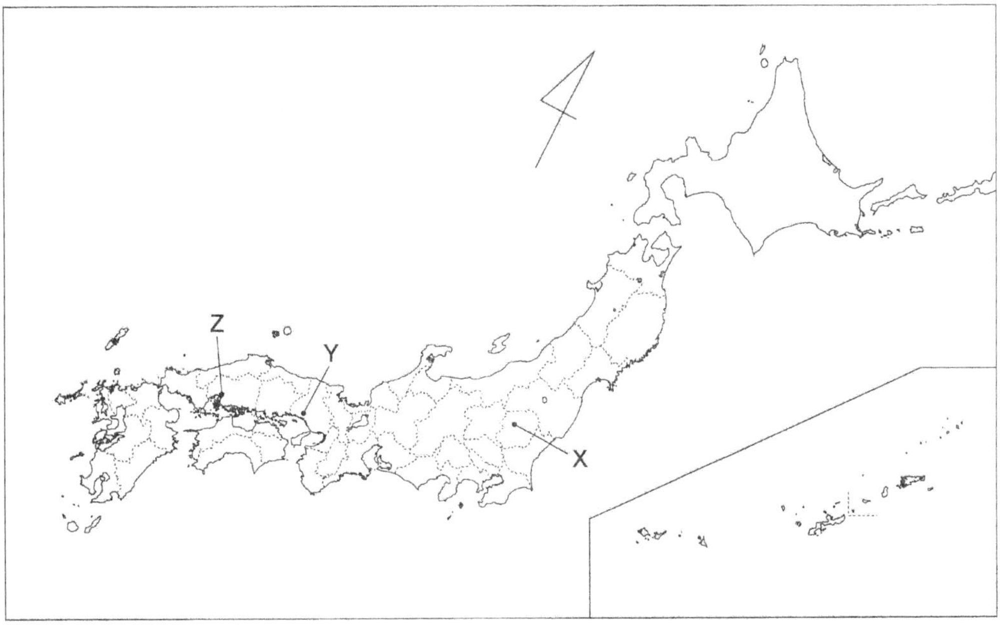

ア　D－X　E－Y　F－Z　　イ　D－X　E－Z　F－Y
ウ　D－Y　E－X　F－Z　　エ　D－Y　E－Z　F－X
オ　D－Z　E－X　F－Y　　カ　D－Z　E－Y　F－X

⑺　下線部⑥として**誤っているもの**を次の**ア～エ**から１つ選び，記号で答えなさい。
ア　風力　　**イ**　原子力　　**ウ**　水力　　**エ**　地熱

問七　傍線部⑤「照子さんは、湿り気のある息をついた」とあるが、このときの照子さんの心情はどのようなものか。最も適当なものを次の**ア**～**エ**から一つ選び、記号で答えなさい。

ア　日ごろの辛さを聞いてくれる相手にめぐりあうことができたと喜び、ほっとする気持ち。

イ　昔のできごとを思い出しては落ちこみがちなことが頭にうかんで、暗くなる気持ち。

ウ　ふだん人と話すことがないため、どのように接すればよいのかわからずとまどう気持ち。

エ　自分より若い人につまらない話を聞かせてしまって申し訳なかったと、恥じいる気持ち。

問八　傍線部⑥「……なるほど」とあるが、このときの綾の心情はどのようなものか。最も適当なものを次の**ア**～**エ**から一つ選び、記号で答えなさい。

ア　照子さんの言うこともわからなくはないが、自分にはあまり関係ないと思う気持ち。

イ　初対面の照子さんから深刻な話を聞かされて、どう答えればいいのか困る気持ち。

ウ　照子さんの考えを聞いて少しとまどいつつも一理あると思い、納得する気持ち。

エ　思いがけない照子さんの考えを聞いて自分の考えを改め、すっきりする気持ち。

問九　傍線部⑦「天国から主人がプレゼントしてくれたの」とあるが、どういうことか。次の文の□に当てはまることばを**五字**で答えなさい。

亡くなった夫がパールに□くれたと考えたということ。

問十　傍線部⑧「とびきりの良い言葉」とあるが、どのような言葉か。最も適当なものを次の**ア**～**エ**から一つ選び、記号で答えなさい。

ア　幸せになるために、無理して明るくふるまう照子さんの言葉。

イ　パールが年を取って落ち着くまで、頑張るという照子さんの言葉。

ウ　パールを持て余しつつ、最後まで世話をしようとする照子さんの言葉。

エ　頑張る気力を取り戻し、前向きに生きようとする照子さんの言葉。

問十一　本文にえがかれている綾の人物像として最も適当なものを次の**ア**～**エ**から一つ選び、記号で答えなさい。

ア　初対面の人ともすぐに打ち解けることができる、人なつこくて遠《えん》慮《りょ》のない人物。

イ　相手の話を否定することなく真面目に聞いて、相手の心を受け止められる人物。

ウ　相手の立場になって物事を考えることをせず、淡々《たんたん》と仕事をこなしている人物。

エ　カウンセラーの経験がまだ浅く、まじめだが的外れな言葉をかけてしまう人物。

ら、この子に出会ったの」

「ああ、それでご主人からのプレゼントなんですね」

「ええ。生前はなんにも買ってくれないけちんぼだったんですけどね」

照子さんはいたずらっぽく言ったあと、肩《かた》を［C］。

「でもパールは、ちょっとおてんば過ぎるわ」

「年を取ると、落ち着きますよ」

「そうですね。……ではわたくしも、もうちょっと頑張《がんば》りましょう。下ばかり向いていちゃ、幸せは見つからないわね」

照子さんはパールを抱いたまま立ち上がった。

「この子と一緒に、生きぬかなくちゃね」

「そうです！」

最後に⑧とびきりの良い言葉をきいて、すーっと心が明るくなるのを綾は感じた。

（まはら三桃《みと》『日向丘中学校カウンセラー室　十人十色、１匹《ぴき》？　色の文化祭』アリス館より）

注１　捕りものは大変だった……パールを探すのは大変だったということ。

注２　プラネタリウムで、パールを抱きしめていた山本くん……一人で文化祭を過ごしていた生徒。プラネタリウムの展示のある視聴覚室《しちょうかく》に身をひそめていた。

問一　傍線部《ぼうせん》①「照子さんは驚きと羨ましさが混じったような顔をした」とあるが、何に対して「驚きと羨ましさ」を感じたのか。「〜が学校にあること。」に続く形で、本文中から**十六字**で探し、**初めの五字**を抜《ぬ》き出して答えなさい。

問二　傍線部②「綾は素直に喜んだ」とあるが、なぜか。その理由として最も適当なものを次の**ア**〜**エ**から一つ選び、記号で答えなさい。

ア　照子さんにカウンセラー室のことをほめてもらえて打ち解けられた気がしたから。

イ　照子さんが生徒たちのことを気にかけてくれているとわかり、ありがたかったから。

ウ　カウンセラー室が自分が心がけているような場所になっていると評価されたから。

エ　昔の生徒指導室とのちがいを理解してもらえて存在意義を認められたと思ったから。

問三　傍線部③「パールちゃん」とあるが、綾はパールをどのような存在だと考えたか。「〜手助けをしてくれる存在。」に続く形で、本文中から**八字**で抜き出して答えなさい。

問四　［A］・［C］に当てはまることばとして最も適当なものを次の**ア**〜**エ**から一つずつ選び、それぞれ記号で答えなさい。

A　**ア**　三角に　**イ**　丸く　**ウ**　皿に　**エ**　細く

C　**ア**　すくめた　**イ**　並べた　**ウ**　すぼめた　**エ**　怒《いか》らせた

問五　［B］に当てはまることばとして最も適当なものを次の**ア**〜**エ**から一つ選び、記号で答えなさい。

ア　しれっと　**イ**　きちんと

ウ　さりげなく　**エ**　おざなりに

問六　傍線部④「照子さんは本当に嬉しそうだった」とあるが、このときの照子さんが嬉しそうだったのはなぜか。「長年〜のに、久しぶりに名前で呼ばれたから。」に当てはまる形で、**二十字以上三十字以内**で答えなさい。ただし、句読点や記号も一字とする。

「そのときは失礼なことをされたわ、なんて思っていたことも、もしかしたらこちらに原因があったのかもしれないなんて、今頃思ったりしてね。一つひとつ、思い出しては反省してしまうの」

「それはしんどいですね」

二十七歳《さい》の自分にだって、昔のことを思い出して辛《つら》い気持ちになることがあるのに、倍以上生きている照子さんには、思い出すことがたくさんあるのだろう。

「本当にもう全部忘れちゃいたいくらいよ。何もかも、ぜーんぶ」

「そ、それは」

綾が一瞬焦《いっしゅんあせ》ってしまうと、照子さんはちょっといたずらっぽく笑った。

「でもねえ。わたくしときどき、認知症《にんちしょう》って神様が下さる最後のプレゼントじゃないかって思うの。だって、嫌《いや》だったこと全部忘れられるんだもの」

「……神様からのプレゼント」

これまでなかった発想に、綾は少し面食《めんく》らったけれど、そういう面もあるかもしれないと思う。人生の深い後悔《こうかい》や悲しみを忘れられたら、少しは楽だ。できれば、良い思い出の方は覚えておければいいけれど……。

「⑥……なるほど」

「ごめんなさいね。初めてお会いしたあなたにこんな話をするなんて、思ってもみなかったわ。本当にかさねがさね、失礼しちゃって」

照子さんはすまなそうにあやまった。

注1捕《と》りものは大変だったけれど、パールは生徒の心をいやすことに一役買ってくれたことを思い出した。

「パールちゃん、かわいいかわいいって生徒たちに人気でした。今、アニマルセラピーっていって、動物が人の心をいやすことが注目されているんです」

注2プラネタリウムで、パールを抱《だ》きしめていた山本《やまもと》くんは、パールがいなかったらカーテンを開いてくれてなかったかもしれないと思う。

「そうですか。それはよかったわ」

「ミャーオ」

そのとき、パールの鳴き声がした。

「あら、起きたのね」

照子さんの声に、パールはぴくんと耳を立てると、ロッキングチェアーを降りて飼い主の膝《ひざ》の上に飛び乗った。

「あらあらよしよし」

照子さんは、パールにほほを寄せた。

「この子ね。⑦天国から主人がプレゼントしてくれたの」

「天国から?」

形見ではなくて?

「ええ。主人が亡くなってしばらくして、書斎《しょさい》の整理をしていたら、本《ほん》棚《だな》の裏から大きな貯金箱が出てきたの。開けてみたら五百円玉がぎっしり」

「あら」

「おつりをためていたのかしら。数えるのが大変だったわ」

照子さんはおかしそうに笑った。

「それで次の日、お洋服でも買おうかとショッピングモールに行った

三　次の文章を読んで、後の問いに答えなさい。ただし、本文の表記を一部変更したところがある。

（あらすじ）
日向丘《ひなたがおか》中学校のカウンセラーである綾《あや》は、文化祭の日にパールという猫《ねこ》と一緒《いっしょ》に来た照子《てるこ》さんという婦人と知り合いになった。いなくなったパールを探していると、カウンセラー室で見つかった。

「ここは、生徒さんたちが相談にくるところ？」

「はい。相談だけじゃなくて、おしゃべりをしたり、ちょっと休みにくるだけの子もいます」

「まあ、そう」

綾の説明に、①照子さんは驚《おどろ》きと羨《うらや》ましさが混じったような顔をした。

「わたくしたちの頃《ころ》には、大人が話をきいてくれるような部屋はなかったわ。あったのはお説教部屋みたいなところだけよ」

「生徒指導室ですね。今もありますよ」

「あれは指導なんてものではなかったわね。生徒の言い分なんてきかずに、ガミガミ叱《しか》るだけだもの。竹刀《しない》を持っている先生だっていらしたし。軍隊方式ね」

「ああ、それは大変でしたね」

綾が言うと、照子さんは「ねえ」とため息まじりにうなずいた。そしてまた、あたりをゆっくりと見渡《みわた》して、感じ入ったように言った。

「ここ、本当に落ち着きますね。学校の中だなんて思えないわ。それになぜだが、なじみのある場所みたいな気がします」

「そう言っていただくと、嬉《うれ》しいです」

②綾は素直《すなお》に喜んだ。大したことはできなくても、気持ちが落ち着く場所をつくるのが、自分の仕事だと思っている。

「照子さんは③パールちゃんとふたり暮《ぐら》しですか？」

たずねてみると、照子さんは不意打ちをくらったみたいに目を A したあと、恥《は》ずかしそうに笑った。

「いえ、『照子さん』なんて言われるのは久しぶりだったから、びっくりしちゃって。でも、名前を覚えてくださって、ありがとうございます」

そう言って B お辞儀《じぎ》をした。

「いえ、そんな」

丁寧《ていねい》なお礼を受けて、綾はかえって恐縮《きょうしゅく》したが、④照子さんは本当に嬉しそうだった。

「わたくし、もうずっと長いこと『小平《こだいら》さんの奥《おく》さん』だったから。子どもが生まれたら、『康明《やすあき》くんのママ』になって、ああ、うちの息子《むすこ》は康明っていうんですけれどね。そのうちまた『小平さんの奥さん』に戻《もど》ってしまって。去年、〝小平さん〟は亡《な》くなっちゃったんですけどね」

「そうだったんですね」

すると照子さんはずっと視線を落とした。

「わたくし、一日中、ずーっと一人でいるでしょう。そうすると、昔のことばかり考えてしまうの」

「そうですか」

「あんなことがあった、こんなことがあったってね。ささいなことばっかり思い出しちゃって。ふうっ」

⑤照子さんは、湿《しめ》り気《け》のある息をついた。

問三 Ⅰ ～ Ⅲ に当てはまることばの組み合わせとして最も適当なものを次の**ア**～**エ**から一つ選び、記号で答えなさい。

ア Ⅰ あるいは　Ⅱ さらに　Ⅲ つまり
イ Ⅰ また　Ⅱ しかも　Ⅲ とはいえ
ウ Ⅰ そして　Ⅱ むしろ　Ⅲ そのうえ
エ Ⅰ しかも　Ⅱ しかし　Ⅲ だから

問四 傍線部②「これ」が指す内容を本文中から**四字**で抜き出して答えなさい。

問五 ※のついた段落の働きとして最も適当なものを次の**ア**～**エ**から一つ選び、記号で答えなさい。

ア 前の部分の内容に反する具体例を挙げて、自らの主張の例外を示している。
イ 前の部分の内容にふさわしい具体例を挙げて、自分の意見を補っている。
ウ それまでの内容とは関係のない具体例を挙げて、新たな問題を提起している。
エ それまでの内容を否定する具体例を挙げて、反対の考え方を導こうとしている。

問六 D には、「乗りこえなければならない困難」という意味の「ハ□□□」という四字のカタカナ語が入る。□□□に入る**三字**を答えなさい。

問七 傍線部③「頭脳明晰で知識も非常に豊富なのに、社会経験が足りなかったり発想が硬かったりするため、『空気が読めない』と言われてしまう人」とあるが、これは何をたとえた表現か。本文中から**五字以上十字以内**で抜き出して答えなさい。

問八 E に当てはまることばとして最も適当なものを次の**ア**～**エ**から一つ選び、記号で答えなさい。

ア 新たな技術が生まれる点
イ すべての理論が明らかになる点
ウ 人間の知能が必要なくなる点
エ 法則などが適合しなくなる点

問九 F には、「□肩《かた》上がり」ということばが入る。□に入る**漢字一字**を答えなさい。

問十 傍線部④「その時期」とあるが、どのような時期か。「知識や『知能』で～時期。」に当てはまる形で、**十字以上十五字以内**で答えなさい。ただし、句読点や記号も一字とする。

問十一 本文の内容に合うものを次のア～エから一つ選び、記号で答えなさい。

ア 画像認識技術が進んだことは、今後の人工知能の発達に大きく役立つと考えられる。
イ 人工知能の研究は一進一退しており、今のブームもこのまま終息する可能性が高い。
ウ 人工知能の伸びしろは不確定だが、いずれは人間の知能を超えると予測されている。
エ 人工知能が今後どのように発達していくかという道筋は、おおよそ明らかになっている。

い、人工知能が勝手に成長していってしまうということです。

もっとも、ある専門家によれば、シンギュラリティーに達するための道筋が必ずしも明確に見えているわけではなく、人工知能の伸びしろが無限である保証があるわけでもないので、なんらかの理由で人工知能の発達に限界がきて、特異点には到達しない可能性も充分《じゅうぶん》にあるのだそうです。

つまり、人工知能の研究も、単純な［F］で開発が進むはずはなく、（中略）さらなる注8パラダイム・シフトや注9ブレークスルーが必要とされるはずで、まだまだ分かっていないことも多い、というのが事実なのです。

実際、現在は人工知能研究の〝第3次ブーム〟だと言われていますが、それはすでに2回、人工知能の研究が大きな壁《かべ》にぶち当たってブームが終息してしまった過去があるということです。

［Ⅲ］、意思や欲望を持たない人工知能に人間の代わりがそっくりそのまま出来るのかという点は置くとしても、知識やそれを使いこなす思考力という意味においての「知能」で人間が追いこされることは、やはり時間の問題になっているようです。多くの専門家が、④その時期をだいたい30年後から50年後の範囲《はんい》内で予測していて「２０４５年問題」なども称《しょう》されていますが、そのとき人類社会は劇的な変化を経験することになるのでしょう。

（竹内薫《かおる》『文系のための理数センス養成講座』新潮新書より）

注1　シンポジウム……同じ問題について複数の人が異なった面から意見を述べ、聴衆《ちょうしゅう》や司会者の質問に応答する形式の討論会。

注2　ラウンドテーブル……円卓《えんたく》を囲み、出席者に明確な序列をつけずに自由に意見を交換《こうかん》する会議。

注3　プレゼン……プレゼンテーション（意見や企画《きかく》案を発表すること）の略。

注4　暗黙知……主観的で明確に言葉で表現しづらい知識。

注5　論理的……きちんと筋道を立てて説明すること。

注6　概念……何かについてのおおよその考え・イメージ。

注7　ターニングポイント……変わり目。

注8　パラダイム・シフト……社会の規範《きはん》や集団の価値観が大きく変わること。

注9　ブレークスルー……科学の進歩などにより、難問を解決すること。

問一　［A］～［C］に当てはまることばを本文中からAは**二字**、Bは**四字**、Cは**三字**で抜《ぬ》き出して答えなさい。

問二　傍線《ぼうせん》部①「小学校3年生程度の〝常識〟でも、これを獲得するまでにはあと10年以上はかかるでしょう」とあるが、

(1)　これはどういうことを表しているか。本文中から**三十五字**で探し、**初めの五字**を抜き出して答えなさい。

(2)　その理由として最も適当なものを次の**ア**～**エ**から一つ選び、記号で答えなさい。

ア　常識の幅は広いので、時間をかけながらきちんと覚えさせる必要があるから。

イ　現段階の技術では、人工知能が常識を獲得できたかどうかをはかることはできないから。

ウ　常識はあいまいなので、人工知能に覚えさせるパターンを抽出することが難しいから。

エ　人間の常識と人工知能の常識には違《ちが》いがあるため、通用しないことが多いから。

という予想でした。似たようなことはこれまでも言われてきましたが、人工知能の性能向上が著《いちじる》しいだけに、人間にとって簡単なことが人工知能にとっては必ずしも簡単とは限らないことが、かえって今まで以上に浮《う》き彫《ぼ》りになってきたのです。

人間の行動や思考を人工知能に覚えさせるには、そこから一定のパターンが抽出《ちゅうしゅつ》できなければなりません。しかし、常識というものには相当な幅《はば》があるので、それが非常に難しいのです。現に、皆《みな》さんも日々の生活の中で、自分が常識と思っていたことが他人にはそうではなかったり、［Ⅰ］その逆のこともあったりして、常識というものがじつにあいまいなものであることをしばしば経験しているはずです。

私たち人間は、日常のもっとも基礎《きそ》的な常識であるあいさつひとつにしても、相手、場所、時間、天気などのちょっとしたシチュエーションの差異によって②これを巧《たく》みに使い分けています。

※

もっとも、最近の人工知能は画像認識《にんしき》技術とあいまって、周囲の環境《かんきょう》や目前の人物が誰《だれ》であるかなどは、すでに人間以上に正確に認識できるそうですから、道で行き逢《あ》った相手が右隣《みぎどなり》の家に住む老婦人で、手に買い物袋《ぶくろ》をさげていることも素早《すばや》く認識し、「コンニチハ。今日モオ元気デスネ。オ買イ物デスカ?」と愛想《あいそ》よくあいさつするくらいは朝飯前で、夜に向かいに住む小学生に会えば、「コンバンハ」の代わりに「アンマリ遅《おそ》クマデ遊ンデイテハイケマセンヨ」とたしなめることだってできそうです。

でも、左隣の家の幼稚園《ようちえん》児が朝から玄関《げんかん》先で転んで声を上げていたとして、ロボットが「オハヨウ」ではなく「ダイジョウブ」と声をかけて手を差し伸《の》べられるのか、はたまた大した転び方ではないと把握《はあく》して、「ソレクライデ泣イチャダメ」と元気づけられるのか、さらには、じつは転んだのではなく地面に這《は》いつくばってアリの行進を眺《なが》めてはしゃいでいるだけだと気づけるのか……。こうした状況《じょうきょう》判断とて、時間さえかければもはや不可能ではなくなっていくのかもしれませんが、ロボットにとって急速に［D］が高くなっていくことはご想像のとおりです。

結局、常識とはいわゆる「[注4]暗黙知《あんもくち》」なので、人間的な経験を積むこと以外ではこれを鍛《きた》えにくく、［Ⅱ］、[注5]論理的には非常に遠い関係にある[注6]概念《がいねん》を人間は感性でいとも簡単に結び付けてしまうので、高性能の人工知能でもまだなかなか追いつけないのです。

これを理解するには、③頭脳明晰《めいせき》で知識も非常に豊富なのに、社会経験が足りなかったり発想が硬《かた》かったりするため、「空気が読めない」と言われてしまう人を思い浮かべてください、と言えば実感してもらえるでしょうか。

しかし、それでもいつしか人工知能は、人間の持つ知恵《ちえ》や知識、そして常識などの本質まで解き明かしていきながら、人間の知能を超《こ》えてしまうのでしょう。この[注7]ターニングポイントを専門家たちは「シンギュラリティー」と呼んでいます。ありていに言えば、「人工知能が人類全体より頭が良くなる」ことで、我々が知において人工知能から置いてきぼりを食《く》らう状況が到来《とうらい》することを指します。

日本語では「技術的特異点」と訳されますが、「特異点」とは数学や物理学の専門用語としては「［E］」のこと。「予測不可能」とか「計算不可能」になってしまうその境目を指します。そして、人工知能が予測不可能になるとは、人類全体の知力を超えてしまったがために、もはや人工知能が出す答えの意味を人間側が理解できない領域に入ってしま

【国　語】（五〇分）〈満点：一〇〇点〉

一　次のA～Cの各問いに答えなさい。

A　次の①～③と似た意味のものを後のア～カから一つずつ選び、それぞれ記号で答えなさい。

①　庇《ひさし》を貸して母屋《おもや》を取られる　②　どんぐりの背《せい》比べ

③　弱り目にたたり目

ア　石の上にも三年　イ　絵に描《か》いたもち

ウ　泣き面《つら》にはち　エ　五十歩百歩

オ　後の祭り　カ　飼い犬に手を噛《か》まれる

B　次の①～④の□に当てはまることばを、それぞれひらがな二字で答えなさい。

①　部長としてのふるまいが□についてきた。

②　かれを説得するのは難しいと□を投げた。

③　□に火をともすようにして資金をためた。

④　□をつかむような話を聞いて首をひねる。

C　次の①～④の熟語の対義語になるように、□に当てはまる漢字をそれぞれ答えなさい。

①　義務↔権□　②　移動↔□定

③　安全↔危□　④　過失↔□意

二　次の文章を読んで、後の問いに答えなさい。ただし、本文の表記を一部変更したところがある。

ここ数年、人工知能へのマスコミの注目度も高くなる一方なので、関連する[注1]シンポジウムや[注2]ラウンドテーブルなどが数多く開かれるようになり、私もその司会や進行役を頼《たの》まれることが頻繁《ひんぱん》になりました。これまでも、人工知能には大きな関心を寄せてきたつもりですが、そういう場に参加すると、実用化目前の新技術などの知識はもちろん、その将来的な未来像についてもより深く知る機会が増え、驚《おどろ》かされることばかりです。

　そうした専門家による[注3]プレゼンを聴《き》いている中でも、実用化が近い話としてとくに興味をひかれたのは、スカイプ通話（ネット回線を通じた通話サービス）における「リアルタイムの同時通訳機能」が日本語にも対応するという話でした。たとえば、日・米間でスカイプを通じた社内会議をする場合に、あちらは英語でしゃべり、こちらは日本語でしゃべっても、ふつうに議論ができてしまうのです。

「じゃあ、これから日本人は必死に A を勉強しなくてもよくなるのですか？」と司会である私がプレゼンターの米国人に質問すると、同じことを感じた人も多かったようで会場が沸《わ》きます。プレゼンターは気負いもなく「少なくとも B の仕事はなくなるでしょうね」と英語で答えたのですが、これがまさに人間の同時通訳者を介《かい》して C で来場者に伝えられたので、会場はなんとも言えない妙《みょう》な笑いに包まれました。

　しかし、人工知能もまだまだ万能《ばんのう》ではありません。将来の話として、専門家の話で逆に安心させられたのは、

「人工知能は、これから3年から5年で有名大学の入試にも受かるような知能は獲得《かくとく》しますが、①小学校3年生程度の〝常識〟でも、これを獲得するまでにはあと10年以上はかかるでしょう」

2024年度

成田高等学校付属中学校入試問題（一般）

【算　数】（50分）　＜満点：100点＞

【注意】 答えが分数になる場合は，これ以上約分できない分数で答えなさい。

1 次の計算をしなさい。

(1) $37 \times 18 - (14 + 56 \div 7)$

(2) $\left(\frac{7}{8} + 1\frac{1}{6}\right) \div 1\frac{3}{4}$

(3) $1.24 \times 3.95 + 87.6 \times 0.395$

(4) $4.8 \div 1\frac{7}{9} - \left(2.4 - 1\frac{3}{5}\right) \times 2.5$

2 次の問いに答えなさい。

(1) 1から100までの整数の中で，2でも3でも割り切れる整数は全部で何個ありますか。

(2) 持っているお金をすべて使って，1個160円のゼリーを買うと，1個200円のプリンより3個多く買え，どちらを買うときもおつりはありませんでした。持っているお金は何円ですか。ただし，消費税は考えないものとします。

(3) さいふの中に10円硬貨《こうか》が3枚，50円硬貨が1枚，100円硬貨が2枚あります。これらの硬貨の一部または全部を使って支払うことができる金額は全部で何通りありますか。

(4) 右の図のような，半径10cm，中心角72°のおうぎ形（円を2本の半径で切り取ってできる図形）の面積は何cm^{2}ですか。ただし，円周率は3.14とします。

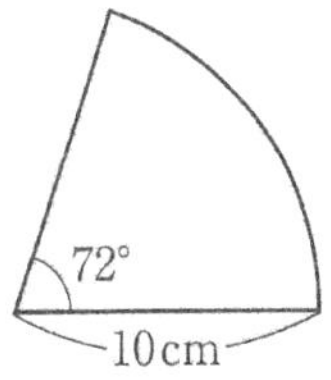

3 次の問いに答えなさい。

(1) 正六角形ABCDEFの辺AB，CD，EFの真ん中の点をそれぞれP，Q，Rとします。また，対角線AD，BE，CFは1点で交わり，その点をOとするとき，次の①，②に答えなさい。

① 正六角形ABCDEFと三角形ADPの面積の比を最も簡単な整数の比で表しなさい。また，図や式と言葉を使って説明しなさい。ただし，答えのみ書いた場合は不正解となります。

② 正六角形ABCDEFと正三角形PQRの面積の比を最も簡単な整数の比で表しなさい。

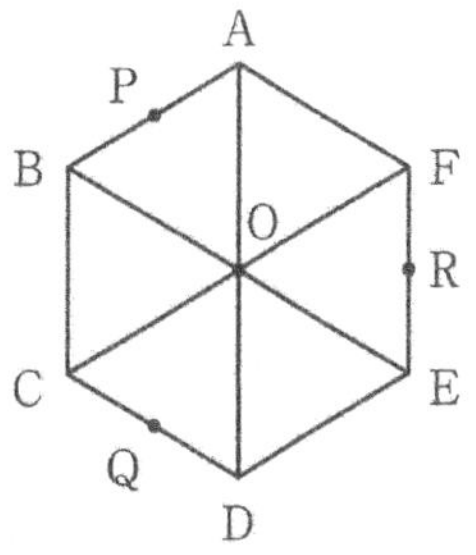

⑵　正六角形の頂点を１つおきに結んで正三角形を２個かくことで，少し小さめの正六角形をつくり，小さな正三角形６個を黒くぬりつぶします。この操作《そうさ》を何回かくり返すとき，次の①，②に答えなさい。

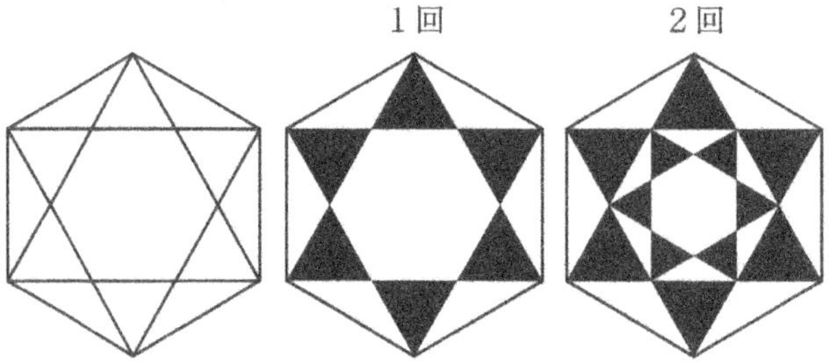

①　操作を１回終えたとき，もとの正六角形と内側の正六角形の面積の比を最も簡単な整数の比で表しなさい。

②　操作を３回終えたとき，黒くぬりつぶされた部分と白い部分の面積の比を最も簡単な整数の比で表しなさい。

4

一定の速さで流れる川に沿《そ》って，下流にあるＡ地点から20㎞離《はな》れた上流にあるＢ地点の間をある船が往復します。右のグラフは，そのときの時間とＡ地点からの距離《きょり》の関係を表したものです。次の問いに答えなさい。

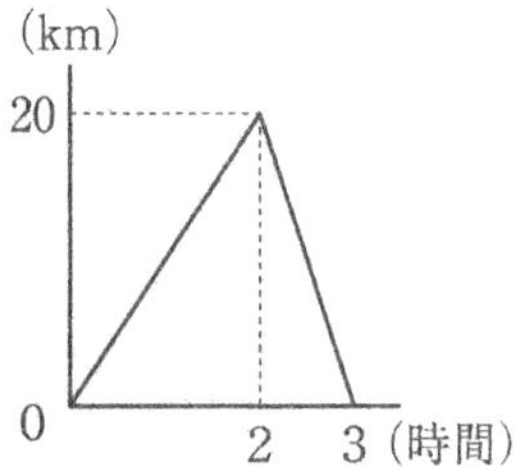

⑴　この船の上りと下りの速さはそれぞれ時速何㎞ですか。

⑵　この船の静水時の速さと川の流れの速さはそれぞれ時速何㎞ですか。図や式と言葉を使って説明しなさい。ただし，答えのみ書いた場合は不正解となります。

⑶　ある日，Ａ地点からＢ地点へ向かう途中《とちゅう》で船のエンジンが止まり，川の流れの速さで下流へ流されてしまいました。１時間後エンジンが直ったので，はじめと同じ速さでＢ地点に向かいました。このとき，Ｂ地点に着くのはＡ地点を出発してから何時間何分後か求めなさい。

⑷　ある日，船の静水時の速さを1.4倍にして，Ａ地点からＢ地点まで進みました。このとき，Ｂ地点に着くのはＡ地点を出発してから何時間何分後か求めなさい。

5

同じ数を２回かけた数どうしのひき算は，もとの２つの数の和と差の積に等しくなります。

たとえば，

$91=100-9$

$=10\times10-3\times3$

$=(10+3)\times(10-3)$

$=13\times7$

となることが右の図からわかります。

後の問いに答えなさい。

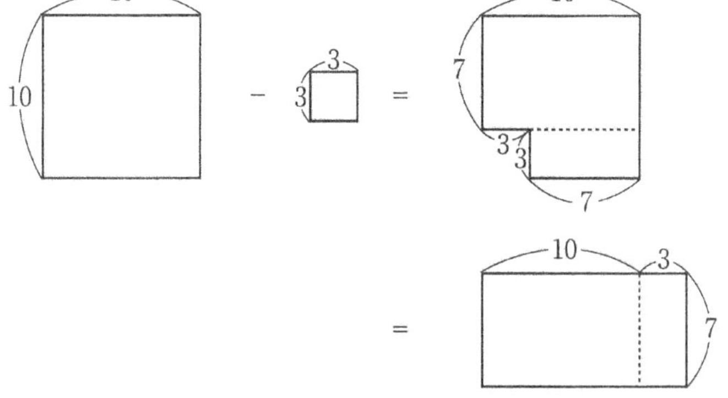

⑴　次の ア ～ エ にあてはまる整数をそれぞれ求めなさい。

143＝144－1

＝ ア × ア － イ × イ

＝ ウ × エ （ただし， ウ は エ より大きい）

⑵　次のように，分母が143の分数を142個並べて，その集まりを（※）とします。

$$\frac{1}{143},\ \frac{2}{143},\ \frac{3}{143},\ \cdots,\ \frac{141}{143},\ \frac{142}{143}$$ ⇒　（※）

このとき，次の①～③に答えなさい。

①　⑴より，1～142の中に ウ の倍数と エ の倍数はそれぞれ何個あるか求めなさい。

②　（※）の分数の中に約分できるものは全部で何個あるか求めなさい。

③　たとえば，$\frac{11}{143}=\frac{1}{13}$のとき，$\frac{143-11}{143}=\frac{12}{13}$のように，$\frac{B}{A}$が約分できるとき，$\frac{A-B}{A}$も約分できます。

（※）の分数の中のそれ以上約分できない分数をすべてたしたときの和を求めなさい。

【理科・社会】（50分）　＜満点：各50点＞

理科

1　ヒトのだ液のはたらきについて調べるために実験を行いました。後の問いに答えなさい。

【実験】　4本の試験管A～Dを用意し，それぞれの試験管にデンプン溶液《ようえき》を4㎤ずつ入れ，さらに試験管A，Cには水でうすめただ液を1㎤ずつ入れ，試験管B，Dには水を1㎤ずつ入れました。図のように，5℃の水を入れたビーカーXに試験管A，Bを，40℃の水を入れたビーカーYに試験管C・Dを入れて，10分間つけました。その後，試験管A～Dに少量のZある薬品を入れて，色の変化を調べ，結果を表にまとめました。

図

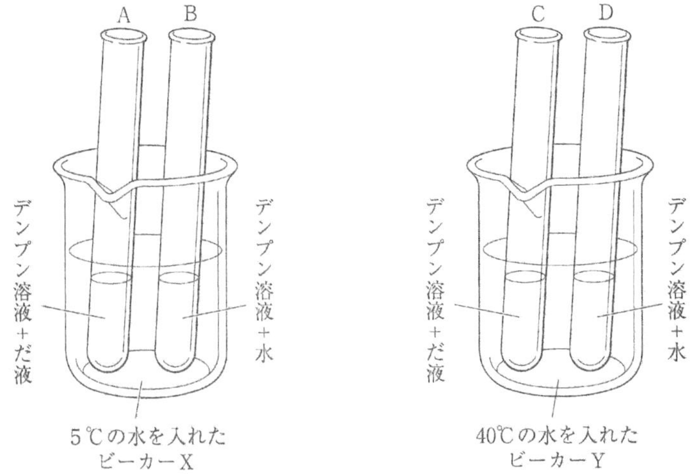

【実験の結果】

試験管	A	B	C	D
色の変化	青むらさき色になった	青むらさき色になった	変化なし	青むらさき色になった

(1)　下線部Zについて，ある薬品を何といいますか。

(2)　結果から，ヒトのだ液は適度な温度によってはたらくことを確かめるために，試験管A～Dのうち，どの試験管とどの試験管の結果を比べればよいですか。適当なものを次の**ア～カ**から1つ選び，記号で答えなさい。

ア　試験管Aと試験管B　　**イ**　試験管Aと試験管C
ウ　試験管Aと試験管D　　**エ**　試験管Bと試験管C
オ　試験管Bと試験管D　　**カ**　試験管Cと試験管D

(3)　試験管Cと試験管Dの結果を比べたときにわかるだ液のはたらきは何ですか。**20文字以内**で答えなさい。

2　次のページの**図1**は，千葉県である日に見られた上弦《じょうげん》の月を観察したようすです。また，**図2**は，地球を北極側から見たときの太陽，地球，月の位置関係を表しています。後の問いに答えなさい。

図１

図２

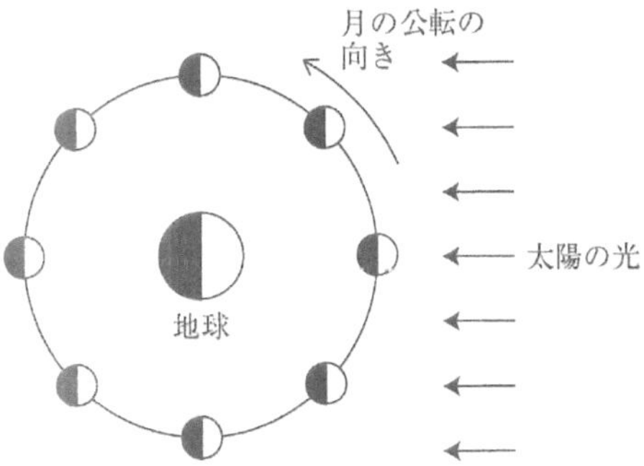

(1)　**図１**のような上弦の月が真南の空に観察されるのはいつですか。**図２**を参考にして，適当なものを次の**ア**～**エ**から１つ選び，記号で答えなさい。

ア　日の出のころ　　**イ**　正午ごろ　　**ウ**　日の入りのころ　　**エ**　真夜中ごろ

(2)　次に**図１**のような上弦の月が再び真南の空に見られるのは，およそ何日後ですか。適当なものを次の**ア**～**カ**から１つ選び，記号で答えなさい。

ア　約３日後　　**イ**　約７日後　　**ウ**　約14日後

エ　約20日後　　**オ**　約30日後　　**カ**　約70日後

(3)　**図１**のときから４日後の同じ時刻《じこく》に見える月の形として適当なものを次の**ア**～**エ**から１つ選び，記号で答えなさい。ただし，見えない部分を黒くぬりつぶしています。

ア　　**イ**　　**ウ**　　**エ**

3　てこのはたらきについて調べるために実験を行いました。後の問いに答えなさい。

【実験】　**図１**のように，実験用てこの左のうでに，１個10gのおもりを６個，２の位置につるしました。次に，右のうでに同じおもりを３個つなげて，ある位置につるしたときに，てこが水平になってつり合いました。

図１

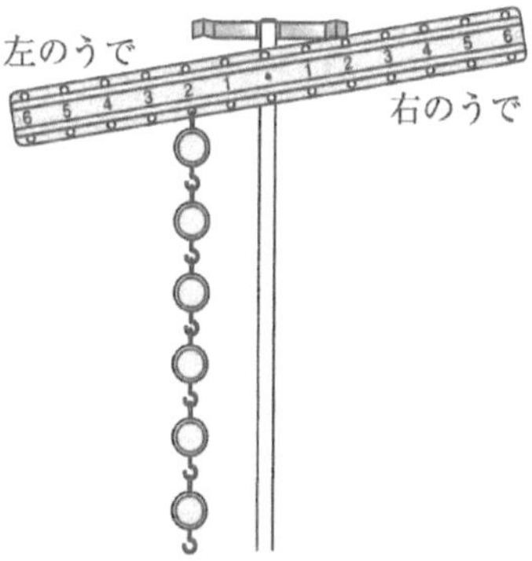

(1)　実験で，右のうでにつるしたおもりの位置はどれですか。適当なものを**図１**の**１**～**６**から１つ選び，番号で答えなさい。

(2)　太さが一様な棒《ぼう》とひも，色々な重さのおもりを使って，てこを作りました。すべての棒が水平になってつり合っているてこはどれですか。適当なものを次のページの**ア**～**カ**から**すべて**選び，記号で答えなさい。ただし，棒とひもの重さは無視《むし》できるものとします。

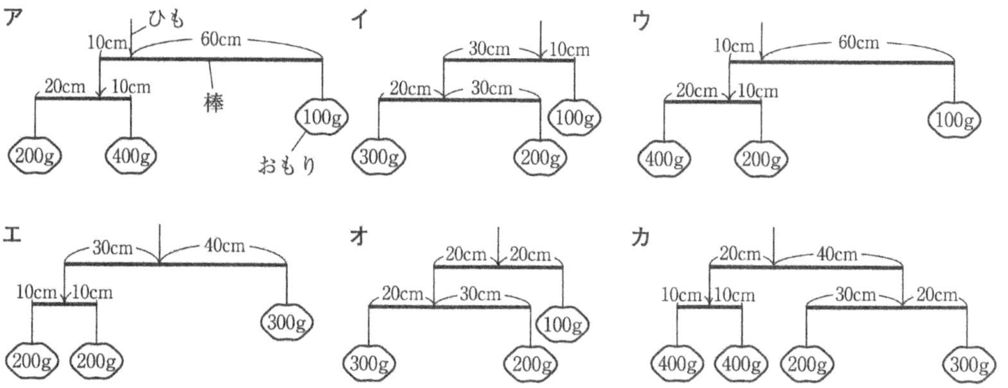

(3) **図2**は，はさみとピンセットの支点，力点，作用点の位置を表したものです。ピンセットの支点，力点，作用点の位置ははさみと異《こと》なりますが，ピンセットの場合，作用点に加わる力の大きさは，はさみとどのように異なりますか。「作用点に加わる力の大きさは，」の書き出しに続けて，また，「力点」という言葉を使用して，**20文字以内**で答えなさい。

図2

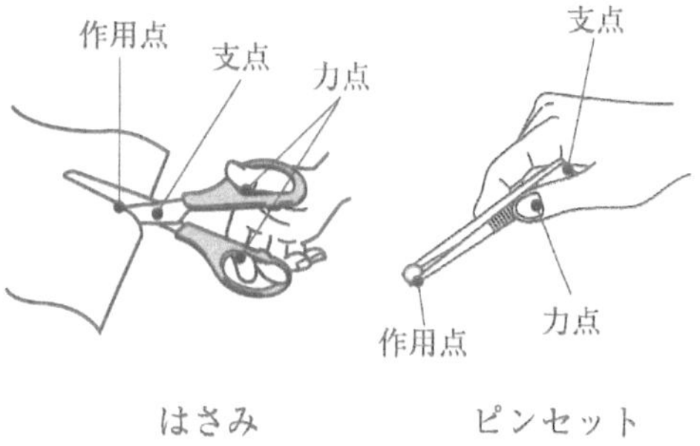

4 ものの燃え方について調べるために実験を行いました。後の問いに答えなさい。

【実験】 かわいた集気びんの中の空気にふくまれる気体を調べた後，**図1**のように　火のついたろうそくを入れ，ふたをしました。しばらくして火が消えた後，再び集気びんの中の空気にふくまれる気体を調べました。**図2**は，ろうそくを燃やす前と燃やした後の空気にふくまれるおもな3種類の気体を■，▲，●で表したものです。

図1

【実験の結果】

図2

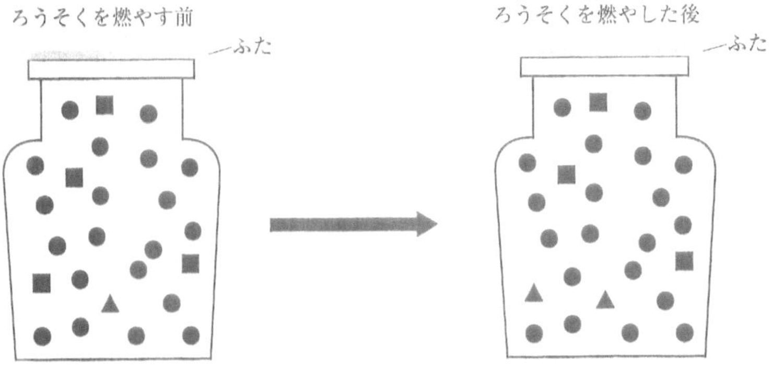

●の数が最も多く，
次に■の数が多く，
▲の数はとても少ない。

●の数は変わらず，
■の数は減り，
▲の数は増えた。

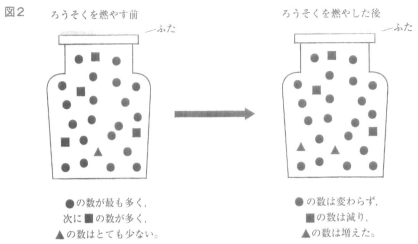

(1)　前のページの図２の■，▲，●はそれぞれ何の気体を表していますか。■，▲，●と気体の名前の組み合わせとして適当なものを次の**ア**～**カ**から１つ選び，記号で答えなさい。

ア　■：ちっ素　▲：二酸化炭素　●：酸素
イ　■：ちっ素　▲：酸素　●：二酸化炭素
ウ　■：二酸化炭素　▲：ちっ素　●：酸素
エ　■：二酸化炭素　▲：酸素　●：ちっ素
オ　■：酸素　▲：ちっ素　●：二酸化炭素
カ　■：酸素　▲：二酸化炭素　●：ちっ素

(2)　次の**ア**～**エ**のようにしてろうそくを燃やしたとき，１つだけ最後まで燃え続けたものがありました。燃え続けたものとして適当なものを１つ選び，記号で答えなさい。

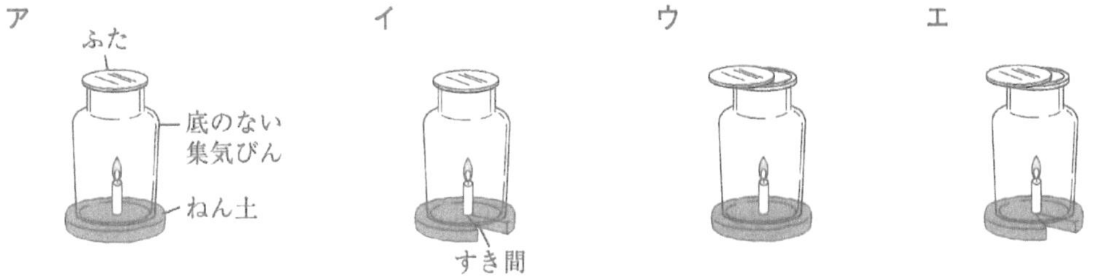

(3)　二酸化炭素は，地球温暖《おんだん》化《か》の原因となる気体の１つです。この二酸化炭素が，大気中に排出《はいしゅつ》される量と，大気中から吸収《きゅうしゅう》される量が等しくなる，というカーボンニュートラルの考えから，私《わたし》たちの生活ではプラスチックよりも木材や紙製品を使うことがすすめられています。プラスチックよりも木材や紙製品を使うことがすすめられている理由として適当なものを次の**ア**～**エ**から１つ選び，記号で答えなさい。

ア　木材や紙製品を作る過程では，二酸化炭素が全く排出されないから。
イ　木材や紙製品は，二酸化炭素を吸収する植物から作られているから。
ウ　プラスチックを作る過程で大量の酸素が必要になるから。
エ　プラスチックの材料である石油は，少ししか二酸化炭素を吸収しないから。

社会

5　次の地図とＡ～Ｄの説明文について，後の問いに答えなさい。

Ａ　この県の一部は，江戸《えど》時代には「加賀百万石《かがひゃくまんごく》」として繁栄《はんえい》しており，現在でも古都の街並みや優《すぐ》れた伝統工芸・伝統文化が受け継《つ》がれています。県庁所在地の［　①　］市には兼六園《けんろくえん》があり，水戸《みと》市の偕楽園《かいらくえん》・岡山市の後楽園《こうらくえん》と並んで日本の三名園と称《しょう》されています。

Ｂ　この県の北東には，富士山《ふじさん》がそびえています。農業では②ある工芸農作物の栽培《さいばい》がさかんで，工業では浜松《はままつ》市を中心に③東海《とうかい》工業地域が発達しています。また，④遠洋漁業の基地としてかつおやまぐろの水揚《あ》げ量が全国有数をほこる漁港があります。

Ｃ　この県では，世界遺産に登録されている白川郷《しらかわごう》の合掌造《がっしょうづく》りが見られます。また，県内を木曽三《きそさん》川《せん》と呼ばれる３つの川が流れています。その流域に広がる濃尾《のうび》平野には川に囲まれた標高が低い地域があり，そこでは⑤輪中《わじゅう》がつくられました。

Ｄ　この県は日本で最も工業生産額が多い県であり，日本一の生産額をほこる中京《ちゅうきょう》工業地帯の中心地となっています。⑥名古屋《なごや》港が位置しており，つくられた製品は外国にも輸出されています。また，金のしゃちほこがある名古屋城が名所となっています。

(1)　Ａ～Ｄに当てはまる県として最も適当なものを地図中のア～ケから１つずつ選び，記号で答えなさい。

(2)　［　①　］に当てはまる県庁所在地名を答えなさい。

⑶　下線部②について，次のＸ～Ｚは，工芸農作物である茶・いぐさ（たたみの原料）・こんにゃくいもの収穫《しゅうかく》量の都道府県別内訳を示したものです。それぞれのグラフが示している工芸農作物の組み合わせとして最も適当なものを後の**ア**～**カ**から１つ選び，記号で答えなさい。

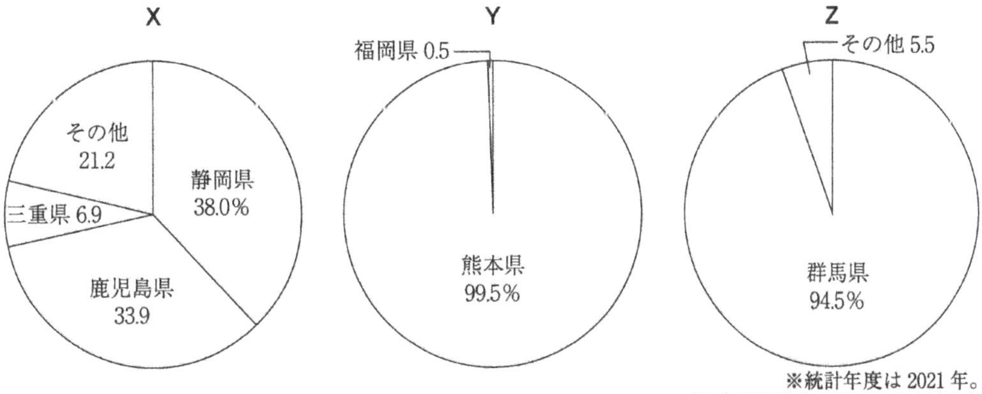

※統計年度は 2021 年。
（日本国勢図会 2022/23 などより）

ア　Ｘ：こんにゃくいも　Ｙ：いぐさ　Ｚ：茶
イ　Ｘ：こんにゃくいも　Ｙ：茶　Ｚ：いぐさ
ウ　Ｘ：いぐさ　Ｙ：こんにゃくいも　Ｚ：茶
エ　Ｘ：いぐさ　Ｙ：茶　Ｚ：こんにゃくいも
オ　Ｘ：茶　Ｙ：いぐさ　Ｚ：こんにゃくいも
カ　Ｘ：茶　Ｙ：こんにゃくいも　Ｚ：いぐさ

⑷　下線部③で他の地域と比べてさかんに生産されているものとして適当なものを次の**ア**～**ク**から２つ選び，記号で答えなさい。

ア　衣類　**イ**　鉄鋼　**ウ**　IC（集積回路）　**エ**　オートバイ（二輪車）
オ　時計　**カ**　めがね　**キ**　ピアノ　**ク**　石油製品

⑸　下線部④の漁港として最も適当なものを次の**ア**～**エ**から１つ選び，記号で答えなさい。

ア　銚子《ちょうし》港　**イ**　焼津《やいづ》港　**ウ**　石巻《いしのまき》港　**エ**　釧路《くしろ》港

⑹　下線部⑤について，次の図は，輪中のしくみを示したものです。これを参考にして，輪中のつくりの特徴《とくちょう》とその目的として考えられることを簡潔に答えなさい。

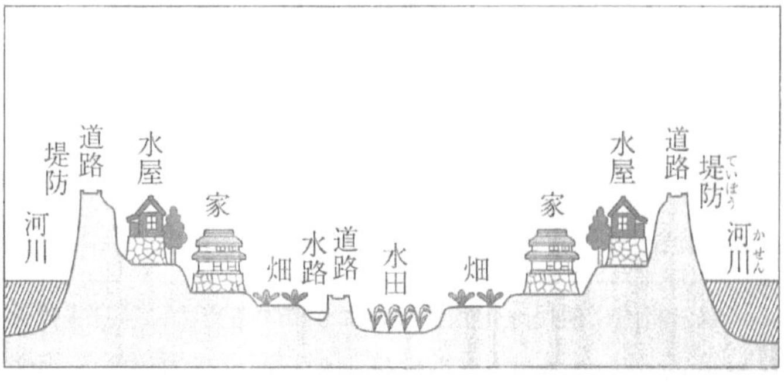

⑺　下線部⑥について，次のページの**ア**～**エ**は，それぞれ東京港・千葉港・成田《なりた》国際空港・名古屋港における輸出品目の上位２品目とその割合，輸出総額を示したものです。名古屋港に当てはま

るものとして最も適当なものを**ア**～**エ**から１つ選び，記号で答えなさい。

ア

品目	割合（%）
半導体等製造装置	9.1
科学光学機器	5.8
総額　12.8 兆円	

イ

品目	割合（%）
石油製品	30.6
鉄鋼	21.0
総額　0.8 兆円	

ウ

品目	割合（%）
半導体等製造装置	7.6
プラスチック	4.8
総額　6.5 兆円	

エ

品目	割合（%）
自動車	23.1
自動車部品	16.8
総額　12.5 兆円	

※半導体等製造装置…ＩＣ（集積回路）などを製造するために用いる装置。
※科学光学機器…デジタルカメラや顕微鏡《けんびきょう》など光の作用や性質を利用した機器。
※統計年度は 2021 年。　　　　　　　　　　　　（日本国勢図会 2023/24 より）

6　次の表は，各時代の戦いをテーマにまとめたものです。これを見て，後の問いに答えなさい。

時　　代	説　　明
①弥生《やよい》時代	約 2500 年前，中国や朝鮮《ちょうせん》半島から移り住んだ人々によって米づくりの技術が伝えられ，米づくりがさかんになったこの時代になると，土地や水をめぐって他のむらと争いがおこるようになった。
平安《へいあん》時代	都や各地の武士たちは，朝廷《ちょうてい》や貴族の勢力争いに関わることで，しだいに力をのばした。その中でも平氏《へいし》一族が政治に大きな影響《えいきょう》力を持つようになると，のちに征夷大将軍《せいいたいしょうぐん》となった［　②　］が兵を挙げ，壇ノ浦《だんのうら》で平氏を滅《ほろ》ぼした。
安土桃山《あづちももやま》時代	織田信長《おだのぶなが》は，桶狭間《おけはざま》の戦いなどで周囲の有力な大名をたおして勢力を広げ，全国統一を目指した。信長の死後に支配力を強めた③豊臣秀吉《とよとみひでよし》は，全国の大名を従えて全国統一を成し遂《と》げた。
④江戸時代	初期には豊臣氏が滅んだ大阪冬の陣・夏の陣がおこり，末期には長州征伐《ちょうしゅうせいばつ》や薩《さつ》英《えい》戦争などがおこった。中期を中心とした百数十年は争いが少なかったが，1830 年代には⑤ききんの発生により百姓一揆《ひゃくしょういっき》や打ちこわしが多発した。
⑥明治《めいじ》時代	欧米《おうべい》諸国に植民地化されないようにするために，日本は近代化政策を進め，やがて海外への進出を目指した。1894 年には⑦日清《にっしん》戦争，1904 年には日露《にちろ》戦争がおこり，日本と世界の国々との関係は変化していった。

(1)　下線部①を説明した文として最も適当なものを次の**ア**～**エ**から１つ選び，記号で答えなさい。

ア　豪族《ごうぞく》たちが連合して，大和《やまと》朝廷（大和政権）をつくった。

イ　倭《わ》の奴国《なこく》の王が中国に使いを送り，金印を授《さず》かった。

ウ　現代よりも海面が低く，マンモスなどの大型動物を狩《か》っていた。

エ　現在の近畿《きんき》地方を中心に巨大《きょだい》な前方後円墳《ぜんぽうこうえんふん》が数多くつくられた。

(2)　② に当てはまる人物名を答えなさい。

(3)　下線部③について，豊臣秀吉の政策について説明した次の文章中の（　）に当てはまる内容を，「身分」という語句を使用して，簡潔に答えなさい。

豊臣秀吉は，全国に家来を派遣《はけん》して，田畑の面積を測り，土地の良しあしや収穫量，耕作している人々の名前を記録した。また，百姓に対して右の**資料**のような命令を出した。これらの政策によって，（　　　　　　　　）。

資料

一，百姓が，刀・弓・やり・鉄砲《てっぽう》などの武器を所有することは厳しく禁止する。……もしも一揆をくわだてる者がいれば，当然罰《ばっ》する。……

（「小早川家文書」より一部要約）

(4)　下線部④におこった次の**ア**～**エ**のできごとを年代の古い順に並べた時，**3番目**になるのはどれですか。記号で答えなさい。

ア　民衆の意見を聞くために，江戸に目安箱《めやすばこ》が設置された。

イ　平戸《ひらど》のオランダ商館が出島に移された。

ウ　重い年貢《ねんぐ》とキリスト教信者への迫害《はくがい》に反対して島原《しまばら》・天草《あまくさ》一揆がおこった，

エ　松平定信《まつだいらさだのぶ》が昌平坂学問所《しょうへいざかがくもんじょ》を設置し，幕府《ばくふ》の家臣などに朱子学《しゅしがく》を学ばせた。

(5)　下線部⑤について，大阪では，幕府の元役人である人物が，ききんで苦しんでいる人々を役人が救おうとしないことに抗議《こうぎ》して，1837年に兵を挙げました。この人物名を答えなさい。

(6)　下線部⑥の文化として**誤っているもの**を次の**ア**～**エ**から１つ選び，記号で答えなさい。

ア　牛肉やパンなどが食べられるようになった。

イ　銀座《ぎんざ》にれんがづくりの街並みが完成した。

ウ　ラジオ放送が開始され，野球の実況《じっきょう》放送などが人気となった。

エ　洋服を着る人や西洋風の髪型《かみがた》にする人が増えた。

(7)　下線部⑦について，右の図は，日清戦争前の国際関係を風刺《ふうし》した絵であり，描《えが》かれている人物や魚は，それぞれある国や地域を表しています。図の**X**と**Y**が表す国や地域の組み合わせとして最も適当なものを後の**ア**～**エ**から１つ選び，記号で答えなさい。

ア　**X**：アメリカ合衆国　　**Y**：中国（清《しん》）

イ　**X**：アメリカ合衆国　　**Y**：朝鮮

ウ　**X**：ロシア　　**Y**：中国（清）

エ　**X**：ロシア　　**Y**：朝鮮

7　次のＡ・Ｂの文章を読んで，後の問いに答えなさい。

Ａ　国の権力は，立法権・行政権・司法権の三権に分けられ，それぞれの権力は①国会・内閣・②裁判所が担当しています。このように，日本は国の権力を三つに分け，それぞれ独立した機関に担当させる③三権分立をとっています。また，政府は国民が払《はら》う税金によって公共サービスを提供しています。そのうちの１つとして④社会保障制度があり，国民生活を支えるためのさまざまな支援《しえん》を行っています。

Ｂ　第二次世界大戦後，世界の平和と安全を実現するために国際連合（国連）が創設されました。しかし現代，⑤地域紛争《ふんそう》や内戦は増加傾向《けいこう》にあります。それに伴《ともな》って難民も増えており，国連難民高等弁務官事務所（UNHCR）によって難民を保護する活動も行われています。2022年２月には，ウクライナの ⑥ 加盟を警戒《けいかい》してロシア連邦《れんぽう》がウクライナへの軍事侵攻《しんこう》を開始しました。また，2023年４月にも⑦スーダンで戦闘《せんとう》が発生するなど，平和の実現は容易ではありません。

⑴　下線部①について説明した文として最も適当なものを次の**ア**～**エ**から１つ選び，記号で答えなさい。

ア　国民に対して，憲法改正の発議をすることができる。

イ　参議院《さんぎいん》と貴族院《きぞくいん》の２つの議院で構成されている。

ウ　内閣不信任の決議は，参議院のみ行うことができる。

エ　天皇の国事行為に助言や承認をあたえる。

⑵　下線部②のうち，最高裁判所は法律などが合憲か違憲《いけん》かについての最終決定権を持っているため，「 X 」と呼ばれています。 X に当てはまる語句を答えなさい。

⑶　下線部③について，次の図は，日本の三権分立のしくみを示したものです。図中の**Y**に当てはまる内容として最も適当なものを後の**ア**～**エ**から１つ選び，記号で答えなさい。

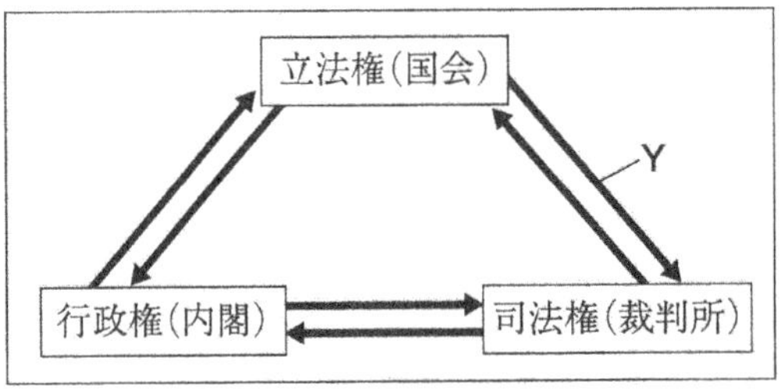

ア　内閣総理大臣を指名する。　　　　　　**イ**　国会の召集《しょうしゅう》を決める。

ウ　裁判官をやめさせるかどうかの裁判を行う。　**エ**　最高裁判所長官を指名する。

⑷　下線部④について，次のページの表は，日本の社会保障制度の４つの柱についてまとめたものであり，**a**～**d**にはそれぞれ社会保険・公的扶助《ふじょ》・社会福祉《ふくし》・公衆衛生のいずれかが当てはまります。**a**・**c**に当てはまるものの組み合わせとして最も適当なものを後の**ア**～**カ**から１つ選び，記号で答えなさい。

ア　a：社会保険　c：公衆衛生　　**イ**　a：社会保険　c：社会福祉

ウ　a：社会福祉　c：公的扶助　　**エ**　a：公的扶助　c：社会福祉

オ　a：公衆衛生　c：公的扶助　　**カ**　a：公衆衛生　c：社会保険

a	b
地方自治体の保健所などを通して感染症《かんせんしょう》などの病気を予防し，人々の健康を増進させるための体制をつくること。	お年寄りや障がいを持っている人など，社会的に立場が弱い人々の生活を保障し，生活の安定を進めるしくみ。
c	**d**
さまざまな事情で収入が少なく，生活に困っている人に対して，国や地方公共団体が生活費などを出して救済するしくみ。	病気やけがをしたときや老後などに給付を受けられるしくみ。労働者や会社が積み立てたお金を運用する。

⑸　下線部⑤について，国連は紛争や内戦がおこった地域で停戦や選挙の監視《かんし》などの活動を行っており，日本の自衛隊も道路や橋などの修理，医療《いりょう》支援などを行ってきました。この活動の名称を答えなさい。

⑹　［⑥］に当てはまる語句を答えなさい。

⑺　下線部⑦について，スーダンの位置として最も適当なものを次の地図中の**ア～エ**から１つ選び，記号で答えなさい。

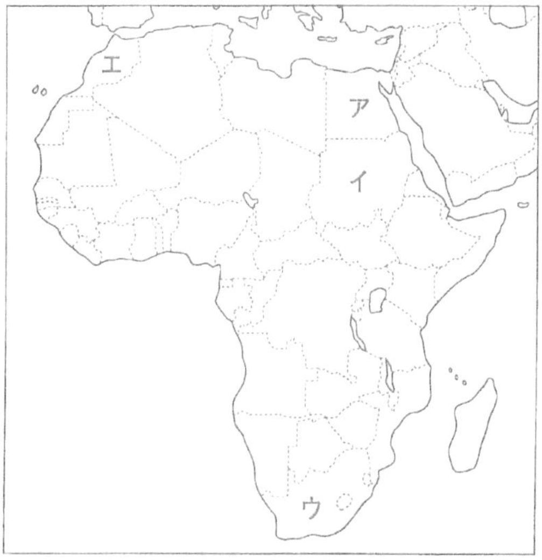

イ　英理子の考えは航介にもよく理解できておらず、雪乃に説明できなかったから。

ウ　英理子の考えを航介が説明すると、雪乃が航介の考えを鵜呑《うの》みにしてしまうから。

エ　雪乃の疑問に正解はなく、いろいろと自分で考えることに意味があるから。

問八　傍線部⑤「雪乃の言葉づかいを面白く思ったらしい」とあるが、航介は雪乃のどのような言葉に対して、「面白く思った」のか。本文中から**十三字**で抜き出して答えなさい。

問九　傍線部⑥「俺の考え」についての説明として最も適当なものを次の**ア**～**エ**から一つ選び、記号で答えなさい。

ア　学校には行っても行かなくてもいいが、勉強はきちんとすべきであるという考え。

イ　学校はがまんして行くところではないから、行かなくてもかまわないという考え。

ウ　何となく好きなものや人とつながれるならば、学校に行く必要はないという考え。

エ　好きなことをやるときに頑張れるように、学校には行ったほうがいいという考え。

問十　傍線部⑦「航介はなぜか嬉しそうに笑っている」とあるが、このときの航介の様子を見た雪乃の心情について説明した次の一文の（　）に当てはまる言葉を、**二十字以上二十五字以内**で答えなさい。ただし、句読点や記号も一字とする。

娘の前で母親をほめる父親にあきれるいっぽうで、（　　　　）を誇らしく思っている。

問十一　本文にえがかれている航介の人物像として最も適当なものを次の**ア**～**エ**から一つ選び、記号で答えなさい。

ア　一般《いっぱん》的な価値観を気にせず、臨機応変に行動できるたよりがいのある人物。

イ　物事を深刻に考えず、面白いと思ったことを夢中で追求する子どものような人物。

ウ　頑張りすぎず、何事もほどほどの力でやることができる適応力の高い人物。

エ　娘の気持ちや考えを尊重し、せかさずに成長を見守ろうとするおおらかな人物。

問十二　この文章についての説明として最も適当なものを次の**ア**～**エ**から一つ選び、記号で答えなさい。

ア　たとえを使って美しい雪山の情景を視覚的に表現し、自然のなかで雪乃の心がのびやかに開かれていく様子を描《えが》いている。

イ　航介による娘の雪乃や妻の英理子の呼び方のちがいによって、家族に対して航介が感じている心のきょりを暗示している。

ウ　航介との会話を通して、雪乃が自分自身について深く考えをめぐらし、少し頑張ってみようと決意する姿を描いている。

エ　学校に行けないことになやむ雪乃が航介の言葉を聞いて新たな視点を得ると共に、家族を思う気持ちを再確認《かくにん》している。

んだろうか。それも、娘の前で。

あきれてしまういっぽうで、雪乃としてはやっぱり誇《ほこ》らしい。田舎と東京、遠く離れて暮らすことを選びはしても、けっして心まで離れてしまったわけじゃない。お父さんはお母さんのことを心から尊敬していて、今も変わらず大好きなんだ。そう思えて安心する。

（村山由佳『雪のなまえ』徳間書店より）

注1　CG……コンピューター・グラフィックスの略称《りゃくしょう》。コンピューターを使用して画像などを作成・表示する技術。

問一　[A] に当てはまる言葉として最も適当なものを次の**ア**～**エ**から一つ選び、記号で答えなさい。

ア　目を疑った　**イ**　眉根を寄せた

ウ　耳をそばだてた　**エ**　鼻をうごめかした

問二　二重傍線部ⓐ「つくづく」ⓑ「すかさず」のここでの意味として最も適当なものをそれぞれ後の**ア**～**エ**から一つずつ選び、記号で答えなさい。

ⓐ　つくづく

ア　十分注意をして考える様子　**イ**　いやいやながら認める様子

ウ　何となく頭に浮かぶ様子　**エ**　心からそのように思う様子

ⓑ　すかさず

ア　すぐに　**イ**　うそでも　**ウ**　それとなく　**エ**　勢いよく

問三　傍線部①「英理子さん」とあるが、英理子さんはどのような人か。本文中から**四十字**で探し、初めと終わりの**三字**をそれぞれ抜き出して答えなさい。

問四　傍線部②「どうしてなのかな」とあるが、母親の態度に対する雪乃の心情として最も適当なものを次の**ア**～**エ**から一つ選び、記号で答えなさい。

ア　母親が自分のことをいろいろ心配しすぎてつかれてしまったのではないかと案じている。

イ　母親に何も言われなかったことをありがたく思いつつその真意がわからず困っている。

ウ　母親が自分のことを見捨ててしまったのではないかと少し不安な気持ちになっている。

エ　母親に文句を言われるとかくごしていたのに言われなかったのでひょうしぬけしている。

問五　傍線部③「答えが返ってこない」とあるが、なぜか。その理由について説明した次の一文の（　）に当てはまる言葉を、本文中から**五字**で抜き出して答えなさい。

雪乃が、英理子さんの考えとして（　　　）ことを言うので、かんちがいにもほどがあるとあきれていたから。

問六　本文中に次の一文を入れるとき、最も適当な箇所《かしょ》を[Ⅰ]、[Ⅱ]、[Ⅲ]、[Ⅳ]から一つ選び、記号で答えなさい。

すると航介は、両手でハンドルを握ったまま笑いだした。

問七　傍線部④「それについては、雪乃が自分で考えて、答えを見つけないとな」とあるが、航介がこのように言ったのはなぜか。その理由として最も適当なものを次の**ア**～**エ**から一つ選び、記号で答えなさい。

ア　航介が考えていることを伝えても、まだ雪乃には理解できないと思ったから。

の？　自分で考えてみるから、一応、参考までに聞かせてよ」
航介が、ほう、という顔になる。運転中だから相変わらず前を向いたままだけれど、⑤雪乃の言葉づかいを面白《おもしろ》く思ったらしい。Ⅱ
「一応、参考までに言うとだな。俺は、どっちだっていいと思ってる」
雪乃は、A。
「行っても行かなくても？」
「そう」
「学校、行かなくてもいいの？」
「いいよ」
「え、なんで」
Ⅲ
「なんでって、雪乃は行きたくないんだろう？　だったらべつに、いいよ。学校なんてとこ、無理してまで行くようなとこじゃない」
「……うーん」
「というのが⑥俺の考え」
なんだか無責任、と雪乃は思った。今にも口笛を吹《ふ》きそうな口調だ。
「母さんにはまた別の考えがあるかもしれないし、俺と母さんのどっちが正しいとか間違《まちが》ってるとかは言えない。どっちの意見にも正しい部分がかあるのと同時に、もしかすると両方とも間違ってるかもしれない。だからこそ雪乃には、遠回りでも。自分の頭で考えて答えを出してほしいと思うわけさ。学校へ行く行かないは別にして、とにかくまずは、今の時点できみが感じてる正直な気持ちを見きわめることが大事。それから、どんなことのためだったらもうちょっとだけ頑張《がんば》れるかな、って考えてみる。雪乃にも、あるだろ？　理由はないけど好きなものとか、興味を持ってることがさ。音楽でも芸能人でも、何でもいいけど」
「……うん。まあ、あるかな」
「いつかどこかで、雪乃自身が、そういう物事や人とつながることができたら、面白そうだと思わない？」
「……思うけど」
「だろ？〈頑張り〉っていうのはさ、そういう面白さを追求する時のためにあると思うんだ。言っとくけど、だからって頑張りすぎちゃ駄目《だめ》なんだからな。今よりもうちょっとだけ、くらいが肝腎《かんじん》。俺はさ、雪乃、ⓐつくづく思うんだよ。〈今よりもうちょっとの頑張り〉は、その人を美しく、かっこよくするもんだなあって」
「ねえ、それってもしかして……」雪乃は、父親のほうを向いた。「お母さんのこと言ってる？」
Ⅳ
「ほんとだ。言われてみりゃ確かにそうだなあ。あのひとこそは、〈今よりもうちょっとの頑張り〉を、生まれてこのかた、ずーっと続けてきたようなひとだよな。かっこいいと思わん？」
「すごく思う」
「だろ。まったく、俺の奥《おく》さんにはもったいない」
「ほんと」
「あっ、こら。そこは娘《むすめ》として、ⓑすかさずフォローするとこだろう」
「え、だって、ほんとにその通りだなって思うから」
「きみねえ、正直過ぎ」
⑦航介はなぜか嬉《うれ》しそうに笑っている。
父親が母親のことを、こんなにまっすぐに賛美する家って、他にある

三　次の文章を読んで、後の問いに答えなさい。

（あらすじ）

小学五年生の雪乃《ゆきの》は、いじめが原因で学校に行けなくなっていたため、転校して父の航介《こうすけ》と共に暮らしているが、まだ新しい学校に行けていない。航介は農業をするために仕事をやめて田舎《いなか》に移住しており、二人は東京で働く母の英理子《えりこ》と離《はな》れて暮らしている。

車は、道幅《みちはば》の狭い商店街を抜《ぬ》けてゆく。正面にはまるで白い屏風《びょうぶ》のように、雪を頂く山々がそびえている。東京では絶対に見られない光景だ。あまりに綺麗《きれい》すぎて、逆に注1CGみたいだ。

「お母さんさ」

「うん？」

「お母さん、あたしの学校のこと、最後まで何にも言わないまんまだったね」

「ああ。――そうか、気がついてたか」

「そりゃそうでしょ」と、雪乃は言った。「クリスマス前にこっちに来た時もほとんど何も言わなかったし、大晦日《おおみそか》の晩ごはんの時だって」

「何て言われると思ってた？」

「うーん……『このままじゃ勉強が遅《おく》れるばっかりだよ』とか……それか、『こっちの学校だったらちゃんと行けるんじゃなかったの？』とか」

「まあ、①英理子さんが言いそうなセリフではあるけどなあ」

「でも、言わなかった。ひとことも」

ハンドルを握《にぎ》る航介が、前方を見つめたまま無言で頷《うなず》いている。

「②どうしてなのかな」

「雪乃はどう思うんだ？」

「わかんない」

「考えて」

「……お母さんのことだから、いろいろ心配してないはずはないと思う。なのに何も言わないってことは、もしかして、あきらめちゃったのかなって」

「あきらめる？　何を」

「あたしのことを。あきらめるっていうか、あきれてるっていうか」

③答えが返ってこない。

返事に困っているんだろうなと思いながら運転席を見やると、父親は、おかしくてたまらないといったふうに口をへの字に結び、眉尻《まゆじり》を下げていた。

「え、なに。なんで笑ってるの？」

「いや、きみがあんまりワケのわかんないこと言うから」

横目でちらりと雪乃を見て続ける。[Ⅰ]

「あの英理子さんが、きみをあきらめるとか、どうでもよくなるとか、あり得ないでしょ。何を言ってんのかね、このお嬢《じょう》は」

「だったらどうして、学校のこと何も言わないの？」

航介は、笑《え》みを浮《う》かべたまま首を横にふった。

「④それについては、雪乃が自分で考えて、答えを見つけないとな」

「じゃあさ、お父さんはどうなの？」

「どうって」

「あたしが、こっちの学校へもなかなか行けてないとか、いいかげん行くべきだろうとか、そういうことについて。お父さんはどう思ってる由として最も適当なものを次の**ア**～**エ**から一つ選び、記号で答えなさい。

ア　たとえ自分と似た染色体の組み合わせを持つ人が存在したとしても、育つ環境《かんきょう》が異なれば個性は異なるから。

イ　一人ひとりが持つ染色体の組み合わせは無限大であり、同じ存在は絶対にあり得ないと言えるから。

ウ　人が持つ個性は染色体の組み合わせにより生み出されるものであり、表面的なものの影響《えいきょう》は受けないから。

エ　個性は服装や行動が統一された集団の中で過ごすことで、より自分で認識《にんしき》しやすくなるものだから。

問六　傍線部③「同じ個性は二つとありません」とあるが、これと似た意味で「□人□色」という四字熟語がある。それぞれの□に当てはまる**漢数字**を答えなさい。

問七　傍線部④「もっとも単純な仕組み」とあるが、多様性を生み出す単純な仕組みを説明した次の一文の[a]・[b]に当てはまる言葉を、本文中からaは**十二字**、bは**四字**で抜き出して答えなさい。

多様性は、両親の[a]や、染色体間に起こる一部の[b]などにより生み出される。

問八　[B]に当てはまるように、次の**ア**～**エ**の文を解答欄《らん》に合う形で並び替《か》え、記号で答えなさい。ただし、使わないものが一つある。

ア　DNAは目に見えないほど細い糸のような形をしています。

イ　父親と母親のDNAが、互《たが》いの染色体と組み合わさります。

ウ　この細い糸のようなDNAが巻き付けられたり、折りたたまれたりして、まとまった形になったものが染色体なのです。

エ　染色体は、DNAから作られています。

問九　傍線部⑤「あなただけの遺伝子」とあるが、どういう遺伝子か。それについて説明した次の一文の（　）に当てはまる言葉を、本文中から**四字**で抜き出して答えなさい。

DNAの（　　　）により作られる、両親や祖先とは異なる遺伝子。

問十　傍線部⑥「あなたが持つ個性に、意味がないはずがありません」とあるが、なぜか。その理由について説明した次の一文の（　）に当てはまる言葉を、**二十字以上二十五字以内**で答えなさい。ただし、句読点や記号も一字とする。

人の個性とは、（　　　）だから。

問十一　本文の内容に合うものを次の**ア**～**オ**から**二つ**選び、記号で答えなさい。

ア　生物が個性を生み出すしくみは複雑で個性は多様だが、理論上はまったく同じ個性が存在することは否定できない。

イ　近年の研究により、DNAには人間の多様性を生み出すための「体の設計図」としての働きがあることが明らかになった。

ウ　人は誰もが生まれながらにして、人間社会を生き抜くための武器としての個性をそれぞれ持っている。

エ　人は個性的であろうとして変わったことをしようとしがちだが、無理をするとかえって個性をそこなってしまう。

オ　人の個性には必ず居場所があり、意味があるので、意味がないという他人の声に耳を貸す必要はない。

「体の設計図」と呼ばれています。

じつは、ＤＮＡはこれまで紹介《しょうかい》してきた染色体の本体です。

B

父親と母親の染色体の組み合わせが作られるときに、このＤＮＡは、ところどころ変化して突然《とうぜん》変異が起きることが知られています。こうして、あなたの両親も、あなたの祖先も持たない、⑤あなただけの遺伝子が作られるのです。

遡《さかのぼ》って考えれば、あなたがそうであるように、あなたの両親もあなたの祖先も同じように生まれた、たった一つの X の個性ということになります。

ですから、この地球にどれだけたくさんの人がいても、あなたの代わりになる存在はありません。そして、長い人類の生命の歴史の中でも、あなたと同じ存在は過去にも未来にも生まれません。

この地球の歴史の中でたった一つだけ存在する他にはない個性なのです。

もし、あなたがいなくなってしまったとしたら、この地球上には二度と存在しえないものなのです。

そう考えれば、⑥あなたが持つ個性に、意味がないはずがありません。たとえ誰かがあなたの個性に意味がないと言い放っても、あなたの生まれた確率を考えれば、あなたの個性には必ず居場所があります。そして、必ず意味を見つけ出すことができるはずなのです。

（稲垣栄洋『はずれ者が進化をつくる　生き物をめぐる個性の秘密』ちくまプリマー新書より）

問一 X には「類似《るいじ》のものがないこと」を意味する「オ□□□ル」という五字のカタカナ語が入る。□□□に当てはまる**三字**を答えなさい。

問二 Ⅰ ～ Ⅲ に当てはまる語の組み合わせとして最も適当なものを次の**ア**～**エ**から一つ選び、記号で答えなさい。

ア　Ⅰ　一方　Ⅱ　さらに　Ⅲ　しかし
イ　Ⅰ　また　Ⅱ　しかも　Ⅲ　そのうえ
ウ　Ⅰ　しかし　Ⅱ　それでは　Ⅲ　つまり
エ　Ⅰ　しかも　Ⅱ　むしろ　Ⅲ　だから

問三 傍線《ぼうせん》部①「ルールや常識を破ることでもありません」とあるが、筆者がこのように述べる理由として最も適当なものを次の**ア**～**エ**から一つ選び、記号で答えなさい。

ア　ルールや常識を破らなくても、普通の人と異なることをして目立つことはできるから。
イ　ルールや常識を破ることは普通の人でもしがちなことで、個性的なことではないから。
ウ　ルールや常識は、人間社会で生きるうえで人が守らなければならない約束事だから。
エ　ルールや常識は、人間が社会において個性的な存在であるために不可欠なものだから。

問四 A に当てはまる言葉を本文中から**ひらがな五字**で抜き出して答えなさい。

問五 傍線部②「みんなと同じ制服を着ていても、みんなと整列していても、あなたの個性は失われることはありません」とあるが、その理

「個性」とは、生き抜《ぬ》くために与《あた》えられた能力です。個性は生きるためのあなたの武器です。

②みんなと同じ制服を着ていても、みんなと整列していても、あなたの個性は失われることはありません。

むしろ、個性はその中でこそ輝《かがや》いているものなのです。

ところで、この地球に生まれたあなたの個性は、世界でたった一つのものです。③同じ個性は二つとありません。

たとえば、私たちは一人ひとり顔が違います。

似ている人がいるかもしれませんが、まったく同じ顔の人はいません。

Ⅰ、世界には何十億人もの人がいます。そして、人類は何万年も世代をつないできました。本当に同じ個性は二つとないのでしょうか。

多様性は、どのようにして生み出されるのでしょうか。

④もっとも単純な仕組みで考えてみることにしましょう。

私たちの特徴《とくちょう》は、すべて遺伝子によって決まります。人間は、およそ二万五〇〇〇の遺伝子を持っているとされています。この二万五〇〇〇の遺伝子の違いによって、さまざまな特徴が生み出されるのです。

この遺伝子が集まって染色体《せんしょくたい》と呼ばれるものを形づくっています。

人間には四六本の染色体があります。染色体は二本で一組の対《つい》になっているので、人間には二三対の染色体があります。

子供は親から、一対につき二本ある染色体のうちのどちらかを引き継《つ》ぐことになります。父親から一本、母親から一本の染色体を引き継いで、二三対の染色体を作っていくのです。

Ⅱ、この二三対の染色体の組み合わせの違いだけで、どれだけの多様性を作りだせるか、考えてみましょう。

一番目の染色体で、片親の持っている二つの染色体のどちらを選ぶかは二通りです。

二番目の染色体で、どちらを選ぶかも二通りです。Ⅲ、一番目の染色体と二番目の染色体の組み合わせは二×二の四通りとなります。三番目の染色体の選び方も二通りだから、組み合わせは二×二×二の八通りとなります。これを二三本の染色体では、二×二×二×……が二三回繰《く》り返されて、およそ八三八万通りになります。

もちろん、これだけではありません。

これは片親が持つ二本で一対の染色体から、どちらを選んだかというだけの組み合わせです。

この組み合わせが、父親と母親のそれぞれに起こるので、組み合わせの数は八三八万×八三八万となり、七〇兆を超《こ》えることになります。

現在、世界の人口は七七億人ですが、両親が持つ、たった二三対の染色体の組み合わせを変えるだけでも、この一万倍もの多様性を生み出すことができるのです。

それだけでは、ありません。二つの染色体の一つを選び出す過程で、染色体と染色体の間では、その一部がこうかんされてしまうこともあります。

こうなれば、組み合わせは無限大です。

もちろん、生物が個性を生み出すしくみは、こんなに単純なものではありません。

ＤＮＡって聞いたことがありますか？

ＤＮＡは、私たちの体を作るための情報を持つ物体です。そのため、

【国　語】（五〇分）〈満点：一〇〇点〉

一　次のA～Cの各問いに答えなさい。

A　次の①～④が四字熟語になるように、□に当てはまる漢字をそれぞれ答えなさい。

①　言語道□　②　意気□合　③　温□知新　④　□転直下

B　次の①～④が慣用句になるように [X] ・ [Y] に当てはまる言葉を後から一つずつ選び、それぞれ記号で答えなさい。ただし、同じ記号は一回しか使えません。

①　[X] に [Y]
②　[X] を [Y]
③　[X] も [Y]
④　[X] が [Y]

X　**ア**　ねこの手　**イ**　身　**ウ**　筆
　　エ　的　**オ**　水
Y　**カ**　射る　**キ**　得る　**ク**　借りたい
　　ケ　立つ　**コ**　流す

C　次の①～④のカタカナ語と反対の意味のカタカナ語は何か。□に当てはまる**カタカナ**をそれぞれ答えなさい。

①　メリット　↔　□メリット
②　アマチュア　↔　□□フェッショナル
③　フィクション　↔　□□フィクション
④　ポジティブ　↔　□□ティブ

二　次の文章を読んで、後の問いに答えなさい。ただし、設問の都合上、本文の表記を一部変更《へんこう》したところがある。

「個性的」という言葉があります。

個性的というのは、他の人と違《ちが》ってユニークという意味で使われます。

しかし、「個性」とはユニークなことではありません。奇抜《きばつ》な格好をすることでもありません。

①ルールや常識を破ることでもありません。

個性は誰《だれ》もが持つものです。誰もが生まれながらにして、個性的なのです。

ただ、「個性的」であろうとすると、普通《ふつう》の人と違った行動をしなければならないのでは、と考えてしまったりします。変わったことをするのが「個性的」ではないのです。

また、個性的であることは、[A] の価値を認めることですが、だからと言って、何をしてもいいということでもありません。

たとえば、「勉強したくないのも個性だ」とか「いたずらするのも個性だ」という人もいます。

しかし、勉強しなかったり、いたずらをするのは、個性ではなく「行動」です。

私たちは個性的な存在であるのと同時に人間ですから、人間として守らなければならないルールもあります。人間社会の必要な知識もあります。ありのままに生きるということは、生まれたままで、漢字や九九を覚えなくていいということではありません。そして、好きなように悪いことをしていいということではないのです。

MEMO

大切なことはメモしておこうネ！

第一志望

2024年度

解　答　と　解　説

《2024年度の配点は解答欄に掲載してあります。》

＜算数解答＞《学校からの正答の発表はありません。》

1　(1)　412　(2)　7.8　(3)　$\frac{1}{7}$　(4)　$1\frac{1}{14}$

2　(1)　450円　(2)　360度　(3)　8回　(4)　解説参照

3　(1)　12分　(2)　分速90m　(3)　分速75m　(4)　分速160m

4　(1)　1891cm^2　(2)　36cm　(3)　縦35cm・横91cm　(4)　1496枚

5　(1)　①　48cm^3　②　120cm^2　(2)　①　41.72cm^3　②　解説参照

○推定配点○

各5点×20（4(3)完答）　計100点

＜算数解説＞

1　(四則計算)

(1)　23×18－2＝414－2＝412

(2)　11.7－23.4÷6＝11.7－3.9＝7.8

(3)　$\frac{23}{12}\times\frac{8}{23}\times\frac{3}{14}=\frac{1}{7}$

(4)　$\frac{363}{200}\times\frac{5}{7}\times\frac{100}{121}=\frac{15}{14}$

重要　2　(割合と比，平面図形，平均算，鶴亀算)

(1)　3000×1.25×0.92－3000＝3450－3000＝450(円)

(2)　図1より，アからカまでの角の和は四角形の内角の和に等しく360度

図1

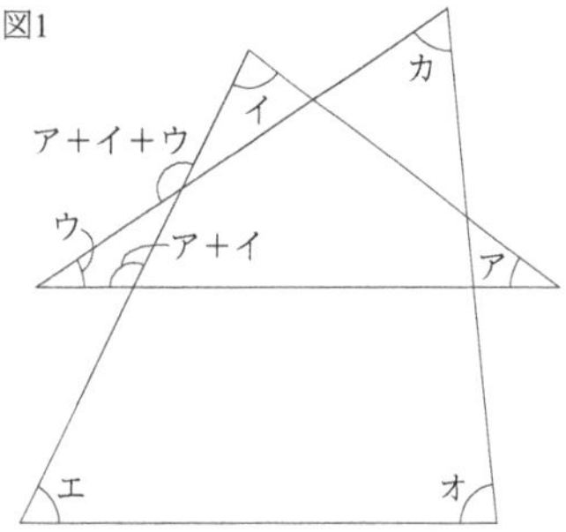

(3)　図2より，色がついた部分の面積がそれぞれ等しく，求める回数は(100－84)÷(84－82)＝8(回)

図2

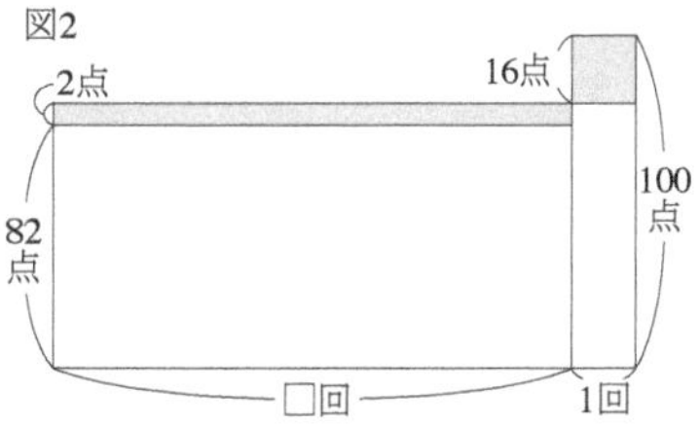

(4)　(100＋5×20－172)÷(5＋2)＝28÷7＝4(問)

解説例：20問正解のときの合計点と実際の合計点との差が100＋5×20－172＝28(点)であり，1問につき，正解の点数と不正解の点数の差は5＋2＝7(点)であるから，不正解の問題数は28÷7＝4(問)

3　(速さの三公式と比，割合と比，旅人算，和差算，鶴亀算)

基本　(1)　1800÷(80＋70)＝12(分)

重要　(2)　AとBの分速の和…(1800－60×5)÷10＝150(m)　したがって，Aの分速は150－60＝90(m)

(3)　AとBの分速の和…1800÷10＝180(m)　AとBの分速の差…1800÷60＝30(m)　したがって，Bの分速は(180－30)÷2＝75(m)

(4)　分速200mで走った時間…(1800×3－150×31)÷(200－150)＝15(分)　したがって，求める分速は(5400－200×15)÷(30－15)＝160(m)

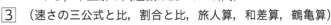

重要 4 （平面図形，数の性質）

（1） 図3より，計算する。 タイル㋒の辺の長さ…6×5÷3＝10(cm) タイル㋑の辺の長さ…30÷2＝15(cm) したがって，かべの面積は(15＋10＋6)×(15＋10＋6＋30)＝31×61＝1891(cm^{2})

（2） タイルの辺の長さ…108＝36×3，360＝36×10の最大公約数より，36cm

（3） 65＝5×13 したがって，縦の長さは7×5＝35(cm)，横の長さは7×13＝91(cm)

（4） タイルの辺の長さ…391＝23×17，2024＝23×88の最大公約数より，23cm したがって，タイルの枚数は17×88＝1496(枚)

図3

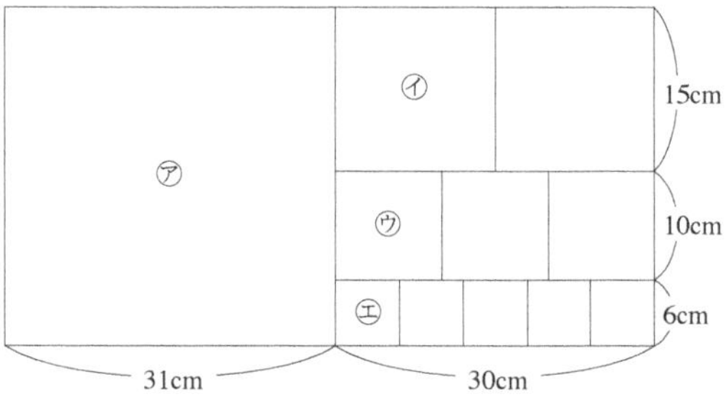

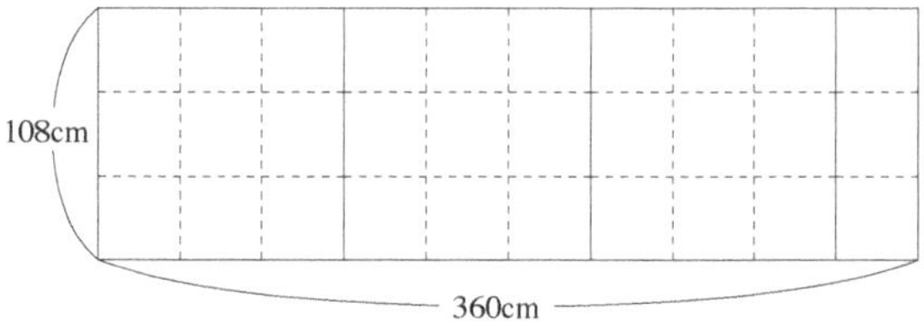

5 （平面図形，立体図形）

重要 （1） 図1より，計算する。 ①体積…(4×4－2×2)×4＝48(cm^{3}) ②外側の面の面積…12×2＋4×4×4＝24＋64＝88(cm^{2}) 内側の面の面積…4×2×4＝32(cm^{2}) したがって，表面積は88＋32＝120(cm^{2})

やや難 （2） 図2・3より，計算する。 ①体積…(1)①より，48－1×1×3.14×2＝41.72(cm^{3})

②解説例 図1の表面積…(1)②より，120cm^{2} 半径が1cmの円4個分の面積…3.14×4(cm^{2}) 底面の円の半径が1cm，高さが2cmの円柱の側面積…2×3.14×2＝3.14×4(cm^{2}) したがって，表面積は120－3.14×4＋3.14×4＝120(cm^{2})

図1

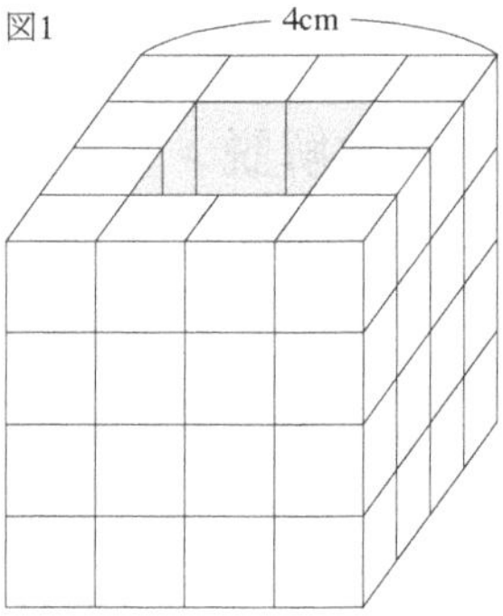

図2

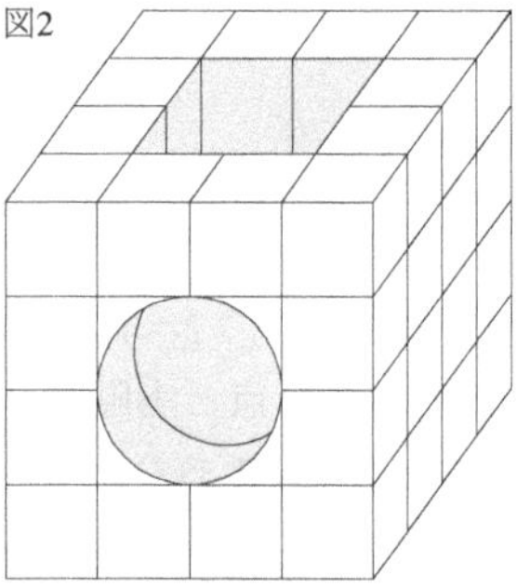

図3

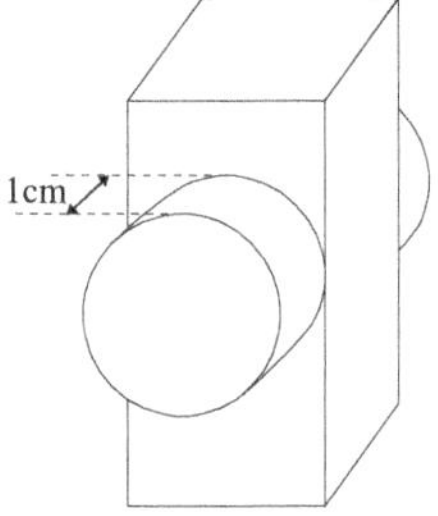

★ワンポイントアドバイス★

2(4)「不正解の問題数」は，「正解の点数と不正解の点数の差」がポイントになる。
4(2)立方体を2方向からくり抜いた立体についての問題は，簡単ではないがよく出題される問題である。(2)②は，複数の解説例が考えられる。

＜理科解答＞《学校からの正答の発表はありません。》

1 (1) ウ　(2) エ　(3) イ

2 (1) ア　(2) 偏西風　(3) 昼過ぎに最高気温となり，1日の気温差も大きいから。

3 (1) ウ　(2) エ　(3) 電流を流したときだけ磁石になるという性質。

4 (1) ウ　(2) 88g　(3) 37.5％

○推定配点○

1 各4点×3　2 (3) 5点　他 各4点×2　3 (3) 5点　他 各4点×2

4 各4点×3　計50点

＜理科解説＞

1 （植物のはたらき－種子と果実）

重要 (1) アサガオが前日まで光合成をして，できたデンプンが葉に残っていると，実験の日の光合成の様子がわからない。一日中暗室に置くと，葉のデンプンが茎から他へ移ったり，使われたりする。このように葉のデンプンをなくしてから実験を行う。

(2) まず葉を熱湯にひたすのは，葉をやわらかくするためである。そのあと，エタノールに入れて緑色を抜き，水洗いしてからヨウ素液につける。

(3) 葉の緑色の部分には葉緑体がある。ふ(斑)は，葉緑体のない白い部分である。緑色の部分で光合成を行うことを確かめるには，光が当たっているところどうしで，緑色の部分(C)とふの部分(A)を比べればよい。

2 （気象－天気の変化）

重要 (1) 日本の天気は，ふつう西から東へ移り変わる。そのため，天気図の上で雲は左から右へ動く。3枚の雲画像の順番は，X→Z→Yである。Xのときは，午前9時に千葉県にはまだ雲が到達していないので晴れている。しかし，その後はすぐ雲がかかって雨が降ったと考えられる。

(2) 1年を通して日本の上空には西から東に偏西風が吹いている。この偏西風が日本の天気の変化に大きな影響を与えている。

(3) 晴れの日の気温の変化は，ふつう朝方に最低気温，昼過ぎに最高気温となり，最低と最高の気温差が大きい。一方，曇りや雨の日は，最低気温や最高気温の時刻が不規則で，最低と最高の気温差が小さい。

3 （電流と磁石－電磁石の性質）

(1) 図では，方位磁針のN極が右を向いているので，コイルの左端のA側がS極である。乾電池の向きを逆にすると，コイルの左端のA側がN極になるので，方位磁針のS極が右を向く。

重要 (2) 乾電池を並列つなぎにしても電流は増えないが，直列つなぎにすると電流が増えて，電磁石が強くなる。また，コイルの巻き数が増えると，電磁石が強くなる。アは電流が変わらず巻き数が減るので，電磁石は弱くなる。イは電流が変わらないが巻き数が増えるので，電磁石は強くなる。ウは電流が増えるが巻き数が減るので，電磁石の強さは変わらない。エは電流が増え巻き数も増えるので，電磁石はたいへん強くなる。

(3) アルミニウムは磁石につかないが，スチール缶の原料の鉄は磁石につく。この性質を利用すれば，磁石を使ってアルミ缶とスチール缶を分けることができる。しかし，永久磁石(ふつうの磁石)では，スチール缶が磁石についたまま離れにくいので，回収しにくい。電磁石ならば，電流を切るとスチール缶が磁石から離れるので，回収しやすい。

4 (ものの溶け方－溶ける量のちがい)

(1) 60℃の水200gに物質を120g加えることは，60℃の水100gに物質を60g加えることと同じである。そこで，グラフの60℃を見ると，砂糖は60gよりもずっと多く溶けるが，ミョウバンは56g，食塩は38gしか溶けない。また，70℃ではミョウバンが124g溶ける。よって，Aは食塩，Bはミョウバン，Cは砂糖と決まる。Aの食塩の結晶は，立方体の形に近い。

やや難 (2) Bはミョウバンである。グラフでは70℃の水100gにミョウバンは60gより多く溶けるが，30℃の水100gには16gしか溶けない。よって水200gの場合，70℃のときミョウバンは120gがすべて溶けるが，30℃では16×2で32gしか溶けない。現れる結晶の量は，120－32＝88(g)となる。

(3) Cは砂糖である。グラフでは30℃の水100gに砂糖は60gより多く溶ける。水200gならば砂糖120gはすべて溶ける。このときの水溶液の量は，200＋120＝320(g)である。よって，濃度は120÷320＝0.375で，37.5％となる。

★ワンポイントアドバイス★

実験の問題では，条件をよく読み，変わったところ，変わらないところをよく見極めて，筋道を立てて考えよう。

＜社会解答＞《学校からの正答の発表はありません。》

5 (1) 季節風[モンスーン] (2) ウ (3) エ (4) イ (5) エ
(6) (例) 海岸線が入り組んでいて，波がおだやかだから。 (7) カ

6 (1) 土偶 (2) イ (3) エ (4) 二毛作 (5) ア
(6) (例) キリスト教の布教活動を積極的に行わなかった (7) エ

7 (1) オ (2) ア (3) インド (4) 国民主権 (5) 立法機関 (6) オ
(7) イ

○推定配点○

5 (3)・(6)・(7) 各3点×3 他 各2点×4 6 (2)・(6)・(7) 各3点×3 他 各2点×4
7 (1)・(4) 各3点×2 他 各2点×5 計50点

＜社会解説＞

5 (日本の地理－日本の気候，地形，災害に関連する問題)

基本 (1) 季節風は大陸と海洋の温度の違いで風向きが変化する風で，夏は大陸の地面の方が海面よりも温度が高いので，大陸で上昇気流が発生し，そこに海洋の方から暖かく湿った風が吹き込み，逆に冬は海面の温度の方が高いので，海洋の上で上昇気流が発生し，大陸から海洋の方へ乾いた冷涼な風が吹くもの。世界の地域によっては風向きは変わるが，日本のある東アジアでは夏が南東から，冬は北西からの風になる。

重要 (2) 香川県の高松は瀬戸内海沿岸にあるため，比較的温暖で年間を通して降水量は少なめになるのが特徴。アは軽井沢，イは帯広，エは静岡になる。アとイは6月の降水量に注意すれば，北海道は梅雨がないので，イが帯広とわかる。

やや難 (3) 鹿児島県は設問の4県の中では米が多くはないことと畜産が盛んなのが特色。アは米がほとん

どなく，農業産出額が一番小さい沖縄県，イは野菜の生産が盛んな熊本県，残りのウは福岡県となる。

(4)　やませは夏の頃に東北地方や北海道の太平洋側に吹く冷涼な北東からの風。冷害をもたらしたり，温暖で湿った空気を冷やすことで霧が発生し日照障害を起こしたりすることがある。

(5)　三陸海岸は岩手県の太平洋側のリアス海岸。アは福井県の若狭湾，イは愛媛県の宇和海沿岸，ウは三重県の志摩半島。

やや難　(6)　リアス海岸は山地が沈降し，山の表面の尾根と谷がつくる凹凸が複雑な海岸線となったもの。海岸線が複雑であることから，湾の中は波がおだやかであり養殖や港をつくるのに向いている。

(7)　言葉の意味を漢字から判断し考えればわかる。自助は自分でできる災害への備えであり，共助は地域で住民たちが相互に助け合うもの，公助は国や自治体が住民を助けるもの。

6　(日本の歴史―日本の食文化に関連する歴史の問題)

基本　(1)　土偶はよく知られている形のもの以外にもシンプルなものもあるが，女性を形どり，おそらくは女性が子供を産むことから多産，獲物などが多く獲れることを願ってつくられたとされる。

重要　(2)　万葉集は奈良時代に編まれた歌集。アは平安時代，ウは飛鳥時代，エは室町時代の文化。

(3)　承久の乱は1221年に後鳥羽上皇が，鎌倉幕府の源実朝が殺されたことを機に，鎌倉幕府を倒すことを武士たちに命じ，それを鎌倉幕府側が返り討ちにして上皇側の軍勢を破ったもの。この乱を機に，鎌倉幕府の力が西日本にも広く及ぶようになる。

(4)　同じ土地で一年の間に米と麦のように違う作物を育てるのが二毛作，同じ土地で米を一年に二度育てるのは二期作。

(5)　当時，スペインやポルトガルの人を日本では南蛮人と呼んでいた。ちなみにオランダやイギリスなどの人は紅毛人と呼ばれた。

やや難　(6)　オランダはかつてはスペインの支配下にあったが，16世紀の宗教改革の後にプロテスタントのカルヴァンの教えがオランダの地域に広がり，カトリックのスペインから独立した。そのため，オランダはスペインとはいたるところで対立し，日本においてもスペインとの違いを出すためにキリスト教の布教はしないということを表明していた。

(7)　津田梅子は明治初期の1871年に岩倉具視らが条約改正の予備交渉のためにアメリカやヨーロッパを訪れた際に同行した女子留学生の一人で，この際にアメリカに留学させられた。その後，1度帰国し，しばらくは日本で英語の教師をしていたが，再度渡米し，その帰国後の1900年に今の津田塾大学の前身の女子英学塾を設立した。

7　(政治―現代日本の課題に関連する問題)

重要　(1)　人口ピラミッドで一番比率が高い年齢層が年を追うごとに上がっていると考えれば，C→A→Bの順になることはわかる。

(2)　公共交通機関の路線廃止は，基本的に利用客が少ないことが原因となることが多く，過疎地にみられる問題で，過密地では普通はない。

(3)　中国は出生率が低下し，人口が横ばいに近くなっているが，インドはまだ出生率は中国よりも高く，人口の増加率も高い。

基本　(4)　国民主権の場合の主権は，その国の政治の在り方を最終的に決定する権限のこと。

(5)　国会は三権の中の立法権をもつもので，国会以外には立法権はない。法律案は内閣でも作成できるが，最終的にその法律案を審議，成立させるのは国会の役割。内閣が独自に定められる法令は政令。

(6)　Dは広島の原爆ドーム，Eは日光の東照宮の陽明門，Fは姫路城。

(7)　再生可能エネルギーは自然由来のもので，基本的にはそのエネルギー源は繰り返し使えるもの。原子力発電は放射性元素の核燃料の核分裂を利用するものであり，核燃料は発電の際に次第に変質していくので，再生可能エネルギーとは言えない。

★ワンポイントアドバイス★

問題数はさほど多くはないが，ストレートに知識で押し切れないものもあるので，問題の意味することをまずはしっかりと読み取り判断することがだいじ。落ち着いて解きすすめ，解答できそうな設問から答えていくことが合格への道筋。

＜国語解答＞《学校からの正答の発表はありません。》

一　A　①　カ　②　エ　③　ウ　B　①　いた　②　さじ　③　つめ　④　くも
C　①　利　②　固　③　険　④　故

二　問一　A　英語　B　同時通訳　C　日本語　問二　(1)　人間にとっ　(2)　ウ
問三　イ　問四　あいさつ　問五　ア　問六　(ハ)ードル
問七　高性能の人工知能　問八　エ　問九　右　問十　(知識や「知能」で)人間が人工知能に追いこされる(時期。)　問十一　ウ

三　問一　大人が話を　問二　ウ　問三　生徒の心をいやす(手助けをしてくれる存在。)
問四　A　イ　C　ア　問五　イ　問六　(長年)「小平さんの奥さん」や「康明くんのママ」としか呼ばれなかった(のに，久しぶりに名前で呼ばれたから。)　問七　イ
問八　ウ　問九　出会わせて　問十　エ　問十一　イ

○推定配点○

一　各2点×11　二　問六　2点　問十　5点　他　各3点×12
三　問四　各2点×2　問六　4点　他　各3点×9　計100点

＜国語解説＞

一　(空欄補充，反対語，ことわざ・慣用句，漢字の書き取り)

重要　A　①とカはいずれも，裏切られるという意味。②とエはいずれも，どれも平凡で特にすぐれて目立つものがないという意味。③とウは不運が重なること。アはがまん強く辛抱すれば必ず成功することのたとえ。イは何の役にも立たないもの。オは今になって気づいても取り返しがつかないこと。

基本　B　①の「いた(板)につく」は経験を積んで動作や態度などが地位などにしっくり合うこと。②の「さじを投げる」はあきらめて手を引くこと。③の「つめに火をともす」はきわめて倹約した生活をすること。④の「くも(雲)をつかむ」はとらえどころがなく，はっきりしていないさま。

やや難　C　①の立場に応じて果たさなければならないという意味の「義務」の対義語は，自由にする，またはしなくてもよい資格という意味の「権利」。②の位置を変えるという意味の「移動」の対義語は，動かないという意味の「固定」。③の危険がなく安心という意味の「安全」の対義語は，危ないという意味の「危険」。④の不注意による失敗という意味の「過失」の対義語は，わざとするという意味の「故意」。

二　（論説文－要旨・大意・細部・段落構成の読み取り，指示語，接続語，空欄補充，ことばの意味，記述力）

問一　「そうした……」で始まる段落前半の内容から，Aには「英語」，Bには「同時通訳」，Cには「日本語」がそれぞれ当てはまる。

重要　問二　(1)　傍線部①直後で①を補う説明として「人間にとって簡単なことが人工知能にとっては必ずしも簡単とは限らないこと」と述べている。　(2)　①直後の段落で①の理由として「人間の行動や思考を人工知能に覚えさせるには……パターンが抽出できなければな」らないが，「常識……は相当な幅があるので，それが非常に難しい」ことを述べているのでウが適当。これらの内容をふまえていない他の選択肢は不適当。

問三　Ⅰは前後で具体例を並べて挙げているので「また」，Ⅱは直前の内容とは反対の内容が続いているので「しかし」，Ⅲは直前の内容を確認しながらも反する内容が続いているので「とはいえ」がそれぞれ当てはまる。

問四　傍線部②は直前の「あいさつ」を指している。

問五　※の段落では，※直前の3段落で「人間にとって簡単なことが人工知能にとっては……簡単とは限らない」と述べていることの例外を具体的に述べているのでアが適当。筆者の主張の例外を示していることを説明していない他の選択肢は不適当。

問六　「ハードル」は英語の「hurdle」のこと。

重要　問七　傍線部③は直前の段落内容を理解してもらうための説明なので，③の「人」は直前の段落で述べている「高性能の人工知能」をたとえた表現である。

やや難　問八　Eは「シンギュラリティー」のことで，「『予測不可能』とか『計算不可能』になって……人工知能が出す答えの意味を人間側が理解できない領域に入ってしま」う状況のことなのでエが適当。E前後の内容をふまえていない他の選択肢は不適当。

基本　問九　「右肩上がり」は，グラフの線で右に向かって上がっていく形から，後になるほど数値が大きくなる，また状態がよくなること。

問十　傍線部④は直前で述べているように，「人工知能に……知識や……『知能』で人間が追いこされる」時期のことなので，この内容を指定字数以内にまとめる。

やや難　問十一　ウは最後の3段落で述べている。アは「でも，左隣の……」で始まる段落内容，エは「つまり，人工知能の……」で始まる段落内容と合わない。イの「終息する可能性が高い」も述べていない。

三　（小説－心情・情景・細部の読み取り，空欄補充，記述力）

問一　傍線部①直後の照子さんのせりふから，「大人が話をきいてくれるような部屋」が学校にあることに対して，照子さんは「驚きと羨ましさ」を感じていることが読み取れる。

問二　綾は「気持ちが落ち着く場所をつくるのが，自分の仕事だと思っている」ため，「『ここ，……』」で始まる照子さんの言葉に傍線部②のようになっているのでウが適当。②直後の綾の心情をふまえていない他の選択肢は不適当。

問三　「捕りものは……」で始まる一文から，「パールちゃん」は「生徒の心をいやす手助けをしてくれる存在」だと綾が考えていることが読み取れる。

問四　Aは驚く様子を表すイ，Cはあきれる気持ちを表すアがそれぞれ当てはまる。

基本　問五　Bにはていねいな様子を表すイが当てはまる。

重要　問六　傍線部④直後で照子さんが「『長いこと『小平さんの奥さん』だった……子どもが生まれたら，『康明くんのママ』になって……』」と話していることをふまえ，名前で呼ばれて嬉しかった照子さんの心情を，設問の指示に従って具体的に説明する。

問七　傍線部⑤前後で,「昔のことを思い出して辛い気持ちになる」ような「『思い出しては反省してしまう』」ことを照子さんが話していることからイが適当。「湿り気のある息」が重く沈んでいる様子を表していることをふまえ,暗い気持ちであることを説明していない他の選択肢は不適当。

やや難 問八　傍線部⑥は照子さんが「『認知症って神様が下さる最後のプレゼントじゃないかって思うの』」と話すことに,「少し面食らったけれど,そういう面もあるかもしれないと思」っている綾のせりふなのでウが適当。⑥直前の綾の心情をふまえていない他の選択肢は不適当。

問九　「『それで次の日……』」で始まる照子さんのせりふから,「出会わせて」が当てはまる。

問十　傍線部⑧は照子さんの「『……わたくしも,もうちょっと頑張りましょう。下ばかり向いていちゃ,幸せは見つからないわね』『この子と一緒に,生きぬかなくちゃね』」という言葉のことなのでエが適当。アの「無理して」,パールのことだけを説明しているイ・ウは不適当。

重要 問十一　本文では,さまざまな思いを抱いている照子さんの話に耳をかたむけ,ていねいに受け止めている綾の様子が描かれているのでイが適当。アの「遠慮のない」,ウの全文,エの「的外れな言葉をかけてしまう」はいずれも描かれていないので不適当。

★ワンポイントアドバイス★

小説では,登場人物が会話を通してどのような心情になっているのかをしっかり読み取ろう。

一般

2024年度

解　答　と　解　説

《2024年度の配点は解答欄に掲載してあります。》

＜算数解答＞《学校からの正答の発表はありません。》

1　(1)　644　(2)　$1\frac{1}{6}\left[\frac{7}{6}\right]$　(3)　39.5　(4)　$0.7\left[\frac{7}{10}\right]$

2　(1)　16個　(2)　2400円　(3)　23通り　(4)　62.8cm^2

3　(1)　①　解説参照　②　8：3　(2)　①　3：1　②　13：14

4　(1)　上り：時速10km　下り：時速20km　(2)　解説参照　(3)　3時間30分後
(4)　1時間15分後

5　(1)　ア　12・イ　1・ウ　13・エ　11　(2)　①　ウの倍数　10個・エの倍数　12個
②　22個　③　60

○推定配点○

各5点×20(4(1)，5(1)・(2)①各完答)　計100点

＜算数解説＞

1　(四則計算)

(1)　37×18－22＝644　(2)　$\frac{7}{8}\times\frac{4}{7}+\frac{7}{6}\times\frac{4}{7}=\frac{1}{2}+\frac{2}{3}=\frac{7}{6}$

(3)　(1.24＋8.76)×3.95＝39.5　(4)　4.8÷16×9－0.8×2.5＝2.7－2＝0.7

2　(数の性質，差集め算，場合の数，割合と比，平面図形)

ゼ	160～160・160・160・160
プ	200～200

基本　(1)　96÷6＝16(個)

重要　(2)　プリンの個数…右表より，160×3÷(200－160)＝12(個)
したがって，お金は200×12＝2400(円)

(3)　以下の23通り
10円・20円・30円　50円　60円・70円・80円　100円…8通り
110円・120円・130円　150円　160円・170円・180円　200円…8通り
210円・220円・230円　250円　260円・270円・280円…7通り

(4)　右図…10×10×3.14÷5＝20×3.14＝62.8(cm^2)

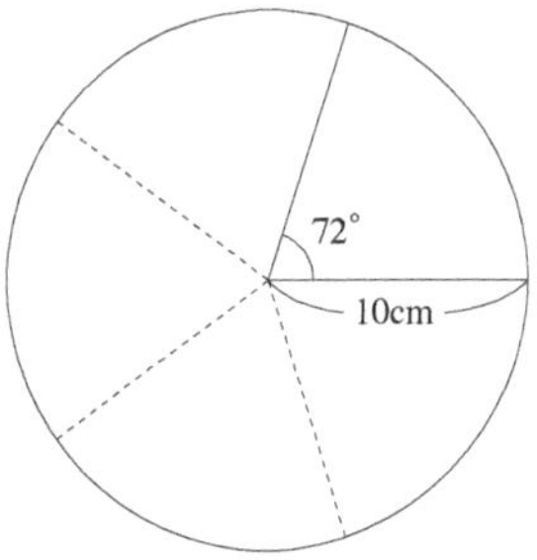

3　(平面図形，割合と比，規則性)

重要　(1)　①　正六角形ABCDEFの面積…図1より，6とする。三角形APOの面積…0.5　三角形APDの面積…1
したがって，面積比は6：1

②　正六角形ABCDEFの最小の正三角形の個数…図2より，4×6＝24(個)
正三角形PQRの最小の正三角形の個数…1＋3＋5＝3×3＝9(個)　したがって，面積比は24：9＝8：3

図1

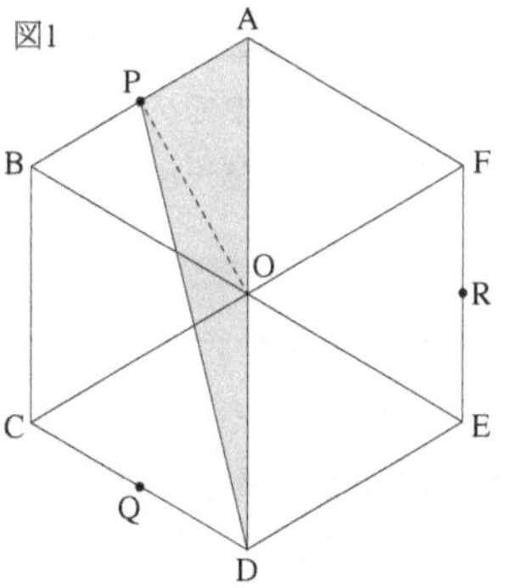

図2

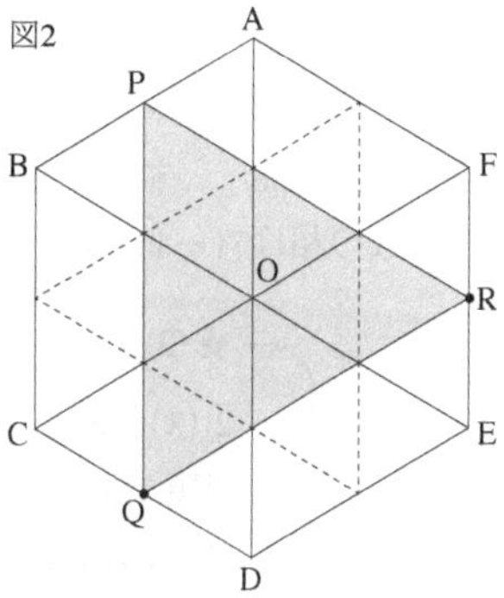

(2)　①　正六角形ABCDEFの面積…右図より，6×3＝18とする。正六角形PQRTUの面積…6　したがって，面積比は18：6＝3：1

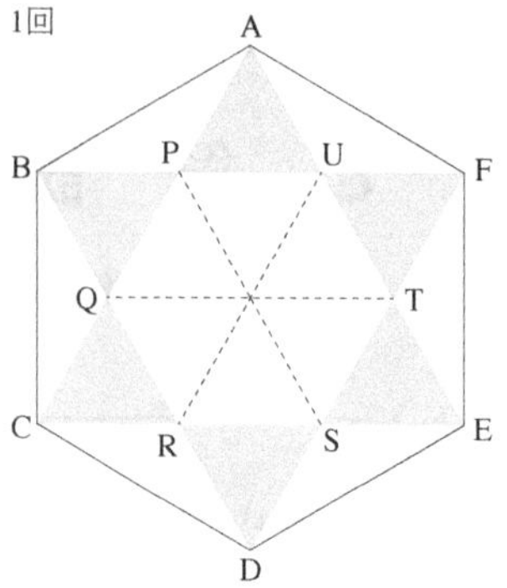

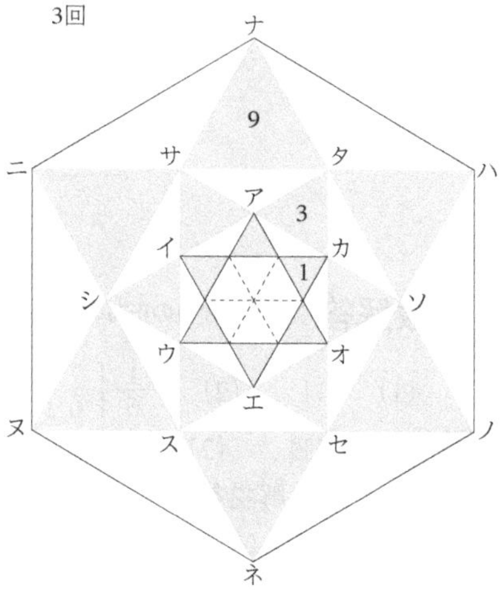

やや難　②　最小の正三角形の面積…右図より，1　正六角形アイウエオカ：面積6×3＝18…黒い部分と白い部分の面積はそれぞれ6と12　正三角形タアカの面積…18÷6＝3　正六角形サシスセソタ：面積3×18＝54…黒い部分と白い部分はそれぞれ6＋3×6＝24と54－24＝30　正三角形ナサタの面積…54÷6＝9　正六角形ナニヌネノハ：面積9×18＝162…黒い部分と白い部分はそれぞれ24＋9×6＝78と162－78＝84　したがって，黒い部分と白い部分の面積比は78：84＝13：14

4　(速さの三公式と比，割合と比，グラフ，単位の換算)

基本　(1)　上りの時速…20÷2＝10(km)
下りの時速…20÷(3－2)＝20(km)

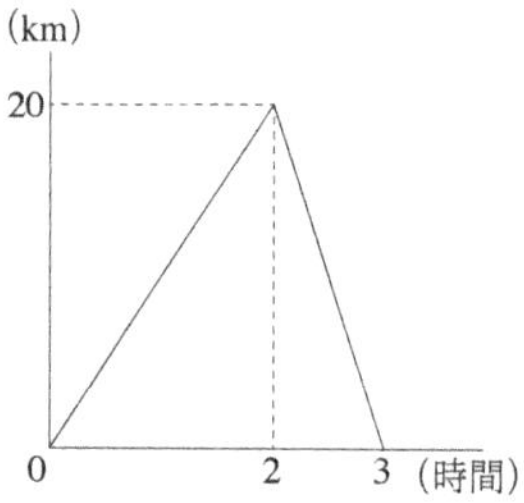

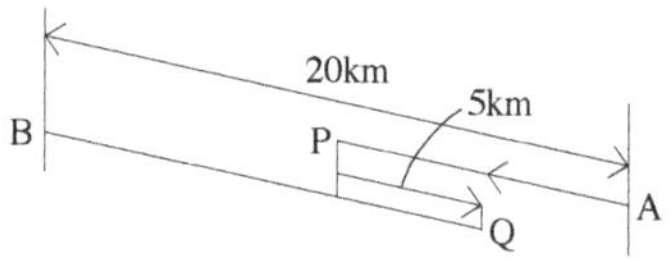

基本　(2)　静水時の時速…(10＋20)÷2＝15(km)　川の流れの時速…15－10＝5(km)

重要　(3)　AB間の上りの時間…2時間
PQ間を流された時間…1時間
PQ間の上りの時間…(1)より，5÷10＝0.5(時間)　したがって，求める時刻は2＋1＋0.5＝3.5(時間後)すなわち3時間30分後

(4)　(2)より，20÷(15×1.4－5)＝$\frac{5}{4}$(時間後)　すなわち1時間15分後

重要 ## 5　(数の性質，数列)

(1)　143＝144－1＝12×12－1×1＝(12＋1)×(12－1)＝13×11
　　　　　ア　イ　　　　　　ウ　エ

(2)　①　13の倍数…11－1＝10(個)　11の倍数…13－1＝12(個)

$\frac{1}{143}, \frac{2}{143}, \frac{3}{143}, \cdots, \frac{141}{143}, \frac{142}{143}$

②　①より，10＋12＝22(個)…13と11は1以外の公約数がない
③　すべての分数の和…(1＋142)×142÷2÷143＝71　142までの13の倍数の和…13×(1＋2＋～＋10)＝13×11×10÷2＝715　142までの11のの倍数の和…11×(1＋2＋～＋12)＝11×13×12÷2＝858　約分できる分数の和…(715＋858)÷143＝1573÷143＝11　したがって，求める分数の和は71－11＝60

★ワンポイントアドバイス★

2(3)「支払い金額」はあわてるとミスしやすく，3「正六角形と面積比」は重要な問題であり，(2)②は「黒い部分と白い右分の面積比」は難しい。4「流水算」(1)・(2)は基本レベルの問題であり，5「分数の数列」(2)③は①を利用する。

＜理科解答＞《学校からの正答の発表はありません。》

1 (1) ヨウ素液 (2) イ (3) デンプンを別のものに変えるはたらき。

2 (1) ウ (2) オ (3) ウ

3 (1) 4 (2) ア，エ (3) (作用点に加わる力の大きさは，)力点に加えた力の大きさよりも小さくなる。

4 (1) カ (2) エ (3) イ

○推定配点○

1 (3) 5点 他 各4点×2 2 各4点×3

3 (3) 5点 他 各4点×2((2)完答) 4 各4点×3 計50点

＜理科解説＞

1 (人体－だ液のはたらき)

(1) デンプンがあることを確認する薬品は，ヨウ素液である。ヨウ素液のもともとの色は茶色だが，デンプンと混ざると青紫色になる。

重要 (2) ヒトのだ液が，適度な温度によってはたらくことを確かめるには，温度だけを変えて，他の条件を変えないような2つの試験管を比べればよい。図では，だ液が入っているどうしで温度が異なるAとCを比べるとよい。

(3) だ液を入れたCでは，ヨウ素液の色が変わらなかったので，デンプンがなくなったことがわかる。だ液を入れないDではデンプンが残っていることと考え合わせると，だ液がデンプンを他の物質に変えたことが確かめられる。実際には，デンプンは分解されて糖に変わっている。

2 (太陽と月－月の見え方)

重要 (1) 図1のような上弦の月は，図2では地球の上の位置に月があるときに見える。この月は，地上が昼から夜に変わるとき，つまり，夕方の日の入りのころに南中する。

(2) 月が地球の周りを公転することで，形や見える時刻が変化する。月の満ち欠けにおいて，もとの形や見える時刻にもどる周期は，およそ29.5日である。

(3) 上弦の月から約7日後に，満月がみられる。そのため，図1の4日後であれば，上弦と満月の間のウの形になる。アは満月と下弦の間，イは新月と上弦の間，エは下弦と新月の間の形である。

3 (てこ－てこのつりあい)

(1) てこは，支点からの距離とおもりのおもさの積が左右で等しいときにつりあう。図1では，左側を下げるはたらきが2×60＝120である。右側におもり3個の30gをつるして，右側を下げるはたらきが，□×30＝120になればつりあう。よって，□＝4の位置につるせばよい。

やや難 (2) アは，左下側のてこが20×200＝4000と10×400＝4000でつりあう。上側のてこの左側には200＋400＝600(g)がかかるので，10×600＝6000と60×100＝6000でつりあう。 イは，左下側のてこが20×300＝6000と30×200＝6000でつりあう。上側のてこの左側には300＋200＝500(g)がかかるので，30×500＝15000と10×100＝1000でつりあわない。 ウは，左下側のてこが20×400＝8000と10×200＝2000でつりあわない。上側のてこの左側には400＋200＝600(g)がかかるので，10×600＝6000と60×100＝6000でつりあう。 エは，左下側のてこが10×200＝2000と10×200＝2000でつりあう。上側のてこの左側には200＋200＝400(g)がかかるので，30×400＝12000と40×300＝12000でつりあう。 オは，左下側のてこが20×300＝6000と30×200＝6000でつりあう。上側のてこの左側には300＋200＝500(g)がかかるので，20×500＝10000と20×100＝2000でつりあわない。

力は，左下側のてこが10×400＝4000と10×400＝4000でつりあう。右下側のてこが30×200＝6000と20×300＝6000でつりあう。上側のてこの左側には400＋400＝800(g)，右側には200＋300＝500(g)がかかるので，20×800＝16000と40×500＝20000でつりあわない。

(3)　はさみでは，力点よりも作用点の方が支点に近い。そのため，力点に小さい力をかけても，作用点には大きい力がはたらく。一方，ピンセットは，力点よりも作用点の方が支点から遠い。そのため，力点に大きい力をかけても，作用点には小さい力がはたらく。つまり，ピンセットは小さい力で細かな作業をするのに適している。

4　(燃焼－燃焼と気体)

基本　(1)　●は空気中に最も多く，燃焼によって変化しないので，ちっ素である。■は空気中にちっ素の次に多く，燃焼によって減少するので，酸素である。▲は空気中に少なく，燃焼によって増加するので，二酸化炭素である。

(2)　ろうそくが燃え続けるためには，新しい酸素がびんの中に常にどこからか入ってきて，できた暖かい二酸化炭素がびんの上部から外に出て行けることが必要である。つまり，びんの上下に気体の出入り口のあるものが，長く燃え続ける。

(3)　プラスチックも木材や紙製品も，燃焼するときには二酸化炭素が排出される。プラスチックの原料は石油だから，排出される二酸化炭素は，もともと地下にあった炭素である。一方，木材や紙製品の原料は植物である。植物は，大気中にある二酸化炭素を取り込んで光合成をおこない，からだをつくっている。つまり，木材や紙製品を燃焼させたときに排出される二酸化炭素は，もともと空気中にあった炭素である。このように，木材や紙製品を燃焼させても，大気中の二酸化炭素を増やすことはない。なお，プラスチックも木材や紙製品も，製造するときの機械の動力しだいでは，例えば火力発電で作った電力を使った場合には二酸化炭素を放出する。

★ワンポイントアドバイス★

基本的な事項は，ただ覚えこむのではなく，図表を利用してよく意味を理解して吸収していこう。

＜社会解答＞《学校からの正答の発表はありません。》

5　(1)　A　イ　　B　ケ　　C　オ　　D　ク　　(2)　金沢(市)　　(3)　オ　　(4)　エ，キ
(5)　イ　　(6)　(例)　水害を防ぐために，集落の周りを堤防で囲んでいる。　(7)　エ

6　(1)　イ　　(2)　源頼朝　　(3)　(例)　武士と農民の身分の区別が明確になった
(4)　ア　　(5)　大塩平八郎　　(6)　ウ　　(7)　エ

7　(1)　ア　　(2)　憲法の番人　　(3)　ウ　　(4)　オ　　(5)　平和維持活動[PKO]
(6)　NATO[北大西洋条約機構]　　(7)　イ

○推定配点○

5　(3)・(6)・(7)　各3点×3　　他　各2点×4((1)・(4)各完答)

6　(1)・(3)・(6)　各3点×3　　他　各2点×4　　7　(1)・(3)　各3点×2　　他　各2点×5

計50点

＜社会解説＞

5 (日本の地理－中部地方に関連する地理の問題)

(1) A イ 加賀百万石，兼六園から石川県。 B ケ 北東に富士山，浜松市，東海工業地域から静岡県。 C オ 白川郷，木曽三川，濃尾平野から岐阜県。 D ク 最も工業生産額が多い県，中京工業地帯，名古屋港から愛知県。

(2) 金沢市は石川県の県庁所在地。加賀の国の城下町として歴史がある町である。

重要 (3) 茶の産地として静岡県は有名だが，鹿児島県も八女茶で有名。現在，日本で使われているいぐさは，8割ほどが中国産で，残りは国産。国産のほとんどが熊本産。こんにゃくいも，こんにゃく製品も輸入が増えているが，こんにゃくいもの国内の主産地は群馬県。こんにゃくいもの栽培には2年かかる。

基本 (4) 静岡県の浜松市にはピアノで有名なヤマハやカワイなどの本社があり，ヤマハはオートバイの製造でも有名。

(5) 静岡県にある遠洋漁業の基地でもある港は焼津港。銚子港は千葉県，石巻港は宮城県，釧路港は北海道にある。

(6) 濃尾平野の下流部はそれぞれの河川が近く，水害に見舞われやすい地域。そのため，集落や田畑などの周りを堤防で囲った輪中が形成されるようになった。堤防の輪の中に集落や田畑があるので輪中という。

やや難 (7) 名古屋港は中京工業地帯の中にあり，主力の生産品の自動車やその関連のものの輸出が中心になる。日本の貿易港で輸出入額がトップになるのは成田国際空港で，その貿易品目は航空機で輸送するため比較的，小型軽量で単価が高いものが多くアになる。イは千葉港で京葉工業地域のあるところなので輸出品もその工業製品の関連が多く，石油化学工業の製品や鉄鋼などになる。東京港はウで，京浜工業地帯はあるが貿易品は雑多で同じ京浜工業地帯の港でも横浜港は自動車などが輸出の中心になる。

6 (日本の歴史―いろいろな時代の戦いに関する歴史の問題)

(1) 弥生時代(紀元前5世紀前後から紀元後3世紀頃)の選択肢を選ぶもの。倭の奴国が後漢に使者をおくり金印を与えられたのは1世紀。アは大和政権の成立は4世紀ごろ。ウの大型の獣が日本にいたのは氷河期で旧石器時代。エの前方後円墳がつくられるのは5世紀頃。

基本 (2) 源頼朝は平治の乱で源義朝が平清盛に敗れた後，伊豆にとらわれていたが，1180年に後白河法皇の子の以仁王が諸国の源氏の残党に平氏を倒すことを呼びかけたのを受けて挙兵した。

やや難 (3) 秀吉の政策を説明した文や資料は太閤検知や刀狩に関するもの。農民から武器を取り上げることで武士と農民の身分の区別を確実なものにした。

(4) 江戸時代の出来事の整序問題。ウ 1637年→イ 1641年→ア 1721年→エ 1790年の順。

(5) 大塩平八郎は大坂町奉行所の与力を務めていた人物で，天保の大飢饉の際の幕府の対応に不満を持ち，同じ考えを持つ人々と反乱を起こそうとしたが，反乱を起こそうとしているのを幕府に知られて自殺した。

(6) 明治時代の文化に関連しないもの。ラジオ放送が始まるのは1925年で大正時代末期。

重要 (7) 川に釣り糸を垂れているのは日本人と中国人で川の中の朝鮮という魚を釣り上げようとしており，それを橋の上からロシア人がみているという風刺画。

7 (政治―政治分野に関連する問題)

(1) 国会は憲法改正の発議を国民に対してできる。イは貴族院ではなく衆議院。ウは参議院でなく衆議院。エは天皇の国事行為に助言と承認を与えるのは国会ではなく内閣。

基本 (2) 違憲立法審査権そのものは司法権を握る裁判所全体で持つが，最終的な判断を下すのは最高裁判所なので,「憲法の番人」と呼ばれる。

重要 (3) 三権の相互の役割として,国会が裁判所に対して持つ権限が弾劾裁判をやるもの。弾劾裁判は裁判官の資格を問うもので,裁判官という身分のままでは普通の裁判にかけることはできないので,犯罪を犯したり,裁判官として不適切な行為を行ったりした人物について弾劾裁判にかけ,そこで裁判官として不適切と判断されれば裁判官の資格を失い,その後は普通の司法手続きにかける。

やや難 (4) bは社会福祉,dは社会保険の内容。

(5) 紛争や内戦がおこった地域で,紛争を収めた後,停戦やその後の秩序の復活を支援するのがPKO。自衛隊以外にも普通の行政の仕事をやる人や警察官もPKOの活動に参加することがある。

(6) NATO北大西洋条約機構は,かつての東西冷戦の時代にアメリカと西ヨーロッパの国々で1949年に組織した集団防衛機構。冷戦終結後かつての東ヨーロッパの国々もNATOに加盟するようになった。かつての東側にあったのはワルシャワ条約機構でこちらは解体している。

(7) スーダンはエジプトの南にある国で,かつてはアフリカで最大の国土を持つ国であたが,南北に分断したことで国土面積は小さくなり,現在のアフリカで最大の国土の国はエの右にあるアルジェリア。アがエジプト,ウは南アフリカ,エはモロッコ。

★ワンポイントアドバイス★

問題数はさほど多くはないが,短い試験時間でこなさなければならないので,解答できそうな設問を見つけて確実に答えていくことが合格への道筋。記述は最後にまわすのがよい。

<国語解答>《学校からの正答の発表はありません。》

一 A ① 断 ② 投 ③ 故 ④ 急 B ① X オ Y コ ② X エ Y カ[キ] ③ X ア Y ク ④ X ウ Y ケ C ① デ ② プロ ③ ノン ④ ネガ

二 問一 (オ)リジナ(ル) 問二 ウ 問三 ウ 問四 ありのまま 問五 イ 問六 十・十 問七 a 染色体の組み合わせの違い b こうかん 問八 エ→ア→ウ 問九 突然変異 問十 (例) (人の個性とは,)長い歴史の中でたった一つだけ存在する他にはないもの(だから。) 問十一 ウ・オ

三 問一 イ 問二 ⓐ エ ⓑ ア 問三 〈今よ～なひと 問四 ウ 問五 あり得ない 問六 Ⅳ 問七 エ 問八 一応,参考までに聞かせてよ 問九 イ 問十 (例) (娘の前で母親をほめる父親にあきれるいっぽうで,)父親が母親を尊敬していて,今も変わらず大好きなこと(を誇らしく思っている。) 問十一 エ 問十二 エ

○推定配点○

一 各2点×12 二 問一・問六・問十一 各2点×4(問六完答) 問八・問十 各4点×2 他 各3点×6(問七完答) 三 問一・問九・問十 各4点×3 他 各3点×10 計100点

＜国語解説＞

一　(空欄補充，反対語，慣用句・四字熟語，漢字の書き取り)

基本　A　①は言葉で言い表せないほどひどいこと。②は互いの気持ちや考えなどがぴったりと合うこと。③は過去のことから学び，新しい知識や見解を得ること。④は状況や事態が急に変化して，解決や結末に向かうこと。

重要　B　①の「水に流す」は過去にあったいざこざなどをすべてなかったことにすること。②の「的を射る」は的確に要点をとらえること。一部辞書では「的を得る」も掲載されているので，Yはキも正解とする。③の「ねこの手を借りたい」は非常に忙しいため，どんな手伝いでもほしいことのたとえ。④の「筆が立つ」は文章を書くのが上手であること。

やや難　C　①の利点や良い面という意味の「メリット」の反対語は，欠点や悪い面という意味の「デメリット」。　②の職業ではなく趣味として行う人という意味の「アマチュア」の反対語は，専門技能で仕事することによって金銭的収入を得る人という意味の「プロフェッショナル」。③の想像上の作り話という意味の「フィクション」の反対語は，事実に基づいている作品という意味の「ノンフィクション」。④の積極的，前向きという意味の「ポジティブ」の反対語は，消極的，否定的という意味の「ネガティブ」。

二　(論説文－要旨・細部・段落構成の読み取り，接続語，空欄補充，ことばの意味，四字熟語，記述力)

問一　「オリジナル」は英語の「original」で，最初のもの，という意味がある。

問二　Ⅰは直前の内容に対して問いかけているので「しかし」，Ⅱは直前の内容を受け先に進めているので「それでは」，Ⅲは直前の内容を説明した内容が続いているので「つまり」がそれぞれ当てはまる。

問三　「私たちは個性的な……」で始まる段落で，「私たちは個性的な存在であるのと同時に……人間として守らなければなければならないルールも……人間社会の必要な知識もあ」る，と述べているのでウが適当。この段落内容をふまえていない他の選択肢は不適当。

問四　「個性的である」ことの言いかえである空欄Aには，「私たちは個性的な……」で始まる段落で「個性的な存在」として「生きる」ということとして述べている「ありのまま」が当てはまる。

重要　問五　傍線部③の説明として「ところで……」で始まる段落～「こうなれば……」で始まる段落までで，「同じ個性が二つとない」のは「私たちの特徴」を決める「遺伝子」が集まって形づくっている「染色体」の「組み合わせは無限大」だからであることを述べているのでイが適当。これらの段落内容をふまえ，染色体の組み合わせは無限大であることを説明していない他の選択肢は不適当。

基本　問六　「十人十色」は，十人いれば考えや性質は十色，すなわち十通りに分かれることから。

問七　「　Ⅱ　，……」で始まる段落内容からaには「染色体の組み合わせの違い」，「それだけでは，……」で始まる段落内容からbには「こうかん」がそれぞれ当てはまる。

問八　Bの前後も含めて整理すると，DNAは染色体の本体である→このことを受けてエ→DNAの形の説明としてア→その形の特徴としてウ，という流れになる。DNAそのものの説明ではないイは使わない。

問九　傍線部⑤直前の一文から，(　)には「突然変異」が当てはまる。

重要　問十　「ですから……」から続く2段落で，「長い人類の歴史の中でも……この地球の歴史の中でたった一つだけ存在する他にはない個性」である，と述べていることをふまえ，傍線部⑥の理由として説明の一文に当てはまる言葉をまとめる。

やや難　問十一　ウは「『個性』とは，生き抜く……」で始まる段落内容，オは最後の段落内容をふまえている。アは「現在，世界の……」から続く3段落内容，イは「DNAは，私たちの体を……」で始まる段落，と合わない。エの「かえって個性をそこなってしまう」も述べていない。

三 (小説－心情・情景・段落構成・細部の読み取り，空欄補充，ことばの意味，慣用句，記述力)

問一　Aには，不快なことや心配があったりして顔をしかめるという意味のイが当てはまる。アは見た自分の目が信じられないほど，その物事が信じられないさま。ウはよく聞こうとして耳を澄ませること。エは得意気な表情をすること。

基本　問二　二重傍線部ⓐは心の底からそのように感じている様子を表すのでエ，ⓑは間を置かずに，という意味なのでアがそれぞれ適当。

問三　Ⅳ直後の「『ほんとだ。……』」で始まるせりふで，航介が「英理子さん」のことを「〈今よりもうちょっとの頑張り〉を，生まれてこのかた，ずーっと続けてきたようなひと」と話している。

問四　傍線部②後で，雪乃が学校に行かないことに母親が何も言わないのは「『あたしのことを。あきらめるっていうか，あきれてるっていうか』」と雪乃が話しているのでウが適当。雪乃のせりふをふまえ，不安な気持ちであることを説明していない他の選択肢は不適当。

問五　「『あの英理子さんが，……』」で始まる航介のせりふから，(　　)には「あり得ない」が当てはまる。

問六　一文は，航介が話す人を「『お母さんのこと言ってる？』」と雪乃に指摘され，確かにそうだと返事をしているⅣが適当。Ⅰより前ですでに航介は笑っているのでⅠは不適当。雪乃と真面目な会話をしているⅡ・Ⅲも不適当。

重要　問七　「『母さんにはまた……』」で始まるせりふで「『俺と母さんのどっちが正しいとか間違ってるとかは言えない。……両方とも間違ってるかもしれない。だからこそ雪乃には，遠回りでも，自分の頭で考えて答えを出してほしいと思う……』」と航介は話しているのでエが適当。このせりふをふまえていない他の選択肢は不適当。

問八　傍線部⑤直後で航介が話しているように，⑤直前の「『一応，参考までに聞かせてよ』」という雪乃の言葉を，航介は「面白く思った」のである。

問九　傍線部⑥直前で航介が「『……学校なんてとこ，無理してまで行くようなとこじゃない』」と話していることからイが適当。このせりふをふまえていない他の選択肢は不適当。

やや難　問十　傍線部⑦後で，「父親が母親のことを，まっすぐ賛美する家って，……あきれてしまういっぽうで雪乃としてはやっぱり誇らしい。……お父さんはお母さんのことを心から尊敬していて，今も変わらず大好きなんだ」と安心している雪乃の心情が描かれているので，これらの内容を指定字数以内にまとめて，一文に当てはめる。

重要　問十一　航介は学校に行けていない雪乃に対し，雪乃が行きたくないなら無理して行かなくてもいいし，遠回りでも自分の頭で考えて答えを出してほしい，ということを話しているのでエが適当。娘の雪乃に対する説明をしていない他の選択肢は不適当。

やや難　問十二　本文は，学校に行けていないことで悩んでいる雪乃は，航介との会話を通して，自分が感じている正直な気持ちを見きわめ，面白さを追求するために〈今よりちょっとの頑張り〉があるということに気づかされたとともに，父や母の関係に安心していることが描かれているのでエが適当。航介との会話からの気づきや家族に対する気持ちを説明していない他の選択肢は不適当。

★ワンポイントアドバイス★

論説文では，具体的な内容を通して筆者が述べようとしていることをしっかり読み取ろう。

2023年度

★★★★★★★★★★★★★★★★★★★★★★★

入　試　問　題

2023年度

成田高等学校付属中学校入試問題（第一志望）

【算　数】（50分）　＜満点：100点＞

【注意】 答えが分数になる場合は，これ以上約分できない分数で答えなさい。

1 次の計算をしなさい。

(1) $117 \times 114 \div 54 - 7 \times 6$

(2) $\left(\frac{2}{3}+\frac{5}{6}+\frac{6}{7}\right) \div \left(\frac{5}{7}-\frac{2}{5}\right)$

(3) $2.7 \times 1.4 - 1.8 \div 0.6$

(4) $48 \div 0.12 \times \frac{3}{125} + \frac{1}{2} + 0.2$

2 次の問いに答えなさい。

(1) 縮尺$\frac{1}{25000}$の地図上で10㎝の道のりを，実際に時速４㎞で歩くと何分何秒かかりますか。図や式と言葉を使って説明しなさい。ただし，答えのみ書いた場合は不正解となります。

(2) 図のように，正五角形の２つの頂《ちょう》点が２本の平行線上にあります。**(あ)** の角の大きさを求めなさい。

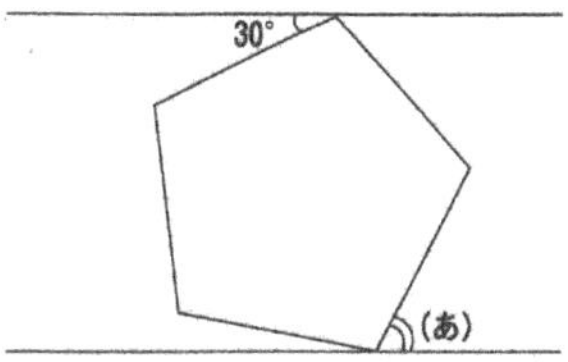

(3) ８％の食塩水250ｇと３％の食塩水を混ぜたら，５％の食塩水ができました。３％の食塩水を何ｇ混ぜましたか。

(4) ある仕事を30日間で終わらせます。１日あたり45人で始めましたが，予定通り終わりそうになかったので，開始から何日か後からは１日あたり65人で行うことにしたところ，30日間で終わりました。１日ごとに仕事に関わった人数の合計は1650人でした。45人で仕事をしたのは何日間になりますか。

3 一辺の長さが８㎝の正八角形について，次の問いに答えなさい。

（図１～図４は次のページにあります。）

(1) 図１の斜《しゃ》線部分の面積を求めなさい。

(2) 図２の斜線部分の面積を求めなさい。

(3) 図３において，対角線AEとDHの交点をOとします。このとき，３つの斜線部分の面積の和と三角形OBCの面積の比を，最も簡単な整数の比で表しなさい。

(4) 図４において，対角線AEとDHの交点をOとします。このとき，三角形OADと四角形EFGHの面積の比を，最も簡単な整数の比で表しなさい。

図1　図2　図3　図4

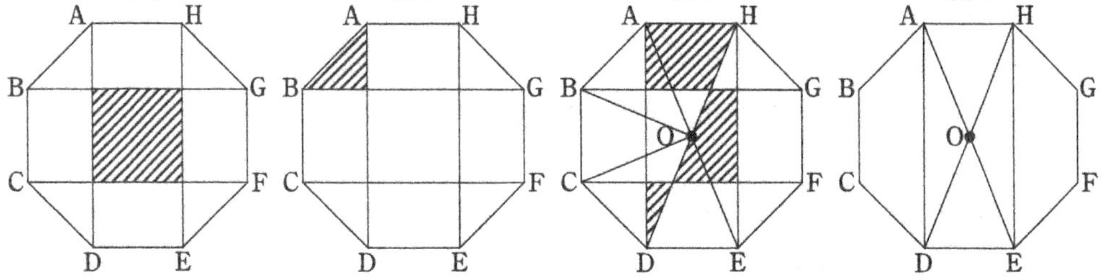

4　2以上の整数xについて，3をx個かけて，5で割った余りを＜x＞で表すことにします。例えば，＜2＞は，3を2個かけて9，9を5で割ると商が1，余りが4なので，＜2＞＝4になります。次の問いに答えなさい。

(1)　＜3＞を求めなさい。

(2)　＜3＞＝＜x＞となるxについて，小さいものから順に並べたとき，3の次にくる値を求めなさい。

(3)　＜2023＞を求めなさい。

(4)　＜＜2＞＋＜3＞＋＜4＞＋・・・・・・＋＜2022＞＋＜2023＞＞を求めなさい。

5　2つの円柱A，Bがあり，その展開図の側面はともに縦《たて》31.4cm，横62.8cmの長方形です。円柱Aの高さは62.8cm，円柱Bの高さは31.4cmです。円周率を3.14として，次の問いに答えなさい。

円柱Aの展開図

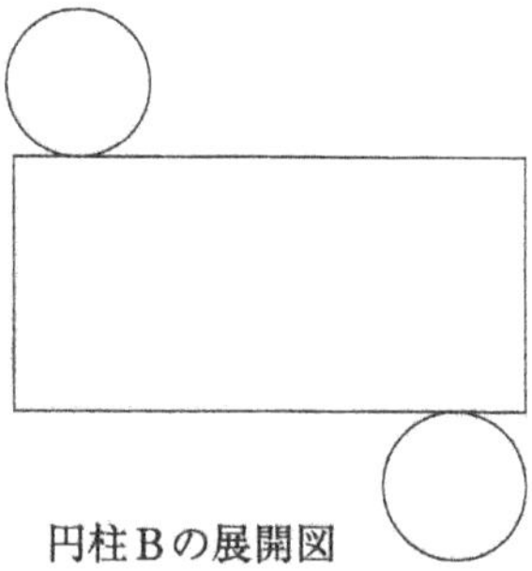

円柱Bの展開図

(1)　円柱Aの底面の円の直径を求めなさい。

(2)　円柱Bの体積を求めなさい。

(3)　円柱Aと円柱Bの体積の比を最も簡単な整数の比で表しなさい。

(4)　円柱Bについて，Oを底面の円の中心とします。図1は円柱Bを底面に垂直な平面で切り取ったものです。図2は図1を真上から見て，円周上に3点C，D，Eをとった図です。**(あ)** の角の大きさが37°，**(い)** の角の大きさが35°のとき，図1の立体の体積を求めなさい。また，その過程を図や式と言葉を使って説明しなさい。その際，解答欄《らん》にある図を利用してもかまいません。ただし，答えのみ書いた場合は不正解となります。（図1，図2は次のページにあります。）

図 1

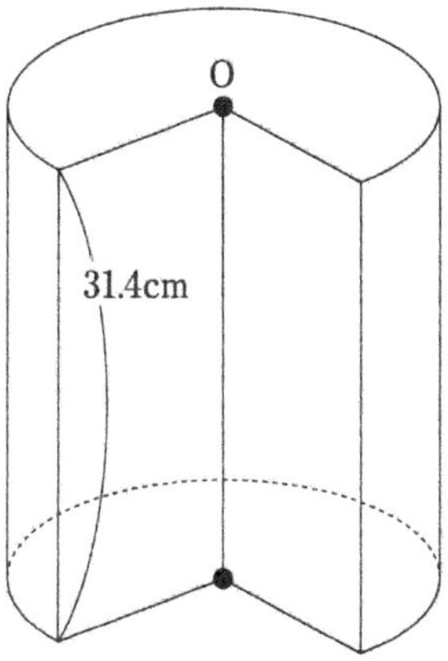

図 2

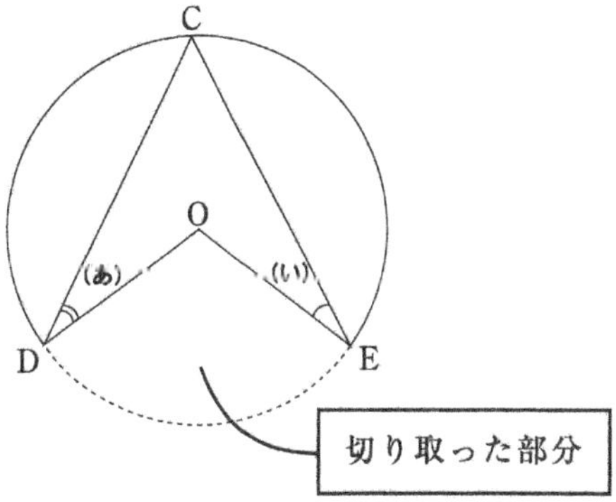

【理科・社会】（50分）　＜満点：各50点＞

理科

1 図１は，身近な夏野菜のミニトマトの模式図です。次の文章を読んで，後の問いに答えなさい。

ミニトマトは種子をまくと$_{\mathrm{A}}$2枚の子葉が出て成長し，黄色い花をさかせます。開花時期は５月～９月で，夏の野菜として知られています。おしべの花粉がめしべの先たんについて受粉《じゅふん》すると，やがて$_{\mathrm{B}}$子ぼうがふくらんで果実になり，はいしゅは種子になります。私たちは大きくふくらんだ果実の部分とともに，ゼリー状の組織に包まれた種子の部分も食べています。

ミニトマトは$_{\mathrm{C}}$茎に近いところから順に果実が成熟することが知られています。

図１

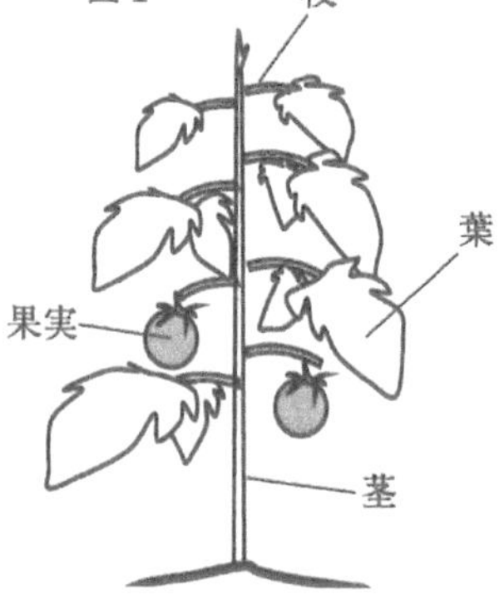

⑴　下線部Aについて，ミニトマトと同じように子葉が２枚の植物として適当なものを次の**ア**～**オ**から１つ選び，記号で答えなさい。

ア　サトイモ　　**イ**　ムギ　　**ウ**　トウモロコシ　　**エ**　アサガオ　　**オ**　ユリ

⑵　下線部Bについて，図２の成熟したミニトマトのａ～ｃの部分は，図３のミニトマトの花のつくりのどの部分に当てはまりますか。最も適当な組合せを次の**ア**～**エ**から１つ選び，記号で答えなさい。

図２　成熟したミニトマト

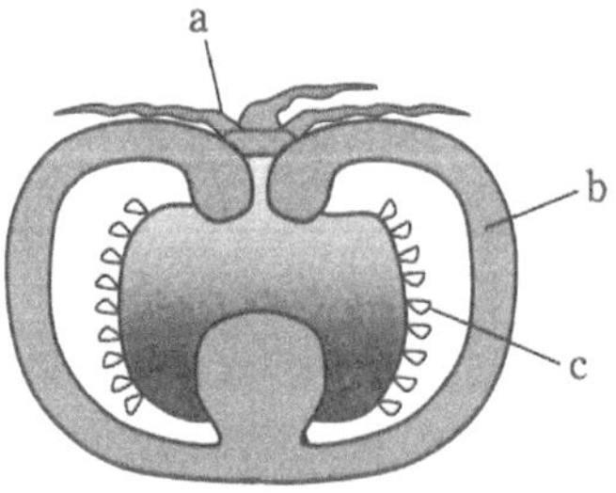

図３　ミニトマトの花のつくり

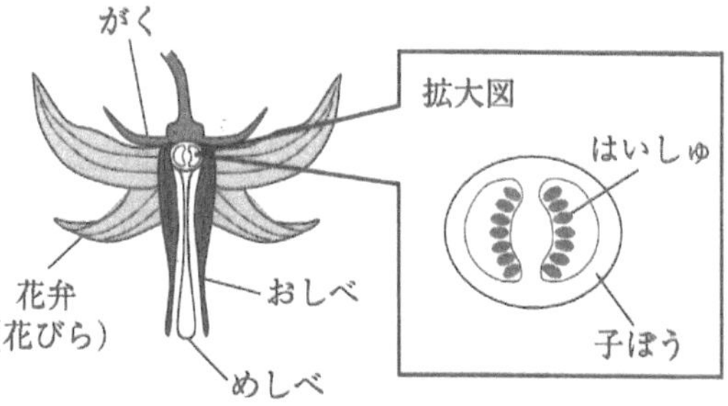

	ア	イ	ウ	エ
a	が く	が く	花 弁	花 弁
b	子ぼう	はいしゅ	子ぼう	はいしゅ
c	はいしゅ	子ぼう	はいしゅ	子ぼう

⑶　下線部Cについて，ミニトマトの果実の成熟のようすを模式的に表したものとして最も適当なものを次のページの**ア**～**エ**から１つ選び，記号で答えなさい。ここで，果実の大きさは成熟度を表しているものとします。

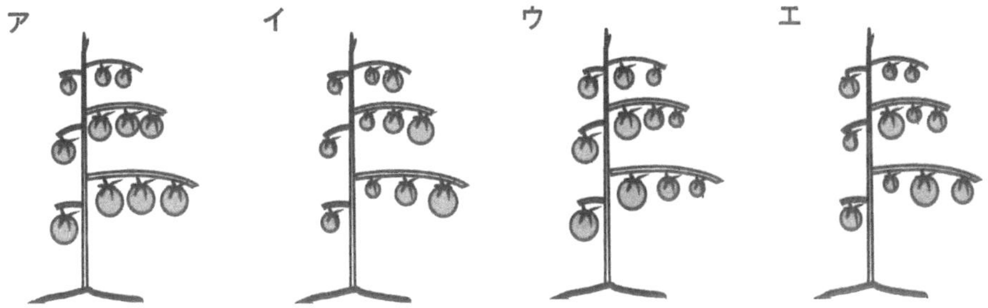

2　次の文章を読んで，後の問いに答えなさい。

地球上の水は一か所にとどまることなく絶えず循環《じゅんかん》をしています。図は地球上での水の循環を模式的に示したものです。海や川の水は太陽の熱によって暖められて（ ① ）します。（ ① ）した水は（ ② ）となり上空へ運ばれます。上空に運ばれた（ ② ）は冷やされて（ ③ ）になり雲が生じます。雲が発達すると（ ③ ）は雨として地上に降り注ぎます。雲が急成長すると積乱雲が発生し強い雨を降らせます。

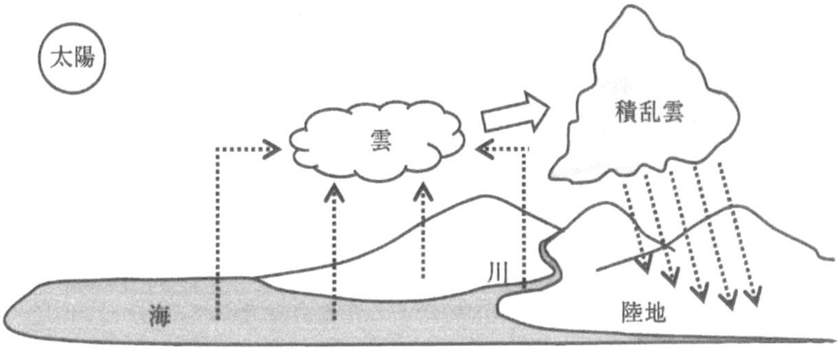

（注）図中の矢印は水の移動を表しています。

(1)　文章中の（①）～（③）に入る語句の組合せとして最も適当なものを次の**ア**～**カ**から１つ選び，記号で答えなさい。

	①	②	③
ア	ぎょう固	水てき	水蒸気
イ	ぎょう固	水蒸気	水てき
ウ	蒸発	水てき	水蒸気
エ	蒸発	水蒸気	水てき
オ	ゆう解	水てき	水蒸気
カ	ゆう解	水蒸気	水てき

(2)　後の**ア**～**エ**の文で，雲ができる仕組みと**異なるもの**として最も適当なものを１つ選び，記号で答えなさい。

ア　ドライアイスを水に入れると，水面から白いけむりのようなものが生じた。

イ　やかんの中に水を入れふっとうさせると，やかんの口から白いけむりのようなものが生じた。

ウ　ロウソクの火を消すと，ロウソクから白いけむりのようなものが生じた。

エ　寒い時期に暖ぼうを長時間つけると，窓に水てきが生じた。

(3)　近年，日本では集中豪《ごう》雨がひんぱんに発生しています。その原因の１つとして地球温暖化があげられます。地球温暖化が進むと集中豪雨が発生しやすくなる理由を，「地球温暖化により空気中の」の書き出しに続けて，**15文字以内**で答えなさい。

3　2022年７月１日，茨城県内を走る関東鉄道常総線で，暑さが原因でレールがゆがみ，運転を見合わせるという事態が起きました。これはレールの素材である金属が熱を伝えやすいことが原因でした。後の問いに答えなさい。

(1)　熱が物質中を伝わっていく現象を何といいますか。

(2)　次の**ア**～**エ**の金属の中で，最も熱を伝えやすいものはどれですか。１つ選び，記号で答えなさい。

ア　アルミニウム　　**イ**　銅　　**ウ**　鉄　　**エ**　ステンレス

(3)　金属球に熱を加えると，金属球の体積と密度はそれぞれどう変化しますか。**20文字以内**で説明しなさい。

4　塩酸，石灰水，炭酸水，砂糖水，食塩水，アンモニア水の６種類の水よう液があります。それぞれの水よう液の性質を調べるために，次の実験①～④を行いました。後の問いに答えなさい。

【実験】

①　青色リトマス紙につけて，赤色に変化するかを調べた。

②　赤色リトマス紙につけて，青色に変化するかを調べた。

③　においをかいで，鼻をさすようなにおいがあるかどうかを調べた。

④　蒸発皿にとって，長時間加熱するとどうなるかを調べた。

(1)　気体を水にとかすことでできる水よう液はどれですか。次の**ア**～**カ**から**すべて**選び，記号で答えなさい。

ア　塩酸　　**イ**　石灰水　　**ウ**　炭酸水　　**エ**　砂糖水　　**オ**　食塩水　　**カ**　アンモニア水

(2)　①の実験で変化があり，③の実験でにおいがしない水よう液をAとします。また，②の実験で変化があり，③の実験でにおいがしない水よう液をBとします。AとBを混ぜると，どのような変化が生じますか。最も適当なものを次の**ア**～**エ**から１つ選び，記号で答えなさい。

ア　白いけむりが生じる。

イ　白くにごる。

ウ　鼻をさすようなにおいが生じる。

エ　分離《ぶんり》して２つの水よう液の層になる。

(3)　④の実験の結果として最も適当なものを次の**ア**～**オ**から１つ選び，記号で答えなさい。

ア　どの蒸発皿にも何も残らなかった。

イ　どの蒸発皿にも固体が残った。固体の色は１種類だった。

ウ　どの蒸発皿にも固体が残った。固体の色は２種類以上あった。

エ　何も残らなかった蒸発皿と，固体が残った蒸発皿があった。固体の色は１種類だった。

オ　何も残らなかった蒸発皿と，固体が残った蒸発皿があった。固体の色は２種類以上あった。

社会

5　次の文章は付属中社会科研究部の成一《せいいち》君と，その顧問《こもん》の先生の会話です。この文章を読んで，後の問いに答えなさい。

先生：成一君，2022（令和４）年は千葉県香取市を舞台《ぶたい》にした映画が上映されましたね。

成一：あっ，知っています。立川志の輔さんの落語が原作の『大河への道』ですね。
香取市が，観光振興《しんこう》策として『大日本沿海輿地《よち》全図』を作成した伊能忠敬を主人公として，大河ドラマを作成しようとする話でした。
『大日本沿海輿地全図』は，①現在の地図と比べても誤差はごくわずかで，とても精密に作成されていたのですね。

先生：その通りです。成一君も映画を見たのですね。
地図の精密さについては，ドイツ人医師の［　②　］が，幕末に忠敬の地図の写しを国外に持ち出そうとして国外追放の処分を受けていることからも，江戸幕府がいかに忠敬の地図を重要視していたかがよくわかります。

成一：忠敬の生涯《しょうがい》とは，どのようなものだったのでしょうか？

先生：伊能忠敬は1745（延享《えんきょう》２）年に上総国小関《こせき》村（現在の千葉県九十九里町）で生まれ，17歳《さい》の時に下総国佐原の酒造家である伊能家に婿《むこ》入りします。忠敬は伊能家の当主であった時代も佐原村の③名主などを務め，村における揉《も》め事をおさめたり，④天明の飢饉《ききん》を乗り切ったりと，その才能を発揮します。

成一：忠敬には，そんな過去があったのですね。そこまでは知りませんでした。では，地図を作成し始めたのは，いつ頃なのですか？

先生：忠敬は1794（寛政《かんせい》６）年に，49歳で伊能家を長男にゆずると，翌年から江戸の深川（現在の東京都江東区）に移り住み，幕府の役人であった高橋至時《よしとき》に弟子入りして，地図を作成するために必要な測量の技術を学びます。忠敬は当時50歳，至時は31歳でした。その後，1800（寛政12）年55歳の時に蝦夷地《えぞち》の測量を開始し，さらには⑤相模国《さがみのくに》や東北地方など，71歳になるまで⑥全国各地に地図作成のための測量にでかけています。

成一：かなり高齢になってから，測量について学び，地図の作成を始めたのですね。体力的にもかなり厳しかったと思いますが，その熱意には驚かされます。また，自分よりも約20歳も年齢が下の至時に学んだということにもびっくりです。

先生：本当ですね。歴史的にみた功績も素晴らしいものがありますが，一人の人間としても尊敬できますね。まさしく私たちが誇《ほこ》る郷土の偉人《いじん》です。

(1)　次のページの写真は，香取市の観福寺《かんぷくじ》にある伊能忠敬のお墓です。この観福寺の本尊は，10世紀前半（平安時代中期）に「新皇《しんのう》」と名乗り，下総を拠点に関東一円で当時の朝廷に対して反乱を起こした人物の守り仏とされています。この反乱を起こした人物の名前を**漢字**で答えなさい。

(2)　下線部①に関連して，日本において国の基本図である「地形図」は○○○○省の特別機関によって発行されています。○○○○に入る語句を**漢字４文字**で答えなさい。

(3)　② に当てはまる人物は，長崎郊外《こうがい》で鳴滝塾《なるたきじゅく》という医学を教授する塾を開き，多くの学者を育てました。また，国外追放後は，オランダで日本に関する本も出版しています。この人物を次の**ア**～**エ**から一つ選んで，記号で答えなさい。

ア　フェノロサ　　**イ**　シーボルト　　**ウ**　ハリス　　**エ**　クラーク

(4)　下線部③に関連して，江戸時代の農村や農民について述べた文として**誤っているもの**を次の**ア**～**エ**から一つ選んで，記号で答えなさい。

ア　村民は五人組に編成され，共同で責任を負わされました。

イ　百姓は，全てが名字を名乗ることを許され，その多くが地名を名字としました。

ウ　それぞれの村には，村全体の責任で年貢を納入することが課されました。

エ　村の掟《おきて》を破ると，葬式と火事以外は交際を断つ村八分などの制裁《せいさい》が加えられました。

(5)　下線部④が一つのきっかけになり失脚した江戸幕府の老中は株仲間を広く公認するとともに，印旛沼や手賀沼の干拓にも取り組みました。この老中を次の**ア**～**エ**から一つ選んで，記号で答えなさい。

ア　田沼意次《おきつぐ》　　**イ**　水野忠邦《ただくに》　　**ウ**　井伊直弼《なおすけ》　　**エ**　柳沢吉保《よしやす》

(6)　次の史料は(5)の老中に関するものです。この老中の行った政治の特徴について，「商人」という言葉を使用し，史料から読み取れることをふまえつつ，良い点と悪い点を一つずつあげて簡潔に説明しなさい。

……お見舞いの使いが，老中の使用人に対して「この頃は何を喜ばれますか」と聞きました。「菖蒲《しょうぶ》をいけた盆栽《ぼんさい》を枕元に置いて見られております」と使用人が答えたところ，二・三日の間に多くの大名家が，大小を問わず様々な菖蒲を老中に届けたため，大きな座敷《ざしき》二部屋は，盆栽ですき間もなく並べられ，その扱いをもてあましたといいます。その頃の風潮はこのようなものでありました。

（『甲子夜話《かっしやわ》』より，一部改変）

(7)　(5)の老中が失脚した後，白河藩主が次の老中となって幕府の改革を行いました。その内容として正しいものを次のア～エから一つ選んで，記号で答えなさい。

ア　儒学を重んじると共に，極端な動物愛護令である生類憐《あわれ》みの令を出しました。

イ　大名に対して，国元と江戸とを１年交代で往復する参勤交代を義務付けると共に，大名の妻子が江戸に住むことを強制しました。

ウ　飢饉で荒れた農村を復活させるため，江戸に出ていた農民に農村へ帰るよう勧《すす》めました。

エ　江戸の町奉行を務めた大岡忠相《ただすけ》をはじめとする有能な人材を多く登用しました。

(8)　次のア～エは，下線部⑤にある鎌倉に幕府が置かれた時代の出来事です。これらを古い順に並べた時，**3番目**になるのはどれですか。記号で答えなさい。

ア　承久の乱後，朝廷を監視するための役所として，京都に六波羅《ろくはら》探題が設置されました。

イ　将軍源実朝が鶴岡八幡宮で暗殺され，源氏将軍家の流れが絶えました。

ウ　九州の御家人である竹崎季長《すえなが》は幕府の安達泰盛《やすもり》に訴え，元寇に対する恩賞を求めました。

エ　北条泰時《やすとき》により御成敗式目が制定され，紛争《ふんそう》を公平に裁く基準が明らかになりました。

(9)　下線部⑥について，伊能忠敬は1811年からの測量で対馬を訪れています。江戸時代，対馬藩は朝鮮との外交や貿易の窓口になっていました。この朝鮮との外交において，江戸幕府の将軍の代替わりの際などに派遣された使節の名前を次のア～エから一つ選んで，記号で答えなさい。

ア　天正少年使節　　イ　謝恩使　　ウ　遣唐使　　エ　通信使

6　次のページの地図とＡ～Ｄの説明文について，後の問いに答えなさい。

Ａ　この県の西部には日本最大の①カルスト地形である秋吉台があります。ふぐの水揚げが多い港があることでも知られています。平家滅亡の地である壇ノ浦があり，明治新政府で活躍した（　Ｘ　）や初代内閣総理大臣の（　Ｙ　）を輩出《はいしゅつ》するなど，歴史とのかかわりも深いです。

Ｂ　この県は全国で最も人口が少なく，東部には日本最大級の砂丘が広がっており，ここでは②全国有数の生産量を誇る農産物が栽培されています。また，県のほぼ中央部の三徳山《みとくさん》にある投入堂《なげいれどう》は絶壁のくぼみに建てられた珍しい建築物で，国宝に指定されています。

Ｃ　この県は，みかんをはじめとする柑橘系《かんきつけい》の果物の生産がさかんで，全国有数の生産地になっており，また北部で生産されるタオルも有名です。③夏目漱石の小説『坊ちゃん』に出てくる温泉には，国の重要文化財に指定されていて，現在も公衆浴場として使用されている建物があります。

Ｄ　この県は，雨が少なく水不足になるため，昔からため池がつくられています。生産量・消費量ともに全国１位のうどんや小豆島《しょうどしま》の特産品であるオリーブが有名です。また，真言宗を開いた［　④　］の生誕地があり，［　④　］にゆかりの深い寺院も数多くあります。

(1)　Ａ～Ｄに当てはまる県を，地図中のア～ケから一つずつ選んで，記号で答えなさい。

(2)　下線部①の説明として正しいものを次のア～エから一つ選んで，記号で答えなさい。

ア　火山から流出した堆積物によってできた地形です。

イ　石灰岩が，雨水や地下水などによって浸食されてできた地形です。

ウ　火山活動によってできた大きなくぼ地の地形です。

エ　山間地から流れ出た河川が盆地に出た際に，運ばれた土砂が扇状に堆積した地形です。

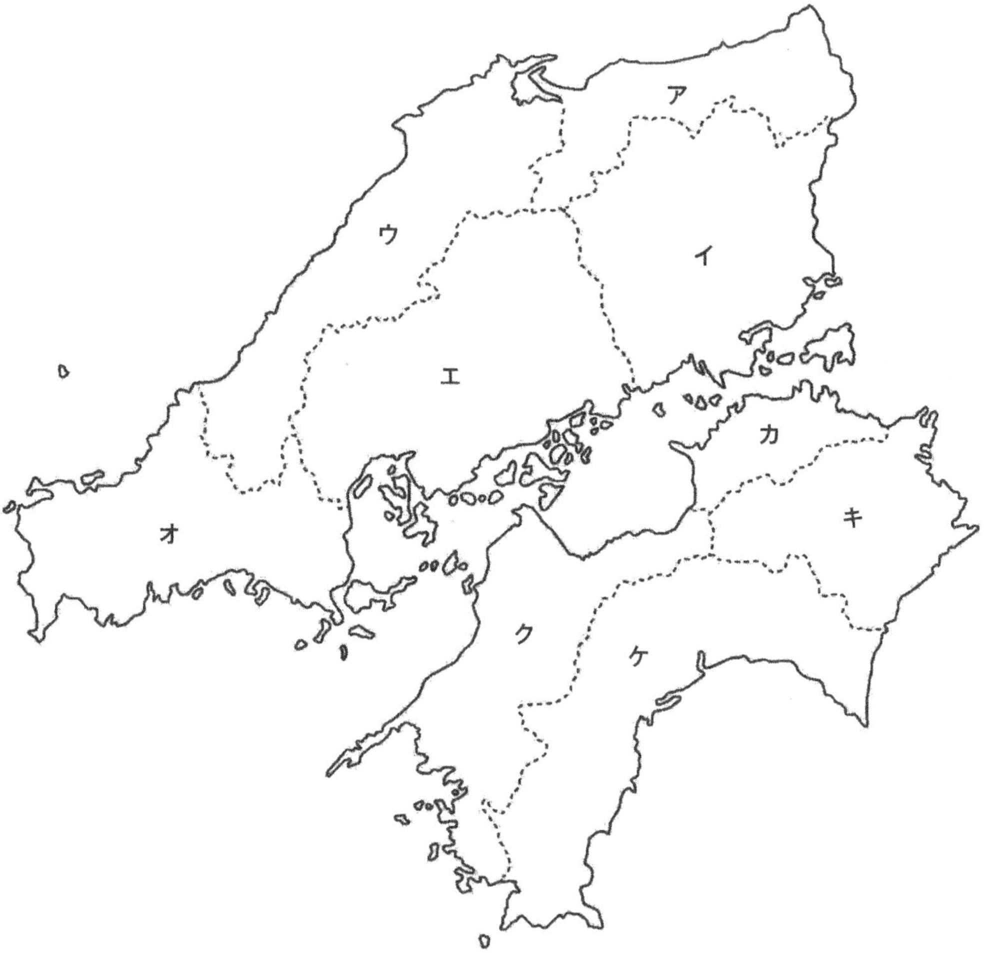

(3)　（X）・（Y）に当てはまる人物の組み合わせとして正しいものを次の**ア**～**エ**から一つ選んで，記号で答えなさい。

ア X：吉田松陰 Y：伊藤博文	**イ** X：吉田松陰 Y：大隈重信	**ウ** X：木戸孝允《たかよし》 Y：大隈重信	**エ** X：木戸孝允 Y：伊藤博文

(4)　下線部②として最も適切なものを次の**ア**～**エ**から一つ選んで，記号で答えなさい。

ア　たまねぎ　　**イ**　らっきょう　　**ウ**　じゃがいも　　**エ**　とうもろこし

(5)　下線部③について，この温泉の名称を**漢字**で答えなさい。

(6)　④ に当てはまる人物を次の**ア**～**エ**から一つ選んで，記号で答えなさい。

ア　道鏡　　**イ**　空海　　**ウ**　日蓮　　**エ**　最澄

7　次の文章を読んで，後の問いに答えなさい。

①国際連合は，総会と事務局，３つの理事会，国際司法裁判所を主要機関とし，その他にも専門機関が設置されています。

総会とは，すべての加盟国の代表が参加する国際連合の中心となる機関であり，世界で起こる様々な問題についての話し合いを行います。１国１票の投票権を持ち，議題は出席国の過半数の賛成で成立しますが，重要な議題については３分の２以上の賛成を必要とすることもあります。年１回の定期総会の他，特別総会，②緊急特別総会があります。

３つの理事会とは，［　③　］理事会，経済社会理事会，信託統治理事会です。その中でも［　③　］理事会は，世界の平和と安全の維持を目的とする機関で，5カ国の常任理事国と10カ国の非常任理事国から成ります。一般的には９理事国以上の賛成で決議されますが，重要な議題については④大国一致の原則が適用されます。また，⑤経済社会理事会については，経済，社会，文化，教育，保健，食料などの問題を扱い，世界の人々の生活改善，自由・人権の尊重について勧告を行います。

(1)　下線部①の本部がある国を次の**ア**～**エ**から一つ選んで，記号で答えなさい。

ア　スイス　　**イ**　イギリス　　**ウ**　アメリカ　　**エ**　ドイツ

(2)　下線部②の会合が2022年３月２日に開かれ，ロシアがある国に対して行った一方的な軍事侵攻を非難する決議が賛成141，反対５，棄権《きけん》35で成立しました。軍事侵攻されたこの国の名前を答えなさい。

(3)　［　③　］に当てはまる**漢字４文字**の語句を答えなさい。

(4)　下線部④について，常任理事国の持つ「拒否権」とはどういうことか，簡潔に説明しなさい。

(5)　下線部⑤に関連する機関として，国連教育科学文化機関があります。この機関の別称を次の**ア**～**エ**から一つ選んで，記号で答えなさい。

ア　NATO（ナトー）　　**イ**　OPEC（オペック）

ウ　UNICEF（ユニセフ）　　**エ**　UNESCO（ユネスコ）

(6)　(5)は世界遺産を認定する機関でもあります。2022年，日本政府はこの機関に対して，日本のある島の金山を世界遺産候補として推薦《すいせん》しました。**漢字３文字**のこの島の名前を答えなさい。

(7)　下線部⑤に関連する機関として，新型コロナウイルスの世界的流行のなか「パンデミック」を宣言した世界保健機関があります。この機関の略称を**アルファベット３文字**で答えなさい。

エ　自分の中の攻撃的《こうげきてき》な衝動《しょうどう》が抑《おさ》えられなくなりそうなので、包丁に近づきたくない。

問七　傍線部④「表情も少しずつ穏やかになっていく」とあるが、その理由として最も適当なものを次の**ア**～**エ**から一つ選び、記号で答えなさい。

ア　無心で包丁を使いながら、塾へ行っても勉強ができない言い訳を思いつくことができ、祖父と父への弁明をする準備が整ったから。

イ　祖父と一緒《いっしょ》に包丁を握ることで、最初は上手くできるか不安であった作業も軌道に乗り、リズムよくネギを切ることができたから。

ウ　ネギを夢中になって切る中で、一人で包丁を使うことへの恐怖心が和らぎ、その作業を通して身体と心の緊張《きんちょう》がほぐれたから。

エ　祖父に見守ってもらいながら、ネギを切る作業に没頭《ぼっとう》することで、今の自分の不安は思い悩むほどのものではないと思えたから。

問八　傍線部⑤「祖父は孫の包丁遣いを見守った」とあるが、このときの祖父はどのような心情か。解答欄の「弘晃が～に耐える気持ち」に当てはまる形で、**二十字以上二十五字以内**で答えなさい。ただし、句読点や記号も一字とする。

問九　傍線部⑥「育っていた」について説明した次の文の□に当てはまることばを**漢字二字**で答えなさい。

弘晃の包丁遣いが□したということ。

問十　傍線部⑦「弘晃、お前はもう大丈夫やで」とあるが、どういうことか。最も適当なものを次の**ア**～**エ**から一つ選び、記号で答えなさい。

ア　弘晃は、包丁を安全に使用することができるから、刃物への恐れを感じずに生活することができるはずだということ。

イ　弘晃は、包丁を上手に使うことに自信を持てたから、父への恐れを感じずに家に帰ることができるはずだということ。

ウ　弘晃は、包丁を握っても人を傷つけることはないから、自分を恐れずに生きていくことができるはずだということ。

エ　弘晃は、包丁の誤った使い方を正すことができたから、弘晃の手が覚えた方法で調理ができるはずだということ。

問十一　この文章の特徴《とくちょう》として最も適当なものを次の**ア**～**エ**から一つ選び、記号で答えなさい。

ア　登場人物それぞれの視点から語ることによって、読者が弘晃の心情を時間の経過に沿って捉《とら》えることができる。

イ　弘晃の台詞に「……」を用いることによって、言葉にならない揺《ゆ》れのある心情を、読者が余韻《よいん》と共に捉えることができる。

ウ　「がしゃん」や「ゴロゴロ」などの音を表す語を用いることで、読者が臨場感《りんじょうかん》をもって出来事を捉えることができる。

エ　相容《あいい》れない親子を風刺的《ふうしてき》に描《えが》くことで、現代社会における親子関係のありさまを、読者が捉えることができる。

「上手いこと使えるようになったな。――もう大丈夫や」

孫に手を差し伸べ、弘晃の右手を包丁ごと、自身の両の掌で包み込む。

包丁の刃先が路男の腹を向いているのを知り、弘晃は怯えた目で祖父を見た。Ⅳ

「⑦弘晃、お前はもう大丈夫《だいじょうぶ》やで」

逃《のが》れようとする孫の手をしっかりと握ったまま、路男はぎゅっと目を細めてこう続けた。

「包丁は、ひと刺すもんと違《ちが》う。ネギ切るもんや。この手ぇが、弘晃の手えが覚えよった」

「あ……」

弘晃の瞳《ひとみ》に涙が浮《う》き、瞬《またた》く間に溢《あふ》れだす。堪えようとして堪えきれず、戦慄《わなな》く唇から嗚咽《おえつ》が洩《も》れ始めた。

心配要らん。

弘晃、もう何も心配要らんで。

号泣する孫の背中を撫《な》でながら、祖父は幾度《いくど》もそう胸のうちで繰《く》り返した。

（高田郁《かおる》『ふるさと銀河線　軌道《きどう》春秋』双葉文庫より）

注1　双眸……両方の瞳。両眼。
注2　刹那……きわめて短い時間。瞬間。
注3　慟哭……悲しみに耐えきれないで、大声をあげて泣くこと。
注4　安全拾得器……線路に落ちたものを拾う道具。
注5　小峯にぎり……峯（背）に人さし指を当てて持つ包丁の持ち方。
注6　難儀する……行うことが困難なことや苦悩の状態。

問一　A・B に当てはまることばとして最も適当なものを次の**ア**～**エ**から一つずつ選び、それぞれ記号で答えなさい。

A　**ア** 情　**イ** 気　**ウ** 色　**エ** 間

B　**ア** 引く　**イ** 鳴らす　**ウ** 揮《ふる》う　**エ** 重くする

問二　C に当てはまることばとして最も適当なものを次の**ア**～**エ**から一つ選び、記号で答えなさい。

ア とんとんとん　**イ** さく、さく

ウ ざくざくざく　**エ** どき、どき

問三　本文中に次の一文を入れるとき、最も適当な箇所《かしょ》をⅠ、Ⅱ、Ⅲ、Ⅳから一つ選び、記号で答えなさい。

必死で感情の爆発に耐えているその姿を目にして、路男は黙《だま》り込んだ。

問四　傍線部①「怯えの根源」とは何か。「～自分に対する恐れ」に続く形で、本文中から**十一字**で抜き出して答えなさい。

問五　傍線部②「日中とはまた別の気忙しさが漂う深夜のホーム」と同様に、終業前後の様子の対比が読み取れる、駅蕎麦屋についての一文を本文中より探し、**初めの五字**を抜き出して答えなさい。

問六　傍線部③「オレ、包丁は……」とあるが、この時の弘晃の心情はどのようなものか。最も適当なものを次の**ア**～**エ**から一つ選び、記号で答えなさい。

ア　包丁に関する父親との出来事で家に帰れなくなったため、包丁に目を向けたくない。

イ　祖父から教わった包丁の扱《あつか》い方を忘れたことを言い出せず、包丁を握りたくない。

ウ　料理人が使用する本物の包丁を初めて見たことで圧倒され、包丁を扱う自信がない。

営業中は圧倒的《あっとうてき》な存在感を誇《ほこ》っていた駅蕎麦屋も、商いを終え、照明も落ちてしまえば影《かげ》が薄い。

ほんの数時間前にかけた鍵《かぎ》を外し、明かりをつけると、路男は弘晃を厨房《ちゅうぼう》に招き入れた。

落ち着かない様子で店内を見回す孫には構わず、ネギの根を落とし、流しで洗って俎板《まないた》に束ねて置き、包丁を添《そ》えた。

「さて、と。弘晃、こっちおいで」

声をかけられて、祖父の方へ向き直った弘晃だが、俎板に置かれた包丁を認めると、ぎょっとして両の肩を引いた。

「ジィちゃん、③オレ、包丁は……」

両腕を後ろに回して身を強張《こわば》らせる弘晃に、路男は緩《ゆる》やかに頷《うなず》いてみせる。

「大丈夫、ジィちゃんが手ぇ添えたるよって」

祖父に言われて、孫は俎板の前に立つと、恐る恐る包丁の柄《え》を握《にぎ》った。朴《ほお》の木を用いた白い柄を、しかし、弘晃は掌に包むだけで精一杯《せいいっぱい》の様子だった。Ⅱ

「もっとしっかり握らなあかん、かえって危ないで」

こうするんや、と路男は孫の手に自分の手を添え、がちがちに固まった指を解《ほぐ》して、正しく持たせた。

「せや、注5『小峯《こみね》にぎり』いうてな、この持ち方を覚えたら、これから先、色々と役に立つ」

そうして、ネギに刃《は》をあてがうと、

「よっしゃ、ほんならネギ切ってみよか」

と命じ、手を添えたまま刻み始めた。

切りたくない、との思いが弘晃の腕を B 。注6難儀《なんぎ》しながらも、路男は弘晃を導き、さくっさくっとネギに刃を入れていく。

「口に障らん厚み……これくらいの小口切りにな。ほな、自分で切ってみ」

見本を示すと、祖父は孫の右手を解放した。

必死の形相で、弘晃は包丁を握り締《し》めて、ネギを刻む。ざく、ざく、とぎこちない包丁遣《づか》いは、しかし、暫《しばら》くすると、 C 、と徐々《じょじょ》に柔らかな音へと変化していった。それにつれて、弘晃の身体の強張りは取れ、④表情も少しずつ穏《おだ》やかになっていく。

「いくつもの塾《じゅく》をかけ持ちして、実力以上の中学に受かった。けど、入ってみたら秀才《しゅうさい》がゴロゴロ。授業についていくのがやっとだった」

路男はただ無言で、孫の打ち明け話に耳を傾《かたむ》ける。Ⅲ

「親父には努力が足りない、と殴《なぐ》られてばかり。でも、足りないのは努力じゃなくて、能力だったんだ。三年通ってそれが身に沁《し》みた」

自身に言い聞かせるような口調だった。

たかだか十五歳で、自身の人生を諦《あきら》めた様子の弘晃の姿が、路男には胸に応える。それに耐《た》えて、⑤祖父は孫の包丁遣いを見守った。

さくっさくっ、という包丁の音は、何時《いつ》しか、とんとんとん、と軽やかな音色へと⑥育っていた。俎板の上で包丁がリズミカルに踊《おど》り、正確な厚みでネギが刻まれていく。用意したネギの束もそろそろ尽《つ》きようとしていた。

「仰山《ぎょうさん》できたなぁ、おおきにな、弘晃」

業務用の笊《ざる》に山盛りになった刻みネギを示して、路男は弘晃に笑みを向けた。

何も言わず弘晃を受け入れる。弘晃が家を出てから二日後、路男のもとに息子の正雄《まさお》から電話がかかってくるも、正雄の心配は弘晃の無事ではなく、勉強の遅《おく》れが生じてしまうことであった。

がしゃん、と怒《いか》りに任せて受話器を叩《たた》きつけたものの、煮《に》えたぎった憤怒《ふんぬ》はそう簡単には路男から去らなかった。

音のない一室に、古い掛《か》け時計の秒針だけが妙《みょう》に大きく響《ひび》いている。振《ふ》り返り、孫の様子はと見れば、弘晃は卓上《たくじょう》に置いた握《にぎ》り拳《こぶし》をわなわなと震《ふる》わせていた。[I]

どれほどそうしていたのだろうか、弘晃が、オレ、と掠《かす》れた声を絞《しぼ》り出した。

「オレ、親父を殺すかも知れない」

部屋の空気が一瞬《いっしゅん》、薄《うす》くなった。

弘晃が苦悩《くのう》の果てにその台詞《せりふ》を口にしたことが容易に察せられて、路男は敢《あ》えて無言のまま、真剣《しんけん》な眼差しを孫へと向けた。

弘晃は右の拳で唇《くちびる》を覆《おお》い、くぐもった揺《ゆ》れる声で打ち明ける。

「目の前に包丁があると、親父を刺《さ》しそうな気がして息が出来ない。いつか自分で自分をコントロール出来なくなる。そしたら……」

弘晃の肩《かた》が、上腕《じょうわん》が、小刻みに震えだした。注1双眸《そうぼう》に激しい怯《おび》えが宿り、うっすらと涙《なみだ》が膜《まく》を張っている。

「そしたら、オレ……親父を……」

「弘晃」

見かねて路男は孫の名を呼び、その背中に手を置いた。

注2刹那《せつな》、下瞼《したまぶた》で辛《かろ》うじて止《とど》まっていた涙が、[A]の失せた頬《ほお》へと滑《すべ》り落ちる。

「ジィちゃん、オレ……自分が恐《こわ》い」

恐くて堪《たま》らない、と言葉にすると、弘晃は両の掌《てのひら》を開いて顔を覆った。

①怯えの根源を口にしたことで、弘晃を支えていた何かが崩《くず》れたのだろう。十五歳《さい》の少年は、電気コタツの天板に突っ伏《ぷ》して注3慟哭《どうこく》した。

午前零時《れいじ》を回り、JR大阪環状線《かんじょうせん》は、内回り外回りとも終電を見送った直後だった。駅員はベンチで酔《よ》い潰《つぶ》れて寝《ね》ている客を起こして回り、終電に乗り遅《おく》れた客たちは舌打ちして、タクシー乗り場を目指す。

②日中とはまた別の気忙《きぜわ》しさが漂《ただよ》う深夜のホームを、路男は弘晃と並んで歩く。路男の手には、深夜営業のスーパーで買った青ネギの束が大量に抱《かか》えられていた。

途中《とちゅう》、注4安全拾得器を手にした駅員から、すれ違いざまに声をかけられた。

「あれ？　駅蕎麦の」

路男も顔馴染《なじ》みの、まだ若い駅員だった。

「こんな時間に珍《めずら》しいですね。忘れ物ですか？」

「いえ、ちょっと明日の仕込《こ》みを」

路男が答えると、駅員はふっと考える顔つきになった。

終業後のホームへの立ち入りにあたるから、本来なら咎《とが》められて当然なのだ。路男は駅員に懇願《こんがん》の眼差しを向ける。何か事情がある、と察したのだろう、駅員はスーパーの袋《ふくろ》から突き出たネギの束に目を留めて、

「そうですか、お疲《つか》れさんです。なるべく早く済ませてくださいね」

と、親切に応じた。

一つ選び、記号で答えなさい。

ア 泉からつねに水が湧《わ》き出ている。

イ 彼はつねに机に向かっている。

ウ 空にはつねに月が輝《かがや》いている。

エ あの親子はつねに口論している。

問八 [E] に入ることばとして最も適当なものを次の**ア**～**エ**から一つ選び、記号で答えなさい。

ア どのような人により行われることなのか

イ どれほどの時間続けて行えることなのか

ウ どれだけの時間の長さを要することなのか

エ どれくらい曖昧さを残していることなのか

問九 [F] には「倫理《りんり》、道徳意識」という意味の「モ□□」という三字のカタカナ語が入る。□□に入る**二字**を答えなさい。

問十 傍線部⑤「られる」とあるが、本文中で解釈が揺《ゆ》れている二つの意味の**どちらとも異なる意味**で用いられている「られる」を含む文として、最も適当なものを次の**ア**～**エ**から一つ選び、記号で答えなさい。

ア この程度のご飯であれば、食べられる。

イ 飛行機の乗客達が、次々と助けられる。

ウ 大統領は、午前九時に来られる予定だ。

エ あの人は先生にほめられることが多い。

問十一 傍線部⑥「『尊敬ではなくて受け身の方だな』とすぐ分かります」とあるが、その理由として最も適当なものを次の**ア**～**エ**から一つ選び、記号で答えなさい。

ア 一般常識に照らして考えてみれば、「山田先生」が財布を盗むような人ではないことは社会的に自明のことだから。

イ 「財布を盗む」という行為と受け身の意味との相性が良いため、「られる」の尊敬の意味の可能性は排除されるから。

ウ 「場所を尋ね」るよりも「財布を盗む」という行為の方が、受け身の印象がさらに強く人々に伝わる表現だから。

エ 「財布を盗む」という行為が望ましくないと知っているので、「られる」がもつ意味の曖昧さは解消されるから。

問十二 本文の内容に合うものを次の**ア**～**オ**から**二つ**選び、記号で答えなさい。

ア 現実世界において起こり得るか否かという知識が、意味の曖昧さを解消することがある。

イ 人間は他者の意図を理解するために、言語特有の音声という常識を活用して生きている。

ウ 現代では常識の改変や更新《こうしん》が起こることはなくなり、機械は常識を獲得《かくとく》しやすくなった。

エ 「白いギターの箱」という句は、何が白い物なのかという点において意味が曖昧である。

オ 常識の量が増えるに従って、日常生活の中で人間が常識を実感することは減りつつある。

三 次の文章を読んで、後の問いに答えなさい。

（あらすじ）

駅蕎麦《そば》屋を営む秋元路男《みちお》のもとに孫の弘晃《ひろあき》が突然《とつぜん》訪ねてきた。路男は布を盗む」という行為は尊敬に値するようなことではないからです。

以上のように、常識と言っても多岐《たき》にわたります。また、「山は空中に浮《う》かない」「座ることと立つことは同時にはできない」「家に忘れてきたものは、家の中にある」「テーブルの一部が壊《こわ》れていたら、そのテーブルは壊れている」など、普段私たちがあまり意識しない常識を含めると、その量は実に膨大《ぼうだい》です。新しい常識も日々増えていきますし、時代によって過去の常識が覆《くつがえ》されることもあります。このような事情もあり、どうやって機械に常識を持たせるかは大きな課題となっています。

（川添愛《かわぞえあい》『ヒトの言葉　機械の言葉「人工知能と話す」以前の言語学』角川新書より）

問一　A ～ C に入ることばを本文中からそれぞれ抜き出して答えなさい。

問二　ⓐ ～ ⓒ に入ることばの組み合わせとして最も適当なものを次の**ア**～**エ**から一つ選び、記号で答えなさい。

ア　ⓐ　あるいは　ⓑ　よって　ⓒ　たとえば
イ　ⓐ　あるいは　ⓑ　なぜなら　ⓒ　さらに
ウ　ⓐ　しかし　ⓑ　なぜなら　ⓒ　たとえば
エ　ⓐ　しかし　ⓑ　よって　ⓒ　さらに

問三　傍線部①「間違っている可能性もあります」とは、どういうことか。その説明として最も適当なものを次の**ア**～**エ**から一つ選び、記号で答えなさい。

ア　物事の種類を判別する根拠《こんきょ》が明確であっても、曖昧な語の周囲の単語の印象により、他者の意図の解釈を誤る場合もあるということ。
イ　物事の種類を判別する根拠が明確であっても、瞬時に文意の判断を強いられると、他者の意図の解釈を誤る場合もあるということ。
ウ　物事の種類を判別する根拠が不明確だと、相手の言葉を最後まで聞くことができず、他者の意図の解釈を誤る場合もあるということ。
エ　物事の種類を判別する根拠が不明確だと、そのまま文意を推測《すいそく》するしかないため、他者の意図の解釈を誤る場合もあるということ。

問四　傍線部②「大きな手がかり」とあるが、「ギター」の例における「手がかり」とは何か。本文中から**漢字一字**で抜き出して答えなさい。

問五　D に当てはまるように、次の**ア**～**エ**の文を解答欄に合う形で並び替え、記号で答えなさい。

ア　それは、私たちが高速道路やエレベーターの機能を知っており、それに関わる「１００キロ」が速さなのか重さなのかを推測できるからです。
イ　しかし、もし高速道路の標識に「１００キロ制限」と書かれていたら、その「キロ」は「キロメートル」ですし、もし荷物用のエレベーターなどにそう書かれていたら「キログラム」だと分かります。
ウ　また、言葉が貼《は》り付けられている物体や場所の機能についての知識も重要です。
エ　たとえば「１００キロ制限」という言葉自体は、「キロメートル」なのか「キログラム」なのかで曖昧です。

問六　傍線部③「あのワイン」とは何を意味するか。**十五字以上二十字以内**で答えなさい。ただし、句読点や記号も一字とする。

問七　傍線部④「私たちはつねに呼吸している」と同様の意味で用いられている「つねに」を含む文として最も適当なものを次の**ア**～**エ**から

メ番組でお食事券をプレゼントするって言っていたよ。応募《おうぼ》しようかなあ」などと続けるかもしれません）。

句や文の曖昧性《あいまいせい》を解消する上でも、カテゴリーについての知識がたびたび使われます。先ほど、「白いギターの箱」という句に「ギターが白い」という解釈と「箱が白い」という解釈があると説明しましたが、もしこれが「白いギターの音」という句であれば「ギターが白い」という解釈しかありません。ⓑ、「音」は色や形を持たないので、「音が白い」という解釈が排除《はいじょ》されるのです。言葉を扱《あつか》うＡＩがこういった曖昧性を排除する際にも、周囲にカテゴリーの情報を示唆《しさ》する言葉があれば②大きな手がかりになります。

D

先に挙げた「回す」の不明確性に対処する際にも、私たちは物体の機能に関する知識を使っています。バトンや焼《や》き串《ぐし》、また扇風機《せんぷうき》がどのような機能を持っており、それらの機能と「回す」という動作がどのような関係を持っているかを知っているからこそ、「バトンを回す」「焼き串を回す」「扇風機を回す」に対してそれぞれ違う回し方ができるのです。

「現実世界において何が起こり得て、何が起こり得ないか」についての知識も、曖昧さの解消に使われることがあります。ⓒ、あなたが友人とバーに入り、友人が棚《たな》に置いてある高価なワインを指さして「昔、あのワインをフランスで飲んだことがある」と言ったとしましょう。実は、指さしとともに使われる「③あのワイン」は、今指さしている物体そのものを意味するのか、あるいはその物体の種類（つまり、「あのワインと同種のもの」）を意味するのかで曖昧です。しかしこの場合、友人の言う「あのワイン」が後者であることは明白です。なぜなら、昔友人がフランスで飲んだワインの現物が、今このバーに置いてある確率はきわめて低いからです。

また、「つねに」という言葉には不明確性があり、「一瞬の中断もなく、四六時中」なのか、「毎日数時間程度」なのか、「私が見るときはいつも」なのか、はたまたそれ以外の頻度《ひんど》なのか曖昧です。しかし、「④私たちはつねに呼吸している」「軍事衛星はつねにミサイルを監視《かんし》している」といった文では、「つねに＝四六時中」だと解釈できます。一方、「あの人はつねに不満を口にする」「あの人はつねに服装に気を遣《つか》っている」の中の「つねに」については、「毎日」あるいは「私が見るときはいつも」だと解釈するのが普通《ふつう》で、「四六時中」だとは思いません。なぜなら、私たちはどんなに頑張《がんば》っても、四六時中不満を言ったり服装に気を遣ったりすることはできないからです。つまり「つねに」の解釈には、文中で言及《げんきゅう》されている行為《こうい》が E に関する常識が働いているわけです。

ここまで見てきた「常識」は、当たり前すぎて私たちがあまり意識しないタイプの知識です。これ以外に、社会のマナーや F に近い意味での「一般常識」が意図の理解に使われることもあります。

たとえば、先ほど「山田先生は道行く人に駅の場所を尋《たず》ねられた」という文が曖昧であることを見ました。この曖昧性の原因は「⑤られる」が尊敬を表しているのか受け身を表しているのかで曖昧だという点にありましたが、「山田先生は電車の中で財布を盗《ぬす》まれた」という文なら⑥「尊敬ではなくて受け身の方だな」とすぐ分かります。なぜなら、「財

【国 語】（五〇分）〈満点：一〇〇点〉

一　次のA～Cの各問いに答えなさい。

A　次の①～④と**反対の意味**のものを後の**ア～キ**から一つずつ選び、それぞれ記号で答えなさい。

①　虎穴《こけつ》に入らずんば虎子《こじ》を得ず　　②　売り言葉に買い言葉

③　果報は寝《ね》て待て　　④　転ばぬ先の杖《つえ》

ア　河童の川流れ　　**イ**　暮れぬ先の提灯《ちょうちん》

ウ　柳《やなぎ》に風　　**エ**　まかぬ種は生えぬ

オ　君子危うきに近寄らず　　**カ**　泥棒《どろぼう》を捕らえて縄をなう

キ　捕《と》らぬ狸《たぬき》の皮算用

B　次の①～③のことわざ・慣用句の空欄に当てはまる**漢字一字**の動物名を、それぞれ答えなさい。

①　□牙《げ》の塔《とう》にこもる

②　立つ□跡《あと》を濁《にご》さず

③　□脚《きゃく》をあらわす

C　次の①～④の傍線部の慣用句と最も意味が近い熟語を後の**ア～エ**から一つずつ選び、それぞれ記号で答えなさい。

①　急に彼女はしおらしくなった。

ア　下品　　**イ**　従順　　**ウ**　健康　　**エ**　豪華《ごうか》

②　彼とは気が置けない仲だ。

ア　親密　　**イ**　放任　　**ウ**　油断　　**エ**　不信

③　えもいわれぬ感情になった。

ア　孤独《こどく》　　**イ**　不安　　**ウ**　不快　　**エ**　抜群《ばつぐん》

④　彼女はその話を聞いて食指が動いた。

ア　疑念　　**イ**　信念　　**ウ**　絶望　　**エ**　意欲

二　次の文章を読んで、後の問いに答えなさい。

音声は言語特有の知識ですが、私たちが他人の意図を理解しようとするときには言語以外の知識も大いに活用しています。そのような知識として真っ先に挙げられるのは、いわゆる「常識」です。ただし、常識と一口に言ってもさまざまなものがあります。

一つには、物事の「カテゴリー」、つまり種類に関する知識が挙げられます。たとえば「お食事券」と「［A］」は同音異義語でアクセントも同じなので、単に「おしょくじけん」と聞いただけではどちらのことを言っているのか分かりません。［ａ］、「おしょくじけんをもらった」と聞いたら、私たちは瞬時《しゅんじ》に「お食事券のことだな」と解釈《かいしゃく》しますし、「おしょくじけんが起こった」なら「汚職《おしょく》事件だろう」と解釈します。

つまりお食事券と汚職事件には、「もの」か「出来事」かという「カテゴリーの違《ちが》い」があります。一般に「もらえる」のは「もの」であり、「起こる」のは「［B］」です。こういった違いが周囲の単語などから読み取れれば、私たちはどちらの「おしょくじけん」なのかを判断できます。ただし、「さっきテレビで、［C］の話をしていたよ」といった文では、カテゴリーの違いがはっきりしないので「お食事券」なのか「汚職事件」なのか分かりません。私たちはとっさにどちらかを選びますが、①間違っている可能性もあります（たとえば、「テレビでわざわざ言うのであれば、汚職事件の方だろう」と思っていたら、相手は「グル

MEMO

大切なことはメモしておこうネ！

2023年度

成田高等学校付属中学校入試問題（一般）

【算　数】（50分）　＜満点：100点＞

【注意】 答えが分数になる場合は，これ以上約分できない分数で答えなさい。

1 次の計算をしなさい。

(1) $18 \div (15-9) \times 3-4$

(2) $\left(\frac{7}{10}-\frac{8}{15}\right) \div \left(\frac{4}{15}+\frac{1}{6}\right)$

(3) $(1.2+3.3\times0.3)\div0.03$

(4) $1.75-0.08\div\left(3\frac{2}{5}-0.6\right)-1\frac{1}{8}\div\frac{3}{2}$

2 次の問いに答えなさい。

(1) A駅は電車が12分ごとに，B駅は電車が20分ごとに，C駅は電車が15分ごとに出発します。午前6時45分に電車が同時にA，B，C駅を出発したあと，次に3つの駅を同時に出発するのは午前何時何分ですか。

(2) A，B，Cの3社が共同で製品を開発して，564万円の利益を得ました。この利益の分け方は，A社はB社の1.8倍，B社はC社の65％とします。C社が受け取る利益は何万円になりますか。

(3) 成田さんは家から学校まで自転車で通学しています。ある日の行きは時速18㎞で学校へ向かいましたが，帰りは雨が降っていたため時速2.7㎞で歩き，往復の通学時間は46分でした。成田さんの家から学校までの道のりは何㎞ですか。

3 1，3，4の数字が書かれたカードがそれぞれ1枚ずつ，2の数字が書かれたカードが3枚，合計6枚のカードがあります。図のように，この6枚のカードのうち，4枚のカードを並べて4桁《けた》の数をつくります。次の問いに答えなさい。

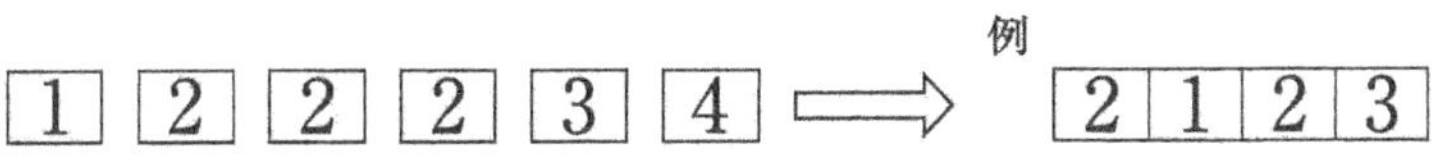

(1) 2のカードを3枚すべて使ってできる数は全部で何個ありますか。

(2) 2のカードを2枚だけ使って数をつくります。

① 2のカードが隣《とな》り合うようにしてできる数は全部で何個ありますか。

② 2のカードが隣り合わないようにしてできる数は全部で何個ありますか。

(3) 3の倍数は全部で何個ありますか。図や式と言葉を使って説明しなさい。ただし，答えのみ書いた場合は不正解となります。

4　図のように長方形の**外側を辺に沿って**半径１㎝の円か滑《すべ》らないように，Ａの位置から時計回りに１周だけ転がります。円周率を3.14として，次の問いに答えなさい。

⑴　Ａの位置からＢの位置まで転がったとき，円が通った部分の面積を求めなさい。

⑵　Ａの位置からＢの位置まで転がったとき，円は何回転しましたか。四捨五入をして小数第一位まで答えなさい。また，その過程を図や式と言葉を使って説明しなさい。ただし，答えのみ書いた場合は不正解となります。

⑶　円が長方形の外側を１周して元の位置に戻ったとき，円が通った部分の面積を求めなさい。

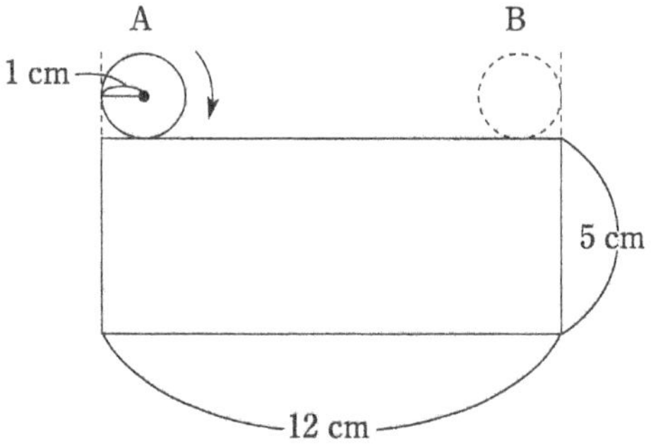

次にこの長方形の**内側を辺に沿って**半径１㎝の円が滑らないように転がります。

⑷　円が長方形の内側を１周して元の位置に戻ったとき，円が通った部分の面積を求めなさい。

5　縦《たて》４㎝，横９㎝の紙がたくさんあります。次の問いに答えなさい。

⑴　この紙を同じ向きに並べて，縦50㎝，横115㎝の長方形のアクリル板にすき間なくはみ出さないように，最も少ない枚数ではります。ただし，紙は切らず，重ねてはってよいものとします。

①　紙は何枚必要ですか。

②　紙が重なっていない部分の面積の合計を求めなさい。

⑵　⑴のアクリル板に，⑴①と同じ枚数の紙を，折らずに重なる部分の幅《はば》を均等にして，すき間なくはみ出さないようにはりました。図１は，アクリル板に紙を６枚はったところです。

図１

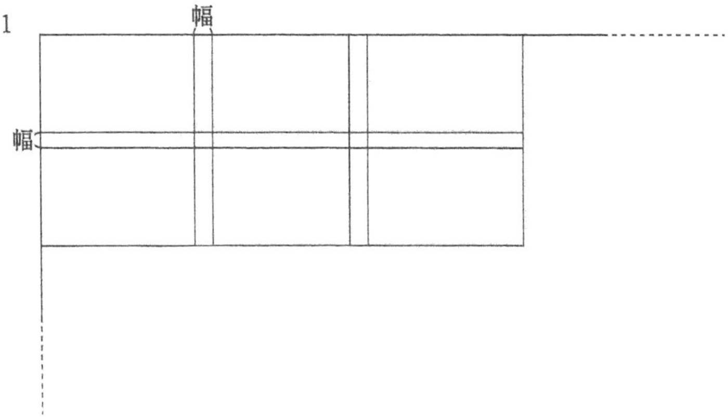

①　紙が４枚重なる部分の四角形１か所分の面積を求めなさい。

②　紙が４枚重なる部分は何か所ありますか。

⑶　次のページの図２のように縦と横が同じ枚数になるようにはり合わせて長方形をつくります。重ねてはり合わせる部分の幅を⑵と同じ幅にしたとき，紙が４枚重なる部分が324か所になりました。はり合わせてできた長方形の縦の長さを求めなさい。

図 2

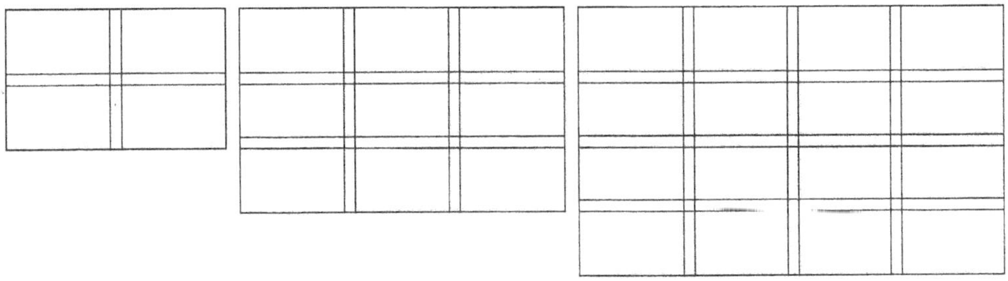

【理科・社会】（50分）　＜満点：各50点＞

理科

1 生物の死がいやはい出物を養分として取り入れている生物がいます。これらの生物のはたらきを調べるために観察を行いました。後の問いに答えなさい。

【観察】 ナイロンメッシュの袋A・Bを用意し，図のように，Aには落ち葉を，Bにはプラスチック片を入れて，しめったやわらかい土の中にうめました。その後，20日後，40日後，60日後にA・Bの様子を観察し結果を表にまとめました。

図

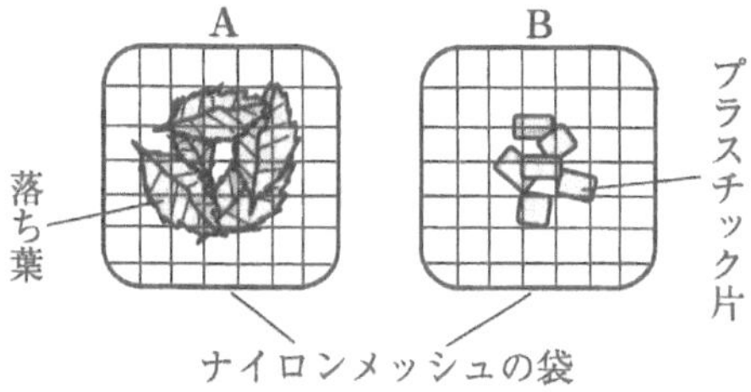

【観察の結果】

日 数	A	B
20日後	落ち葉の色が変わり，ところどころに穴が開いていた。	プラスチック片に変化はなかった。
40日後	落ち葉の形がくずれていた。	プラスチック片に変化はなかった。
60日後	落ち葉が粉々になっていた。	プラスチック片に変化はなかった。

(1) 生物どうしは「食べる・食べられる」の関係でつながっています。この関係を何といいますか。

(2) 60日後のAの観察の結果で，落ち葉が粉々になっていました。この原因として考えられる生物として適当なものを次の**ア**～**キ**から**すべて**選び，記号で答えなさい。

ア アブラムシ　**イ** カビ　**ウ** タンポポ　**エ** ミミズ　**オ** コオロギ
カ ヘチマ　**キ** ダンゴムシ

(3) AとBの観察の結果からわかることとして最も適当なものを次の**ア**～**オ**から１つ選び，記号で答えなさい。

ア プラスチック片は永久に分解されない。
イ 日にちが経つにつれて，落ち葉を分解する生物の種類が増えた。
ウ しめった土の中に，プラスチック片を分解する生物はいなかった。
エ 日にちが経つにつれて，プラスチック片を分解する生物の数が減った。
オ 落ち葉が分解されると二酸化炭素が発生した。

(4) 直径５㎜以下のプラスチックゴミをマイクロプラスチックといいます。海洋中の魚が小さな生物とまちがえてマイクロプラスチックを食べたとき，魚の体内に取り込まれたマイクロプラスチックはどうなりますか。**15文字以内**で答えなさい。

2 図（次のページ）は，地球，金星，太陽の位置関係を模式的に表したもので，図の１～８は金星の位置を示し，地球は図の位置にあるものとします。次の文章を読んで，後の問いに答えなさい。

地球から金星を観察すると，明け方の東の空か夕方の西の空で観察することができ，昼間や真夜中の空では観察することはできません。このため金星は，明けの明星やよいの明星と呼ばれています。

地球から見て金星が太陽から離《はな》れて見えるほど，金星は明るくて見つけやすく，明けの明星やよいの明星を観察しやすくなります。

図

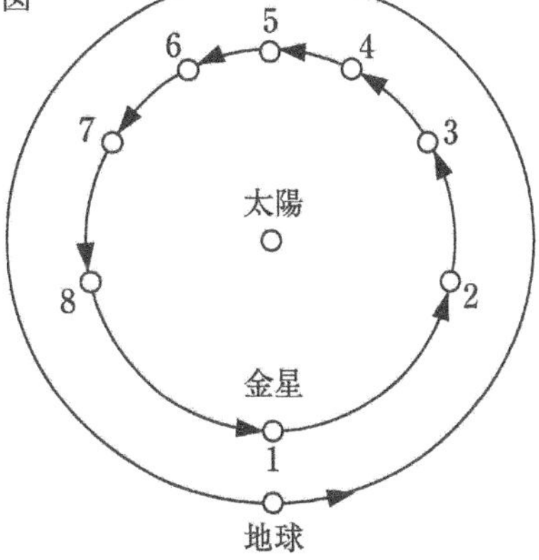

図中の矢印は公転の向きを示す

(1)　地球から観察することができない位置にある金星はどれですか。図の１～８から**すべて**選び，番号で答えなさい。

(2)　図の１～８の中で，よいの明星が最も見つけやすい位置にある金星はどれですか。１つ選び，番号で答えなさい。

(3)　図の４の位置にある金星を天体望遠鏡で観察すると，どのように見えますか。最も適当なものを次の**ア**～**カ**から１つ選び，記号で答えなさい。ここで，天体望遠鏡で観察した金星は，上下左右が逆さに見えるものとします。

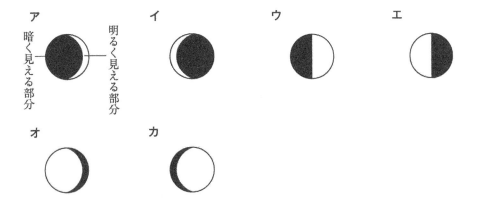

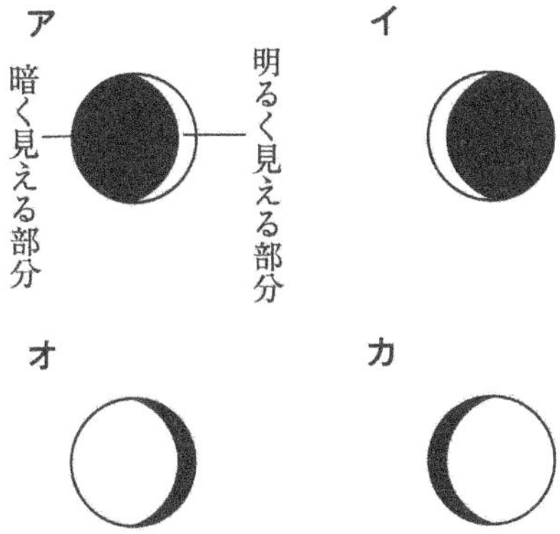

3　ダイオードには，電流を流すと，光と熱を発生するものがあります。ダイオードの電気用図記号は図のように表され，図の場合，右向きには電流が流れますが，左向きには電流が流れません。後の問いに答えなさい。

図

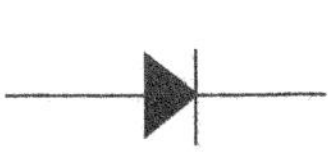

(1)　同じ性能のダイオードや電池を用いて回路をつくりました。下の回路図中のab間・cd間・ef間に電池①～③のいずれかをつなぐものとします。◯で囲まれたダイオードの点灯時間が最も長くなるのは，ab間・cd間・ef間のどこに電池①～③のどれをつないだときですか。回路図と電池の組合せとして最も適当なものを次のページの**ア**～**ケ**から１つ選び，記号で答えなさい。

【回路図】

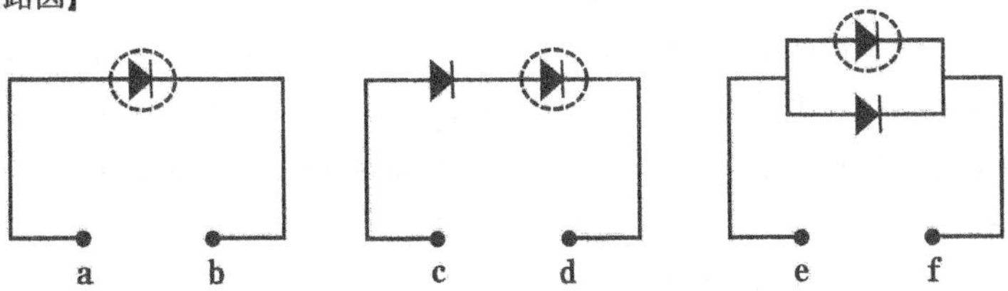

【電池】

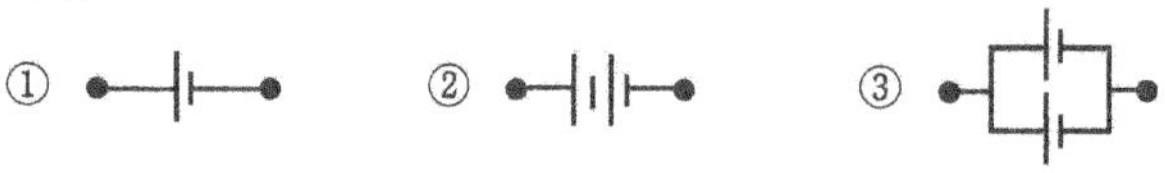

	ア	イ	ウ	エ	オ	カ	キ	ク	ケ
回路図	ab 間	ab 間	ab 間	cd 間	cd 間	cd 間	ef 間	ef 間	ef 間
電　池	①	②	③	①	②	③	①	②	③

⑵　ダイオードに電流を流すと，１時間に30kcalの熱を発生しました。このダイオードに20分間電流を流したときに発生する熱で500mLの水を温めたとき，水の温度は何℃上昇しますか。ここで，1kcalは１Ｌの水の温度を１℃上昇させる熱の量を表すものとし，発生した熱はすべて水の温度上昇に使われたものとします。

4　純粋《すい》な水がこおり始める温度は０℃ですが，純粋な水に物質をとかすと，こおり始める温度は０℃より低くなることが知られています。純粋な水60ｇに，食塩を４ｇ，８ｇ，12ｇ，16ｇ，20ｇ，24ｇずつ加えた６種類の食塩水をつくり，それぞれの食塩水がこおり始める温度を測定したところ，表のようになりました。後の問いに答えなさい。

加えた食塩の量［ｇ］	4	8	12	16	20	24
こおり始める温度［℃］	－4.2	－8.4	－12.6	－16.8	－21.0	－21.0

⑴　純粋な水60ｇに食塩４ｇをとかした食塩水の濃《のう》度は何％ですか。小数第二位を四捨五入して，小数第一位まで答えなさい。

⑵　純粋な水300ｇに食塩をとかしたとき，食塩水がこおり始める温度は－10.5℃でした。表から考えて，食塩を何ｇとかしたといえますか。

⑶　純粋な水に食塩をいくら加えても，食塩水がこおり始める温度は，ある温度より下がることはありませんでした。その理由として考えられることを**20文字以内**で答えなさい。

社会

5　次の文章を読んで，後の問いに答えなさい。

交通機関の発達は，ヒト・モノ・カネの移動を活発にさせ，①人間生活を豊かにしています。

乗り物の歴史をたどると，古代エジプトではパピルスという地方特有の植物をたばねて船がつくられていました。コロンブスがポルトガルから［②］を横断してアメリカ大陸に渡ったのは，今から約530年前のことです。その後，1800年代に入ると，陸上では蒸気機関を動力とする汽車がつくられ，③蒸気機関は船の動力にも利用されるようになっていきました。蒸気機関を動力とした鉄道普及《ふきゅう》で，人々の長距離移動が可能になると，時刻表をつくるにあたり④「時差」を考える必要が出てきました。蒸気機関車はやがて，現在の電車や⑤リニアモーターカーへと移り変わっていきます。また，1800年代後半にはガソリンを燃料としたエンジンが開発され，⑥自動車が大衆化していきます。エンジンの急速な技術進歩もあり，1969年にはアメリカの宇宙船アポロ11号が月面に着陸しました。その頃には⑦大型ジェット機が普及し，人々の空の移動がより自由になっていきました。

乗りものは人間生活を豊かにする一方で，地球温暖化の原因ともなるため，近年では⑧徒歩による活動も見直されています。

⑴　下線部①に関連して，小型で自動操縦が可能な技術をつかって，道路整備が十分でない地域や離島へ，輸血パックや医薬品を空から運ぶ新しい取り組みも見られます。こうした取り組みに用いられる無人航空機を**カタカナ**で答えなさい。

⑵　②　に当てはまる語句を次の**ア～エ**から一つ選んで，記号で答えなさい。

ア　太平洋　　**イ**　大西洋　　**ウ**　インド洋　　**エ**　北極海

⑶　下線部③に関連して，1853年アメリカ合衆国の蒸気船が来航した場所を次の地図中の**ア～エ**から一つ選んで，記号で答えなさい。

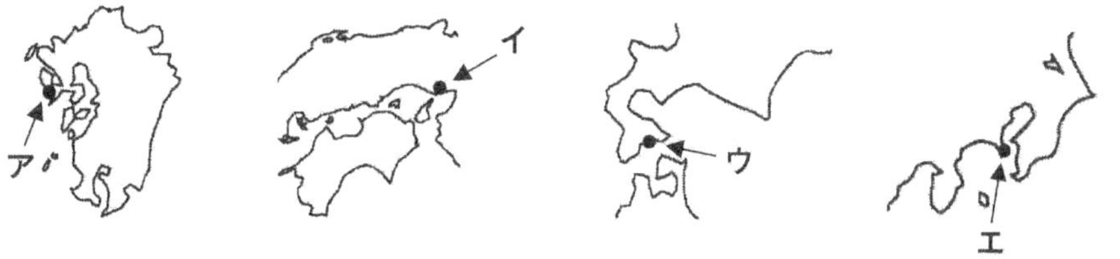

⑷　下線部④について，経線１度につきおよそ何分の時差が生じますか。次の**ア～エ**から一つ選んで，記号で答えなさい。

ア　2分　　**イ**　4分　　**ウ**　8分　　**エ**　12分

⑸　下線部⑤に関連して，**図１**の地図は，リニアモーターカーの停車駅に予定されている地点を線で結んで示しています。また，**図２**は停車駅の予定地を路線図に示したものです。**図２**の**B**と**C**の組み合わせとして正しいものを**ア～カ**から一つ選んで，記号で答えなさい。

【図1】

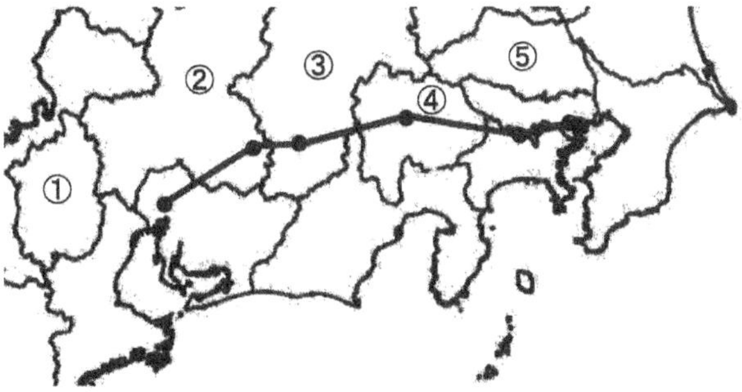

【図2】

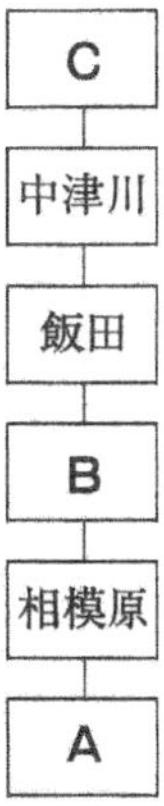

	ア	イ	ウ	エ	オ	カ
B	浜松	甲府	高崎	浜松	甲府	高崎
C	品川	品川	品川	名古屋	名古屋	名古屋

⑹　⑸**図１**中の①～⑤の県は，地理的な位置に関して共通する特徴がみられます。その特徴を簡潔に答えなさい。

⑺　下線部⑥について，人や貨物を目的地の近くまで運べる良い点がある一方で，問題点も見受けられます。次のページの**図３**（グラフと写真）を参考に，問題点を挙げ，さらにそれを改善して

いくために日本が取り組んでいることを述べなさい。

【図3】

運輸部門における二酸化炭素排出量

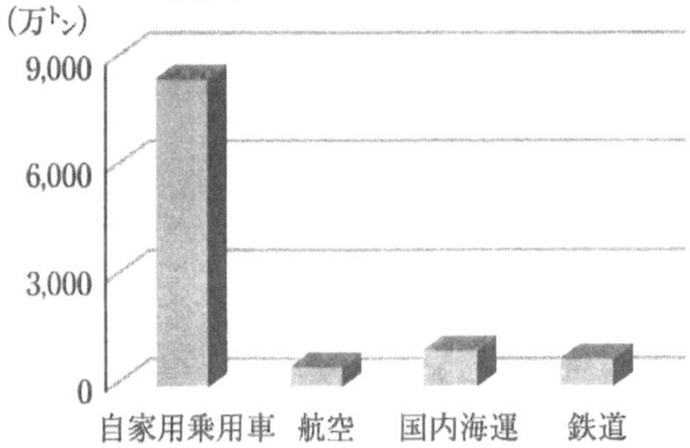

写真

「国土交通省 HP を参考に作成　統計年次は 2020 年」

⑻　下線部⑦に関連して，大型ジェット機の普及により海外旅行を楽しむ人々も増加してきました。**図4**は，北海道・東京都・広島県・福岡県に来た外国人（ビジネス，観光，レジャーなどすべてを含む）の数を，国別に示したグラフです。東京都に当てはまるグラフを次の**ア**～**エ**から一つ選んで，記号で答えなさい。

【図4】

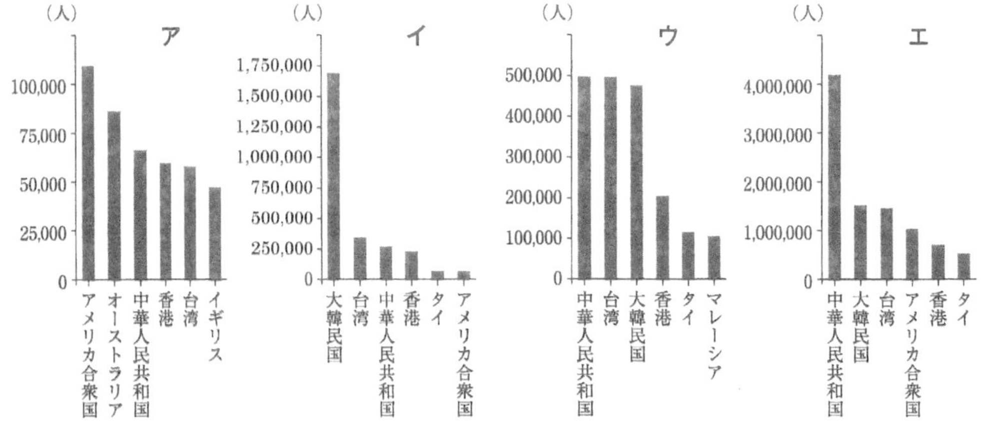

※統計年次は 2017 年を使用し，RESAS（地域経済分析システム）にて作成

⑼　下線部⑧に関連して，歩いて街を散策するときには，地図などを活用することができます。次の文を読んで（　）に当てはまる語句を答えなさい。

左は2019年に新しく制定された「自然災害伝承碑」の地図記号です。東京都心には1923年におきた（　　　）の規模や被害の情報を伝える石碑が多くあります。

6　教育の歴史について興味をもった成田くんは，日本の教育の歴史について調べ，カードにまとめてみました。年代順に並べられた次の①～⑥のカードを読んで，後の問いに答えなさい。

①

漢字と儒教が５世紀に朝鮮半島から伝わり，日本に住み着いた渡来人が，国内の政治の記録や朝鮮・中国への通信文書作成などにたずさわった。

②

聖徳太子は，仏教や儒教の考えを取り入れ，すべての人々に等しく教育することを説き，教育の基礎を広げることに尽力した。

③

律令政治の安定を目指した平安時代には，役人の育成機関として，大学や国学がつくられた。また，真言宗の空海は，庶民への教育を行った。

④

貴族に代わり武士が実権を握ると，寺院が教育施設として使われる中で，金沢文庫などがつくられた。

⑤

江戸時代には，藩校や私塾により教育の普及が進む中で，庶民に対して読み書きやそろばんを教える施設も設けられた。

⑥

学制，教育令，学校令が順に公布された。教育勅語が発布され国定教科書の制度が定められた。

⑴　カード①について，５世紀の日本の様子について述べた文として，適当なものを次の**ア～エ**から一つ選んで，記号で答えなさい。

ア　藤原氏が摂関政治により，栄華《えいが》を極めた様子が，「望月の歌（この世をばわが世とぞ思ふ望月の欠けたることもなしと思へば）」にあらわれています。

イ　稲荷山古墳から出土した鉄剣にワカタケル大王と刻まれていることから，大和朝廷の勢力が広い範囲におよんでいた様子がわかります。

ウ　女王卑弥呼が邪馬台国を治めていた様子が，『魏志』倭人伝に記されています。

エ　仏教文化が花開いた様子が，この時代に建てられた寺院におかれている国際色豊かな仏像からうかがえます。

⑵　カード②について，聖徳太子が行ったこととして，**誤っているもの**を次の**ア～エ**から一つ選んで，記号で答えなさい。

ア　隋と国交を結び，中国の進んだ文化や制度を取り入れていきました。

イ　女性天皇に代わって政治をとりしきり，天皇中心の国家体制づくりをめざしました。

ウ　個人の能力や功績によって位をあたえ，有能な人材を政治に登用しました。

エ　校倉《あぜくら》造でつくられた東大寺の建立《こんりゅう》に国力を尽くしました。

⑶　カード③について，この時代の様子として**誤っているもの**を次の**ア～カ**から**二つ**選んで，記号で答えなさい。

ア　６歳以上の男女に口分田が与えられ，租《そ》・調《ちょう》・庸《よう》を納める制度ができました。

イ　かな文字などの国風文化が進展し，紀貫之《きのつらゆき》らが『古今和歌集』を編集しました。

ウ　流通の記録がのこる日本最古の貨幣である「和同開珎《ちん》」がつくられ始めました。

エ　荘園では税を納めない権利や役人を立ち入らせない権利が一般化しました。

オ　朝廷の支配に不満をもつ平将門が，関東地方で反乱をおこしました。

カ　学問の神様として知られる菅原道真が，右大臣として能力を発揮しました。

(4)　カード④について，武士による政治が始まると，武家社会の慣習をまとめ，政治や裁判のよりどころとなる法律がつくられました。この時代につくられたものはどれですか。次の**ア**～**エ**から一つ選んで，記号で答えなさい。

ア　武家諸法度《ぶけしょはっと》　**イ**　五箇条《ごかじょう》の御誓文《ごせいもん》　**ウ**　御成敗式目《ごせいばいしきもく》　**エ**　公事方御定書《くじかたおさだめがき》

(5)　カード⑤について，下線部の施設の名称を**漢字**で答えなさい。また，江戸時代にさまざまな学問が広がりを見せる中，医学の分野において『解体新書』の出版に関係した人物を次の**ア**～**エ**から一つ選んで，記号で答えなさい。

ア　青木昆陽《あおきこんよう》　**イ**　平賀源内《ひらがげんない》　**ウ**　杉田玄白《すぎたげんぱく》　**エ**　本居宣長《もとおりのりなが》

(6)　カード⑥について，明治時代になると，教育制度の充実と並行して，税制の整備も行っていきました。次の【　】内の語句を必ず用いて，この新しく定めた税方式を，それまでの税制と比較して説明しなさい。

【　３％・米　】

7　新垣さんは，「家族」・「学校」・「地域」それぞれについて，日頃から希望していることとその実現のための案を表にまとめました。次の表を読んで，後の問いに答えなさい。

	希　望	実現のための案
家族	・夕飯にハンバーグをだす回数を増やしてほしい。 ・お小遣いを増やしてほしい。	・①家族全員で話し合いをして，ハンバーグをつくるお手伝いをすることで，必要に応じてお小遣いを増やしてもらう。
学校	・生きもの係は，草花への水まきやウサギのエサの用意が毎日あるので，当番制にしてほしい。 ・運動会でダンスを踊りたい。 ・③配られた教科書の他に，参考になる本がほしい。	・月に１回②クラス代表者会議を開き，さまざまな要望や意見について話し合う。 ・学校の図書館で読みたい本をリクエストする。
地域	・④高齢者も使いやすい公衆トイレがほしい。 ・住んでいる⑤地域を盛り上げたい。	・市に対して公衆トイレに手すりを付けるようにお願いをする。 ・⑥地域のイベントに参加する。

(1)　下線部①・②に関連して，国民が政治に参加する場合の方法としては，全員が意見を出し合い決定していく「直接○○制」や自分が選んだ代表者を通じて決定していく「間接○○制」があります。○○に入る同じ語句を**漢字２文字**で答えなさい。

(2)　下線部②について，代表者を決める方法として選挙があります。日本の選挙において無効になるのは投票用紙**A**～**C**のどれですか。次のページの**ア**～**キ**から一つ選んで，記号で答えなさい。

（候補者は千葉花子《ちばはなこ》・成田太郎《なりたたろう》とする）

A　B　C

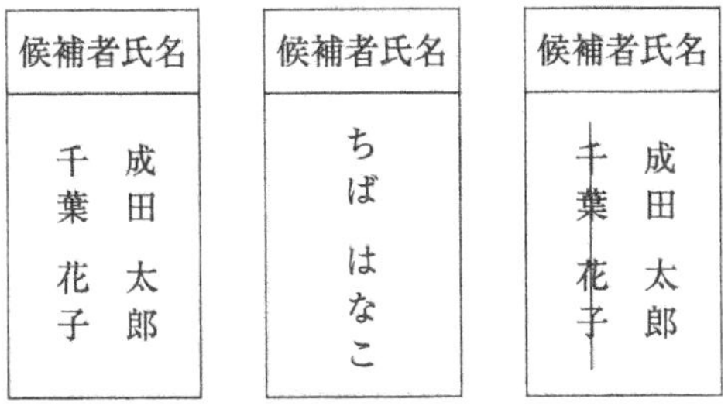

A：複数の名前を記入した。　B：ひらがなで名前を記入した。　C：名前を線で消して書き直した。

ア　ＡＢＣすべて無効票
イ　ＡＢが無効票
ウ　ＡＣが無効票
エ　ＢＣが無効票
オ　Ａのみ無効票
カ　Ｂのみ無効票
キ　Ｃのみ無効票

(3)　下線部③について，日本は小・中学生に無償で教科書を提供する制度になっています。これは日本国憲法における三大義務のうち，［　　　］義務があるからです。［　　］に当てはまる語句を答えなさい。

(4)　下線部④について，年齢や能力に関係なくすべての人が使いやすいものをユニバーサルデザインといいます。次の写真をみて，このユニバーサルデザインとして**適当でないもの**を**ア**～**エ**から一つ選んで，記号で答えなさい。

ア

ピクトグラムの案内表示

イ

上下にカギが付いたドア

ウ

地面に設けられた点字ブロック

エ

扉が横に開くドラム式洗濯機

(5)　下線部⑤について，自分が住んでいなくても，応援したい市町村などに寄付をするかたちで納税できる制度の名称を答えなさい。

(6)　下線部⑥について，530（ゴミゼロ）運動などもその一つです。ゴミ問題を解決するために必要な考えに３Ｒ（スリーアール）があります。このうちの「リサイクル」に当たるものを次の**ア**～**エ**から一つ選んで，記号で答えなさい。

ア　必要ない物は買わない，もらわない。買い物にはマイバッグを持参する。
イ　繰り返し使えるものは大事に使う。不要な物をフリーマーケットに出品する。
ウ　ごみを正しく分別する。ごみを再生して作られた製品を利用する。
エ　簡易包装の商品を買うようにする。洗剤などは詰め替え用を選ぶ。

(7)　新垣さん同様，よりよい社会の実現のために，国や世界規模でも様々な取り組みが行われています。次の文を読んで【Ⅰ】・【Ⅱ】に入る数字と語句をそれぞれ答えなさい。

> 国際連合はSDGs達成のために【　Ⅰ　】個の目標をかかげています。日本でも2020年７月から，当時の小泉進次郎【　Ⅱ　】大臣のもとでレジ袋を有料化するなどして，プラスチックごみの問題をみんなで考えていく政策が施行されました。

たいという気持ちでいる。

ウ　聞きたいことがあるのに聞かない羽依の姿を見て、どうしてなのかと不思議に思っている。

エ　女性社員からいけずされている羽依の状況に関心を寄せて、そのなりゆきを楽しんでいる。

問九　傍線部⑤「そんなしってくさいこと」とはどういうことか。その説明が「好きでもない女の先輩に［　　］こと」となるよう、［　　］にあてはまる内容を**十五字以上二十字以内**で答えなさい。ただし、句読点や記号も一字とする。

問十　傍線部⑥「ずっと我慢してたら逆に早く終わりが訪れる」とはどういうことか。その説明として最も適当なものを次の**ア**～**エ**から一つ選び、記号で答えなさい。

ア　いけずを我慢し続けると、会社に通う自分の気持ちにいずれ限界がやってくるということ。

イ　いけずを我慢し続けると、張り合いを失った女性社員はいけずをやめるはずだということ。

ウ　いけずを我慢し続けると、会社を辞める事態に追い込まれる危険性はなくなるということ。

エ　いけずを我慢し続けると、状況を察した社員にいずれは会社を辞めさせられるということ。

問十一　傍線部⑦「羽依は据わった目で冷たい水を飲み干しながら決意した」とあるが、ここでの決意の説明が「いけずを撃退するために、［　　］に臨むという決意」となるよう、［　　］にあてはまる内容を、本文中から**六字**で抜き出して答えなさい。

問十二　この文章の特徴として最も適当なものを次の**ア**～**エ**から一つ選び、記号で答えなさい。

ア　皮肉を込めていけずを描《えが》き、京都が抱《かか》えている現代人特有の諸問題を痛切に説いている。

イ　深夜に起きた羽依が、会社での出来事に思いをめぐらす姿を中心として構成されている。

ウ　羽依の葛藤《かっとう》を通して、悪目立《わるめだ》ちを避ける京都の伝統文化の奥《おく》ゆかしさが強調されている。

エ　複数の登場人物の視点を借りて、特定の人物の心中に寄り添《そ》うことなく物語が進行する。

問一　二重傍線部ⓐ「お手のもの」・ⓑ「どこ吹く風」の意味として最も適当なものをそれぞれ後の**ア**～**エ**から一つ選び、記号で答えなさい。

ⓐ　お手のもの

ア　よくあること　**イ**　容易にできること

ウ　手に負えないこと　**エ**　手段を選ばないこと

ⓑ　どこ吹く風

ア　知らない振り　**イ**　無駄《むだ》なやりとり

ウ　遠慮《えんりょ》のない関係　**エ**　柔軟《じゅうなん》な対応

問二　[A]に入ることばとして最も適当なものを次の**ア**～**エ**から一つ選び、記号で答えなさい。

ア　身の程知らず　**イ**　どっちつかず

ウ　聞こえよがし　**エ**　見込みちがい

問三　二か所の[B]に共通して入る動物名を**ひらがな**で答えなさい。

問四　傍線部①「彼らに目をつけられる」とあるが、「彼ら」とはどのような人たちを指すか。本文中から**八字以上十字以内**で抜き出して答えなさい。

問五　傍線部②「ここ数日背中でいけずを受け止め続けている」とあるが、その理由として最も適当なものを次の**ア**～**エ**から一つ選び、記号で答えなさい。

ア　「いけず撃退法」は苦労して習得したので、ここで使うのはもったいないと感じているから。

イ　「いけず撃退法」は職場の雰囲気を壊《こわ》しかねないので、今行うことをためらっているから。

ウ　「いけず撃退法」は強力なので、会社を辞めたときのために温存しようと思っているから。

エ　「いけず撃退法」は学生時代に身に付けたので、今現在はやり方を忘れてしまっているから。

問六　傍線部③「実はそれでは足りなかった」とはどういうことか。その説明として最も適当なものを次の**ア**～**エ**から一つ選び、記号で答えなさい。

ア　会社のお局の先輩には、誕生日を祝うだけでなくプレゼントを渡す必要があったということ。

イ　会社のお局の先輩だけでなく、新入社員同士でもプレゼントの贈答《ぞうとう》を行っていたということ。

ウ　お局のうち既婚の先輩だけでなく、未婚の先輩にもプレゼントを贈《おく》るべきだったということ。

エ　祝福だけでなく、会社のお局の先輩からのプレゼントの要求までも大げさだったということ。

問七　本文中に次の一文を入れるとき、最も適当な箇所《かしょ》を[Ⅰ]、[Ⅱ]、[Ⅲ]、[Ⅳ]から一つ選び、記号で答えなさい。

心からお局二人を恐れていたため、空気を読む能力が発達していたのだろう。

問八　傍線部④「好奇心たっぷりの目で見てくる」とあるが、ここに表れる「男性社員」の心情として最も適当なものを次の**ア**～**エ**から一つ選び、記号で答えなさい。

ア　いつまで経《た》っても仕事を覚えない羽依に対して、女性社員と同様に心底うんざりしている。

イ　他の女性社員からいけずされている羽依を、どうにか助けてあげて、お局《つぼね》の未婚《みこん》の四十代の先輩《せんぱい》と既婚《きこん》の五十代の先輩を警戒《けいかい》していた。嫌われないようにと気を遣《つか》っていたが、きっかけはささいなことから始まった。

ある日未婚のほうの先輩がほかの女性社員から「誕生日おめでとうございます」と大げさに祝われていた。その年になって誕生日もなにも無いだろうと思いつつ、羽依も笑顔を見せて手まで叩《たた》いて誕生日祝いの列に加わったのだが、③実はそれでは足りなかった。羽依の課では二大お局に誕生日プレゼントを用意するのが習わしだったのだ。羽依はまったく気づかず、いまから思い出せば既婚のほうの先輩が「私はジュエリーボックスをプレゼントにあげてん」など聞こえよがしに言っていたが、羽依はまさか遠回しのプレゼント要求とは気づかず、よっぽど仲が良いんだなぐらいにしか思っていなかった。［Ⅰ］

ほかの女性新入社員たちは誰に教わらずとも雰囲気《ふんいき》を察知して、羽依以外の全員がプレゼントを渡《わた》していた。［Ⅱ］

誕生月が過ぎた頃から、先輩の女性社員たちの羽依に対するひそひそが目立つようになり、お土産などを一人だけ配られない〝お菓子《かし》外し〟が始まった。休憩室《きゅうけいしつ》にいても明らかに先輩が羽依を避《さ》ける。空気を読んだ他の同期の子達も積極的に羽依に絡《から》まなくなった。制服に着替《きが》える前、新しい私服を着ていくと非難がましい目つきで見られる。当番制の掃除《そうじ》チェックが異様に厳しくなり、やり直しを命じられることもあった。［Ⅲ］

最近では仕事で聞きたいことがあってもつっけんどんにしか教えてくれないので要領が分からず、ミスが増えて無能だと叱られることまで出てきた。男性社員も羽依がいけずされている雰囲気に気づき始め、④好《こう》奇《き》心《しん》たっぷりの目で見てくる。

たかが誕生日プレゼントもらえへんかっただけで、いい大人がなにしとんねん。台所の手元の明かり以外なにも点《つ》いていない薄暗いリビングで、ソファに座った羽依は歯を食いしばる。でも誕生日プレゼントはきっかけでしかない。私のことを入社したときからなんだか気にくわなかった女たちが、ささいなきっかけによって団結したのだろう。［Ⅳ］

じゃあ私も好きでもない女の先輩にプレゼント渡したらいいわけ？日頃《ひごろ》お世話になってますから、とか言葉を付け加えて、感謝もしてないのに？

⑤そんなしってくださいこと、恥《は》ずかしくて、ようでけへんわ。

〝しってください〟とは、しらじらしいと似た意味の京都弁で、周りから褒《ほ》めてもらったりするために自然ではないのにやり通すことだ。たとえばブランドもののバッグを、わざとロゴが見えるように持って見せびらかすような。大阪では身の程知らずにかっこつけする人間を〝イキってる〟と言って嫌うが、京都でも同じように〝しってください〟人間は陰で笑われる。

恋愛《れんあい》のモードに切り替えたときには、周りの人たちが引くくらいの［Ｂ］なで声のぶりっ子も必要に応じては平気でやる羽依だが、こと女同士の戦いとなると、一歩も退きたくない気持ちが前に出る。

明日会社に行きたくなかった。⑥ずっと我慢《がまん》してたら逆に早く終わりが訪れる。ある日どうしても会社に行けなくなって、そのまま辞めてしまうだろう。

よし、爆発《ばくはつ》しよう。⑦羽依は据《す》わった目で冷たい水を飲み干しながら決意した。

（綿矢りさ『手のひらの京《みやこ》』新潮社より）

なさい。

ア　二十世紀までの政治は、民衆たちの合理的な判断によって行われてきた。

イ　合理的に考えられない大衆は、政治家によって政治判断を操作されてしまう。

ウ　政治家は世論の重要性をじかに測って、それを政策に反映させねばならない。

エ　心理学が出現し、政治において人間は非理性的な存在であることが分かった。

オ　多くの世論調査は、調査して判明した結果を改ざんしたものばかりである。

三　次の文章を読んで、後の問いに答えなさい。

京都の伝統芸能「いけず」は先人のたゆまぬ努力、また若い後継者《こうけいしゃ》の日々の鍛練《たんれん》が功を奏し、途絶えることなく現代に受け継《つ》がれている。ほとんど無視に近い反応の薄《うす》さや含《ふく》み笑い、数人でのターゲットをちらちら見ながらの内緒話《ないしょばなし》など悪意のほのめかしのあと、聞こえてないようで間違いなく聞こえるくらいの近い距離《きょり》で、ターゲットの背中に向かって、簡潔ながら激烈《げきれつ》な嫌味《いやみ》を浴びせる「[A]のいけず」の技術は、熟練者ともなると芸術的なほど鮮《あざ》やかにターゲットを傷つける。

普段おっとりのほほんとして響《ひび》く京都弁を、地獄《じごく》の井戸の底から這《は》い上がってきた蛇《へび》のようにあやつり、相手にまとわりつかせて窒息《ちっそく》させる呪術《じゅじゅつ》もⓐお手のものだ。女性特有の伝統だと思われている向きもあるが、男性にももちろん熟練者は多い。嫌味の内容は普通《ふつう》に相手をけなすパターンもあれば、ほんま恐ろしい人やでと内心全然こわくないのに大げさにおぞけをふるうパターンもある。しかし間違ってはいけないのはこの伝統芸能の使い手は集団のなかにごく少数、学校のクラスでいうと一人か二人くらい存在しているだけで、ほとんどの京都市民はノンビリしている。

羽依《うい》はどんな集団に属しても、①彼らに目をつけられる。「調子乗んな、うっとい」「アホちゃう」「ほんまむかつくわ」「男好きうつるし近寄らんといて」さまざまな言葉が背中にぶつけられたが、羽依は背中を丸めることなく、しっかり前を向いて、好きな男と付き合い続けた。おかげでいまでは陰口《かげぐち》に立ち向かう勇気を身に付けた。言われっぱなしにはならへんで、と身体全身がカッと熱くなる。でも本当に強い人間はいけずに立ち向かうんじゃなくて、気にもせずにⓑどこ吹く風と笑える人だと気づいてもいる。

羽依は②ここ数日背中でいけずを受け止め続けている。いけず撃退法《げきたいほう》を長年の経験から学んだ羽依だったが、さすがに会社の先輩にかましていいのか分からなくて、躊躇《ちゅうちょ》していた。学生時代なら思う存分やれたが、下手すれば辞める事態に追い込まれるかもしれない。深夜ふっと起きたあともう一度寝《ね》つけず、台所で水を飲みながらいまの自分の状況《じょうきょう》について考える。

いつか女子社員に睨《にら》まれて洗礼を受けると思っていたが、気をつけて[B]をかぶっていたにもかかわらず、意外なほどその時期が早く来た。いまは口も利いていないが、女性社員に人気の前原と一時接近していたのも、ターゲットにされた要因の一つだろう。

入社したときから、伝統芸能後継者が二人ほどいるなとすぐに気づい実」について説明した次の一文の（　）にあてはまる部分を、本文中から**二十四字**で抜き出し、初めと終わりのそれぞれ**三字**を答えなさい。ただし、句読点や記号も一字とする。

世論調査で世論は測れていると思いがちであるが、世論調査で意見を聞かれたことがある国民の数よりも（　　　）であるという現実。

問四 [A] に当てはまるように、次の**ア**～**エ**の文を解答欄に合う形で並び替え、記号で答えなさい。

ア さらに言えば、調査の質問の作り方によって、調査結果が影響を受けることも広く知られています。

イ そのため、選択肢《せんたくし》の言葉づかいや内容によって選択はある程度方向付けられることになります。

ウ 通常、回答は一定の数の選択肢から選ぶ形で進められます。

エ 単純に言えば、設問の順番からして結果に影響がないわけではありません。

問五 [B] に当てはまるものとして最も適当なものを次の**ア**～**エ**から一つ選び、記号で答えなさい。

ア 夢　**イ** 鏡　**ウ** 後光　**エ** 映画

問六 [C] には、「傾向《けいこう》」・「流行」を意味する「ト□□ド」という四字のカタカナ語が入る。□□に入る**二字**を答えなさい。

問七 [D] には、「あらゆる方面」を意味する「□方□方」という**四字熟語**が入る。それぞれの□に当てはまる**漢数字**を答えなさい。

問八 傍線部③「『世論の支配』という考え方」とあるが、このような考えでは、政治家はどのような存在なのか。「～もの」に続く形になるように、**十五字以上二十字以内**で答えなさい。ただし、句読点や記号も一字とする。

問九 傍線部④「世論の圧制」とあるが、どういうことか。最も適当なものを次の**ア**～**エ**から一つ選び、記号で答えなさい。

ア 合理的に考えられない人々の意見が、政策決定に影響を及ぼしてしまうこと。

イ 絶対的な権力を持っている人の考えによって、正常な政治が左右されること。

ウ 民衆が政府の影響を強く受けた結果、合理的に物事を考えられなくなること。

エ 道徳に反する考えが社会全体に広がり、それを政府もやむを得ず認めること。

問十 傍線部⑤「合理的」とあるが、もしも選挙で投票する場合、「合理的」な行動の具体例として最も適当なものを次の**ア**～**エ**から一つ選び、記号で答えなさい。

ア 彼は貧しい家の出身で苦労人だということを知った。だから、彼に投票する。

イ 彼はニュース番組によく出てきて注目を集めている。だから、彼に投票する。

ウ 環境問題の解決にはA党が掲《かか》げる政策が不可欠だ。だから、A党に投票する。

エ 自分の両親はB党を以前から支持してきた。だから、自分もB党に投票する。

問十一 本文の内容に合うものを次の**ア**～**オ**から**二つ**選び、記号で答え学界の一つの流行となっていました。そうした中で、政治の世界に見られる人間の実像を求める研究が始まります。そして、人間は目的と手段の関係を合理的に考えて政策を判断するような存在であるよりも、本能や衝動《しょうどう》、性向[注9]、さらには習慣といったものによって支配されたものとして現われたのです。

彼らの分析《ぶんせき》によれば、現実政治においては、愛憎《あいぞう》が大きな支配力を持ち、これに比べれば推論や討論はほとんど無力の状態です。［ⓒ］言葉自身、人々の認識を高めるために使われるよりも、それを操作し、歪《ゆが》めるために使われています。ここでは、言葉は衝動へ訴《うった》えて人々を動員するために用いられているのであって、⑤合理的な議論のための道具ではないのです。この「本能と衝動の束《たば》」のような大衆には、政治家の「旧友のような微笑《ほほえみ》」に受身的に反応することはできても、それを自らの判断に従ってコントロールする期待は持てません。政治家を自らの代表者としてコントロールするどころか、政治家たちによって「操作される」存在でしかありません。政治の現実がそうであるとすれば、「世論の支配」は無意味なものとなるのです。

（佐々木毅『民主主義という不思議な仕組み』ちくまプリマー新書より）

注1　みなし型……筆者は前章で代表制（政治家が国民を代表して政治を行う仕組み）が成立するには「代表者が人民なり国民なりを、代表していると『みなす』ことが不可欠」と述べる。
注2　精緻……細かいところまで綿密で、正確なこと。
注3　民主政治……国民が主体となって行われる政治。
注4　ご本尊……宗教上の信仰《しんこう》の対象になるものの中で、中心的な存在となるもの。
注5　信奉者……その考えを信じ、支持する人のこと。
注6　ルソー……十八世紀に活躍したフランスの思想家。
注7　『ザ・フェデラリスト』……アメリカ合衆国建国時に活躍したハミルトンらの手による書物。「民衆の統治」の問題点を示した。
注8　功利主義……社会全体の幸福を重視する態度。
注9　性向……性質、気質。

問一　［ⓐ］・［ⓑ］・［ⓒ］に入る語の組み合わせとして最も適当なものを次の**ア**～**エ**から一つ選び、記号で答えなさい。

ア　ⓐ　その結果　ⓑ　ましてや　ⓒ　しかし
イ　ⓐ　さらには　ⓑ　ところで　ⓒ　そもそも
ウ　ⓐ　その結果　ⓑ　ところで　ⓒ　しかし
エ　ⓐ　さらには　ⓑ　ましてや　ⓒ　そもそも

問二　傍線部①「それを横目で見ながら」とあるが、どういうことか。最も適当なものを次の**ア**～**エ**から一つ選び、記号で答えなさい。

ア　興味のないようにふるまいながら、実際は世論調査の結果を気にしている様子。
イ　自分にとって重要な関心事として、世論調査の結果を注視し参照している様子。
ウ　世論調査の結果がまったく気にならないため、積極的に関わろうとしない様子。
エ　最初から世論調査の結果など気にも留めずに、自身の信念を貫こうとする様子。

問三　傍線部②「この現実」とあるが、どういう「現実」か。「この現見えるものにも、こうした可能性が入り込む余地があるのです。また、「あれか、これか」の聞き方をするのか、それと並んで「どちらかと言うとあれ又《また》はこれ」という回答を残すかで、結果のイメージが大きく変わってきます。本当は「あれか、これか」を聞きたくても、こうした調査は長期的な［C］の変化に着目するものですので、一度設定した質問を簡単に変えるわけにはいかないのも実情です。その他、どの時点でどのような調査をするかも、調査する側の裁量があり、その政治的影響《えいきょう》もそれによって大きく左右されることになります。

　こうした現実は「世論の支配」というものが決して単純なものではなく、中には相当に厄介《やっかい》な問題を抱《かか》えていることを示唆《しさ》しています。民主[注3]政治が制度的に実現して以来、最も大きな議論の的になってきたのは、正に「世論の支配」の実態でした。「世論の支配」という言葉自身、世論というものが厳然として「存在」しているというイメージを反映しています。極端《きょくたん》に言えば、世論はさながら一つのモノのような形で、その後光《ごこう》が［D］に発射されているようなものとして「存在」しているといったイメージです。それは民主政治の光り輝《かがや》く「ご本尊《ほんぞん》」[注4]とでもいうべきものです。

　ここから、代表者たちがこの「ご本尊」の意向を推察し、その指令を着実に実行に移すべきだという民主政治論が出てきます。代表は、代理にほとんど解消してしまうような「世論の支配」のイメージです。さらには、この「ご本尊」は政策課題について正しい判断力を備えており、その忠実な実行は国民の利益に合致《がっち》するという信念とも事実上結びついていました。

　この光り輝く「ご本尊」の支配としての、③「世論の支配」という考え方がどの程度あったのかはよく分かりませんが、そうした素朴《そぼく》な発想が民主政治論の中に流れ込んでいたことは事実です。しかし、政治の理論家の中で、こうした素朴な議論の信奉者《しんぽうしゃ》[注5]が本当はどれ程いたかといえばそれは大いに疑わしいのです。人民主権の使徒とされるルソー[注6]にしても、人民がよく判断を誤ることに心を痛めましたし、［ⓑ］『ザ・フェデラリスト』[注7]などからすれば、こうした民主政治のイメージは、「ないものねだり」の最たるものであったに違いありません。

　十九世紀を代表する民主政治の理論家であった、J・S・ミルが最も警戒《けいかい》したのは、「④世論の圧制」でした。従って、私が先に紹介したような「世論の支配」のイメージは、それを批判し、再吟味《ぎんみ》することを意図した理論家が「創作した」反対モデル（当然のことながら、マイナス・モデル）であるという疑いがあります。意地悪く言えば、自分の主張を際立たせるためには、その引立役の案山子《かかし》が必要だったのではないでしょうか。そうかどうかは読者の判断を仰《あお》ぐしかないのですが。

　十九世紀から二十世紀にかけて、民主化の結果として大衆（mass）が登場してきます。これはミルをはじめ多くの人々が心配していたように、合理的な政治判断を期待できない人々の登場を意味し、十九世紀の知識人が共通に抱いた警戒感でした。功利主義[注8]であれ何であれ、合理的な原則に基づいて大衆が判断することをどこまで期待できるか、これが二十世紀初頭の一つの中心的テーマだったのです。これは、人間をどこまで理性的な存在――目的（利害）と手段（政策）との関係について合理的に考える能力がある存在――と考えられるかということを意味しました。

　心理学の登場という背景の中で、当時は人間の非合理性の「発見」が

【国　語】（五〇分）〈満点：一〇〇点〉

一　次のA～Cの各問いに答えなさい。

A　次の①～④について、四つの漢字のうち、三つを組み合わせてできる**熟語**をそれぞれ答えなさい。

①　公・心・向・上　②　際・生・物・往

③　秋・楽・一・千　④　識・非・難・常

B　次の①～④の意味の慣用句になるような組み合わせをX群とY群から一つずつ選び、それぞれ記号で答えなさい。

①　驚《おどろ》きあわてること

②　はげしく戦うこと

③　大したことではないと軽く見ること

④　誤りのないように念を押すこと

X群　**ア**　たかを　**イ**　泡《あわ》を　**ウ**　しのぎを

エ　くぎを　**オ**　えりを

Y群　**カ**　さす　**キ**　正す　**ク**　くくる

ケ　けずる　**コ**　食う

C　次の①～④の傍線部のカタカナ語を漢字で表すとどうなるか。空欄《くうらん》に当てはまる**漢字一字**をそれぞれ答えなさい。

①　コピーよりオリジナルの方に価値があると思う。

……□型

②　本を読むとファンタジーの世界に飛びこむことができる。

……空□

③　『枕草子』の文学ジャンルは随筆《ずいひつ》だ。

……□野

④　失敗に至ったプロセスの問題点を検証する。

……過□

二　次の文章を読んで、後の問いに答えなさい。

新聞にほとんど毎月世論調査が載《の》ります。すると、内閣の支持率の上昇《じょうしょう》や下降が話題になり、ⓐ個々の政策に対する世論の賛否が明らかになります。政治は①それを横目で見ながら、運営されることになります。しかし、ここで世論を代表して意見を聞かれているのは通常数千人規模の人々であり、一生に一度も世論調査の対象にならない国民が大多数と考えてよいのです。国民の大多数は、「自分は意見を聞かれたことがない」と感じています。ということは、世論調査なるものも[注1]「みなし」型の仕組みの一環《いっかん》であるということです。政党もかなり大規模の調査をしていますが、それでも②この現実はそう大きくは変わらないのです。

　A

一言で言えば、そこには調査する側による誘導《ゆうどう》の余地があるのです。

つまり、世論調査は世論を「B のように」映し出すものであるというよりは、一定程度調査する側の意図が反映する（「操作する」とまで言わないとしても）可能性を含《ふく》んでいるのです。一見[注2]精緻《せいち》な調査に

MEMO

大切なことはメモしておこうネ！

第一志望

2023年度

解　答　と　解　説

《2023年度の配点は解答欄に掲載してあります。》

＜算数解答＞《学校からの正答の発表はありません。》

1　(1)　205　(2)　7.5　(3)　0.78　(4)　10.3
2　(1)　37分30秒　説明：解説参照　(2)　66度　(3)　375g　(4)　15日間
3　(1)　64cm^2　(2)　16cm^2　(3)　2：1　(4)　1：2
4　(1)　2　(2)　7　(3)　2　(4)　1
5　(1)　10cm　(2)　9859.6cm^3　(3)　1：2　(4)　5915.76cm^3　説明：解説参照

○推定配点○

各5点×20　計100点

＜算数解説＞

1　(四則計算)

(1)　13×114÷6－42＝13×19－42＝205

(2)　$\frac{33}{14}\times\frac{35}{11}=\frac{15}{2}$

(3)　3.78－3＝0.78

(4)　9.6＋0.7＝10.3

重要　2　(割合と比，相似，速さの三公式と比，単位の換算，鶴亀算)

(1)　0.1×25000÷1000＝2.5(km)　60×2.5÷4＝37.5(分)
したがって，37分30秒

(2)　右図より，(あ)は66度

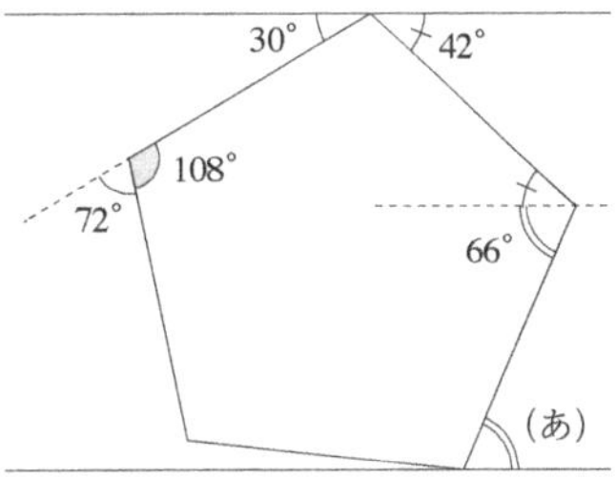

(3)　右図より，色がついた部分の面積がそれぞれ等しく，求める食塩水の重さは250×3÷2＝375(g)

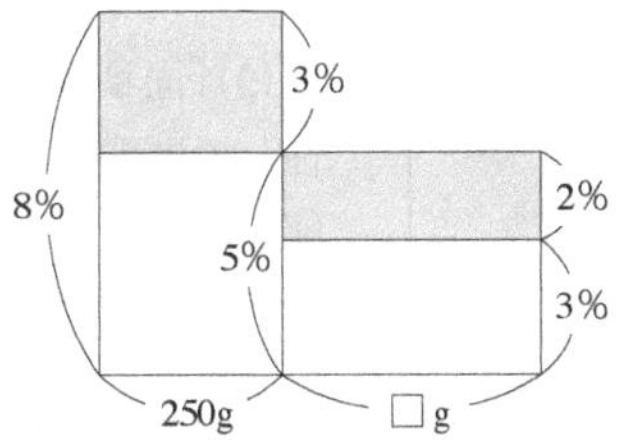

(4)　(65×30－1650)÷(65－45)＝15(日間)

3　(平面図形，割合と比)

基本　(1)　図1より，8×8＝64(cm^2)

重要　(2)　図2より，8×4÷2＝16(cm^2)

やや難　(3)　図3より，長方形AJKHの面積を□とする。
正八角形全体の面積…(1)・(2)より，□×4＋64＋16×4＝□×4＋128
斜線部分の面積の和…□＋32
二等辺三角形OBCの面積…(□×4＋128)÷8＝□×0.5＋16
したがって，求める比は2：1

図1

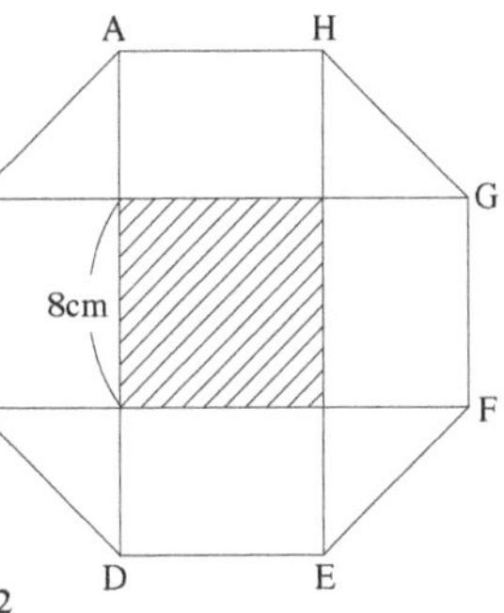

図2

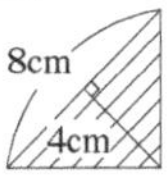

図3

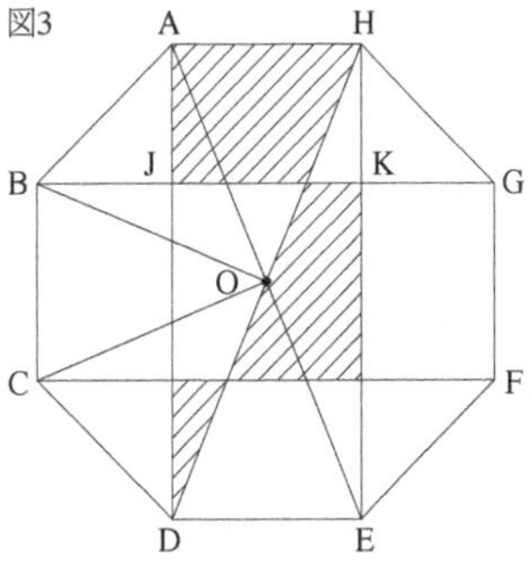

(4)　(3)より，二等辺三角形OADの面積は二等辺三角形OBCと等しく□×0.5＋16　　図4より，色がついた台形の面積は□＋32　　したがって，求める比は1：2

図4

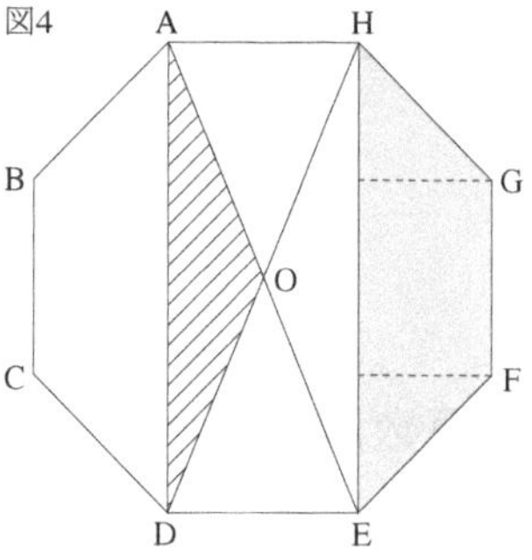

4　(演算記号，数の性質，規則性)

基本　(1)　3×3×3÷5＝27÷5より，<3>＝2

重要　(2)　<1>＝3，<2>＝4，<3>＝2，81÷5より<4>＝1，243÷5より<5>＝3　　したがって，<x>＝2のx＝7

(3)　(2)より，2023÷4＝505…3　　したがって，<2023>＝2

やや難　(4)　(2)より，<2>＋<3>＋<4>＋…＋<2023>＝4＋2＋1＋3＋…＋2　　(3)より，これらの和は(4＋2＋1＋3)×505＋4＋2＝5056　　したがって，(2)より，<5056>は5056÷4＝1264より，1

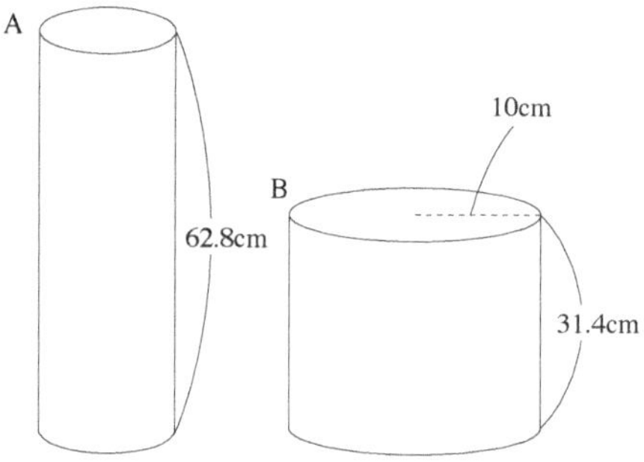

5　(平面図形，立体図形，割合と比)

基本　(1)　右図より，Aの円の直径は31.4÷3.14＝10(cm)

(2)　右図より，Bの体積は10×10×3.14×31.4＝9859.6(cm^3)

重要　(3)　(1)・(2)より，5×5×62.8と10×10×31.4の比は1：2

(4)　図1・2より，求める体積は(2)より，9859.6÷360×(360－144)＝9859.6×0.6＝5915.76(cm^3)

図1

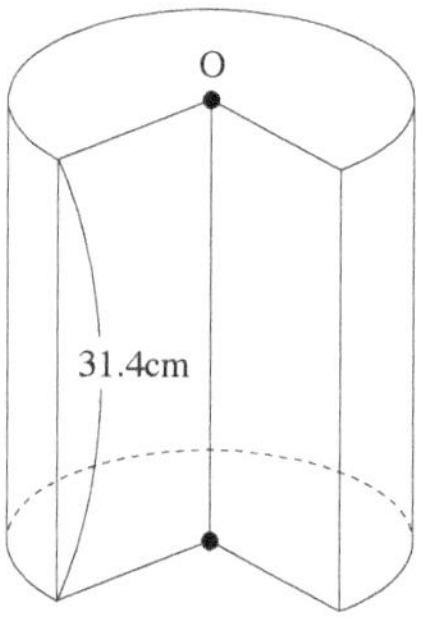

図2

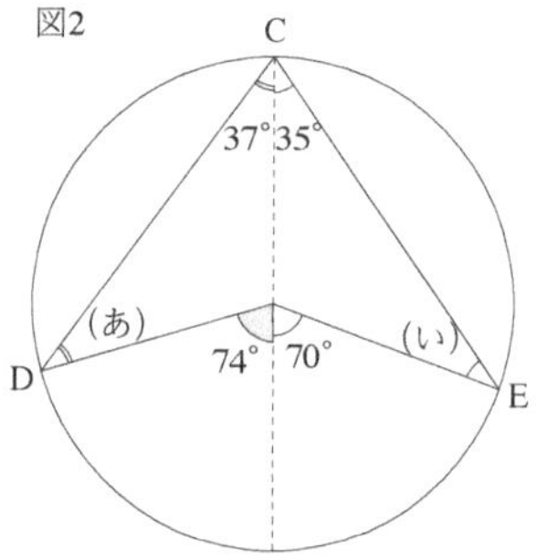

★ワンポイントアドバイス★

3(3)「面積比」は，正八角形の面積をどう表すかがポイントになる。4(4)「規則性」の問題が間違いやすく，5「立体図形」の問題は，問題をよく読みあわてずに解ければ，問題自体は難しくない。

<理科解答>《学校からの正答の発表はありません。》

1　(1)　エ　(2)　ア　(3)　ウ

2　(1)　エ　(2)　ウ　(3)　(地球温暖化により空気中の)水蒸気の量が増えるから。

3　(1)　伝導[熱伝導]　(2)　イ　(3)　体積は増加するが，密度は小さくなる。

4　(1)　ア，ウ，カ　(2)　イ　(3)　オ

○推定配点○

1　各4点×3　　2　(3)　5点　　他　各4点×2

3　(3)　5点　　他　各4点×2　　4　各4点×3　　計50点

＜理科解説＞

1 （植物－種子と果実）

（1） 選択肢のうち，子葉が2枚の双子葉類はアサガオである。ムギ，トウモロコシはイネ科，ユリはユリ科で，どれも単子葉類である。また，サトイモ（サトイモ科）も子葉が1枚の単子葉類だが，網状脈を持つなど変わった特徴を持つ。

重要 （2） 図2の内部にあるcは種子であり，図3の胚珠が変化したものである。また，図2の種子のまわりにあるbは果実であり，図3の子房が変化したものである。つまり，bとcはもともとめしべの一部である。図2で果実の上についている部分aは，図3と見比べて，がくが残ったものとわかる

（3） 問題文の下線部Cのことから，茎に近いところにある果実ほど成熟している。これを正しく表したものはウである。アは，茎から近くても遠くても成熟度が同じである。また，イやエでは，茎から遠いところにも成熟した果実がある。

2 （気象－大気中の水蒸気）

基本 （1） 液体の水が温められると，蒸発して気体の水蒸気になる。大気中の気体の水蒸気は目に見えないが，上空で水蒸気が冷やされると，細かな液体の水滴に変わる。この水滴の集まりが目に見える雲である。なお，凝固は液体が固体になることであり，融解は固体が液体になることである。

重要 （2） ウは，ろうの気体が冷やされて液体や固体になったものである。他は，水蒸気が冷やされて水滴になったものである。

（3） 気温が上昇すると，海面や地面からの水の蒸発がさかんになり，大気中の水蒸気量が増える。すると，雲の発生がさかんになり，降水量も増える。そのため，集中豪雨が起こりやすくなる。

3 （熱の伝わり方－熱による金属の変化）

（1） 熱が金属などの物質を伝わっていくことを伝導という。熱の伝わり方には，他に水や空気などの対流，光による放射がある。

（2） 金属のうち熱を最も伝えやすいのは銀であり，それに次ぐのが銅である。選択肢では，熱を伝えやすい順に，銅，アルミニウム，鉄，ステンレスの順である。

重要 （3） 金属球の温度が上がると，膨張して体積が大きくなるが，重さは変わらない。そのため，$1cm^3$あたりの重さである密度は小さくなる。

4 （水溶液の性質－6種類の水溶液）

基本 （1） 6種類の水溶液のうち，気体が水に溶けた水溶液は，塩酸，炭酸水，アンモニア水である。塩酸には塩化水素が，炭酸水には二酸化炭素が，アンモニア水にはアンモニアが溶けている。他は，固体が解けた水溶液である。石灰水には消石灰（水酸化カルシウム）が溶けている。

重要 （2） Aは，①で青色リトマス紙が赤色になったので，酸性のア，ウが考えられるが，③でにおいがないのでウの炭酸水と決まる。Bは，②で赤色リトマス紙が青色になったので，アルカリ性のイ，カが考えられるが，③でにおいがないのでイの石灰水と決まる。Aの炭酸水とBの石灰水を混ぜると，二酸化炭素と石灰水が反応して，白くにごる。

（3） それぞれの水溶液を蒸発皿にとって加熱すると，気体が溶けているア，ウ，カは何も残らない。石灰水から水を蒸発させると消石灰が残るが，さらに加熱すると生石灰（酸化カルシウム）に変化する。色は白色のままである。砂糖水から水を蒸発させると，砂糖が焦げて黒くなる。食塩水から水を蒸発させると，食塩の白い結晶が残る。

★ワンポイントアドバイス★

問題の条件をよく読んで，関係する基本事項をよく思い出し，急がずにていねいに解き進めよう。

＜社会解答＞《学校からの正答の発表はありません。》

5 (1) 平将門　(2) 国土交通　(3) イ　(4) イ　(5) 人物　ア
(6) 政治の特徴　商人の力を借りて財政を立て直したが，わいろ政治が横行した。
(7) ウ　(8) エ　(9) エ

6 (1) A　オ　B　ア　C　ク　D　カ　(2) イ　(3) エ　(4) イ
(5) 道後(温泉)　(6) イ

7 (1) ウ　(2) ウクライナ　(3) 安全保障　(4) 常任理事国が1カ国でも拒否権を発動した場合，決議は成立しない。　(5) エ　(6) 佐渡島　(7) WHO

○推定配点○
各2点×25　　計50点

＜社会解説＞

5 (日本の歴史－伊能忠敬に関連する歴史の問題)

(1) 平将門は935年に所領争いから伯父の平国香を殺害し，そのことを朝廷にとがめられたことから関東の各地にある国衙領を襲撃し反乱を起こした。

基本 (2) 現在の地形図は国土交通省の特別機関の国土地理院が作成している。かつては陸軍の一部門が作成していた。

(3) シーボルトはオランダ商館にいたドイツ人医師で，特別に許可を受けて長崎の町の中で鳴滝塾という蘭学塾を開き，オランダ語や医学を教えていた。

重要 (4) イ　江戸時代の農民で名字を名乗ることが許されたのは，農民の中でもごく一部。

(5) 田沼意次は1767年に徳川家治の側用人となり，1772年に老中となる。専売制度を設け，専売商人に冥加金を幕府へ納めさせ幕府の収入を増やしたり，新井白石の時代に制限されていたオランダとの長崎の貿易を，蝦夷地で俵物とよばれる海産物の干物をたくさん作り，それを清の商人に売った金でオランダとの貿易をやる形で拡大したりした。

やや難 (6) 資料から読み取れることは，商人たちが田沼意次の機嫌をとることを気にしている様子で，田沼の機嫌を取るためにたくさんの品物が贈られている様子が読み取れる。商人たちをうまく使って経済の発展につとめたことが田沼の業績であるが，一方でわいろ政治が横行していたという問題点があった。

(7) ウ　松平定信は天明の大飢饉の際に自身が藩主をつとめていた白河藩で餓死者を出さなかったということで，老中として寛政の改革を行うことが任された。ウの内容は帰農令のもの。アは徳川綱吉，イは徳川家光，エは徳川吉宗のもの。

(8) イ　1219年→ア　1221年→エ　1232年→ウ　1293年の順。

(9) エ　朝鮮通信使は，文禄の役，慶長の役のあと江戸時代になってから対馬藩の宗氏が間に入り，日本と李氏朝鮮の間で国交が回復して，当初は日本に連れてこられていた朝鮮の人々を連れ帰ることが目的で日本に使者が送られていたもので，それが将軍の代替わりの際などに表敬訪問をする使者となった。

6 (日本の地理一中国四国地方に関連する問題)

(1) Aは秋吉台，ふぐの水揚げが多い港，壇ノ浦からオの山口県。Bは人口最少，日本最大級の砂丘からアの鳥取県，Cは柑橘系の果物の全国有数の産地，タオルが有名なところでクの愛媛県，Dはため池，うどん，小豆島などからカの香川県。

(2)　イ　カルスト地形は石灰石の地形で，地下には地下水の浸食で鍾乳洞が形成されていることが多い。

重要 (3)　エ　山口県はかつての長州藩があったところで，木戸孝允は前の名が桂小五郎で幕末から新政府の樹立までの時期に活躍，伊藤博文は1885年に初代の内閣総理大臣になった後，大日本帝国憲法を制定したり，日清戦争の際の首相として活躍。吉田松陰は長州の出身だが安政の大獄で刑死，大隈重信は肥前佐賀藩出身。

基本 (4)　イ　鳥取県の砂地で全国一の生産量をほこるのがらっきょう。ア，ウ，エの生産日本一は北海道。

(5)　道後温泉は愛媛県松山市にある，古くから知られている温泉。松山市営の道後温泉本館の建物が有名。

(6)　イ　空海は讃岐(現在の香川県)出身の僧で，遣唐使の留学生として唐に渡り，密教を学び帰国した。

7　(政治ー国際連合に関連する問題)

(1)　ウ　現在の国際連合の本部はアメリカのニューヨークにある。かつての国際連盟の本部はスイスのジュネーヴにあった。

重要 (2)　ウクライナはヨーロッパの黒海の北に位置する国で，かつてのソ連にロシア連邦とともに属していた。今回の軍事侵攻の前にも2014年にロシアはウクライナのクリム半島に軍事侵攻し，併合していた。

(3)　国際連合の安全保障理事会は国際平和に関する国連の中の主要な機関で，常任理事国5か国と2年の任期の非常任理事国10か国で構成されている。

やや難 (4)　安全保障理事会の拒否権は，5つの常任理事国が持つもので，議決の際に常任理事国が1国でも反対すれば，その案件については成立しなくなり，またその案件についての審議を継続させることもできなくなる。これは，国際連合が発足した当時のソ連が主張し採用されたシステムである。

(5)　エ　国連教育科学文化機関の略号はUNESCO。アは北大西洋条約機構，イは石油輸出国機構，ウは国連児童基金の略号。

(6)　佐渡島の金山をUNESCOに世界遺産の候補として日本政府が2022年1月に推薦していたが，書類の不備と，UNESCOの世界遺産関連の会議が2022年はロシアとウクライナの戦争で延期になっており，仮に登録されるにしても2024年以後のことになるとみられている。

(7)　世界保健機関の略号はWHO。

★ワンポイントアドバイス★

問題数はさほど多くはないが，広範囲の分野の出題になっており，問題を解きながらの頭の切り替えが大切。落ち着いて解きすすめ，解答できそうな設問を見つけて確実に答えていくことが合格への道筋。

＜国語解答＞《学校からの正答の発表はありません。》

一　A　①　オ　②　ウ　③　エ　④　カ　B　①　象　②　鳥　③　馬
C　①　イ　②　ア　③　エ　④　エ

二　問一　A　汚職事件　B　出来事　C　おしょくじけん　問二　ウ　問三　エ
問四　音　問五　ウ→エ→イ→ア　問六　(例)　棚に置いてある高価なワインと同種のもの。[棚にある高価なワインと同じ種類。]　問七　ア　問八　イ　問九　モラル
問十　ア　問十一　エ　問十二　ア・エ

三　問一　A　ウ　B　エ　問二　イ　問三　I　問四　親父を殺すかも知れない(自分に対する恐れ)　問五　営業中は圧　問六　エ　問七　ウ　問八　(例)　(弘晃が)十五歳で自身の人生を諦めた様子を見るつらさ[若くして人生を諦めてしまったことの心の痛み](に耐える気持ち)　問九　(例)　上達[進歩]　問十　ウ　問十一　イ

○推定配点○
一　各2点×11　二　問五・問六　各4点×2(問五完答)
問七・問八・問十・問十二　各2点×5　他　各3点×8
三　問一　各2点×2　問四・問八　各4点×2　他　各3点×8　計100点

＜国語解説＞

一　(空欄補充，ことばの意味，ことわざ・慣用句)

基本　A　①は危険を避けていては大きな成功はあり得ないこと，オは教養や徳がある者は危険に近づくようなことはしないという意味。②は相手の暴言に同じような調子で言い返すこと，ウは逆らわずにうまく受け流すこと。③は幸福は自然にやってくるのを気長に待つのがよいということ，エは何もせずによい結果は得られないこと。④は失敗しないように準備しておくこと，カは事が起こってからあわてて準備すること。アはその道の名人でも失敗することがあること。イは必要もないのに先回りしすぎること。キはまだ手に入れていないものを当てにして計画を立てること。

やや難　B　①は学者や研究者が周りの社会とかかわらずに研究に夢中になっていること。②は去る者はあとが見苦しくないようにすべきであるということ。③は隠していた本性や悪事が明らかになること。

重要　C　①はひかえめで従順であるさま。②は気がねや気づかいが必要ないほど親密であること。③は言い表すこともできないほどすぐれていること。④はある物事に対し欲望や興味が生じること。

二　(論説文－要旨・大意・論理展開・細部の読み取り，接続語，空欄補充，ことばの用法，記述力)

問一　Aは同段落内の「汚職事件」が入る。「起こる」ことであるBは直前の「出来事」が入る。Cは「カテゴリーの違いがはっきりしない」言葉なので，直前のひらがな「おしょくじけん」が入る。

問二　ⓐは直前の内容とは相反する内容が続いているので「しかし」，ⓑは直前の内容の理由が続いているので「なぜなら」，ⓒは直前の内容の具体例が続いているので「たとえば」がそれぞれ入る。

重要　問三　「おしょくじけん」と聞いたらとっさに「お食事券」か「汚職事件」を選ぶが，カテゴリーの違いがはっきりしないため傍線部①である，と述べているのでエが適当。①前後の説明をふまえていない他の選択肢は不適当。

問四　傍線部②のある段落で述べているように，「ギター」の手がかりは「音」である。

問五　D前をふくめて整理すると，カテゴリーの情報を示唆する言葉があれば大きな手がかりになる→言葉が貼り付けられている物体や場所の機能についての知識も重要＝ウ→例として「100キロ制限」という言葉は曖昧＝エ→書かれてある場所でわかる＝イ→イの説明としてア，という流れになる。

やや難　問六　傍線部③後で③の説明として，棚に置いてある高価なワインの種類と同じもの（同種のもの）であることを述べているので，このことをふまえて具体的に説明する。

問七　傍線部④とアは「一瞬の中断もなく，四六時中」という意味。他はいずれも「一瞬の中断もなく，四六時中」という解釈はできない。

重要　問八　Eは「四六時中」か，そうでないかという意味の内容が入るので，時間を続けることを説明しているイが適当。

問九　Fは英語の「モラル（moral）」。

基本　問十　アは可能の意味。イ，エは受け身，ウは尊敬。

問十一　「盗まれた」について傍線部⑥である理由として⑥直後で，「『財布を盗む』という行為は尊敬に値するようなことではないから」と述べているのでエが適当。⑥直後の理由をふまえていない他の選択肢は不適当。

重要　問十二　アは「『現実世界において……』」で始まる段落，エは「句や文の曖昧性……」で始まる段落でそれぞれ述べている。イは冒頭の段落，ウは最後の段落の内容と合わない。オの「常識を実感することは減りつつある」も不適当。

三　（小説－心情・情景・細部の読み取り，空欄補充，ことばの意味，漢字の書き取り，記述力）

問一　Aは恐れなどで顔が真っ青になるという意味でウ，Bは動きがにぶいという意味でエがそれぞれ入る。

基本　問二　C後の場面で描かれているように，Cにはイが当てはまる。

問三　設問の一文の内容から「弘晃は……握り拳を……震わせていた」とあるⅠが適当。

問四　傍線部①は①前で弘晃が口にしている「『親父を殺すかも知れない（11字）』」ということである。

問五　傍線部②後で②と同様に，営業中と営業後の駅蕎麦屋について「営業中は圧倒的な存在感を誇っていた駅蕎麦屋も，商いを終え，照明も落ちてしまえば影が薄い。」と描かれている。

問六　冒頭の場面で「『目の前に包丁があると，親父を刺しそうな気がして息が出来ない』」と弘晃が話していることから，この心情をふまえたエが適当。冒頭の場面の弘晃の心情をふまえていない他の選択肢は不適当。

重要　問七　傍線部④前で，祖父の路男が添えていた手を放した後，弘晃の「ぎこちない包丁遣いは……徐々に柔らかな音へと変化して……弘晃の身体の強張りは取れ」ていった様子が描かれているので，これらの描写をふまえたウが適当。一人で包丁を使い，緊張がほぐれたことを説明していない他の選択肢は不適当。

やや難　問八　傍線部⑤の祖父の心情として⑤直前で「たかだか十五歳で，自身の人生を諦めた様子の弘晃の姿が，路男には胸に応える」と描かれているので，この部分を設問の指示に従って説明する。

問九　傍線部⑥は包丁遣いがうまくなっていったということなので，「上達」「進歩」といったことばが当てはまる。

重要　問十　傍線部⑦直後で「『包丁は，ひと刺すもんと違う。ネギ切るもんや。この手ぇが，弘晃の手ぇが覚えよった』」とも話していることからウが適当。⑦直後の祖父の台詞をふまえ，弘晃が包丁で人を傷つけることないこと，自分を恐れずに生きていけることを説明していない他の選択肢は不適当。

重要 問十一　「『オレ……親父を……』『包丁は……』『あ……』」など，弘晃の台詞の「……」で心情の余韻を読み取ることができるのでイが適当。本文は作者の視点で描かれているのでアは不適当。「ゴロゴロ」はあちこちにたくさんいるさまを表すので「臨場感」とあるウも不適当。遠回しに批判するさまという意味の「風刺的」とあるエも不適当。

★ワンポイントアドバイス★

論説文では，具体例を通して筆者が何を述べようとしているのかをしっかり読み取ろう。

一般

2023年度

解　答　と　解　説

《2023年度の配点は解答欄に掲載してあります。》

＜算数解答＞《学校からの正答の発表はありません。》

[1]　(1)　5　　(2)　$\frac{5}{13}$　　(3)　73　　(4)　$\frac{34}{35}$

[2]　(1)　(午前)7時45分　　(2)　200万円　　(3)　1.8km

[3]　(1)　12個　　(2)　①　18個　　②　18個　　(3)　16個　　説明：解説参照

[4]　(1)　23.14cm^2　　(2)　1.6回転　　(3)　80.56cm^2　　(4)　51.14cm^2

[5]　(1)　①　169枚　　②　5424cm^2　　(2)　①　$\frac{1}{36}$cm^2　　②　144か所　　(3)　73cm

○推定配点○

各5点×20([3](3)完答)　　計100点

＜算数解説＞

[1]　(四則計算)

(1)　$3\times3-4=5$

(2)　$5\div13=\frac{5}{13}$

(3)　$40+3.3\times10=73$

(4)　$1.75-\frac{1}{35}-0.75=\frac{34}{35}$

[2]　(数の性質，割合と比，分配算，速さの三公式と比，単位の換算)

基本　(1)　12分，20分，15分の最小公倍数…60分＝1時間
　したがって，求める時刻は午前7時45分

重要　(2)　C社の利益が1倍のとき，B社の利益は0.65倍，A社の利益は$0.65\times1.8=1.17$(倍)　　したがって，C社の利益は564万$\div(1+0.65+1.17)=$564万$\div2.82=$200万(円)

重要　(3)　往復の時間の比…2.7：18＝3：20　　したがって，求める道のりは$18\times\frac{46}{60}\div(3+20)\times3=1.8$(km)

重要　[3]　(場合の数，数の性質)

(1)　1，3，4のカードは1枚ずつ，2のカードは3枚ある。1と3枚の2のカードの並べ方…4通り　したがって，全部で$4\times3=12$(個)

(2)　①　隣り合う2枚の2のカード[2]と他のカード□の並べ方…以下の3通り

□□[2][2]　　□[2][2]□　　[2][2]□□

1，3，4のカードから2枚を選んで並べる方法…$3\times2\times1=6$(通り)　　したがって，全部で$3\times6=18$(個)

②　隣り合わない2枚の2のカード[2]と他のカード□の並べ方…以下の3通り

□[2]□[2]　　[2]□□[2]　　[2]□[2]□

したがって，全部で$3\times6=18$(個)

(3)　3の倍数…各位の数の和が3の倍数

[2][2][2][3]の並べ方…4通り　　[2][2][1][4]の並べ方…$4\times3\times2\times1\div2=12$(通り)

したがって，全部で4＋12＝16(個)

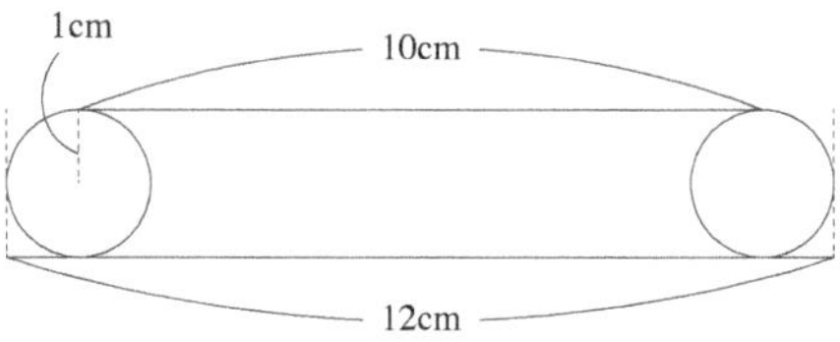

重要 4 (平面図形，図形や点の移動，概数)

(1)　右図より，1×1×3.14＋2×10＝23.14(cm²)

(2)　(1)より，10÷(2×3.14)＝5÷3.14≒1.59

したがって，約1.6回転

(3)　下図より，2×(12＋5)×2＋2×2×3.14＝68＋12.56＝80.56(cm²)

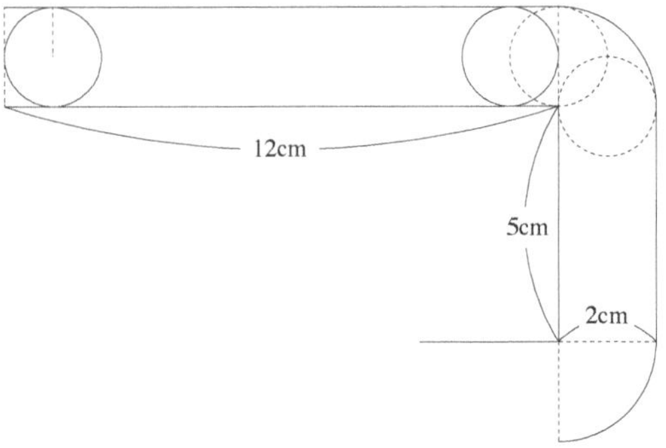

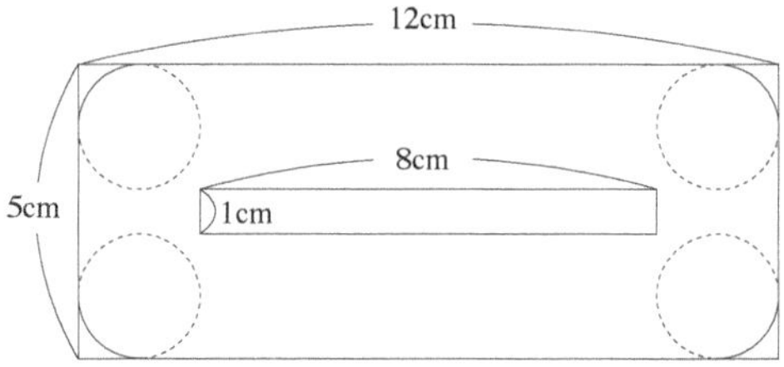

(4)　上図より，5×12－(1×8＋2×2－3.14)＝60－12＋3.14＝51.14(cm²)

重要 5 (平面図形，数の性質，植木算，割合と比)

(1)　①　50÷4＝12…2　　115÷9＝12…7　　したがって，13×13＝169(枚)必要　　②　重なっている部分の面積…①より，(4×13－50)×115＋50×(9×13－115)－2×2＝326(cm²)　　したがって，重なっていない部分は50×115－326＝5424(cm²)

(2)　①・②　4枚重なる部分の個数…(1)より，縦横に紙を13枚並べるので12×12＝144(か所)　4枚重なる部分の正方形の1辺の長さ…(1)より，$2\div12=\frac{1}{6}$(cm)　　4枚重なる部分の1か所の面積…$\frac{1}{6}\times\frac{1}{6}=\frac{1}{36}$(cm²)

(3)　324＝4×81＝18×18　　(2)より，$\frac{1}{6}$cmずつ重ねて縦に19枚並べると，全体の長さは$4+\left(4-\frac{1}{6}\right)\times18=4+72-3=73$(cm)

★ワンポイントアドバイス★

3「カードの並べ方」は，難しくはないが注意しないとまちがいやすく差がつきやすい。5「長方形の紙のはり方」の問題も，注意しないとまちがいやすく，(1)でまちがえると，(2)・(3)もまちがえることになるので気をつけよう。

＜理科解答＞《学校からの正答の発表はありません。》

1　(1)　食物連鎖　　(2)　イ，エ，キ　　(3)　ウ　　(4)　消化されずに体内に残る。

2　(1)　1，5　　(2)　8　　(3)　カ

3　(1)　カ　　(2)　20℃

4　(1)　6.3%　　(2)　50g　　(3)　水にとける食塩の量には限界があるから。

○推定配点○

1　(4)　5点　　他　各4点×3　　2　各4点×3　　3　各4点×2

4　(3)　5点　　他　各4点×2　　計50点

＜理科解説＞

1 (生態系－分解者のはたらき)

(1) 生物どうしの，食べる・食べられるというつながりを，食物連鎖という。

重要 (2) まず，ミミズやダンゴムシなどの小動物が，落ち葉をえさとして食べ，より小さくしていく。その後，カビなどの菌類や，さらに小さい細菌類が，無機物にまで分解する。

(3) ア 60日間で分解されないことは確認できたが，永久かどうかは実験からわからない。イ この実験では，生物の種類の数まではわからない。 ウ，エ プラスチック片を分解する生物は全くいなかった。 オ 二酸化炭素が発生したことは，この実験からはわからない。

(4) プラスチックは，生物の体内で分解されることがないため，排出できなかった分は体内に残り続ける。その他，体内の血管などの管をふさいだり，プラスチックに含まれる物質が生物に有害であったりという影響も考えられる。

2 (地球と太陽－金星の見え方)

(1) 地球から見て，太陽と金星が重なる1と5の位置では，太陽の強い光の影響で金星を観察することはできない。

重要 (2) 図では，地球は反時計回りに自転しており，図の左側が夕方で，右側が朝方である。宵の明星は夕方に西の空に見える金星なので，図の左半分にある。図の6，7，8の位置のうち，地球から見て太陽と最も離れて見えるのは8の位置である。

(3) 4の位置の金星は，左側から太陽の光が当たっており，右側が少し欠けている。また，明るい部分の大半が地球から見える向きにあり，オの形に見えるはずである。しかし，望遠鏡では上下左右が逆に見えるので，カの形に観察される。

3 (電流と回路－ダイオードに流れる電流)

重要 (1) 3つの回路のうち，最も左の回路を流れる電流を基準にすると，真ん中の回路はダイオードが直列につながっているので，流れる電流は小さい。また，最も右の回路はダイオードが並列につながっているので，流れる電流の合計は大きい。よって，電池が長持ちするのは，cd間につないだときである。また，乾電池を③のように並列につなぐと，電池1つから流れ出る電流は半分で済むので，さらに長持ちする。

やや難 (2) このダイオードは，60分間で30kcalの熱を発生するので，20分間ではその3分の1にあたる10kcalの熱を発生する。500mL＝0.5Lだから，10kcalの熱による温度の上昇を□℃とすると，0.5×□＝10 となり，□＝20℃の上昇となる。

4 (水溶液の性質－食塩水が凍る温度)

基本 (1) 水60gに食塩4gを溶かすと，食塩水が64gできる。その濃度は，4÷64＝0.0625で，四捨五入により6.3%となる。

やや難 (2) 表にある温度は，0℃よりも低い温度を表しており，例えば「－4.2℃」は，0℃よりも4.2℃低い温度を表す。表を見ると，食塩の量が4g増えるごとに，凍る温度が4.2℃ずつ低くなっていく。だから，10.5℃低くなるときの食塩の量は，4：4.2＝□：10.5 より，□＝10gとなる。この値は，水の量が60gのときである。水を300gにしたときの食塩の量は，60：10＝300：△ より，△＝50gである。

(3) 表を見ると，食塩を20gより多く入れても，温度は－21.0℃より下がることはない。それは，食塩が水に溶ける量に限度があり，それ以上に食塩を加えても溶け残るだけである。そのため，食塩水の濃さもある程度以上は濃くならず，凍る温度は下がらない。

★ワンポイントアドバイス★

日ごろから，理科の学習では文字や言葉だけでなく，図や表などをできるだけ多く活用し，しくみを理解するのに役立てよう。

＜社会解答＞《学校からの正答の発表はありません。》

5 (1) ドローン　(2) イ　(3) エ　(4) イ　(5) オ　(6) 海岸線のない内陸県
(7) 自家用乗用車の二酸化炭素排出量が多いため，電気自動車の普及を進めている。
(8) エ　(9) 関東大震災

6 (1) イ　(2) エ　(3) ア，ウ　(4) ウ　(5) (名称) 寺子屋　(人物) ウ
(6) 米で納めていた税を，土地価格の3%の現金で納める税方式

7 (1) 民主　(2) オ　(3) 教育を受けさせる　(4) ウ　(5) ふるさと納税
(6) ウ　(7) Ⅰ 17　Ⅱ 環境

○推定配点○

各2点×25　計50点

＜社会解説＞

5 (日本の地理－「交通機関」に関連する地理の問題)

(1) ドローンはここ20年ほどの間で急速に進化しており，小型のおもちゃのようなものからかなり大型のものまであり，ヘリコプターのようなものから普通の飛行機のような形のものまでいろいろある。

重要 (2) イ　ヨーロッパと南北アメリカ大陸の間に広がる海は大西洋。

(3) 1853年にアメリカのペリーの一行が来航したのは三浦半島の浦賀。

やや難 (4) イ　時差は地球が24時間で360度回転することから，経度差15度で1時間の時差が生まれる。60分を15度で割れば，1度あたり4分となる。

やや難 (5) オ　リニア新幹線は東京の品川から名古屋を結ぶ経路で設定されている。神奈川県の相模原市と長野県の飯田市の間にBがあり，この経路だとBは山梨県になるので，選択肢の中では山梨県の都市はオの甲府市以外にない。またAは品川になるのでCは名古屋になる。

(6) リニア新幹線(中央新幹線)は東海道新幹線に想定されている東海沖地震などで万が一のことがあった場合に備えて，内陸のルートで東京から名古屋までのバイパスの経路として設定されている。

基本 (7) 従来の自動車や航空機，船舶は化石燃料をを燃やすことで推進力を得るものなので，これらの移動手段を使うと必ず二酸化炭素は排出されるが，とりわけ自家用乗用車を多くの人々がそれぞれに使うと，二酸化炭素の排出量は莫大なものになる。そのため，自家用乗用車を電気自動車化することで二酸化炭素の排出量を大幅に減らせると考えられている。

(8) エ　エは他のグラフと比べると縦軸の目盛りが違うことに注意。一番多く外国人が訪れるのはやはり東京都。アは北海道。北海道の自然を求めて訪れる外国人観光客が多い。イは福岡県で，大韓民国からの来訪客が突出していることに注意。福岡は日本の東京よりも福岡県の方が近い場所にあるので，大韓民国からの来訪客が多くなる。残るウは広島県のものになる。

(9) 図は自然災害伝承碑で，1923年の東京で起こった災害は関東大震災。

6 (日本の歴史ー教育に関する歴史の問題)

重要 (1) イ　稲荷山古墳の鉄剣にワカタケルと刻まれているのは，おそらく雄略天皇のことで，「宋書」倭国伝にある日本から使いを送った倭王武とされている。アは平安時代，ウは2～3世紀のこと，エは仏教伝来以後なので538年以後の6世紀以後のこと。

(2) エ　東大寺は奈良時代につくられたので聖徳太子の死後。

基本 (3) ア　大化の改新から奈良時代にかけての内容なので誤り。　ウ　和同開珎が鋳造されるのは798年なので奈良時代よりも前だから誤り。

(4) ウ　御成敗式目は鎌倉時代の武家の習慣を基に，相続の争いなどの基準として制定されたもので1232年に北条泰時が作っている。

基本 (5) 寺子屋はもともとは寺で庶民の子にも勉強を教えるようになったのが始まり。オランダの解剖学の本のターヘル・アナトミアを日本語に翻訳し「解体新書」としたのが杉田玄白と前野良沢。

(6) 従来は年貢として米を納めるのが租税であったのが，明治時代の地租改正によって，土地の値段の3%の金額を現金で納めるようになった。これによって政府は財政収入が安定したが，現金収入が少なかった当時の農民にとっては負担が重く，中小の農民は地租を払えず地主に土地を売り，その土地を借りて農業をやる小作農に転落することになった。

7 (政治ー政治分野に関連する問題)

(1) 国民の意見に沿って政治を行うのが民主政治で，その国民の意見が直接議会で出されるのが直接民主制であるのに対して，国民が自分たちの代表者である議員を選出し議員が議会で国民の意見を代弁するのが間接民主制。

基本 (2) オ　投票用紙に複数の名前が書かれているのは無効なのでAは無効。B，Cは有効票になる。

やや難 (3) 日本国憲法に定める国民の三大義務は，勤労の義務と納税の義務と教育を受けさせる義務。

基本 (4) ウ　ユニバーサルデザインは障がいの有無に関係なく使えるものなので，点字ブロックは視覚障がい者のために特化したものだからユニバーサルデザインとは言えない。

(5) ふるさと納税は，自分の居住する自治体に納付する税金を，支援したい自治体に寄付するもの。これによって，税の還付や控除を受けられるほか金額と自治体によっては返礼品がもらえる。

(6) ウ　リサイクルはゴミになりそうなものを再生して使ったり，あるいはゴミとして出されたものを再生して他のものにすること。アとエはゴミ削減のリデュース，イは再使用のリユースにあたる。

(7) Ⅰ　SDGsの目標として17個あげられている。　Ⅱ　2020年当時の環境大臣は小泉進次郎。

★ワンポイントアドバイス★

問題数はさほど多くはないが，短い試験時間でこなさなければならないので，解答できそうな設問を見つけて確実に答えていくことが合格への道筋。記述は最後にまわすのがよい。

＜国語解答＞《学校からの正答の発表はありません。》

一　A　①　向上心　②　往生際　③　千秋楽　④　非常識　B　①　X　イ　Y　コ　②　X　ウ　Y　ケ　③　X　ア　Y　ク　④　X　エ　Y　カ　C　①　原　②　想　③　分　④　程

二　問一　エ　問二　ア　問三　一生に～大多数　問四　ア→エ→ウ→イ　問五　イ　問六　トレンド　問七　四方八方　問八　(例)　世論が行う適切な判断を忠実に実行する(もの)　問九　ア　問十　ウ　問十一　イ・エ

三　問一　ⓐ　イ　ⓑ　ア　問二　ウ　問三　ねこ　問四　(この)伝統芸能の使い手　問五　イ　問六　ア　問七　Ⅱ　問八　エ　問九　(例)　(好きでもない女の先輩に)プレゼントを渡しながら感謝の言葉を言う(こと)　問十　ア　問十一　女同士の戦い　問十二　イ

○推定配点○

一　各2点×12(B各完答)　二　問四・問八　各4点×2(問四完答)　問十一　各2点×2　他　各3点×8　三　問九　4点　他　各3点×12　計100点

＜国語解説＞

一　(熟語・慣用句，ことばの意味，漢字の書き取り)

やや難　A　①はより優れた状態を目指そうとする心のこと。②は追いつめられてどうしようもなくなった時の態度や決断力。③はすもうや演劇などの興行の最後の日。④は常識のないこと。

基本　B　①の「泡」は「あわてる」の意味，「食う」は「身に受ける，こうむる」という意味。②は日本刀の中央の盛り上がったところである「しのぎ」がはげしくぶつかってけずれるほどの戦いを表す。③の「たか」は「石高(こくだか)」のことで，戦いの際に相手の領地の石高を計算したことからといわれる。④は昔の日本の木造建築は木材に穴を開けてそれらの木材をはめこむ工法だったが，念のために釘で固定するようになったことから。

重要　C　①は英語の「original」で「原型」のほか「原作」などの意味もある。②は英語の「fantasy」。③はフランス語の「genre」。④は英語の「process」。

二　(論説文－要旨・大意・細部の読み取り，指示語，空欄補充，ことばの意味，四字熟語，記述力)

問一　ⓐは直前の内容に加える内容が続いているので「さらには」，ⓑは「言うまでもなく」という意味で「ましてや」，ⓒは「もともと，元来」という意味で「そもそも」がそれぞれ入る。

問二　傍線部①は，世論に興味がないようにしながらも意識している様子を表しているのでアが適当。「横目で見ながら」の意味を正しく説明していない他の選択肢は不適当。

問三　(　)には実際に世論調査の対象になる国民の数が入るので，傍線部②前の「一生に一度も世論調査の対象にならない国民が大多数(24字)」があてはまる。

問四　空欄A前後から整理すると，世論調査は「みなし」型の仕組みの一環であるのが現実→つけ加える内容として，世論調査の質問の作り方によって結果が影響されるとあるア→アの設問の説明をしているエ→回答は選択肢から選ぶとあるウ→ウを理由として選択が方向付けられるとあるイ→調査する側に誘導の余地がある，という流れになる。

問五　空欄Bには，そのまま「映し出すもの」という意味でイが当てはまる。

問六　「トレンド」は英語の「trend」で，ファッションの流行などにも用いられる。

基本　問七　「四方八方(しほうはっぽう)」の「四方」は東・西・南・北の四つ，「八方」は四方に北東・

北西・南東・南西を加えた八つ。

やや難 問八　傍線部③について「こうした現実は……」から続く2段落で，「代表者たち」すなわち政治家は，正しい判断力を備えている「ご本尊」というべき「世論の支配」の指令を，国民の利益のために忠実に実行に移すべきである，というものであることを述べているので，この部分の要旨を指定字数以内にまとめる。

重要 問九　傍線部④直後の段落で，④を警戒したJ・S・ミルや知識人が「合理的な政治判断を期待できない人々の登場」したことに警戒感を抱いたことを述べているので，アが適当。この段落内容をふまえていない他の選択肢は不適当。

やや難 問十　傍線部⑤直前の段落で，政治の世界に見られる人間の実像の研究で「人間は目的と手段の関係を合理的に考えて政策を判断するような存在であるよりも，本能や衝動……習慣といったものによって支配されたものとして」現れたことを述べているので，ウが適当。「衝動」や「習慣」を理由にしている他の選択肢は不適当。

重要 問十一　イは最後の段落，エは「心理学の登場……」で始まる段落でそれぞれ述べている。イとは反対の説明をしているアは合わない。ウの「世論」の考え方，オの「改ざんしたものばかり」も合わない。

三　(小説－心情・情景・細部の読み取り，空欄補充，ことばの意味，慣用句，記述力)

問一　二重傍線部ⓐは自分で自由にあつかえるということから，たやすくできること。ⓑはどこを風が吹いているのか自分の知るところではないということから，知らない振りをすること。

問二　空欄Aには悪口などをわざと本人に聞こえるように話すという意味のウが入る。アは自分の立場などをわきまえないこと。イはどちらとも決まらないこと。エは予想と違う結果になること。

基本 問三　「ねこをかぶる」はおとなしそうなふりをすること。「ねこなで声」はこびるようなやさしい声。

問四　傍線部①の「彼ら」は，直前の段落の「(この)伝統芸能の使い手」のことである。

問五　傍線部②直後で「いけず撃退法」を会社の先輩にやることにためらっている羽依の様子が描かれているのでイが適当。②直後の描写をふまえていない他の選択肢は不適当。

問六　傍線部③は「それ」＝誕生日を祝うことだけでなく，「プレゼントを用意するのが習わし」だったということなのでアが適当。③直後の描写をふまえていない他の選択肢は不適当。

問七　一文は「お局二人」に対する他の人の様子なので，羽依以外の「ほかの女性新入社員たち」の様子が描かれているⅡが適当。

問八　傍線部④の「好奇心」は積極的に知りたいと強い興味を持つ様子を表すのでエが適当。「好奇心たっぷりの目」を正しく説明していない他の選択肢は不適当。

やや難 問九　傍線部⑤直前の「好きでもない女の先輩に……感謝もしてないのに？」という羽依の心情が⑤の具体的内容になるので，これらの内容を指示に従って指定字数以内にまとめる。

重要 問十　傍線部⑥直後で，「いけず」に我慢していたら「会社に行けなくなって，そのまま辞めてしまうだろう」という羽依の心情が描かれているので，アが適当。⑥直後の羽依の心情をふまえていない他の選択肢は不適当。

問十一　「恋愛モードに……」で始まる段落で「女同士の戦いとなると，一歩も退きたくない気持ちが前に出る」という羽依の心情が描かれていることから，⑦の決意は「女同士の戦い(6字)」に臨む決意，ということである。

重要 問十二　本文は「羽依はここ数日……」で始まる段落で描かれているように，会社での出来事を「深夜ふっと起きたあと……いまの自分の状況について考え」ている羽依の様子が描かれているので，イが適当。羽依の個人的な経験を羽依の視点で描いていることを説明していない他の選択肢は不適当。

★ワンポイントアドバイス★

小説では，過去を織り交ぜながらストーリーが進む場合もあるので，それぞれの場面の時間軸を意識して読み進めよう。

2022年度

★★★★★★★★★★★★★★★★★★★★★★★★

入　試　問　題

2022年度

成田高等学校付属中学校入試問題（第一志望）

【算　数】（50分）　＜満点：100点＞

【注意】 答えが分数になる場合は，これ以上約分できない分数で答えなさい。

1 次の計算をしなさい。

(1) $42\times15-(27+42)\div3\times10$

(2) $\left(3\frac{1}{3}+\frac{1}{6}\right)\div\frac{14}{15}\times\frac{4}{5}$

(3) $1.38\times4.5-0.3\times0.7$

(4) $\left(1.1\times1.1+\frac{3}{4}\right)\div\frac{7}{8}\div0.56$

2 次の問いに答えなさい。

(1) 8％の食塩水200ｇから50ｇを取り出しました。残った食塩水に含《ふく》まれている食塩の重さは何ｇですか。

(2) 父，母，子の３人家族がいます。母と子の年齢《ねんれい》の和は父の年齢より10才多く，父の年齢は子の３倍より４才多く，父は母より３才年上です。父の年齢は何才ですか。

(3) 本校では次年度から帰りのホームルームが終わる時刻が14時55分になります。この時刻に時計の短針と長針がつくる小さいほうの角度は何度ですか。

(4) 右図のような東西南北にのびた十字路があり，Ａさんは交差点から西に６㎞，Ｂさんは南に５㎞の地点にいます。まず，Ａさんが時速４㎞で東へ向けて出発し，Ａさんが出発してから15分後にＢさんが時速６㎞で北へ向けて出発します。

Ｂさんが交差点に着いたとき，Ａさんは交差点からみてどの地点にいますか。図や式と言葉を使って説明しなさい。ただし，答えのみ書いた場合は不正解となります。

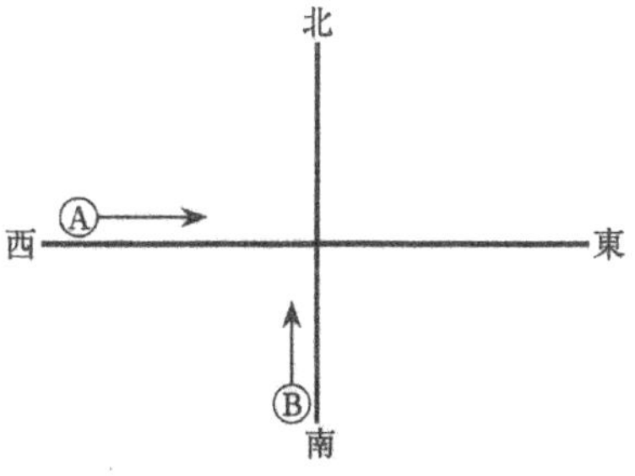

3 右図は１辺が３㎝の立方体ABCD-EFGHです。この立方体の辺AB，辺DA，辺EF，辺FG，辺GH，辺HEを２等分する点をそれぞれＰ，Ｑ，Ｒ，Ｓ，Ｔ，Ｕとします。

次の問いに答えなさい。

(1) この立方体を４点Ｐ，Ｒ，Ｕ，Ｑを通る平面で切るとき，次の①，②に答えなさい。

① 切り口の図形として最も適しているものを，次のページの選択《せんたく》

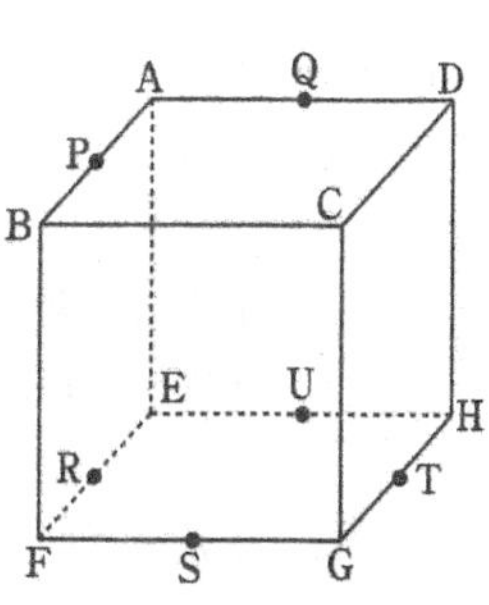

肢《し》**ア～ク**の中から１つ選びなさい。

② 切ってできた２つの立体のうち，点Ｃを含《ふく》む立体の体積は何㎝^{3}ですか。

⑵ ４点Ｐ，Ｓ，Ｔ，Ｑを通る平面で切るとき，次の①，②に答えなさい。

① 切り口の図形として最も適しているものを，下の選択肢**ア～ク**の中から１つ選びなさい。

② 切ってできた２つの立体のうち，点Ｃを含む立体の体積は何㎝^{3}ですか。

選択肢

ア：正三角形	**イ：直角三角形**	**ウ：二等辺三角形**	**エ：正方形**
オ：長方形	**カ：平行四辺形**	**キ：正五角形**	**ク：正六角形**

4 図１は円Ｏと正方形OABCの図です。２点Ａ，Ｃは円周上の点でもあります。図２は正方形と円を組み合わせたものです。４点Ｂ，Ｄ，Ｆ，Ｈは正方形IJKLの辺上の点で，大きい円の周上の点でもあります。４点Ａ，Ｃ，Ｅ，Ｇは正方形BDFHの辺上の点で，小さい円の周上の点でもあります。点Ｏは円の中心です。円周率を3.14として，次の問いに答えなさい。

⑴ 図１において，円Ｏの面積は正方形OABCの面積の何倍ですか。

⑵ 図２において，正方形IJKLの面積は正方形OABCの面積の何倍ですか。

⑶ 図２において，大きい円の面積は正方形OABCの面積の何倍ですか。

⑷ 図２において，正方形OABCの面積が10㎝^{2}のとき，斜線《しゃせん》部分の面積は何㎝^{2}ですか。

図１

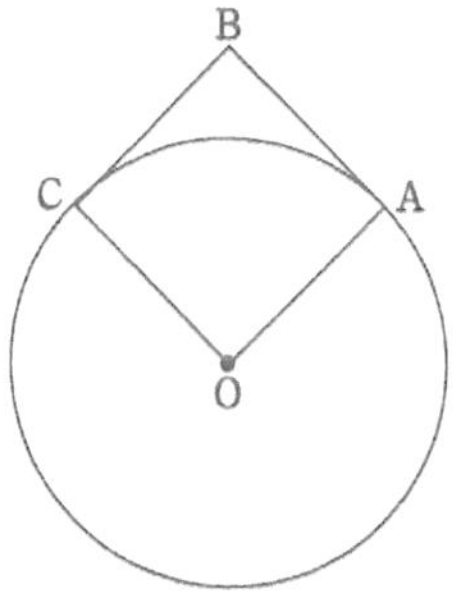

図２

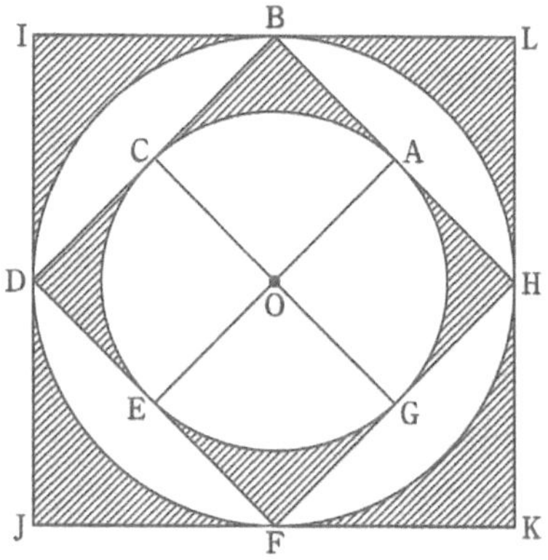

5 最近，商品やサービスの代金の支払《しはら》いを，硬貨《こうか》や紙幣《しへい》等で行う現金決済ではなく，データの送受信によって行う仕組みの電子決済が広まってきました。

あるお店では，どちらの支払い方法でも，消費税10％がかかります。ただし，小数点以下は四捨五入します。

このお店で，次のようなキャンペーンを行っています。

ア 現金決済の場合，クーポンを利用することで，商品の本体価格から値引きをします。消費税は本体価格から値引きをした金額にかけられます。

イ 電子決済の場合，商品の本体価格に消費税がかけられた金額を支払い，後から支払った金額の５％が返ってきます。ただし，小数点以下は切り捨てます。また，電子決済をしたときに，会計時に支払った金額から返ってきた金額を引いたものを『最終決済額』ということにします。

次の問いに答えなさい。

⑴　本体価格2800円の商品について，次の①，②に答えなさい。

①　現金決済で100円引きクーポンを利用した場合はいくら支払いますか。

②　電子決済で支払う場合の最終決済額はいくらですか。図や式と言葉を使って説明しなさい。ただし，答えのみ書いた場合は不正解となります。

⑵　本体価格5000円の商品を買うときに，現金決済で支払った金額と，電子決済の最終決済額を等しくするには，何円引きのクーポンを利用すればよいですか。

⑶　電子決済で後から返ってきた金額が50円でした。このとき考えられる最も小さい本体価格はいくらですか。

【理科・社会】（50分）　＜満点：各50点＞

理科

1 図は，海岸付近で見られるある地層の断面図です。A～Fは地層に見られる層を示します。この地層を調べたところ，Cの層から化石が発見され，DとEの層の境目は不規則でした。また，直線X－Yの部分に断層が見られました。後の問いに答えなさい。

図

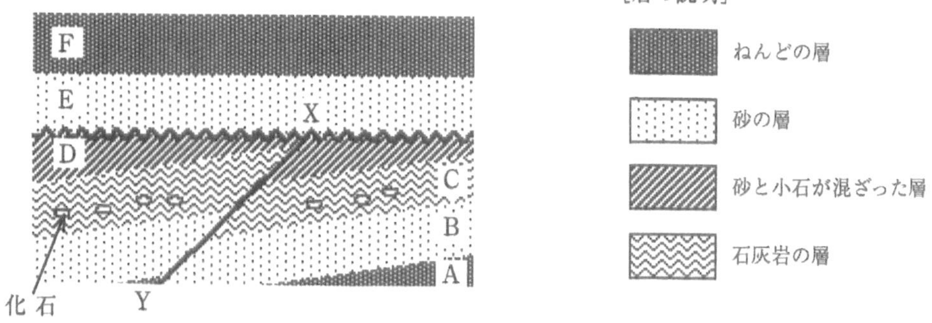

(1) Cの層から発見された化石はサンゴでした。このことから，Cの層ができた当時の環境のようすとして適当なものを，次の**ア**～**エ**から１つ選び，記号で答えなさい。

ア　たん水の湖であった。　　**イ**　河口付近のため，海水とたん水が混ざっていた。

ウ　あたたかく浅い海であった。　　**エ**　冷たく深い海底であった。

(2) 直線X－Yの部分の断層が生じる原因となる力の向きを矢印で表したものとして適当なものを，次の**ア**～**エ**から１つ選び，記号で答えなさい。

ア
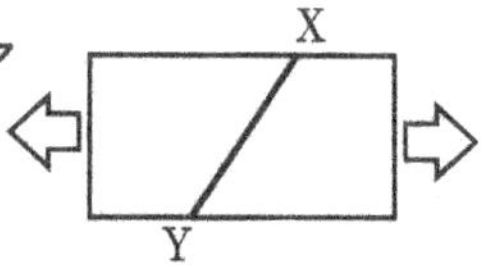

イ
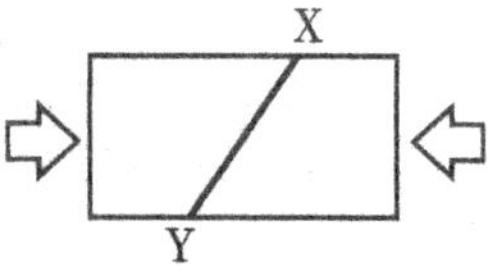

ウ
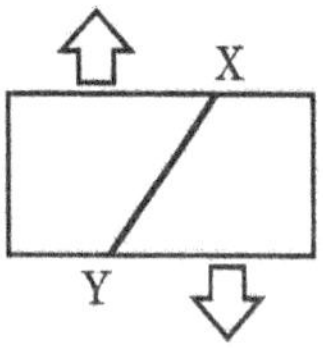

エ
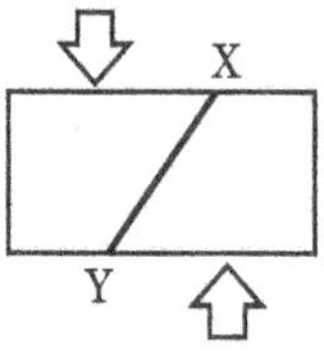

(3) 図の地層のようすから考えられるものとして適当なものを，次の**ア**～**エ**から１つ選び，記号で答えなさい。

ア　A～Dの層がたい積するとき，だんだん水深が深くなっていった。

イ　Dの層にある小石は，角がとがったものが多い。

ウ　２番目に古い層はEである。

エ　直線X－Yの断層が生じた後に，A～Dの層がりゅう起した。

2　A～Dは，セミ・トンボ・カブトムシ・チョウの成虫のいずれかの口のつくりを観察してスケッチしたものです。後の問いに答えなさい。

A

B

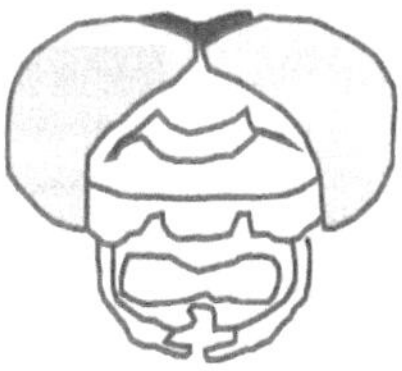

C

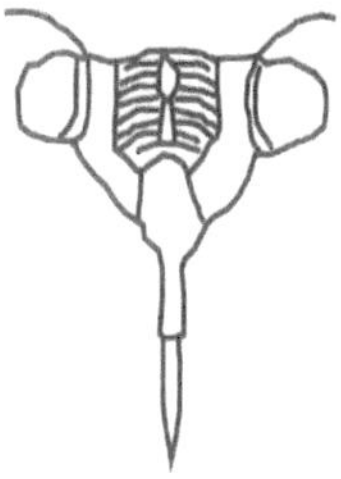

D

(1)　BとCの組合せとして正しいものを，次の**ア**～**ケ**から１つ選び，記号で答えなさい。

	ア	**イ**	**ウ**	**エ**	**オ**	**カ**	**キ**	**ク**	**ヶ**
B	セミ	セミ	セミ	トンボ	トンボ	トンボ	カブトムシ	カブトムシ	カブトムシ
C	トンボ	カブトムシ	チョウ	セミ	カブトムシ	チョウ	セミ	トンボ	チョウ

(2)　A～Dの口の特ちょうと働き，食べているエサについて適当なものを，次の**ア**～**エ**から１つ選び，記号で答えなさい。

ア　Aは，ストローのような口を使って，水のみをすって生活している。

イ　Bは，かむ口を使って，ハエなどを食べて生活している。

ウ　Cは，ストローのような口を使って，花の蜜《みつ》をすって生活している。

エ　Dは，なめる口を使って，岩についたコケをなめて生活している。

(3)　たまごから育てた場合，たまご➡幼虫➡さなぎ➡成虫の順に成長するものを，A～Dから**すべて**選び，記号で答えなさい。

(4)　幼虫のほとんどの時間を土の中で過ごすものを，A～Dから**すべて**選び，記号で答えなさい。

(5)　地球上には，それぞれの地域に特有な生物が生活しています。ある地域に，その地域には生活していない生物を持ち込むと，どのような問題が生じることが考えられますか。**20文字以内**で説明しなさい。

3　次郎くんはインスタントラーメンが食べたくなったので，なべに入れた水をガスコンロで温めてお湯をつくりました。なべに入れた水が温まるのを見ていると，次のａ～ｄの順に変化が見られました。後の問いに答えなさい。

ａ　水の中から細かいあわが出てきた。　　ｂ　水面からゆげが出てきた。

ｃ　水の中から大きなあわがさかんに出てきた。　　ｄ　なべの中の水が減っていた。

(1)　ａの細かいあわの中に多く含まれるものは何ですか。次の**ア**～**エ**から１つ選び，記号で答えなさい。

ア　水が分解してできた酸素　　**イ**　水が分解してできた水素

ウ　燃焼によって生じた二酸化炭素　　**エ**　水の中にとけていた空気

⑵　bのゆげについて述べた文として適当なものを，次の**ア**～**エ**から１つ選び，記号で答えなさい。

ア　水蒸気が温められてできた細かい水てきの集まりである。

イ　水蒸気が冷やされてできた細かい水てきの集まりである。

ウ　水が温められてできた水蒸気の集まりである。

エ　水が冷やされてできた水蒸気の集まりである。

水の温まり方に興味をもった次郎くんは，学校の実験室で40℃，100ｇの水を加熱する実験を行い，加熱した時間と水温の変化のようすをグラフにしました。AB間では水温が変化しない状態が続きました。

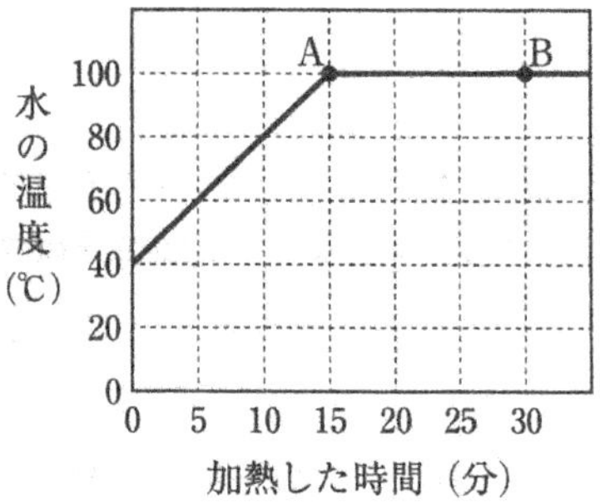

⑶　20℃，150ｇの水を実験と同じように加熱しました。水の温度が100℃に達するのは，加熱し始めてから何分後ですか。

4　太郎くんの家では，家庭用の燃料電池を利用しています。太郎くんは電池の技術に興味をもち，先生に質問しました。下の太郎くんと先生の対話について，後の問いに答えなさい。

太郎くん　先生，燃料電池とは，いったいどんな電池ですか。

先　　生　燃料電池とは，燃料として使うことができる物質のエネルギーを，電気のエネルギーとして取り出すことができる電池だよ。

太郎くん　ぼくの家では燃料電池を利用して，発電といっしょにおふろのお湯もわかしています。

先　　生　そうなんだね。家庭用の燃料電池では，（　A　）ときに発生するエネルギーを電気のエネルギーや熱のエネルギーとして取り出しているんだよ。このときのはい熱を暖ぼうや給湯に利用することで，エネルギーのむだを少なくしているんだね。

太郎くん　先生は他にどんな電池に興味がありますか。

先　　生　リチウムイオン電池かな。軽くて性能が高く，くり返してじゅう電できる電池として，現在はスマートフォンなどのバッテリーとして広く利用されているね。この技術の基そをつくった（　B　）先生は，2019年に『リチウムイオン電池の父』として，他の二人のアメリカ人研究者とともにノーベル化学賞を受賞したんだよ。

太郎くん　すごい。日本人研究者の成果が身近なものにいきているのですね。

先　　生　技術も大切だけど，これからのエネルギーの利用を考えたとき，『再生可能なエネルギー』という点も大切なポイントだね。

太郎くん　再生可能なエネルギーとはどんなものですか。

先　　生　太陽光のように，使い続けてもなくならないエネルギーのことだよ。現在，日本で行われている発電方法は火力発電が最も多く，全体の70％くらいを占めているんだよ。だけど，火力発電の燃料となる化石燃料にはまい蔵量に限りがあるし，地球温暖化の原因とされる（　C　）を大量に発生することが問題になっているね。

太郎くん　これからも生活していく地球のかん境を守るためにも，再生可能なエネルギーについて考えることはとても大切ですね。

(1)（A）には，家庭用の燃料電池が発電するときの仕組みが入ります。反応する物質と生じる物質が分かるように，**20文字以内**で説明しなさい。

(2)（B）にあてはまる人物名として適当なものを，次の**ア**～**エ**から１つ選び，記号で答えなさい。

ア　大村智　　**イ**　吉野彰　　**ウ**　小柴昌俊　　**エ**　山中伸弥

(3)（C）に当てはまる物質の性質として適当なものを，次の**ア**～**オ**から１つ選び，記号で答えなさい。

ア　水にとけると酸性を示す。

イ　水によくとけ，アルカリ性を示す。

ウ　ものを燃やす性質がある。

エ　空気の約78%をしめており，非常に安定である。

オ　火をつけるとばく発的に燃える。

(4)　再生可能なエネルギーの利用として**適当でないもの**を，次の**ア**～**オ**から１つ選び，記号で答えなさい。

ア　水力発電　　**イ**　風力発電　　**ウ**　原子力発電　　**エ**　地熱発電　　**オ**　バイオマス発電

社会

5　次の文章はハンコの歴史についての先生と生徒の会話です。この文章を読んで，後の問いに答えなさい。

先生：　新型コロナウイルスの流行からテレワークや①リモートワークを導入する企業が増えてきましたね。そのような状況の中で押印のためだけに出社をする「ハンコ出社」が話題となっています。

生徒：　そうなのですね。ところでハンコには一体どのような歴史があるのですか。

先生：　我が国とハンコとの関係は１世紀半ばにまでさかのぼります。１世紀半ばには福岡県博多地方にあった小国がハンコを授かったと中国の歴史書に記されています。

生徒：　金印ですね。それには「漢委奴国王」と刻まれており，金印を授けることにより中国側には（　②　）という意図が，また日本国側には（　③　）という意図があると授業で学習をしました。

先生：　中世になると④花押《かおう》とよばれるハンコが登場しました。花押は「書版《かきはん》」とも呼ばれていて現在のサインに近いものです。また戦国時代になると⑤戦国武将たちは印章とよばれるハンコを持つようになり，これを利用して文書を出しました。

　さらに江戸時代には離縁《りえん》状にもハンコが使われていました。夫婦が離婚する際には離縁状が必要で，その離婚に関する規定が⑥公事方御定書に書かれていました。

生徒：　ハンコといっても時代ごとに大きな特色があるのですね。現在のようなハンコはいつ頃になってから使われ始めたのですか。

先生：　明治時代になって，⑦1871年に制定された太政官布告という法令によって規定されたことが大きなきっかけです。それには印鑑帳《いんかんちょう》を作成し，いつでも印影を照合，確認できるようにしなければならないと成文化されています。現在のハンコの使われ方に大きく近づいていることが分かりますね。

生徒：　ところで「ハンコ出社」が話題となると同時に⑧紙資源を節約するペーパーレスも話題になっているように感じます。

先生：　そうですね。紙資源の使い方も私たちがこれからの地球環境のために考えていかなければならない課題の一つですね。

(1)　下線部①について，この語句の説明として正しいものを次の**ア～エ**から一つ選んで，記号で答えなさい。

ア　人材派遣会社と雇用契約を結び，企業に派遣されて働く働き方

イ　労働者が日々の始業時間と終業時間を自由に決めて働ける働き方

ウ　情報通信技術を利用して，自宅等のオフィス以外の場所で働く働き方

エ　子育てをしている労働者が勤務時間を短縮して働ける働き方

(2)　空欄（②）（③）に当てはまる内容として正しいものを次の**ア～エ**から一つ選んで，記号で答えなさい。

ア　（②）：日本国に称号を授けて君臣関係を結ぶ
　　（③）：朝鮮半島を支配するために中国と対等な関係を結ぶ

イ　（②）：日本国に称号を授けて君臣関係を結ぶ
　　（③）：中国の支配力を背景に日本国内での影響力を高める

ウ　（②）：日本国と朝鮮半島を支配するために対等な関係を結ぶ
　　（③）：朝鮮半島を支配するために中国と対等な関係を結ぶ

エ　（②）：日本国と朝鮮半島を支配するために対等な関係を結ぶ
　　（③）：中国の支配力を背景に日本国内での影響力を高める

(3)　下線部④について，右の花押は京都の室町に花の御所をかまえ，日明貿易を開始するなど室町時代の発展に大きく影響を与えた人物のものです。この人物の名前を**漢字**で答えなさい。

（門田誠一『はんこと日本人』吉川弘文館より）

(4)　下線部⑤について，下の印章は戦国時代に活躍した大友義鎮《よししげ》のものです。この印章を説明した文章の空欄Ⅰ・Ⅱに当てはまる語句をそれぞれ**カタカナ**で答えなさい。

（門田誠一『はんこと日本人』吉川弘文館より）

大友義鎮の印章には「IHS FRCO」と刻まれています。「IHS」とは中世ヨーロッパでの宗教改革に対抗し，東洋方面に布教を行っていた（　Ⅰ　）会の当時の記号であり，「FRCO」とは自らの洗礼名である「Francisco」の一部です。この二つを組み合わせた文字が印章に使用されています。アルファベットを使用した印章から，大友は宗教活動に熱心な（　Ⅱ　）大名であると推察できます。

(5)　下線部⑥について，この法令を出した将軍が行った改革として**誤っているもの**を後の**ア～エ**から一つ選んで，記号で答えなさい。

ア　民衆の意見や不満を直接聞くために，投書を受ける箱を設けた。

イ　大名に米を献上《けんじょう》させ，かわりに参勤交代の江戸在住期間を半年に縮めた。

ウ　能力のある武士を重要な地位に取り立てることができるようにした。

エ　幕府の学校をつくり，朱子学以外の講義を禁じた。

(6)　下線部⑦について，この年に行われた改革として正しいものを次の**ア**～**エ**から一つ選んで，記号で答えなさい。

ア　大政奉還　　**イ**　版籍奉還　　**ウ**　廃藩置県　　**エ**　地租改正

(7)　下線部⑧に関連して，次の表は世界におけるパルプの生産量と日本における都道府県別印刷・同関連業出荷額の上位をそれぞれ示したものです。表の空欄Ⅲ・Ⅳに当てはまる国及び都道府県の組み合わせとして正しいものを次の**ア**～**エ**から一つ選んで，記号で答えなさい。

パルプの生産（単位：万トン）

アメリカ	4792
ブラジル	2115
中　国	1758
（　Ⅲ　）	1621
スウェーデン	1146

＊統計年次は2018年
（データブック　オブ・ザ・ワールド2021より）

印刷・同関連業出荷額（単位：億円）

（　Ⅳ　）	7816
埼　玉　県	7335
大　阪　府	4634
愛　知　県	3132
京　都　府	2121

＊統計年次は2018年
（日本国勢図会2021/2022より）

ア　（Ⅲ）：カナダ　（Ⅳ）：東京都　　**イ**　（Ⅲ）：インド　（Ⅳ）：東京都

ウ　（Ⅲ）：カナダ　（Ⅳ）：静岡県　　**エ**　（Ⅲ）：インド　（Ⅳ）：静岡県

6　「持続可能な社会」について書かれた次の〈**記事A**〉～〈**記事D**〉を読んで，後の問いに答えなさい。

〈**記事A**〉

極度の貧困や乳幼児の死亡率，雇用環境では改善がみられる一方，性による差別をなくす「（　1　）平等」を実現した国はなく，飢餓《きが》に苦しむ人も増えているという。

2019.10.8掲載

〈**記事B**〉

②水産資源の乱獲《らんかく》は世界的な問題となっている。（中略）「乱獲しない」「海を汚さない」といった漁法や③養殖《ようしょく》法は，水産資源の保護に欠かせない考え方になりつつある。

2020.1.29掲載

〈**記事C**〉

パリ協定は，④産業革命前からの平均気温の上昇を２度未満，できれば1.5度に抑えるとして，今世紀後半に⑤温室効果ガスの排出量を「実質ゼロ」にすることを決めた。すべての国が削減目標を提出し，５年ごとに強化する。

2019.12.2掲載

〈**記事D**〉

2019年は，国は「食料・⑥農業・農村基本計画」を作り直す５年に１度の議論がある年です。計画づくりの議論を通じて，食糧安全保障や⑦地域社会を守る農業の重要性を訴えていきたいと思っています。

2019.5.30掲載

〈全て朝日新聞より抜粋〉

⑴　空欄（１）には社会的・文化的につくられる性別を意味する語句が入ります。空欄（１）に当てはまる語句を**カタカナ**で答えなさい。

⑵　下線部②について，江戸時代にはある地域の民族との交易により“ふかひれ”や“ほしあわび”等を仕入れ，中国向けに輸出をしていました。この民族名を**カタカナ３文字**で答えなさい。

⑶　下線部③について，日本の養殖について述べた文章として**誤っているもの**を次の**ア**～エから一つ選んで，記号で答えなさい。

ア　日本の三陸地域は，海岸線が複雑な形をしているため養殖に適した地形である。

イ　日本の近畿大学水産研究所は，2002年にカツオの完全養殖を成功させた。

ウ　静岡県の浜名湖では，周辺の地形や気候を生かしてうなぎの養殖が盛んである。

エ　海水養殖生産地は，冬でも比較的海水が暖かい日本の南に多数位置している。

⑷　下線部④について，18世紀後半，蒸気機関の発明などにより世界で初めて産業革命が起こった国として正しいものを次の**ア**～**エ**から一つ選んで，記号で答えなさい。

ア　アメリカ　　**イ**　イギリス　　**ウ**　中国　　**エ**　フランス

⑸　下線部⑤に関連して，次の表は日本の二酸化炭素排出割合について部門別の内訳を示したものです。この表を排出量全体における内訳としてグラフ化する場合，最も適当なものを次の**ア**～**エ**から一つ選んで，記号で答えなさい。

日本の二酸化炭素部門別排出割合（％）

産業（工場等）	35.0
運輸（自動車等）	18.4
業務その他（商業・サービス・事業所等）	17.2
家庭	14.6
エネルギー転換（発電所等）	7.9
工業プロセス	4.1
廃棄物（焼却等）	2.5
その他（農業等）	0.3

（データブック　オブ・ザ・ワールド 2021 より）

ア　絵グラフ　　**イ**　折れ線グラフ　　**ウ**　棒グラフ　　**エ**　円グラフ

⑹　下線部⑥に関連して，産業は「第１次産業」「第２次産業」「第３次産業」の３つの部門に分類することができます。**資料１・資料２**（次のページ）について，日本における第１次産業に当てはまる組み合わせとして正しいものを次のページの**ア**～**ケ**から一つ選んで，記号で答えなさい。

【資料１】産業３部門別の就業者数の推移

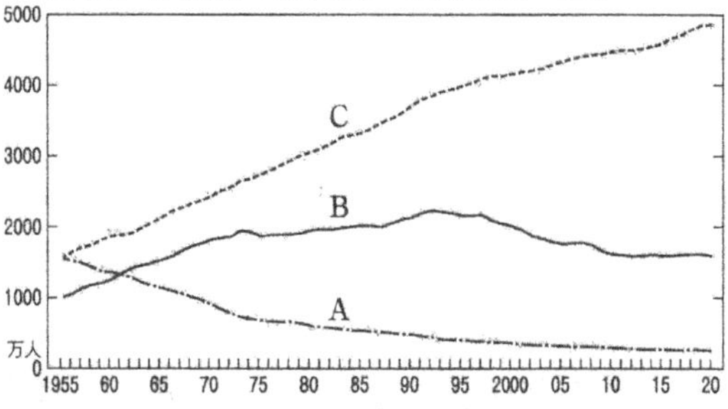

（日本国勢図会 2021/2022 より）

【資料 2】産業 3 部門の 15 歳以上就業者数のうち女性及び 65 歳以上の占める割合

	D	E	F
女性	38.9 %	25.5 %	50.6 %
65 歳以上	49.6 %	8.1 %	7.5 %

（総務省統計局　平成 27 年国勢調査より）

	ア	イ	ウ	エ	オ	カ	キ	ク	ケ
資料 1	A	A	A	B	B	B	C	C	C
資料 2	D	E	F	D	E	F	D	E	F

(7)　下線部⑦に関連して，近年「第 6 次産業化」という取り組みが注目を集めています。これは生産者が加工と流通・販売も行い，第 1 次産業全体の活性を図る目的があります。あなたが農産物の生産者と仮定をして，農作物を一つ挙げ，どのように加工し，どのような手段で販売するか，具体例を考えて説明しなさい。

(8)　2015年の国連サミットで採択された2030年までに持続可能でよりよい世界を目指す17の国際目標を**アルファベット 4 文字**で答えなさい。

7　次の文章を読んで，後の問いに答えなさい。

アイドルグループ欅《けやき》坂46（当時）の楽曲『サイレントマジョリティー』には，次のような歌詞があります。

> どこかの国の大統領が　言っていた（曲解して）　声を上げない者たちは　賛成していると…
> （中略）
> 君は君らしく生きて行く①自由があるんだ　大人たちに支配されるな
> （中略）
> この世界は群れていても始まらない　Yesでいいのか？　サイレントマジョリティー

サイレントマジョリティーという言葉は，（　②　）でベトナム反戦運動が盛り上がった1969年に当時のニクソン大統領が演説をした言葉となっています。ニクソンは反戦デモに参加しない多数の（　②　）国民を“自分に賛成している”と解釈をし，彼らをサイレントマジョリティー（静かな多数派）と呼びました。

サイレントマジョリティーは「〈注〉声なき声」とも訳され，日本の政治家たちもその言葉を引用したことがあります。③ある闘争が激化した1960年の記者会見にて，岸信介内閣総理大臣（当時）は「声なき国民の声に我々が謙虚《けんきょ》に耳を傾けて，日本の民主政治の将来を考えて処置すべき」と発言しました。また最近では，2018年の年頭記者会見において，安倍晋三内閣総理大臣（当時）が「私も声なき声にしっかりと耳を傾けていく」と，2021年 7 月の定例記者会見において，滋賀県④知事が「コロナを受けて，より良き自治を追求する，声なき声に耳を傾ける」とそれぞれ発言しました。

民主政治において重要な決め方として⑤多数決があります。この多数決の原理に民意を大きく反映させるためには，多くの有権者の票が選挙で投じられなければなりません。現代の民主政治において，政治への関心がうすく，⑥投票率が低い現代の若者たちの「声なき声」を聞くことこそが政治の将来を握っているのかもしれません。

〈注〉声なき声…表立って声高に語らない人々の意見

⑴　下線部①について，日本国憲法には基本的人権の一部として自由権が規定されています。日本国憲法に規定された自由権として**誤っているもの**を次の**ア**～**エ**から一つ選んで，記号で答えなさい。

ア　生活保護法は病気や失業などで生活に困っている人たちの生活を保障している。

イ　電話などでの情報のやりとりについて，通信の秘密が保障されている。

ウ　警察によって逮捕される場合は，現行犯を除いて裁判官の出す令状が必要である。

エ　考えていることを無理やり言わされたり，思想を理由に差別されたりしない。

⑵　空欄（②）に当てはまる国として正しいものを次の**ア**～**エ**から一つ選んで，記号で答えなさい。

ア　タイ　　**イ**　ロシア　　**ウ**　中国　　**エ**　アメリカ

⑶　下線部③について，この闘争のきっかけとなった取り決めとして正しいものを次の**ア**～**エ**から一つ選んで，記号で答えなさい。

ア　日米新安全保障条約　　**イ**　沖縄返還協定

ウ　日ソ共同宣言　　**エ**　核兵器拡散防止条約

⑷　下線部④について，都道府県知事に関して述べた文章として**誤っているもの**を次の**ア**～**エ**から一つ選んで，記号で答えなさい。

ア　都道府県知事の任期は４年であり，連続任期の回数に制限はない。

イ　都道府県知事の被選挙権は満25歳以上である。

ウ　都道府県知事は予算や条例の案を作って議会に提出をする。

エ　都道府県知事を解職させる請求をリコールとよぶ。

⑸　下線部⑤に関連して，2008年に成立した法律の成立過程及びそれに関連した説明を読み，空欄（Ⅰ）（Ⅱ）に当てはまる語句を**漢字**で答えなさい。また空欄（Ⅲ）には当てはまる内容を，**二つの要素**を挙げて答えなさい。

A	● 2007 年 11 月 13 日		
	（　Ⅰ　）での議決	賛成：327	反対：128

↓

B	● 2008 年 1 月 11 日		
	（　Ⅱ　）での議決	賛成：106	反対：133

↓

C	● 2008 年 1 月 11 日		
	（　Ⅰ　）での再議決	賛成：340	反対：133

↓

成　立

国会の議決は多数決が原則で，両議院の一致が望ましいですが，A・Bの過程のように一致しない場合には，国の政治が停滞しないよう，いくつかの決定について，（　Ⅰ　）の議

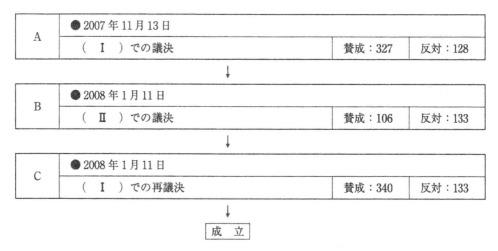

決を優先する仕組みになっています。法律制定の場合には，Cのように再議決することで成立させることができます。このように（　Ⅰ　）の議決を優先する理由は（　Ⅱ　）に比べて，（　　　Ⅲ　　　）ため，選挙による国民の意思を，より強く反映していると考えられているからです。

⑹　下線部⑥について，選挙での投票率を上げようと，さまざまな取り組みがなされています。そのうち仕事や冠婚葬祭《かんこんそうさい》など，一定の理由で投票日に投票することができない場合，投票日の前日までの間に投票ができる制度を○○○投票制度とよびます。○○○に当てはまる語句を**漢字３文字**で答えなさい。

イ　鮎彦先生から指名され、選評を最初に述べることになった点。

ウ　寿司屋に会のメンバーを連れて行ってくれることになった点。

エ　鴎仁さんの俳句について熱心に選評を述べる人が多かった点。

問七　傍線部③「夏の季語」とあるが、次の**ア**～**エ**から夏の季語として**適当でないもの**を一つ選び、記号で答えなさい。

ア　入梅　**イ**　夜長　**ウ**　新緑　**エ**　向暑

問八　波線部**X**「言った」・**Y**「もらい」をそれぞれ適切な敬語に直しなさい。ただし、**X**は**六字**、**Y**は**四字**のひらがなで答えること。

問九　傍線部④「桜木杏はたしかに季重なりだ」とはどういうことか。**十五字以上二十字以内**で説明しなさい。ただし、句読点や記号も一字とする。

問十　傍線部⑤「この句の季重なりの良さ」とは何か。適当なものを次の**ア**～**エ**から一つ選び、記号で答えなさい。

ア　季語の季節感が、「夏」で統一されていること。

イ　互いの季語が活かし合い、質を高めていること。

ウ　主季語がどちらなのかはっきりとしていること。

エ　韻を踏むことで軽やかな音調が響いていること。

問十一　本文に描かれている「杏」の性格として最も適当なものを次の**ア**～**エ**から一つ選び、記号で答えなさい。

ア　鮎彦先生からほめられることに必死で、積極的に発言をしようとする単純な性格である。

イ　厳しい評価にめげず、周りの意見を自分の成長につなげようとする真面目な性格である。

ウ　句会では皐月をライバル視して、より高い評価を得ようとする向上心が強い性格である。

エ　俳句の知識が増えることに喜びを感じ、前向きに取り組もうとする意欲的な性格である。

すみれさんとわたしは眼が合って、笑い合った。

（堀本裕樹『桜木杏、俳句はじめてみました』幻冬舎文庫より）

注 歳時記……季語を分類して、解説や例句を示した書物。

問一 [A] ～ [C] に当てはまることばの組み合わせとして最も適当なものを次の**ア**～**エ**から一つ選び、記号で答えなさい。

ア A うっすら B わざと C ひっそりと
イ A やけに B しぶしぶ C すらりと
ウ A まずは B ついつい C ぼんやりと
エ A まさに B あえて C きりっと

問二 二重傍線部ⓐ「しだい」・ⓑ「手柄」の本文中での意味として最も適当なものを次の**ア**～**エ**から一つ選び、記号で答えなさい。

ⓐ しだい **ア** 所存 **イ** 結果 **ウ** きまり **エ** なりゆき
ⓑ 手柄 **ア** 工夫 **イ** 功績 **ウ** 新しさ **エ** 風潮

問三 傍線部①「ここから句会は、さらにボルテージが上がって面白くなる」とはどういうことか。最も適当なものを次の**ア**～**エ**から一つ選び、記号で答えなさい。

ア 選んだ句の良さを相手に伝えようとして、全員の口調がだんだんと強まっていくこと。
イ 句の問題点についてお互いの意見をぶつけ合うことで、意見交換《こうかん》が白熱していくこと。
ウ 各々の鑑賞《かんしょう》について参加者が積極的に議論し合うことで、その句の理解が深まること。
エ 自分の詠んだ句が誰に選ばれているのかを知ることで、気持ちが一気に高揚《こうよう》すること。

問四 次の1～5は、句会の進め方について順に説明したものである。空欄に当てはまることばを、傍線部③「夏の季語」より前の本文中からそれぞれ指定の文字数で抜き出して答えなさい。

1 出句…短冊《たんざく》に㋐（ **四字** ）を書いて提出する。その際、作者名は書かない。
2 清記…集まった短冊を裏返したまま混ぜて配りなおし、配られた句を各自で自分の清記用紙に書き写す。これで誰の句なのかが分からなくなる。
3 選句…清記用紙の中から良いと思った句を選ぶ。目を通した清記用紙は右隣《どな》りの人に渡し、必ずすべての清記用紙に目を通すようにする。特に優れたものを「㋑（ **二字** ）」、その次に良かったものを「㋒（ **二字** ）」とする。
4 披講《ひこう》…選句した句を読み上げて発表する。読み上げられた句の作者は、間を置かず名乗りをあげる。
5 選評…㋑（ **二字** ）の句について、㋓（ **七字** ）理由や感じたことを述べる。

問五 昴さんの詠んだ句〈板前の腕夏めく切子かな〉について、鵙仁さんは「腕夏めく」からどのような情景を想像したか。「～様子」に続く形で、「～」の部分を**十字以上十五字以内**で答えなさい。ただし、句読点や記号も一字とする。

問六 傍線部②「きょう大人気の鵙仁さん」とあるが、鵙仁さんはどのような点で「大人気」であると考えられるか。最も適当なものを次の**ア**～**エ**から一つ選び、記号で答えなさい。

ア 披講の際に、鵙仁さんの詠んだ俳句を選んだ人が多かった点。

「この句は季重なりを充分《じゅうぶん》活かした句で、〈夏めく〉が〈腕〉と〈切り子〉の両方に掛《か》かっているのもうまいですね。〈腕〉と具体的に体の一部を詠んだのも、この句のⓑ手柄《てがら》です。かいな、なつめく、かなと〈な〉の語が三つ重なって韻《いん》を踏《ふ》んでいるのも、板前が料理する心地よいリズムにもなっています。夏ですから、鯵《あじ》、鱚《きす》、鱧《はも》なんかを板前がさばいてる姿も眼に浮かびますね」

「先生の評をお聞きして、⑤この句の季重なりの良さがわかりましたわ」

母は、素直に鮎彦先生の評に感銘《かんめい》したようだ。

わたしも鮎彦先生の〈選評〉に頷《うなず》くばかりだった。〈な〉が三つ重なってるなんて、わたしにはそんな視点すら全然なかったもんなあ。俳句深すぎ……。

「では、皐月《さつき》さん、特選についてお願いします」

「はい、私の特選は、〈はがねなす神の杉なり走り梅雨〉です。先生は和歌山の熊野《くまの》のご出身ですから、そこの神木をお詠みになったのかなと。〈はがねなす〉の鋭《するど》さと〈走り梅雨〉とが、とても響《ひび》き合っていると思いました。〈なり〉の断定がまた神木の C 立つ雰囲気《ふんいき》をよく表していると思います」

「あのう、〈走り梅雨〉っていうのは……」

よくわからなかったので、ぼそっと訊《き》いてみる。

「杏さん、梅雨の走りの意味ですよ。梅雨がはじまったころですね」

「あ、その走りですか」

「そうです。皐月さん、ありがとうございます。いい〈選評〉をしてYもらいました」

いえいえ、そんな……母が大げさに首を振《ふ》って顔を赤らめる。

なんなんだ、この母の照れ具合は。父がこの姿を見たら、どんな反応するんだろうか。娘《むすめ》としては、ちょっと複雑な気分になるけど、まあお母さんにもときめきくらいは必要？　とか思ってやりすごすしかない。

「次は杏さん、お願いします」

「わたしの特選は、〈梅雨寒し置きどころなく外すシュシュ〉です。ああ、なんかわかるって思いました。〈置きどころなく〉が、ちょっと切ない感じがして。きょうも〈梅雨寒し〉って感じで、実感として一番よくわかる句でした」

「シュシュって何かわからんかったんやけど」

「やだ～、梅天さん、これよこれ～」

エリカさんが腕《うで》にブレスレットのように巻いている花柄の布を指す。

「おう、それか。髪飾《かみかざ》りにもなるやつやな」

梅天さんは納得したようだ。

「作者のすみれさん、いかがですか？」

「はい。杏さんに選んでもらえてうれしいです。日常のなかで実際、感じたことを句にしてみようと思いました。帰宅してから髪留めにしていたシュシュを外して、一瞬どうしようかなって思ったことがあって。ただ、それだけなんですが」

「〈梅雨寒し〉の季語で、この句は詩になりましたね。〈置きどころなく〉はシュシュにも作者の心のようにも思えますね。僕も選びましたが、こういうさりげない日常の所作を詩にできるのも俳句の良さだと思いますよ」

「ありがとうございます」

「はい。先日、会社の同僚《どうりょう》とたまにはうまい寿司でも食べようかということで、回らないお寿司屋のカウンターに座ったのですが、［A］その情景が眼に浮かびました。いい切り子で冷や酒を飲みながら、握《にぎ》りをつまむのは最高でしたが、板前さんはテキパキとした包丁さばきで、寿司を握ったりして、この句のように腕が夏めいていたように思います。しかし、それを一句にはなかなかできませんです。昴《すばる》さんの見事な一句であると思ったⓐしだいです」

「僕《ぼく》も秀逸《しゅういつ》に選びました。この句には実は季語が二つ入っているんですね」

「〈夏めく〉と〈切り子〉ですね、先生」

母がここぞとばかりに前に出てくる。

「そうですね」

「先生、私はそこが少し気になって、いい句だなと思ったんですけども、特選にはできませんでしたの」

「なるほど。一句のなかに季語が二つ以上入ることを季重なりといいますが、この句も季重なりですね。僕は初心者に指導するときは、最初はなるべく一句のなかに一つの季語だけ使うようにしましょうと言います。なぜかというと、初心者が季重なりになる場合は、ついうっかりのパターンが多いんです。要するに、季語を知らないために気づかずに、一句に二つ、三つと季語を入れてしまうパターンが多いんですね。それでは、一句のなかでどの季語を活かしたいのか、または詠《うた》いたいのかがぼやけてしまう。だから、注歳時記《さいじき》をきちんと引いて、季語を調べたうえで、一句に一季語を推奨《すいしょう》しているわけです。しかし、俳句をよく知っている人やプロの俳人は、季重なりを承知のうえで、一句を作る場合があります。意識的に季重なりにするということですね。そうすることで、一句の深みが増す、表現の幅が広がることが多々あります。この句の場合は、作者の昴さんは季重なりを知っていて作っていると思うのですが、昴さんどうですか？」

「はい、〈切り子〉も③夏の季語だと知っていましたが、［B］季重なりにしてみました」

「そうですね。とてもよく季重なりを活かした句だと思いました。季重なりの場合は、どちらが主季語かをある程度はっきりさせたほうがいいと思うのですが、この句の場合の主季語は、〈夏めく〉いう時候の季語ですね」

「〈切り子〉はギヤマン、カット・グラスともいうて夏の季語やけど、一年中使うさかいなあ」

「梅天さんがX言ったように、〈切り子〉は一年中ありますし、いつでも使いますよね。ただ、夏に使う頻度《ひんど》が多いので夏の季語になっているのです。〈ビール〉も夏の季語ですが、これも一年中飲むにもかかわらず、やはり夏に一番消費されるので、歳時記では夏に分類されているんですね。ですから、この句でいうと、主季語は〈夏めく〉、従季語は〈切り子〉ということになります」

季重なり、またきょうも一つ覚えたぞとノートにメモした。あ、そういえば、梅天さんに最初の句会のとき親子そろって季重なりの名字と名前だって言われたな。これでよくわかったよ。④桜木杏はたしかに季重なりだ。季語を二つ以上使って一句のなかで活かすのは、まだわたしには難しそうだけど、いつか季重なりの句も作ってみたいな、昴さんのように。

【国語】（五〇分）〈満点：一〇〇点〉

一 次のA・B・Cの各問いに答えなさい。

A [X]～[Z]に入ることばとして最も適当なものを次のア～エから一つ選び、記号で答えなさい。

① [X]を量る。

ア タイミング　イ 温度　ウ 時間　エ 体重

② [Y]を治す。

ア 欠点　イ 性格　ウ 病気　エ 機嫌《きげん》

③ [Z]を挙げる。

ア 腕前《うでまえ》　イ スピード　ウ 結婚式《けっこんしき》　エ 花火

B 次の①～③のそれぞれのことばに、体の一部を表す語を結びつけると慣用句になる。その体の一部をそれぞれ**漢字一字**で答えなさい。

① 曲がる・高い・利く

② 焼ける・無い・まわる

③ 下がる・固い・痛い

C 次の①～⑤のカタカナ語の意味として適するものを後のア～オからそれぞれ選び、記号で答えなさい。

① ツール　② シフト

③ セオリー　④ デリケート

⑤ ユニーク

ア 独特　イ 道具　ウ 繊細《せんさい》　エ 理論　オ 移行

二 ※問題に使用された作品の著作権者が二次使用の許可を出していないため、問題を掲載しておりません。

（出典：本川達雄『ウニはすごい　バッタもすごい　デザインの生物学』中公新書より）

三 次の文章を読んで、後の問いに答えなさい。

（あらすじ）四月、大学生の桜木杏《あん》（本文中では「わたし」）は母に連れられ、初めての句会に参加する。最初は俳句に興味がなかったが、月に一度の句会に参加することで、杏の気持ちにもしだいに変化が生じてきた。次の場面は六月の句会の様子を描《えが》いたものである。

「きょうの皆さんの選はばらけずに、けっこう偏《かたよ》りましたね。では、〈選評〉に入りたいと思います。梅天さんから特選の句について述べてもらえますか」

鮎彦《あゆひこ》先生の指名によって、これから順番にそれぞれが取った特選について、なぜその句を選んだのかを話してゆく。①ここから句会は、さらにボルテージが上がって面白くなる。特にきょうのわたしのように、自分の句が選ばれていたら、よけいに。

「わしの特選は、〈板前の腕《かいな》夏めく切り子かな〉です。なんちゅうても、〈腕夏めく〉の捉《とら》え方が見事やなあ。板前の料理する腕の動きまで鮮《あざ》やかに見えてくるねん。文句なしの特選やな」

「鵙仁《もずひと》さんも選んでいますね」

鮎彦先生の呼びかけに、②きょう大人気の鵙仁さんは、喜《よろこ》びを隠《かく》しきれないように、いつもより高い声で話しはじめる。

2022年度

成田高等学校付属中学校入試問題（一般）

【算　数】（50分）　＜満点：100点＞

【注意】 答えが分数になる場合は，これ以上約分できない分数で答えなさい。

1 次の計算をしなさい。

(1) $113\times19-100\div4\times5$

(2) $\left(3-\frac{1}{5}\right)\times\frac{1}{16}\div\frac{21}{40}$

(3) $2.6\div0.13-0.4\times8.5$

(4) $\left(1.25-\frac{1}{16}\right)\times\frac{8}{57}+0.64\times\frac{5}{16}$

2 次の問いに答えなさい。

(1) ある店の昨年の売上げを調べたところ，２月に比べて１月は20％少なく，３月は20％多いです。３月は１月に比べて何％多いですか。

(2) $\frac{1}{7}$の小数第2022位の数字は何ですか。

(3) ある分数は$\frac{16}{125}$で割っても，$2\frac{7}{9}$をかけても，答えが整数になります。このような分数のうち，最も小さい分数を求めなさい。また，その過程を図や式と言葉を使って説明しなさい。ただし，答えのみ書いた場合は不正解となります。

(4) 右の図のように，ビルＡとビルＢは46ｍ離《はな》れていて，平行に建っています。ある時刻において，地面に垂直に立てた１ｍの棒《ぼう》のかげの長さが２ｍになりました。このとき，ビルＢの側面にうつっているビルＡのかげの高さが24ｍでした。ビルＡの高さは何ｍですか。

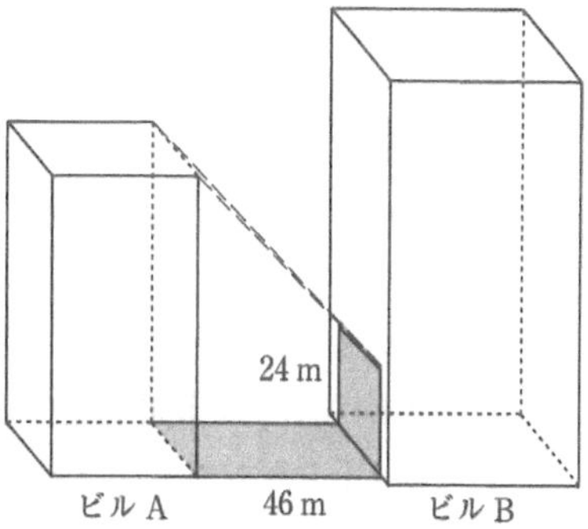

3 白と黒の大きさが同じ正三角形のタイルを規則的に並べていきます。次のページの図１は４段並べたときのものです。次の問いに答えなさい。

(1) タイルを並べたとき，20段目の黒タイルは何個ですか。

(2) タイルを20段並べたとき，黒タイルは全部で何個ですか。

(3) タイルを100段並べたとき，図１のあのように３つの黒タイルで囲まれた白タイルは全部で何個ですか。

(4) 図２はタイルを４段並べたあとに，マッチ棒を置いたものです。同じように，タイルを200段並べたあとにマッチ棒を置くとき，使うマッチ棒は何本ですか。

図１

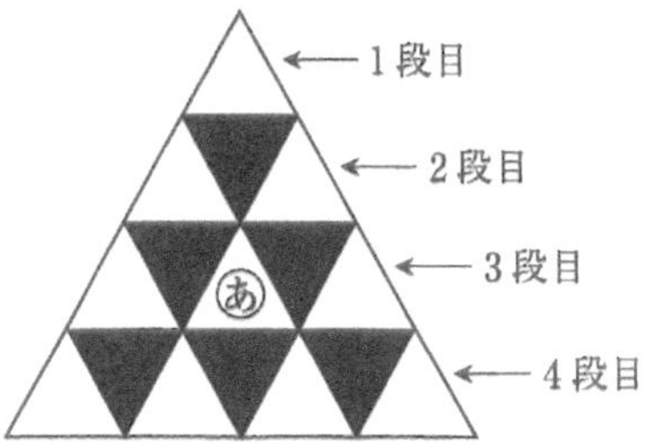

図２

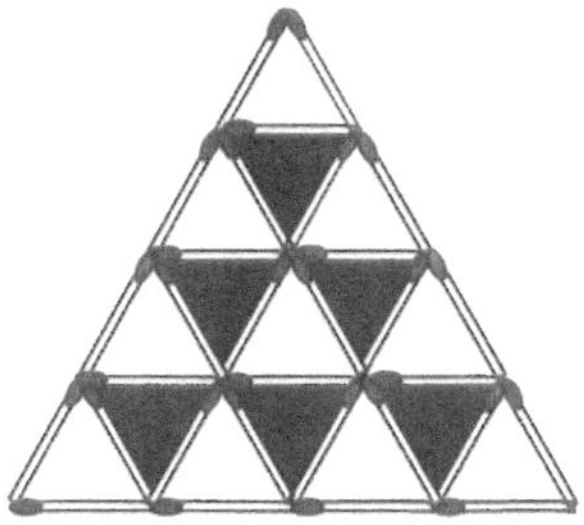

4 図のように長方形ABCDがあり，辺AB，ADの長さはそれぞれ10㎝，20㎝です。３つの点Ｐ，Ｑ，Ｒが同時に頂点Ａから出発し，長方形の周上を動きます。最初，Ｐは左回り，Ｑは右回りに動き，ＰとＱが重なるたびにＰとＱは進行方向を変えて逆回りに動きます。Ｒは常に右回りに動きます。Ｐ，Ｑ，Ｒの速さはそれぞれ毎秒１㎝，毎秒４㎝，毎秒２㎝です。次の問いに答えなさい。

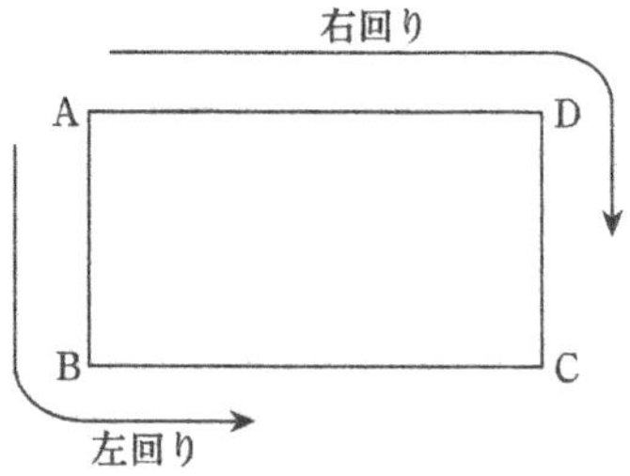

(1) 出発してから５秒後の三角形APQの面積を求めなさい。

(2) 出発してから10秒後の三角形APQの面積を求めなさい。

(3) 出発してからＰとＱが初めて重なるのは何秒後ですか。

(4) 出発してから18秒後の三角形PQRの面積を求めなさい。

5 図のように三角形ABCがあります。ADとBC，BEとCA，CFとABはそれぞれ垂直で，ADとBEとCFは１点で交わり，その点をＨとします。また，AE：EC＝３：４，AF：FB＝１：３です。三角形HAEの面積が12㎠のとき，次の問いに答えなさい。

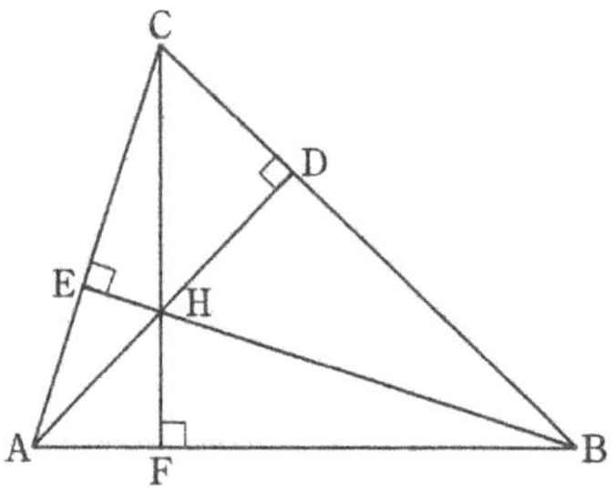

(1) 三角形HACの面積を求めなさい。

(2) 三角形HBCの面積を求めなさい。

(3) BH：HEを最も簡単な整数の比で表しなさい。また，その過程を図や式と言葉を使って説明しなさい。ただし，答えのみ書いた場合は不正解となります。

(4) BD：DCを最も簡単な整数の比で表しなさい。

【理科・社会】（50分）　＜満点：各50点＞

理科

1　表のA～Eは，メダカ，ツバメ，イモリ，ヤモリ，クジラの５種類のセキツイ動物について調べ，それぞれの特ちょうをまとめたものです。後の問いに答えなさい。

	生活場所	呼　吸	うみ方	体　温
A	水　中	えら呼吸	卵をうむ	（　Ⅰ　）
B	子は水中 親はおもに陸上	子はえら呼吸 親はおもに肺呼吸	卵をうむ	一定に保てない
C	（　Ⅱ　）	肺呼吸	卵をうむ	一定に保てない
D	おもに陸上	肺呼吸	卵をうむ	一定に保つ
E	水　中	肺呼吸	親と似た姿の 子をうむ	一定に保つ

(1)　ツバメとイモリは，表のA～Eのどれですか。組合せとして適当なものを，次の**ア**～**ケ**から１つ選び，記号で答えなさい。

	ア	**イ**	**ウ**	**エ**	**オ**	**カ**	**キ**	**ク**	**ケ**
ツバメ	A	A	B	B	C	C	D	D	E
イモリ	D	E	A	C	B	D	B	C	A

(2)　表の（Ⅰ）・（Ⅱ）にあてはまる特ちょうの組合せとして適当なものを，次の**ア**～**エ**から１つ選び，記号で答えなさい。

	ア	**イ**	**ウ**	**エ**
（Ⅰ）	一定に保てない	一定に保てない	一定に保つ	一定に保つ
（Ⅱ）	おもに水中	おもに陸上	おもに水中	おもに陸上

(3)　表のA～Eについて説明した文として正しいものを，次の**ア**～**オ**から１つ選び，記号で答えなさい。

ア　Aは，うまれた子に母乳を与える。
イ　Bは，体の表面がうろこでおおわれている。
ウ　Cは，1回に数十個の卵をうむ。
エ　Dは，親が子にエサを与える。
オ　Eは，冷たい水中では体温を一定に保てない。

2　成田市の天気の移り変わりを調べるために，３月13日の３時から３月14日の24時までの３時間ごとの天気・気温・しつ度・風向きを測定し，次のページの表にまとめました。また，次のページの図に示したように，３月13日の３時には，紀伊《きい》半島の上空に低気圧があることが分かりました。

後の問いに答えなさい。

表

	3月13日							
時　刻	3時	6時	9時	12時	15時	18時	21時	24時
天　気	曇り	雨	雨	雨	雨	雨	曇り	曇り
気　温(℃)	10.8	11.6	13.2	13.6	14.4	11.6	10.9	9.0
しつ度(%)	76	92	94	88	89	90	83	67
風向き	東北東	東北東	南東	東南東	東	南西	西	南西

	3月14日							
時　刻	3時	6時	9時	12時	15時	18時	21時	24時
天　気	曇り	晴れ	晴れ	晴れ	晴れ	晴れ	晴れ	晴れ
気　温(℃)	10.1	11.0	13.8	16.1	16.3	12.0	8.8	7.2
しつ度(%)	79	44	33	29	18	23	28	35
風向き	西南西	西北西	西北西	西北西	北西	北西	北西	西北西

図　3月13日3時の低気圧の位置

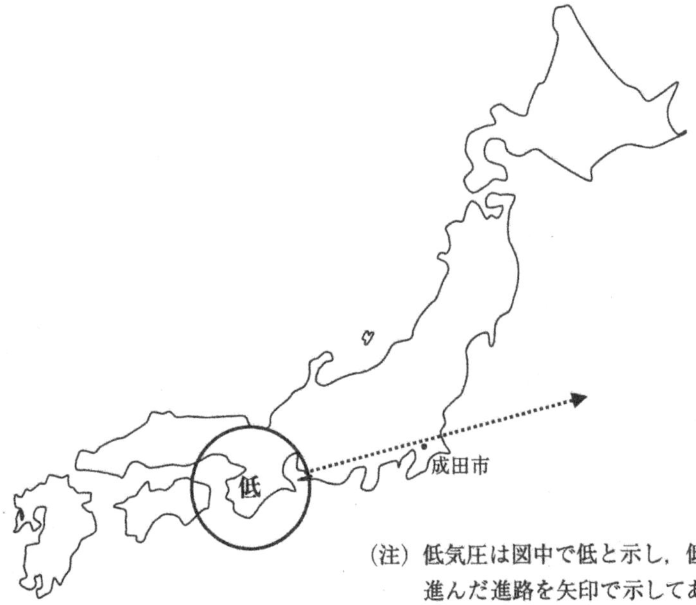

(注) 低気圧は図中で低と示し，低気圧が進んだ進路を矢印で示してある。

(1)　表から，天気，気温，しつ度の関係として読み取れることは何ですか。後の**ア**～**オ**から適当なものを**すべて**選び，記号で答えなさい。

ア　雨の降っている日は，晴れの日より気温の変化の差が小さい。

イ　雨の降っている日は，晴れの日より気温の変化の差が大きい。

ウ　雨の降っている日と晴れの日とで，気温の変化の差はほぼ同じである。

エ　天気が回復すると，しつ度がだんだんと低くなる傾向《けいこう》にある。

オ　天気が回復すると，しつ度がだんだんと高くなる傾向にある。

⑵　３月13日には，成田市でカミナリをともなった激しい雨が降った時間帯がありました。この雨を降らした雲の名しょうとして最も適当なものを，次の**ア**～**オ**から１つ選び，記号で答えなさい。

ア　積乱雲　　**イ**　巻雲　　**ウ**　乱層雲　　**エ**　積雲　　**オ**　高層雲

⑶　表から，低気圧の中心が成田市の上空を通り過ぎた時刻は，何日の何時から何時の間であったと考えられますか。最も適当なものを，次の**ア**～**カ**から１つ選び，記号で答えなさい。

ア　13日の９時から12時の間　　**イ**　13日の15時から18時の間

ウ　13日の21時から24時の間　　**エ**　14日の３時から６時の間

オ　14日の９時から12時の間　　**カ**　14日の15時から18時の間

⑷　日本の天気は，九州地方から関東地方へと次第に変化していくことが知られています。その理由を**20文字以内**で答えなさい。

3　かん電池をつないだ電熱線で，ビーカーに入れた24℃の水20ｇを温める実験１～３を行いました。後の問いに答えなさい。ただし，実験で使うかん電池や電熱線はすべて同じものとし，発生する熱はすべて水の温度上昇《じょうしょう》に使われるものとします。

【実験１】

図１のように，２個のかん電池を直列につないだ電熱線を入れて，電流を流しました。このとき，電流を流した時間と水温の変化との関係は図２のようになりました。

図１

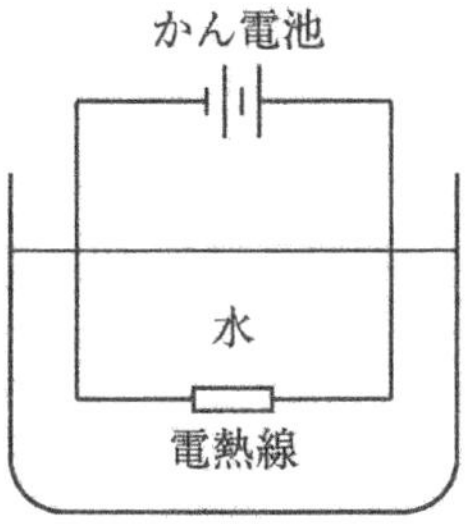

図２

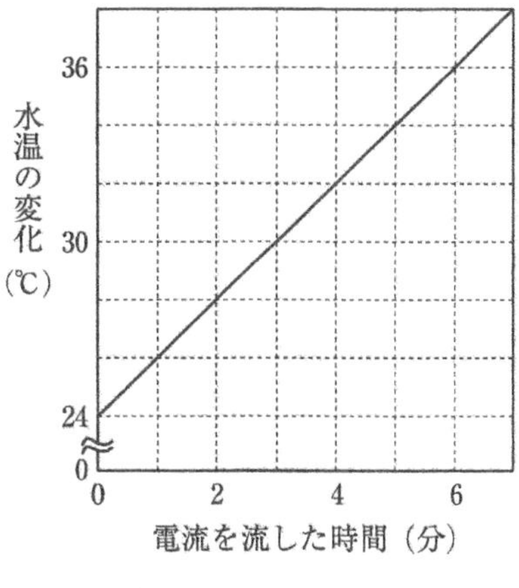

⑴　実験を始めてから15分後に，水温は何℃になっていますか。

【実験２】

次のページの図３の**ａ**と**ｂ**のように，4個のかん電池をつないだ電熱線を入れて，それぞれ同じ時間だけ電流を流し，電流を流した時間と水温の変化との関係を調べました。

⑵　**ａ**と**ｂ**で，電流を流した時間と水温の変化との関係は，それぞれ次のページの図４の①～⑤のどのグラフになりますか。１つずつ選び，記号で答えなさい。ただし，電熱線から発生する熱の量は，（電流の大きさ）×（電圧の大きさ）で表すことができるものとします。

図３

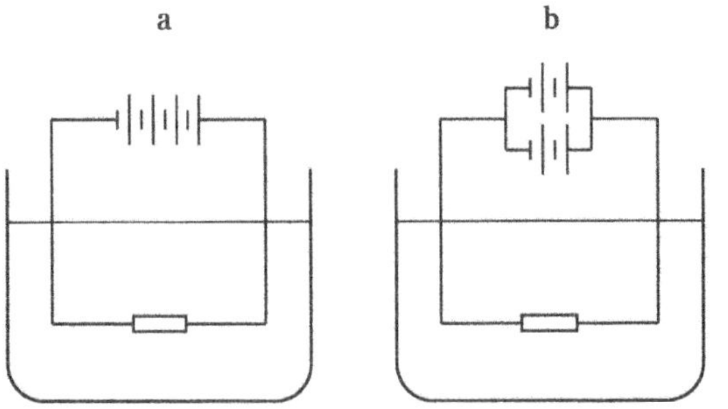

a	b
４個のかん電池を直列につないだ	４個のかん電池を２個ずつ並列につないだ

図４

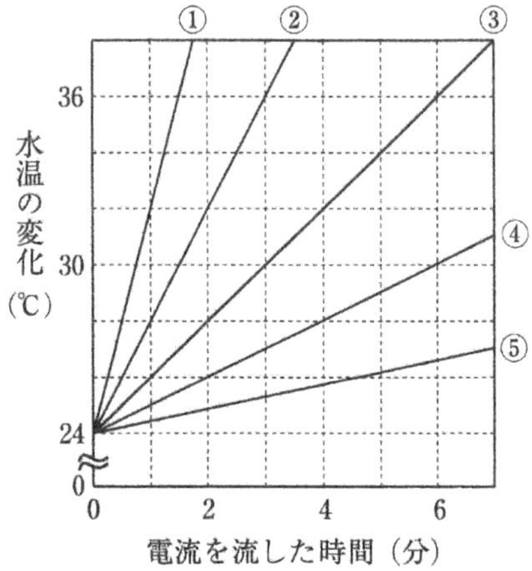

【実験３】

図５のｃ～ｈのように，それぞれかん電池と電熱線をつないで回路をつくり，５分間電流を流しました。

図５

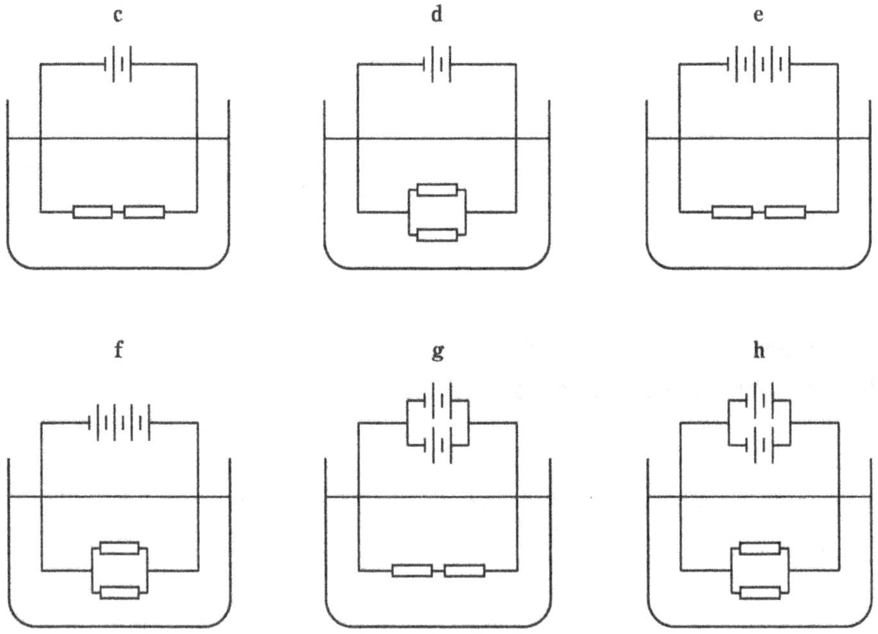

⑶　水温の上昇が最も大きかったのはどれですか。ｃ～ｈから１つ選び，記号で答えなさい。

⑷　ｃとｄで，電熱線１本あたりに流れる電流の大きさには，どのような関係がありますか。数字を使い，**15文字以内**で答えなさい。

4 うすい塩酸とうすい水酸化ナトリウム水よう液を，表のような割合で試験管に混ぜ合わせ，水よう液A～Eをつくりました。リトマス紙にたらしたときの色の変化のようすや，鉄片を加えたときの反応のようすは，表のようになりました。後の問いに答えなさい。

水よう液	A	B	C	D	E
うすい塩酸（cm^3）	3	6	6	7	9
うすい水酸化ナトリウム水よう液（cm^3）	7	10	12	5	12
赤色リトマス紙の変化のようす	青色に変化	変化なし	青色に変化	変化なし	変化なし
青色リトマス紙の変化のようす	変化なし	変化なし	変化なし	赤色に変化	赤色に変化
鉄片との反応のようす	変化なし	変化なし	変化なし	あわを出してとける	あわを出してとける

(1) Eを中和させるためには，うすい塩酸とうすい水酸化ナトリウム水よう液のうち，どちらの水よう液をあと何cm^3加える必要がありますか。

(2) A～Eにアルミニウム片を加えたとき，あわを出してとけるのはどれですか。**すべて**選び，A～Eの記号で答えなさい。

(3) A～Eから水を蒸発させたとき，**食塩以外にのこる**物質があるものはどれですか。**すべて**選び，A～Eの記号で答えなさい。

社会

5 次の会話文は本校競技かるた部の中学生部員である恵子さんと，その顧問《こもん》の先生の会話文です。この会話文を読んで，後の問いに答えなさい。

恵　子：先生，高校生の全国大会である全国高等学校小倉百人一首かるた大会は，滋賀県で開催《かいさい》されるのですね？私も努力して，高校生になったら必ず出場したいと思います。

先　生：そうよ。滋賀県 ① 市の近江《おうみ》神宮で開催されるのよ。出場できるように，今の内からコツコツと頑張っていきましょうね。

恵　子：でも，なぜ近江神宮が大会会場となるのですか？近江神宮では，他にも百人一首のハイレベルな大会が開催されていますよね？

先　生：小倉百人一首の第一首目の和歌である「秋の田の　かりほの庵《いお》の　苫《とま》をあらみ　わが衣手は　露《つゆ》にぬれつつ」を詠《よ》んだ人物に関係しているのよ。わかるかしら？

恵　子：あっ， ② ですね？

先　生：その通り！ ② は，皇位に就く前に飛鳥から ① に都を遷《うつ》したので，近江神宮にお祀《まつ》りされています。だから，近江神宮は小倉百人一首の聖地とされているんですよ。また，③大化の改新とよばれる改革を行ったことでも有名ですね。恵子さんは，他に滋賀県の歴史について知っていることはありますか？

恵　子：やはり，ゆるキャラグランプリで優勝した「ひこにゃん」でも知られる彦根城でしょうか。

彦根城は国宝にも指定されていますし，江戸幕府の代表的な④譜代《ふだい》大名の居城《きょじょう》です。

先　生：そうね。⑤近世に建築された天守が残るお城として，とても有名ね。
滋賀県には，他にも有名な武将の居城があったのよ。例えば，⑥織田信長が築いた安土城や，その信長を滅ぼしたことでも知られる明智光秀の⑦坂本城，豊臣秀吉の側近として知られる［　⑧　］の佐和山城などよ。

恵　子：あっ，そうですね。信長の安土城もとても有名です。また，坂本城は，信長が⑨比叡山延《ひえいざんえん》暦寺《りゃくじ》を監視するために築城させたのですよね？でも，佐和山城については知りませんでした。やはり，まだまだ勉強が足りません。勉強も部活動もしっかり頑張り，成田高校付属中の目標である文武両道を実践《じっせん》していきます！

先　生：そうですね。私たちも，皆さんに負けないように頑張らなくてはいけません。一緒に頑張っていきましょう！

⑴ ［①］には滋賀県の県庁所在地にあたる市の名前が入ります。この市の名前を**漢字**で答えなさい。

⑵ ［②］に当てはまる人物を次の**ア**～**エ**から一つ選んで，記号で答えなさい。

ア　天武天皇　　**イ**　天智天皇　　**ウ**　元明天皇　　**エ**　桓武天皇

⑶ ［②］が行った下線部③の改革に関する文として，**誤っているもの**を次の**ア**～**エ**から一つ選んで，記号で答えなさい。

ア　隋や唐から帰国した留学生や僧らと，天皇を中心とした政治の仕組みをつくった。

イ　役人に対して，和を大切にして人ともめごとを起こさないように，また，仏教をあつく信仰するようにうながした。

ウ　全国の人民の戸籍をつくり，人々に一定の土地を口分田として与えることにした。

エ　中臣鎌足らと共に，当時，勢力を強めていた蘇我蝦夷《えみし》・入鹿《いるか》父子を滅ぼした。

⑷ 下線部④について，次のページの各大名の配置図を参照し，政治の中心地であった「江戸」からみたときに，譜代大名や外様大名がどのように配置されたか，それぞれについて簡単に説明しなさい。

17世紀半《なか》ばの大名配置図

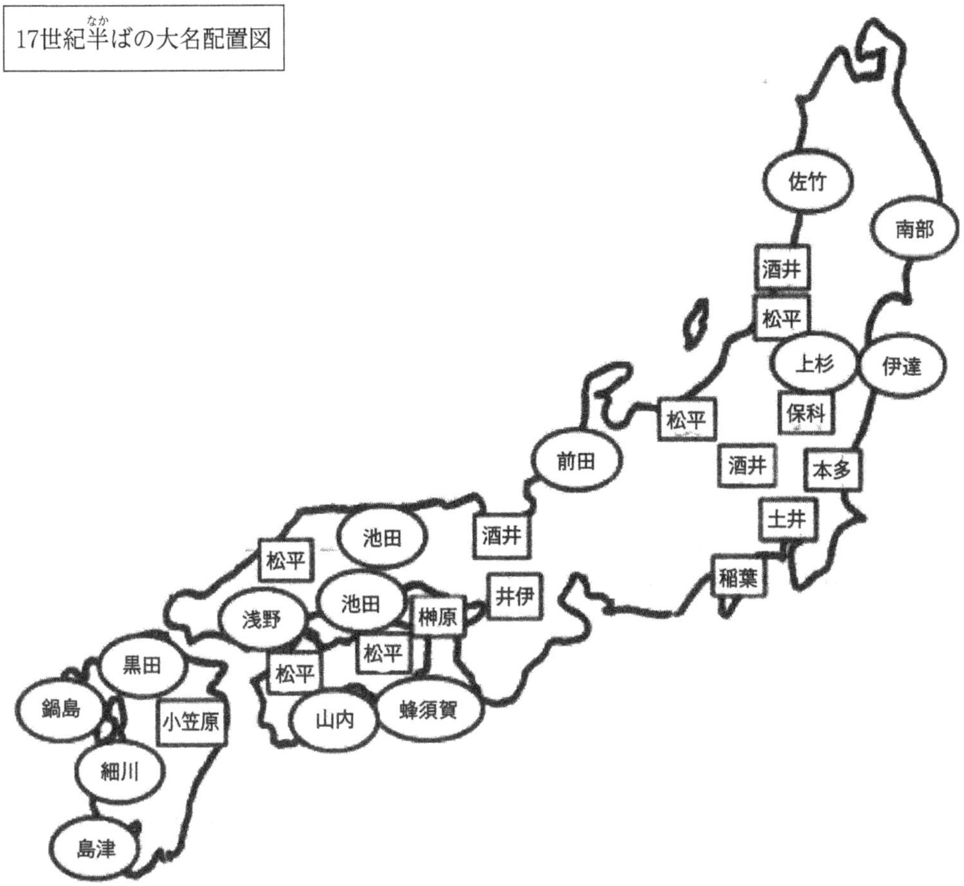

※ ⬭ が外様大名。▭ が譜代大名。

⑸　下線部⑤について，現存する天守を持つ城として，次の**ア**～**エ**があげられます。これらを西から順に並びかえたときに，３番目になるものはどれですか。記号で答えなさい。

ア　姫路城　　**イ**　高知城　　**ウ**　松本城　　**エ**　松江城

⑹　下線部⑥について説明した次の**A**と**B**の文の正誤の組み合わせとして正しいものをあとの**ア**～**エ**から一つ選んで，記号で答えなさい。

A　城下町の安土では，税や座をなくす楽市・楽座を実行して，商人が自由に商売をできるようにしました。また，物資の移動がしやすいように関所を廃止するなど，自由な商業活動を保障した。

B　織田信長の用いた「天下布武」の印には，「武力で天下をとる」の意味があります。信長はこれに象徴《しょうちょう》されるように，駿《する》河《が》の有力大名であった今川義元を破った長篠の戦いをはじめとして，多くの戦《いくさ》を展開した。

ア　**A**：正　**B**：正　　**イ**　**A**：正　**B**：誤

ウ　**A**：誤　**B**：正　　**エ**　**A**：誤　**B**：誤

⑺　下線部⑦について，次のページの写真の石碑は，近江国坂本の馬借の反乱をきっかけに，それ

が畿内一帯に広まった出来事に関する重要な資料です。次に示した写真中の〇内に書かれている文の現代語訳を参考にして，この出来事の名前を答えなさい。

【現代用語】
正長元年より前の借金は、神戸《かんべ》四カ郷では帳消しにする。

（奈良市教育委員会ホームページより，一部改変）

⑻ ⑧ に当てはまる人物は，関ヶ原の戦いで西軍の中心的役割を担った人物です。その人物を次の**ア**～**エ**から一つ選んで，記号で答えなさい。

ア 前田利家　**イ** 毛利輝元　**ウ** 石田三成　**エ** 加藤清正

⑼ 下線部⑨が創建された平安時代の出来事として，**誤っているもの**を次の**ア**～**エ**から一つ選んで，記号で答えなさい。

ア 国司の不正が取り締まられるなど，律令政治の立て直しが行われた。

イ 開発した土地を支配したまま，形式的に貴族や大寺社に寄進し，不輸や不入などの特権を得る者が現れた。

ウ 明との国交が開かれ，勘合と呼ばれる許可証を用いた貿易が行われた。

エ かな文字がつくられ，『源氏物語』や『枕草子』などの文学作品が生まれた。

6 右の地図とA～Cの説明文について，後の問いに答えなさい。

A　新型コロナウイルスの感染拡大により，2021年の開催となった東京オリンピックは，「①復興五輪」というスローガンが掲げられ，野球とソフトボールがこの県を会場に開催されました。また，県西部にある鶴ヶ城も有名です。

B　日本でも有数のりんごの出荷量を誇ります。また，この県の南西部には，②ぶなの原生林をもつ山地があり，世界自然遺産に登録されているなど，自然がとても豊かです。一方で県北東部には，原子力発電所の使用済み燃料を再処理するための③原子燃料サイクル施設があります。

C　県東部には奥羽山脈，中央部には出羽山地が連なります。平野部では米づくりがさかんで，この県独自のブランド米も有名です。夏に行われる ④ では稲穂を見立てた提灯《ちょうちん》を用い，五穀豊穣《ごこくほうじょう》や無病息災《そくさい》を祈ります。このことからも，⑤米作りと人々の生活が密接に結びついていることが感じられます。

(1) A～Cに当たる県を，地図中の**ア～カ**から一つずつ選んで，記号で答えなさい。

(2) 下線部①について，これは2011年３月11日に発生した地震からの復興を示すものです。この地震による一連の災害の名称を**漢字６文字**で答えなさい。また，その地震に関連した内容として**誤っているもの**を次の**ア～エ**から一つ選んで，記号で答えなさい。

ア 地震による津波被害にあった原子力発電所の廃炉《はいろ》作業は，30～40年間での完了を目標として行われている。

イ 将来的に，放射性物質のトリチウムなどを含んだ汚染水を基準値以下に薄めて，海に流すことが決定した。

ウ アメリカでは，現在でも福島県産の全ての食品について輸入規制が行われている。

エ 地震から10年以上経った現在でも，帰還困難区域が設定されており，自分たちの家に帰ることのできない人々がいる。

(3) 下線部②の山地の名称を答えなさい。

(4) 下線部③がある地方自治体の名前を次の**ア～エ**から一つ選んで，記号で答えなさい。

ア 東海村　　**イ** 六ヶ所村　　**ウ** 刈羽村　　**エ** 東通《ひがしどおり》村

(5) ［④］に当てはまる祭りの名前を次の**ア～エ**から一つ選んで，記号で答えなさい。

ア 七夕まつり　**イ** 花笠まつり　**ウ** 竿燈《かんとう》まつり　**エ** ねぶた祭

(6) 下線部⑤について，1970年頃から約半世紀にわたって日本政府が行った，米の生産調整に関する政策を「○○政策」といいます。この○○に入る語句を**漢字２文字**で答えなさい。

［7］ 次の**A・B**の文章を読んで，後の問いに答えなさい。

A 選挙とは，国会議員や地方公共団体の首長・議員などを投票によって選ぶことです。立候補者の中から，自分たちに代わって，自分たちの願いを実現してくれる人を選ぶことから，選挙での投票を通じて，政治に参加することになるのです。選挙では立候補者の考え方や各政党の［①］などをよく理解したうえで，投票することが大切になります。また，②選挙では四つの守るべき原則があり，これらがしっかりと守られたうえで，選挙が実施されることが重要です。

国政選挙では，衆議院と参議院でそれぞれ選挙制度が異なります。このうち衆議院議員総選挙においては，③小選挙区比例代表［④］制を採用しています。

現在の日本の選挙ではさまざまな問題もあり，これらを解決することも選挙における重要な課題です。

B 国や地方公共団体が税収入などにより，公共事業やサービスを行うことを財政といいます。1年間の収入を歳入，支出を歳出といい，歳入と歳出の計画が予算になります。現在，日本の歳出は⑤社会保障関係費や国債費が大きな割合を占めており，財政を圧迫している状態です。

国や地方公共団体は私たちが税を納めなければ公共事業を展開したり，サービスを提供したりすることはできません。私たちが納める税には，国に納める⑥国税と，地方公共団体に納める地方税があります。また，税金を納める方法によっても⑦直接税と間接税に分類することができ，様々な種類の税があります。

(1) ［①］には，各政党が政権を獲得した場合に実施する政策を示す語句が入ります。当てはまる語句を，**カタカナ6文字**で答えなさい。

⑵　下線部②は，普通選挙・平等選挙・秘密選挙と，もう一つは何ですか。**漢字**で答えなさい。

⑶　下線部③について，小選挙区制とは１つの選挙区から１名を選出する制度です。この制度ではいくつかの短所があげられます。次の２つの選挙結果を比べたときに，千葉県Ⅱ選挙区ではその短所の１つが指摘される結果となっています。その短所について，選挙結果から読み取れることをふまえて，簡単に説明しなさい。

千葉県Ⅰ選挙区の結果

	得票数
A　氏（○○党）	195,000 票
B　氏（△△党）	3,000 票
C　氏（□□党）	2,000 票

千葉県Ⅱ選挙区の結果

	得票数
D　氏（○○党）	80,000 票
E　氏（△△党）	70,000 票
F　氏（◇◇党）	50,000 票

⑷　［④］に当てはまる語句を**漢字２文字**で答えなさい。

⑸　下線部⑤について述べた文として，**誤っているもの**を次の**ア～エ**から一つ選んで，記号で答えなさい。

ア　生活に困っている人々に，国が最低限の生活費や教育費などの援助を行う。

イ　感染症の予防や予防接種，生活習慣病の予防，下水道の整備などのサービスを提供する。

ウ　支払われた保険料によって，病気・けがへの医療保険や高齢者の生活支援などにお金を支給する。

エ　災害が原因で，道路や鉄道などを復旧しなければいけない場合に，国がそれらを援助する。

⑹　下線部⑥について述べた文として，正しいものを次の**ア～エ**から一つ選んで，記号で答えなさい。

ア　会社が収入を得たときにかかる税を法人税という。

イ　銭湯を利用した際にかかる税を入湯税という。

ウ　ふるさと納税で寄付をすると，返礼品がもらえ，贈与税が免除される。

エ　所有する土地や建物にかかる税を固定資産税という。

⑺　下線部⑦に当てはまる税を次の**ア～エ**から一つ選んで，記号で答えなさい。

ア　消費税　　**イ**　酒税　　**ウ**　関税　　**エ**　自動車税

も適当なものを次の**ア**～**エ**から一つ選び、記号で答えなさい。

ア　全国大会に出場して、良い成績をおさめられたこと。

イ　このチームで初舞台を経験できるようになったこと。

ウ　十年間チアリーディングチームが存続していること。

エ　県予選を勝ち抜くチームにまで成長したということ。

問九　傍線部⑥「晴希はぐっと目がしらに力を込めた」とあるが、それはなぜか。最も適当なものを次の**ア**～**エ**から一つ選び、記号で答えなさい。

ア　一馬の晴れ舞台を見に来られない家族に対して、怒りがこみあげてきたから。

イ　一馬のことを思い、亡くなった家族の分まで自分が見届けようと決めたから。

ウ　一馬の境遇にやるせなさを感じて、泣きそうになることを我慢《がまん》しているから。

エ　一馬の生い立ちに同情し、必ず演技を成功させようと覚悟を決めているから。

問十　傍線部⑦「一発おもしろいことしようぜ」とあるが、どのようなことをしようとしたのか。最も適当なものを次の**ア**～**エ**から一つ選び、記号で答えなさい。

ア　今まで練習してきたことを信じて、会場全体が笑い声で包まれるような演技をすること。

イ　これまでの練習の成果を全員で発揮《はっき》して会場全体を魅了《みりょう》し、満足のいく演技をすること。

ウ　観客席の目を気にすることなく、自分たちの思い出に残るような楽しい演技をすること。

エ　今まで一度も練習で成功したことがない技に本番でチャレンジし、良い演技をすること。

問十一　この文章の特徴として最も適当なものを次の**ア**～**オ**から**二つ**選び、記号で答えなさい。

ア　登場人物の心情を一人一人丁寧《ていねい》に描くことで、それぞれのチアリーディングへの思いが生き生きと表現されている。

イ　本文全体に比喩《ひゆ》表現を多く用いることで、チーム同士の心の動きや登場人物の性格をよりくわしく描き出している。

ウ　一馬の視点を通して晴希を描写することで、晴希のチアリーディングに対する熱い思いが伝わるようになっている。

エ　登場人物の具体的な描写から、彼らがチアリーディングの大会に向けて努力してきた過程《かてい》を読み取ることができる。

オ　一馬が皆に話したことをきっかけに全員の心が一つになり、演技に向かう勢いが、短い文の連続で表現されている。

イ　A　ふらふらと　B　ぴかぴかと　C　ぼうっと
ウ　A　ぐるぐると　B　ちかちかと　C　ぐしゃりと
エ　A　のろのろと　B　ごろごろと　C　すうっと

問二　二重傍線部**X**「バツが悪そうに」・**Y**「口を尖らせる」の意味として最も適当なものを次の**ア**～**エ**から一つ選び、記号で答えなさい。

X「バツが悪そうに」
ア　気持ちが悪そうに　**イ**　性格が悪そうに
ウ　調子が悪そうに　**エ**　きまりが悪そうに

Y「口を尖らせる」
ア　冷静を装う　**イ**　不満をもつ
ウ　得意になる　**エ**　気をつかう

問三　D　には「思いがけないこと」という意味のことばが入る。そのような意味になるように、次の語群から二つの漢字を選び、熟語にして答えなさい。

【語群】
意・未・卒・突・不・無・明

問四　傍線部①「それだけで、十分だった」とあるが、それはなぜか。最も適当なものを次の**ア**～**エ**から一つ選び、記号で答えなさい。
ア　毎日徹底してバランスのとれた食生活を送ることが、チアリーディングに一番大切なことであるとわかったから。
イ　負担のかかるポジションをつとめあげるために、体重を増やし、体力をつけようとしていたことがわかったから。
ウ　日々の体重や体脂肪率などが細かく記入されており、大会に向けて念入りに準備をしていたことがわかったから。
エ　好きなものを我慢《がまん》せず思う存分食べられるように、様々な数値や食事の内容を記録していたことがわかったから。

問五　傍線部②「てのひらに書いた人の文字に顔をうずめていた」とあるが、溝口がこのような状態になった原因は何か。「～ため」にあてはまる形で、**十字以上十五字以内**で答えなさい。ただし、句読点や記号も一字とする。

問六　傍線部③「BREAKERSだけ、大きな大きなしゃぼん玉の中に入り込んだように静かになった」とあるが、これはどのような様子を表しているか。最も適当なものを次の**ア**～**エ**から一つ選び、記号で答えなさい。
ア　大会会場の大きな歓声が気にならないくらい、一馬の話を晴希たち全員が集中して聞いている様子。
イ　一馬の呼びかけで、自分たちの置かれている状況をチーム全員が察知し、冷静さを取り戻《もど》した様子。
ウ　チームの全員で円陣《えんじん》を組んだことで、歓声が遮断《しゃだん》され、一馬の声だけが聞こえるようになった様子。
エ　メンバーに対し必死に呼びかける一馬を皆で見守るように、会場全体が静けさに包まれている様子。

問七　傍線部④「ちゃんと言っとこうと思って」とあるが、一馬は、Ⅰ「誰」にⅡ「何」を伝えようと思ったのか。それぞれ解答欄に合うように答えなさい。ただし、Ⅰは本文中より**四字**で抜き出し、Ⅱは**漢字二字**の熟語で考えて答えなさい。

問八　傍線部⑤「こんな風になる」とは、具体的にどういうことか。最えっ、とタケルが声をあげた。何かしこまってん、とイチローが眉《まゆ》を下げる。カシコマッテン？　何語？　と陳《ちん》が首をかしげた。

「いや、やっぱり、④ちゃんと言っとこうと思って」

そう言って一馬は晴希を見た。

その目。

その目の中に、十年間が詰《つ》まっている。二人で見てきたもの、してきたこと、歩いてきた日々全て。

「俺の思いつきで動き出したチームが、⑤こんな風になるなんて、正直思ってなかった。はじめはたった七人だったし、翔《しょう》はスタンツ[注2]には参加しないなんて言ってたし」

一馬がそう言うと、翔はXバツが悪そうに笑った。

「もちろん皆チアの経験なんてないし、はじめはそれこそ指導者すらいなかったし、溝口やトンは倒立《とうりつ》すらできなかったし」

三点倒立ならできてたけどね、と、トンがY口を尖《とが》らせる。

「だけど初舞台《はつぶたい》が終わって、高城《たかぎ》コーチがついてくれて、新メンバーが入って、翔がチームに参加するようになって……こんなところまで来ちゃったな。ほんと、いつのまにかもう春だ」

こんなにも純粋《じゅんすい》に光る一馬の目を見てくれる家族は、もういないんだ。急にそんなことを思って、⑥晴希はぐっと目がしらに力を込めた。

「もう、ここに来られただけで俺は満足だ」

一馬の声が揺《ゆ》れた。眉が下がる。張《は》りつめていたものが溢れ出すように、たっぷりと詰まっていたものが弾《はじ》けだすように、一馬の目が［C］細くなった。

「……嘘《うそ》。全然まだ満足してねえ」

泣いているんじゃない。一馬は笑っている。

わああっと歓声があがって、華《はな》やかな衣装《いしょう》を着た女の子達が退場《たいじょう》してきた。演技を終えたチームだ。メンバー同士で抱《だ》き合って泣いている。耳にイヤホンをはめたスタッフらしき人が、

「BREAKERS、入場」と言った。

いよいよだ。こういう瞬間《しゅんかん》は、思っていたよりも［D］に訪れる。

「皆」

一馬が笑顔のまま言った。

「⑦一発おもしろいことしようぜ」

はい！　と返事が揃《そろ》う。体温が一気に上がる。血が逆流しているみたいだ。晴希たちはその勢《いきお》いのまま、アリーナへ飛び出す。一気に目の前に広がる客席に、頭が追いつかない。すごい。歓声が全身を刺激《しげき》する。熱い。体が熱い。このまま血液が、細胞《さいぼう》が、全身が、沸騰《ふっとう》して消えてしまいそうだ。

視界《しかい》を埋め尽くす観客席。笑われるかもしれないとか、恥ずかしいとか、そういう思いは一ミリだってない。もっと見て欲しい。生まれ変わったようにそう思う。もっともっと、このチームのことを見て欲しい。

（朝井リョウ『チア男子!!』集英社より）

注1　ヘッドロック……抱《かか》え込んだ相手の頭を両手を組んで締《し》めつけること。

注2　スタンツ……複数人で組体操のように人を乗せたり飛ばしたりする技術の名称。

問一　［A］～［C］に入ることばの組み合わせとして最も適当な組み合わせを次の**ア**～**エ**から一つ選び、記号で答えなさい。

ア　A　くるくると　　B　ぎらぎらと　　C　くしゃっと

肩《かた》にテーピングが巻かれている。何重にも巻かれている。大きい真っ白な壁《かべ》で仕切られた向こう側から聞こえてくる大歓声《だいかんせい》に、緊張感《きんちょうかん》は高まっていく。

神奈川予選通過組の出番は中盤《ちゅうばん》だ。今は埼玉予選通過組が演技《えんぎ》を行っている。次のチームは壁一枚隔《へだ》てられた待機《たいき》場所で、出番を待つ。「人、人、人、人」てのひらに人という字を書きまくって飲みこむことを忘れている溝口《みぞぐち》や、なぜか [A] バレエのターンをし始めているサクを始め、やはり皆《みな》緊張しているようだ。トンだけが「大丈夫だよお」とのんきな声を出している。

トンの肩にはテーピングが何重にも巻かれている。腰《こし》にはコルセットが巻かれ、指にもたくさんのテーピングが施《ほどこ》されている。トンは、二分三十秒間、ベースの中でも一番負担《ふたん》のかかるポジションを任されている。

トンのノートは、その日食べたものの羅列《られつ》で埋《う》め尽《つ》くされていた。表紙を開いてすぐ、晴希は「何だよこれ」と笑ったが、よく見るとそれだけではないとわかる。食べたもの、その栄養価《えいようか》、カロリー、今日の体重、筋肉量、体脂肪率《たいしぼうりつ》、BMI、内臓《ないぞう》脂肪レベル、基礎代謝量《きそたいしゃりょう》。専門的なものの数値はわからないが、体重と体脂肪率の折れ線グラフは日々右に傾《かたむ》いていた。①それだけで、十分だった。

そんな背中が目の前にある。靴底《くつぞこ》で擦《す》って切れたてのひらや、負担をかけすぎて悲鳴をあげはじめた肩や腰が、目の前にある。

一馬は列の先頭で、壁の向こう側を見透《みす》かしているようにまっすぐに前を向いて立っている。あの首に、いつもみたいにヘッドロック[注1]をかけてやりたい。十年前より太く、たくましくなった首。血管が浮《う》き出ている。血液が流れている。いつもより速い速度で、真っ赤な熱い血液が流れている。

音楽が、掛《か》け声が、歓声が聞こえてくる。前のチームの演技はそろそろ終盤《しゅうばん》に差し掛かっているはずだ。

晴希は、自分がトントンと小さく跳《と》びはねていることに気がついた。体が待ちきれないのだ。早く、大音量の音楽に合わせて飛び出してしまいたい。皆と一緒に飛び散ってしまいたい。

BREAKERSの後ろには、DREAMS、SPARKSが待機している。皆、頬《ほお》を期待と不安と興奮《こうふん》でパンパンに膨《ふく》らませて、目を [B] 輝《かがや》かせている。

この場所に溢《あふ》れているエネルギーが今、地球を回しているような気がする。

「ちょっと、聞いてくれ」

急に、列の先頭に立っていた一馬がこちらを振《ふ》り返った。②てのひらに書いた人の文字に顔をうずめていた溝口も、ふと顔をあげた。

一馬の背後から歓声が漏《も》れて聞こえてくる。③BREAKERSだけ、大きな大きなしゃぼん玉の中に入り込んだように静かになった。

「本当はおとといハルに話そうと思ったけど、もう、ここで話すことにする」

そう言われて晴希は思い出した。おととい練習が終わったあと屋上に向かったのは本来、一馬から話があると言われていたからだった。

チームのメンバーを見つめる一馬の目は、あの夏の日、晴希をチアに誘《さそ》ったときの眼差《まなざ》しのようだ。

「皆、ここまで一緒《いっしょ》に来てくれてありがとう」

問四　傍線部③「何の既得権もなかった」とは、どういうことか。最も適当なものを次のア～エから一つ選び、記号で答えなさい。

ア　土木技術が発展していなかったということ。
イ　価値がないと判断された土地だということ。
ウ　経済の中心である関西から遠いということ。
エ　漁業が盛んな場所ではなかったということ。

問五　傍線部④「断固拒否すべし」とあるが、何を拒否するのか。傍線部④を次のように書きかえた場合、空欄に当てはまることばを本文中から**三字**で抜き出しなさい。

（　　　）を断固拒否すべし

問六　X・Z にはそれぞれカタカナ語が入る。Xは「心に思い浮《う》かべる像や情景」という意味の**四字**、Zは「解決すること」という意味の**三字**を答えなさい。

問七　傍線部⑤「進むか撤退か」とあるが、「進む」とは具体的にどうすることか。「江戸」ということばを用いて、**十字以上十五字以内**で答えなさい。ただし、句読点や記号は一字に含む。

問八　傍線部⑥「下総国」とは、現在のどの地域を表すものであるか。最も適当なものを次のア～エから一つ選び、記号で答えなさい。

ア　千葉県中央部　　イ　主に千葉県北部
ウ　千葉県南部　　エ　茨城県のほぼ全域

問九　小見出しの Y に当てはまることばとして最も適当なものを次のア～エから一つ選び、記号で答えなさい。

ア　江戸　　イ　築堤　　ウ　武将　　エ　戦争

問十　傍線部⑦「武田信玄」が、自分の政策とし、実行したことばとして次のものがある。（Ⅰ）・（Ⅱ）に当てはまることばを本文中からそれぞれ**漢字一字**で抜き出しなさい。

（　Ⅰ　）を治めるものは（　Ⅱ　）を治めることに通じる

問十一　傍線部⑧「地の利がいい」とは具体的にどういうことか。最も適当なものを次のア～エから一つ選び、記号で答えなさい。

ア　治安が良く、人々が平和な暮らしを送っているということ。
イ　豊かな自然環境に恵まれ、農業が発達しているということ。
ウ　交通や交易のうえで、大切な地点になっているということ。
エ　自然災害が少なく、人々が安全に暮らしているということ。

問十二　傍線部⑨「何とかなる」を次のように言いかえた時に、空欄に当てはまることばを本文中から**十二字**で抜き出しなさい。

江戸を（　　　）ことが可能である。

問十三　本文からうかがえる家康の人物像を表すものとして最も適当なものを次のア～エから一つ選び、記号で答えなさい。

ア　先見の明に長ける　　イ　石橋を叩《たた》いて渡る
ウ　たたけば埃《ほこり》が出る　　エ　大風呂敷《おおぶろしき》を広げる

三　次の文章を読んで、後の問いに答えなさい。

（あらすじ）晴希《はるき》（呼び名はハル）と一馬《かずま》は幼なじみである。一馬は、幼い頃に両親と死別し、祖母も病気が原因で一馬のことがわからない。そんな時、一馬が中心となってメンバーを集め、チアリーディングチーム「BREAKERS」を結成した。初心者を寄せ集めたチームは厳《きび》しい練習を積み重ね、全国大会に出場することになる。

きるたびに飛躍《ひやく》的に発達してきたのです。

たとえば、典型的な土木技術として、甲斐国《かいのくに》の戦国大名だった⑦武田信玄が造った信玄堤《づつみ》が挙げられます。

甲斐国の甲府盆地（今の山梨県中央部）は周囲を山に囲まれ、雨が降ると川を通じて大量に水が流れ下ってきます。そこで川の氾濫《はんらん》を防ぐために、[注4]築堤《ちくてい》や治水の技術が不可欠でした。水を管理、制御しなければ稲作は成り立ちません。土木技術で米の生産力を上げないと、北の上杉謙信や南の徳川家康らに対抗《たいこう》することができなかったからです。

逆に言うと、米の生産力を上げることさえできれば、甲斐はいわば日本の真ん中にあり、⑧地の利がいい国ですから、天下を取ることも夢ではありませんでした。甲斐が通行を許可しなければ、日本海側の豊かな物資を三河に持っていくことはできなかったですし、太平洋の幸を信濃《しなの》や越前《えちぜん》、加賀に運ぶこともできませんでした。

家康は知的好奇心《こうきしん》が強く、いわゆる学術オタクで知られています。そんな彼は江戸を見たとき、戦国時代に発達した最新の築堤技術を使えば、⑨何とかなると思ったのではないでしょうか。

それと同時に、最新の技術をもってしても、すべてが完成するまでには五〇年、一〇〇年かかるということも見通していたと思います。工事の対象となる面積が広大であり、やらなければならない工事が山積みだったからです。

幸いだったのは、秀吉が一五九八年に亡《な》くなり、家康が実質的に日本一の武将になったことです。家康が「江戸に居城を造る」と宣言すれば、多くの大名たちが人手や物資、技術を提供することは明らかでした。

あとは、時間との戦いです。江戸が出来上がるのが先か、家康自身の寿命が尽きるのが先かという意味での戦いがありました。もうひとつは、自分に反感を持つ大名たちが[注5]謀反《むほん》を起こさないかという意味での戦いもありました。

しかし、これらの問題も Z できると家康は判断したのでしょう。だからこそ、江戸の町づくり＝家康の江戸プロジェクトが始まったのです。

（門井慶喜『徳川家康の江戸プロジェクト』祥伝社新書より）

注1　上方……江戸時代に京都や大阪をはじめとする畿内《きない》を呼んだ名称。

注2　『家康、家を建てる』……この文章の筆者である門井慶喜の小説。

注3　関八州……江戸時代、関東の八か国の総称。相模《さがみ》、武蔵《むさし》、上野、下野《しもつけ》、上総、下総、安房《あわ》、常陸《ひたち》。

注4　築堤……堤防を築《きず》くこと。

注5　謀反……臣下が君主にそむいて反逆《はんぎゃく》すること。

問一　A ～ C に当てはまることばの組み合わせとして最も適当なものを、次の**ア**～**エ**から一つ選び、記号で答えなさい。

ア　A　そのうえ　B　けれども　C　そして

イ　A　だから　B　また　C　しかし

ウ　A　また　B　そのため　C　だから

エ　A　そのため　B　たとえば　C　けれども

問二　傍線部①「綾を成す」の本文中の意味として最も適当なものを次の**ア**～**エ**から一つ選び、記号で答えなさい。

ア　複雑《ふくざつ》な模様《もよう》を描いている　**イ**　何度も氾濫をくり返す

ウ　さらに細かく分裂《ぶんれつ》する　**エ**　美しく規則的に並んでいる

問三　傍線部②「このような寒村」の様子を具体的に述べている一文を本文中から**四十字以内**で探し、初めの**五字**を抜き出しなさい。

並ぶ都心の一角は、かつて海苔の漁場であったのです。

②このような寒村を初めて見たとき、家康はどう思ったでしょうか。「ここなら幕府を開くことができる」と思ったか、あるいは「ここに幕府を開くのは大変だ」と思ったか、今となってはわかりません。

ただ、家康の心中を察するとき、小田原ではなく江戸を選んだのには、ひとつの判断があったと私は考えています。それは、江戸には③何の既《き》得権《とくけん》もなかったことです。

美田と泥沼《どろぬま》を交換《こうかん》しろというようなものである。家臣たちは「④断固拒否《きょひ》すべし」と言いつのったし、家康自身、そのことに心がかたむきもしたが、結局、この国替《が》えを受け入れたのは、

（関東には、手つかずの未来がある）

その直感の故だった。うまく手を入れ、田をひらき、街をつくれば関東は上方[注1]にもまさる大生産地帯になる。大消費地になる。その中心地として小田原ではなく江戸をえらんだのも、いろいろ地勢的な理由はあるけれども、究極的には、

（手つかずの、土地）

日本史上もっとも人と米と土と金を投入した、巨大なばくちにほかならなかった。

（『家康[注2]、江戸を建てる』P389）

誰《だれ》の手も入っていない新天地。この点に関してだけは、江戸が小田原に勝《まさ》っています。このたったひとつの長所から、家康は江戸を幕府に選んだのではないかと私は想像しているのです。

未開に近い、まっさらな新天地に理想の徳川ランドをつくる――。そんな [X] を抱いて、家康は江戸に入りました。[C] 、実際に見た江戸は、想像以上に貧しい土地でした。だから、⑤進むか撤退《てったい》か、家康はしばし迷った末に決断したのではないでしょうか。

家康が入府した当時、関八州《かんはっしゅう》[注3]の総石高は二四〇万石でしたが、その半分については家臣に分け与えています。たとえば上野国箕輪《こうずけのくにみのわ》一二万石を井伊直政《いいなおまさ》に、上野国館林《たてばやし》一〇万石を榊原康政《さかきばらやすまさ》に、上総国大多喜一〇万石を本多忠勝《ほんだただかつ》に、⑥下総国臼井《うすい》三万石を酒井家次《さかいいえつぐ》にといった具合です。

【中略】

[Y] に支えられた土木技術

江戸周辺は既得権がない地域とは言っても、天下の首都にするためには大勢の人を集めなければなりません。それには、まず江戸の地を人の住める土地に改造する必要がありました。

最初にやらなければならなかったのが、埋《う》め立てです。綾瀬のままでは町にならないからです。丘を崩《くず》したり他所《よそ》から持ってきたりした土で綾瀬を埋め立て、人が住む屋敷《やしき》を建てられるようにする造成工事が行なわれました。

幸運なことに、そうした埋め立てなどの土木技術は、戦国時代に急速な発達を遂《と》げていました。

そもそも、技術は戦争によって発達します。これは世界中で言えることです。土木技術は軍事的な有利・不利に直結しているため、戦争が起

【国　語】（五〇分）〈満点：一〇〇点〉

一　次のA～Cの各問いに答えなさい。

A　次の①～③の慣用句について、それぞれ共通して空欄《くうらん》に入ることばを**ひらがな**で答えなさい。

①　波風を□　・　相手を□　・　お茶を□
②　核心《かくしん》を□　・　悪態を□　・　足が□
③　息を□　・　涙を□　・　言葉を□

B　次の①～④の空欄には二つ以上の読みをもつ共通の漢字が入る。それぞれ当てはまる漢字を**一字**書きなさい。

（例）今□食　　今朝と朝食

①　竹□子　　②　一□徒
③　土□声　　④　手□快

C　次の文章は先生と生徒の電話での会話文である。傍線部①～③のことばをそれぞれ指示された文字数の敬語に直しなさい。ただし、答えはすべて**ひらがな**にすること。

「もしもし、〇〇さん、こんにちは。お母さんはおうちに①い【六字】ますか?」
「いいえ、母はおりません。ただ今、買い物に出ています。」
「そうですか、授業参観日のことはきいていますか?」
「はい、母は参観日には出席すると②言っ【三字】ておりました。」
「わかりました、どうもありがとう。お母さんにこの電話の内容を伝えておいてくださいね。」
「はい、先生が授業参観日の出欠について③話し【五字】ていた、と伝えます。」
「よろしくね。ではまた。」
「はい、失礼します。」

二　次の文章を読んで、後の問いに答えなさい。

新天地に〝徳川ランド〟をつくる

江戸の地形的な問題は、北方に並び立つ山々を水源として関東平野を北から南へと流れる川がたくさんあり、その川が幾重《いくえ》にも分岐《ぶんき》して流れていたことです。

幾条《いくすじ》もの川が①綾《あや》を成すようにして流れて瀬《せ》をつくっていたので、こうした自然の地形を綾瀬と呼びました。女優の綾瀬はるかさんの綾瀬で、今でも東京都足立区に綾瀬という地名が残っています。

江戸は言ってみれば綾瀬だらけの平野であり、とても人間が住めるような場所ではなかったのです。ところどころにある丘に神社を中心にした集落ができ、人々は細々と暮らしていました。［A］、人口はわずかでした。

江戸の人々は、遠浅の江戸前（内海で漁場のこと）で魚を獲《と》ったり、海苔《のり》を養殖《ようしょく》したりして暮らしを営んでいました。

魚を獲ると言っても、網《あみ》を使った素朴《そぼく》な漁法です。［B］、海苔の養殖も遠浅の海岸に長い棒を立て、その棒に巻きついた海苔を採集するという原始的な方法でした。その長い棒を「ヒビ」と呼んだのが語源となって、日比谷という地名になったと言われています。戦後、ＧＨＱ（連合国軍最高司令官総司令部）の本部が置かれ、今も帝国ホテルなどが立ち

第一志望

2022年度

解　答　と　解　説

《2022年度の配点は解答欄に掲載してあります。》

＜算数解答＞《学校からの正答の発表はありません。》

1 (1) 400　(2) 3　(3) 6　(4) 4

2 (1) 12g　(2) 43才　(3) 117.5度　(4) 西(に)$1\frac{2}{3}$(km)　説明：解説参照

3 (1) ① オ　② $23\frac{5}{8}$cm^3　(2) ① ク　② 13.5cm^3

4 (1) 3.14倍　(2) 8倍　(3) 6.28倍　(4) 25.8cm^2

5 (1) ① 2970円　② 2926円　説明：解説参照　(2) 250円　(3) 909円

○推定配点○

各5点×20　計100点

＜算数解説＞

1 (四則計算)

(1) 630－230＝400

(2) $\frac{7}{2}\times\frac{15}{14}\times\frac{4}{5}=3$

(3) 6.21－0.21＝6

(4) $1.96\times\frac{8}{7}\times\frac{25}{14}=0.14\times\frac{8}{7}\times25=0.16\times25=4$

2 (割合と比，消去算，時計算，速さの三公式と比，旅人算，単位の換算)

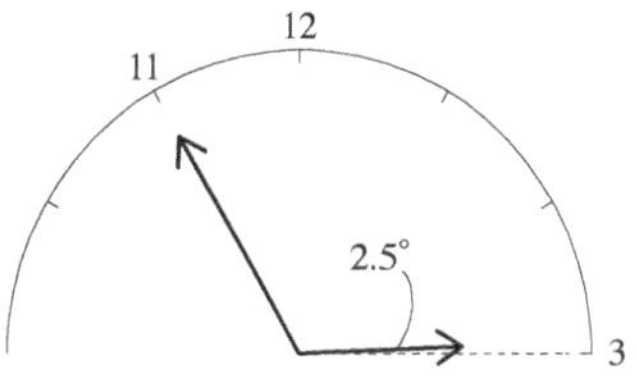

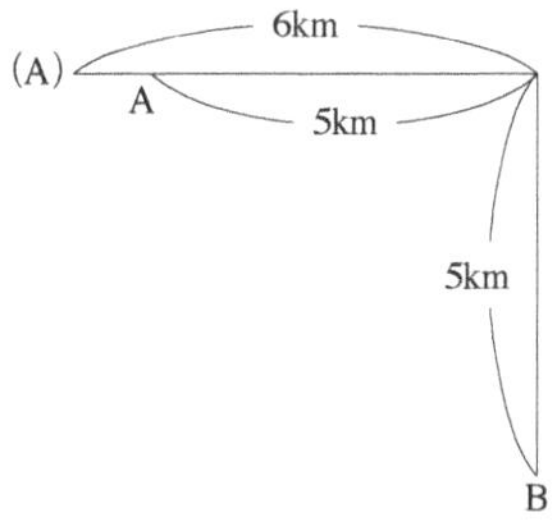

基本 (1) (200－50)×0.08＝12(g)

重要 (2) 母・子・父それぞれの年齢をハ，コ，チで表す。ハ＋コ＝チ＋10，チ＝コ×3＋4，チ＝ハ＋3　ハ＋コ＝ハ＋13より，コは13才　したがって，父の年齢は13×3＋4＝43(才)

基本 (3) 右上図より，30×4－0.5×(60－55)＝117.5(度)

重要 (4) Aが15分で進む距離…4÷4＝1(km)　Bが5km進む時間…$5\div6=\frac{5}{6}$(時間)　Aが$\frac{5}{6}$時間で進む距離…$4\times\frac{5}{6}=3\frac{1}{3}$(km)　したがって，Aの位置は交差点から西に$5-3\frac{1}{3}=1\frac{2}{3}$(km)の地点

3 (平面図形，立体図形)

基本 (1) ① 図㋐より，オ

② $(3\times3-1.5\times1.5\div2)\times3=27-\frac{27}{8}=23\frac{5}{8}$(cm^3)

重要 (2) ① 図㋑より，ク

② 全体の立方体の体積の半分であり，3×3×3÷2＝13.5(cm^3)

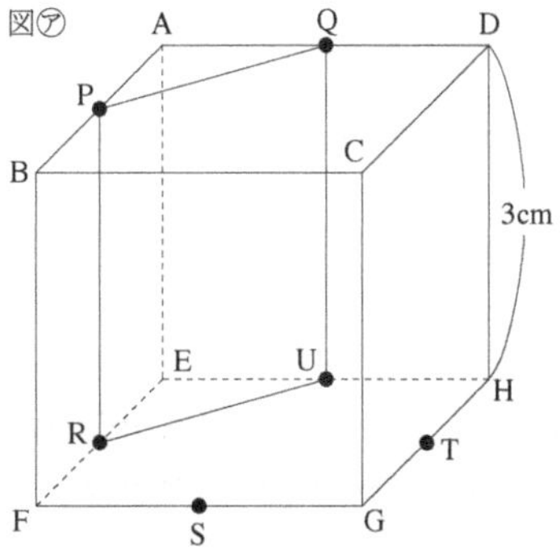

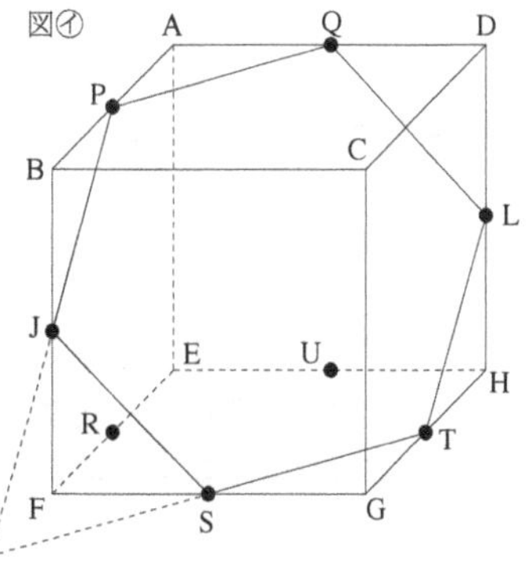

4 (平面図形，割合と比)

基本 (1) 図1より，1×1×3.14÷(1×1)＝3.14(倍)

重要 (2) 図アより，正方形IJKLの面積は正方形OABCの4＋0.5×2×4＝8(倍)

(3) 図イより，円の面積は正方形OABCの3.14÷(1×0.5)＝6.28(倍)

図1

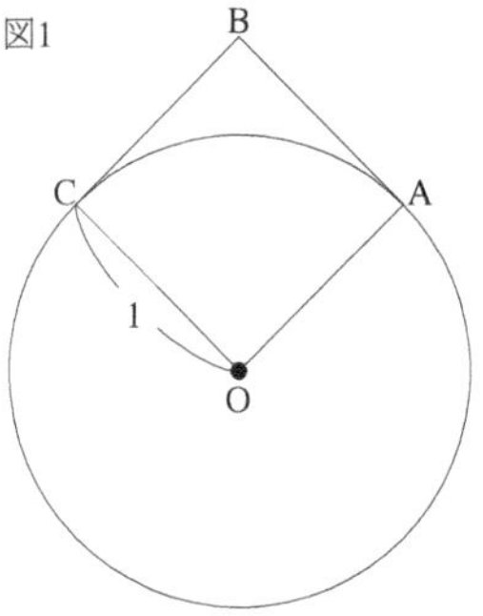

図ア

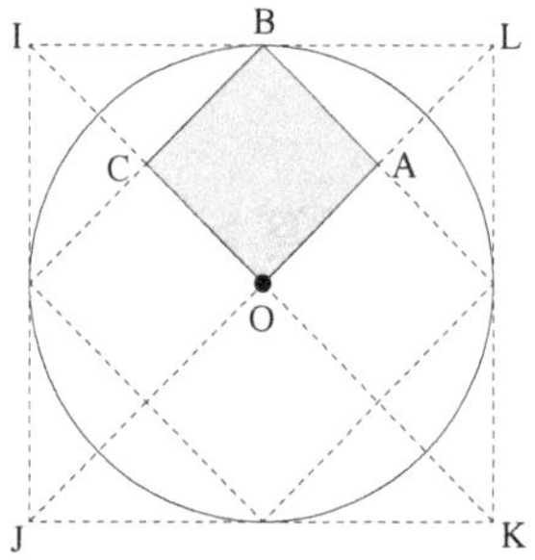

図イ

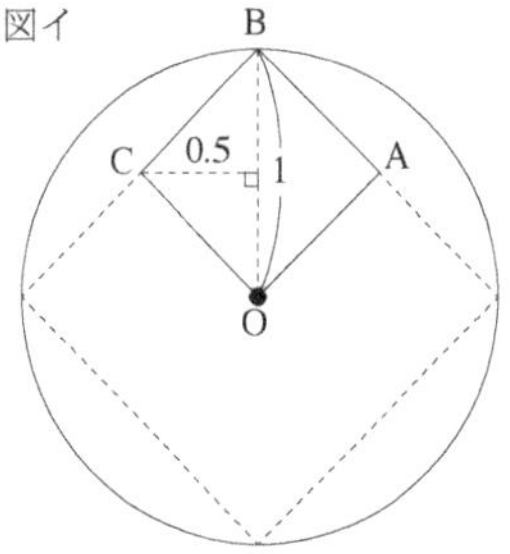

やや難 (4) 図ウより，斜線部分の面積は正方形OABCの1×1×4－3.14＝0.86(倍)　図エと(2)より，斜線部分の面積は正方形OABCの(4－3.14)÷0.5＝1.72(倍)　したがって，斜線部分の面積は10×(0.86＋1.72)＝25.8(cm²)

図ウ

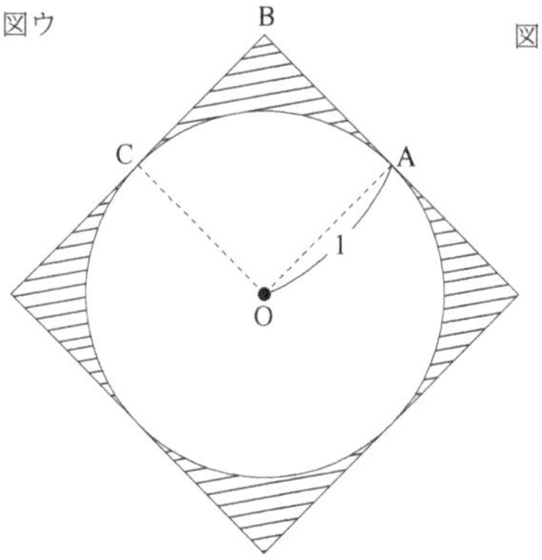

図エ

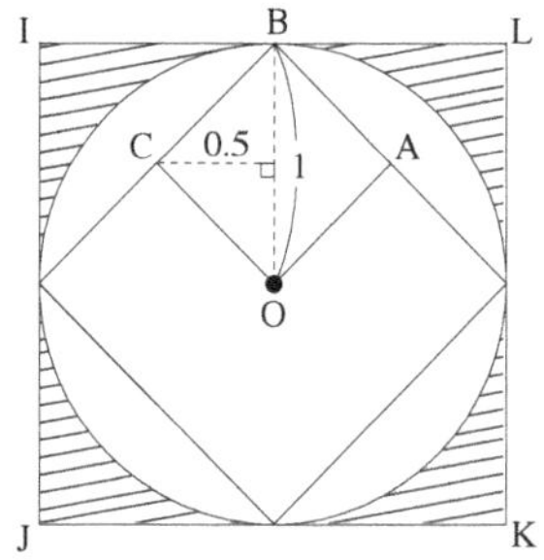

5 (割合と比，概数)

基本 (1) ① (2800－100)×1.1＝2970(円)　② 2800×1.1×0.95＝2926(円)

重要 (2) 電子決済額…5000×1.1×0.95＝5225(円)　クーポン…(5000－□)×1.1＝5225より，□は5000－5225÷1.1＝250(円)

やや難 (3) 本体価格を△とすると，電子決済の返金額は△×1.1×0.05＝50　したがって，△は50÷0.055より909円

★ワンポイントアドバイス★

4(4)「斜線部分の面積」は簡単ではなく，(2)と図をよく見て計算すること。5「割合と比，概数」は，各計算法のポイントを押さえて計算し，問題をよく読んでミスが生じないように点検することが重要である。

＜理科解答＞《学校からの正答の発表はありません。》

1 (1) ウ　(2) イ　(3) エ

2 (1) エ　(2) イ　(3) A，D　(4) C，D　(5) (例) その地域に生息していた生物の数が減る。[在来生物の数が変化する。／その地域に生息する生物が食べられてしまう。／地域の農作物に被害が出る。／在来生物が地域から追い出されてしまう。／在来生物との交雑により雑種が増える。／人にかみつくなどの被害が出る。]

[3] (1) エ　(2) イ　(3) 30分後
[4] (1) 水素と酸素が反応して水が生じる(ときに発生するエネルギー)　(2) イ
(3) ア　(4) ウ

○推定配点○
[1] 各3点×3　[2] (1), (2) 各3点×2　他 各4点×3((3), (4)各完答)
[3] (3) 4点　他 各3点×2　[4] (1) 4点　他 各3点×3　計50点

＜理科解説＞

[1] (地層－地層と過去の出来事)

基本 (1) 地層ができた当時の環境がわかる化石を示相化石という。サンゴ礁をつくるサンゴの化石は，代表的な示相化石である。サンゴは，水温が高く，日光が充分に差し込む浅くきれいな海底にすむ。

(2) 断層は，土地に両側から力がはたらいてできる。選択肢のウやエのような力は土地にはたらかない。また，地層の断面図では，X-Yの断層の上側にある左側のブロックが，断層に乗り上がるように右上へ動いている。これは，土地を両側から押す力がはたらいたためである。

重要 (3) ア 誤り。地層は下から順に積もっていく。A～Dのうち最も古いAは粘土の層で，粒が小さい。これは，粘土が陸から離れた深い海まで流されて堆積した。一方，A～Dのうち最も新しいDは小石が混じっている。これは，陸に近い浅い海で堆積した。つまり，AからDまでの間に，だんだん水深は浅くなっていった。　イ 誤り。地層を作る小石や砂，泥などは，水に流されて運ばれるうちに，ぶつかったりけずられたりして，角が取れて丸くなる。そのため，地層の中は角が取れて丸みを帯びた粒がほとんどである。　ウ 誤り。地層は下から順に積もっていくので，A→B→C→D→E→Fの順にできた。2番目に古い層はBである。　エ 正しい。A～Dの地層が海底などの水底で堆積し，それから断層X-Yが生じ，地層がずれた。その後，地層全体は隆起して陸地となり，上部がけずられた。さらにその後，再び海底となって，上にEとFが堆積した。このように，いったん陸地になったために，下と上の地層が連続していない関係を，不整合という。

[2] (動物－4種の昆虫)

基本 (1) Bは，複眼が大きく，空中で昆虫などの小動物を捕らえて，強いあごを使い，かんで食べるトンボである。またCは木の幹などに針のような口を差し込んで樹液を吸うセミである。

(2) ア 誤り。Aはチョウで，ストローのような口で花のみつなどを吸う。　イ 正しい。
ウ 誤り。Cのセミは樹液などを吸う。　エ 誤り。Dはカブトムシで，樹液などをなめている。

(3) たまご→幼虫→さなぎ→成虫という成長のしかたを完全変態といい，本問ではAのチョウとDのカブトムシがあてはまる。一方，さなぎの時期がなく，たまご→幼虫→成虫と成長することを不完全変態といい，本問のBのトンボ，Cのセミのほか，コオロギ，バッタ，カマキリなどがある。

(4) Aのチョウの幼虫は，地上で植物の葉を食べる。Bのトンボの幼虫はヤゴとよばれ，水中で小動物を捕まえて食べる。Cのセミの幼虫は，土の中で木の根から樹液を吸うなどして，7年間ほどという長い時間を過ごす。Dのカブトムシの幼虫は，土の中で腐葉土などを食べて過ごす。

重要 (5) 生物どうしは，食う・食われるという関係など，複雑な関係の中で，数が増えすぎず減りすぎず，バランスを保って生活している。しかし，もともとその地域に生息していなかった生物が入ってくると，もともと生息していた動物や植物が食べられたり，成長をじゃまされたりしてしまう。その結果，もともと生息していた動物や植物の数が大きく減ったり，いなくなったりするおそれがある。また，もともといた種と外来種から雑種が生まれ，やがてもともとの種がいなくなることもある。人間生活にも影響することがあり，農作物が荒らされたり，人間にとって有害な生物が増えたりすることもある。だから，外から持ち込んだ生物を，安易に生態系の中に捨ててはいけない。

3 (物質の状態変化－水のふっとうのようす)

(1) 水を温めはじめて，最初に出てくる小さな泡は，水の中に溶けていた空気である。ふつう水の中にはわずかに空気が溶けており，その空気が泡になったものである。

(2) 湯気は，気体の水蒸気ではなく，目に見える液体の水である。水のふっとうによって出てきた水蒸気が，空気中で冷やされて細かな水滴となり，空気中に浮かんでいるものが湯気である。

やや難 (3) グラフを見ると，100gの水の温度が15分間で40℃から100℃まで60℃ぶん上昇している。この15分間の熱量を，100×60＝6000とすると，1分間あたりの熱量は6000÷15＝400となる。次に，20℃で150gの水の温度を100℃まで上げるには，80℃ぶん上昇させなければならないから，必要な熱量は，150×80＝12000である。1分間に400ずつ熱を与えるので，かかる時間は，12000÷400＝30(分)となる。

4 (物質と変化－電気エネルギー)

(1) 水素が酸素と結びつくと水ができる。この反応は，直接おこなうと，瞬間的に反応して光や音や熱のエネルギーが出るが，水素と酸素を混ぜずに回路につないでおこなうと，電流を取り出すことができる。排気ガスは水蒸気だけなので，大気を汚さない。

(2) 選択肢の人物は，ノーベル賞受賞者である。リチウムイオン電池を開発したのは吉野彰氏で，2019年に化学賞を受賞した。なお，大村智氏は抗寄生虫薬の開発で2015年生理学・医学賞を受賞した。小柴昌俊氏はニュートリノの観測で2002年に物理学賞を受賞した。山中伸弥氏は，iPS細胞の研究で2012年に生理学・医学賞を受賞した。

(3) 化石燃料の消費で大量に発生するCは二酸化炭素である。二酸化炭素は大気中の0.04％を占め，水に少し溶けて酸性を示す。ふつう物を燃やす性質はなく，また，燃える気体でもない。

(4) 再生可能エネルギーは，エネルギー源を消費しても，自然界でまた新たに作り出され，減少していくことがないエネルギーである。選択肢のうち誤っているのはウである。エネルギー源のウランなどは，使った分だけ自然界から減少していく。

★ワンポイントアドバイス★

理科の学習では，参考書や問題集はもちろんのこと，身の回りの現象やニュースなどもよく観察して，広く知識を身につけよう。

＜社会解答＞《学校からの正答の発表はありません。》

5 (1) ウ　(2) イ　(3) 足利義満　(4) Ⅰ イエズス　Ⅱ キリシタン
(5) エ　(6) ウ　(7) ア

6 (1) ジェンダー　(2) アイヌ　(3) イ　(4) イ　(5) エ　(6) ア
(7) 生産している落花生を，ピーナッツバターに加工をして，インターネットを利用して通信販売をする。　(8) SDGs

7　(1)　ア　(2)　エ　(3)　ア　(4)　イ　(5)　Ⅰ　衆議院　Ⅱ　参議院
Ⅲ　任期が短く，解散もある　(6)　期日前

○推定配点○

5　各2点×8　6　(7)　3点　他　各2点×7　7　(5)Ⅲ　3点　他　各2点×7

計50点

＜社会解説＞

5　(日本の歴史－印章に関連する歴史の問題)

(1)　ウ　リモートやテレはどちらも離れている，遠隔のという意味のもの。通信技術の発達で，オフィスへ出社しないでも自宅などでこなすことが可能な仕事であればできるが，全ての職業で可能というものでもない。

重要　(2)　イ　東アジアにおいてかつては冊封というものがあり，中国の周辺の国々が，中国の皇帝と君臣関係を結び，周辺国は形式的には中国皇帝の臣下となり，相応の礼を尽くす代わりに，中国皇帝から称号を得ることで，自国の周りの勢力に対しては中国の権威が後ろ盾にあるとして優位に立てるようになるというもの。

基本　(3)　足利義満は室町幕府の三代将軍で，室町時代の全盛期を築いた。将軍職を足利義持に譲った後は太政大臣となる。

(4)　Ⅰ　イエズス会は宗教改革でヨーロッパにおいてプロテスタントが広がると，カトリック側で海外布教のためにイグナチウス・ロヨラとフランシスコ・ザビエルが設立した団体。　Ⅱ　キリシタン大名は戦国期に現れたキリスト教を信じる大名。有馬晴信，大友義鎮，大村純忠，小西行長や高山右近などが有名。

(5)　エ　公事方御定書は徳川吉宗の命令で江戸町奉行であった大岡忠相が中心となって定められたもの。エの内容は松平定信がやったこと。

(6)　ウ　廃藩置県は1869年の版籍奉還のあとに1871年に行われ，実質的に中央集権化をしたもの。アは1867年，エは1873年。

(7)　ア　パルプは紙のもとになるもので，木材を粉砕して高熱で煮てドロドロにしたもの。パルプや紙の生産が多い国の多くは森林資源が豊かな国。東京都は首都であり，多くの官公庁，企業，学校などがあり，情報が集中する場所で，印刷・出版関連の仕事が発達した。

6　(日本の地理―「持続可能な社会」に関連する問題)

重要　(1)　ジェンダーは生物学的なオス，メスの区別ではなく社会的，文化的な男女の差を一般的には示す。

基本　(2)　アイヌ民族は北海道の先住民族。江戸時代，田沼意次の時代に蝦夷地の開発に力を入れ，ここでの海産物の干物を中国商人に売り，その金でオランダとの貿易を拡大しようとした。

(3)　イ　近畿大学の水産学研究所で完全養殖に成功したのはまぐろ。

(4)　イ　18世紀半ばに世界で最初に産業革命を成し遂げたのはイギリス。当時，イギリスは高品質の綿織物をインドから輸入していたが，それと同等のものを安く大量生産できないかということで綿織物と綿糸の製造に様々な技術改良がくわえられ，さらに動力として蒸気機関が用いられたことで，飛躍的に生産性が高まったのが産業革命。イギリスの産業革命は他の国々に約100年先んじている。

(5)　エ　様々な項目の全体の中の割合を示すのであれば，円グラフか帯グラフがよい。

やや難 (6) ア　かつて高度経済成長が始まる頃はまだ日本の中では第二次産業よりも第一次産業に従事する人の方が多かったが，高度経済成長の中で逆転してそのまま第一次産業は一番少ない状態になっている。また，65歳未満の生産年齢のほとんどが第三次産業，第二次産業に従事しており，第一次産業は65歳以上の高齢者によって支えられている。

やや難 (7) 第6次産業は，1＋2＋3，もしくは1×2×3ということで，一か所で第一次産業だけでなく，その生産物を加工する第二次産業，更にはそれを販売したり，飲食店などで提供する第三次産業までを手掛けることで，地域の雇用を増やし，若者の流出を抑え，また地域に客を呼び込んだりして地域の経済を活性化させるための考え方。

(8) SDGsはsustainable development goalsの頭文字を合わせたもので，「持続可能な開発目標」と訳されている。

7 **(政治一人権，三権，選挙などに関連する問題)**

基本 (1) ア　この内容は社会権に関するもの。

(2) アメリカは第二次世界大戦後にフランスがその植民地であったベトナムでの社会主義勢力の北ベトナムの独立を抑えられず手を引いた後に介入し，1965年から北ベトナムと戦っていたが，結局はアメリカも撤退した。ニクソン大統領は1969年から74年にかけて第37代大統領として活躍し，1973年にはベトナム撤退を行ったが，選挙戦の際の不正を追及されたウォーターゲート事件で辞職した。

(3) ア　1951年の日米安全保障条約を一部改定したものとして日米新安全保障条約が締結され，この条約をめぐり大規模な安保闘争が日本で起こった。

重要 (4) イ　都道府県知事の被選挙権年齢は満30歳以上。

重要 (5) Ⅰ，Ⅱ　賛成，反対の数の合計とⅠで再議決されていることから判断し，Ⅰが衆議院で，Ⅱが参議院。　Ⅲ　衆議院に参議院よりも強い権限が与えられているのは，衆議院の方が任期が短く，解散もあるので，選挙にさらされる機会が多いため，参議院よりも国民の意見が反映されやすいから。

(6) 期日前投票は，選挙の投票日の当日に投票することが難しい人が，事前に投票日の前日までに投票を行えるようにしてあるもの。

★ワンポイントアドバイス★

問題数はさほど多くはないが，やや悩みそうなものもあるので落ち着いて解いていくことが大事。解答できそうな設問を見つけて確実に答えていくことが合格への道筋。

＜国語解答＞《学校からの正答の発表はありません。》

一　A ① エ　② ウ　③ ウ　B ① 鼻　② 手　③ 頭　C ① イ　② オ　③ エ　④ ウ　⑤ ア

二　問一 Ⅳ　問二 イ　問三 ウ　問四 ウ　問五 ア　問六 (初め)クチクラの(終わり)とができた(から。)　問七 イ・オ　問八 昆虫の目を引き，受粉を助けてもらう(必要があるから。)　問九 アピール　問十 最適　問十一 ア・オ

三　問一 エ　問二 ⓐ エ　ⓑ イ　問三 ウ　問四 ㋐ 自分の句　㋑ 特選　㋒ 秀逸　㋓ その句を選んだ　問五 (例) (板前が)てきぱきと料理をする(様子)

[板前さんが手際よく寿司を握る，板前が手際よく魚をさばく]　問六　ア
問七　イ　問八　X　おっしゃった　Y　いただき　問九　(例)　氏名[名前]の中に季語が二つ入っていること。　問十　イ　問十一　エ

○推定配点○
一　各2点×11　二　問二～問五　各2点×4　問六・問八　各4点×2　他　各3点×7
三　問一・問三・問六・問七・問十一　各3点×5　問五・問九　各4点×2　他　各2点×9
計100点

＜国語解説＞

一　(空欄補充，ことばの意味，慣用句)

基本　A　①の「量る」は重さや容積に用いるのでエ。アは「図る」，イは「測る」，ウは「計る」。②の「治す」は病気やけがに用いるのでウ。他は「直す」。③の「挙げる」は式などを行う意味でも用いるのでウ。他は「上げる」。

B　意味はそれぞれ上から，①はひどい悪臭(しゅう)のたとえ，得意げなさま，役に立つことを見つけ出す能力があること。②は世話が焼ける，人手が足りない，注意が行き届く・犯人逮捕の手配がされること。③は尊敬の気持が起こる，自由な考え方ができない，心配ごとがあって思い悩むこと。

C　いずれも英語で，①は「tool」②は「shift」③は「theory」④は「delicate」⑤は「unique」。

二　(論説文－表題・要旨・大意・細部の読み取り，接続語，空欄補充，ことばの意味，記述力)

問一　一文の内容から，直前で生物である「昆虫」のことを述べ，直後で「地面」を例に述べているⅣに入るのが適当。

基本　問二　Aには，全体をすっかりおおうさまという意味のイが適当。

問三　「コラム」では，「球形の生物」を例に体積と表面積の関係から小さな生物は手持ちの水が干上がりやすいことを述べているので，このことをふまえたウが適当。

問四　aは直前の内容を補う内容が続いているので「ただし」，bは直前の内容を言いかえた内容が続いているので「つまり」，cは直前の内容に加える内容が続いているので「さらに」がそれぞれ入る。

問五　傍線部①後で「大問題」の説明として，体から水は蒸発して干からびてしまうことを述べているのでアが適当。「干からびてしまう」ことを説明していない他の選択肢は不適当。

重要　問六　傍線部②の「成功の鍵を握っていた」「クチクラの骨格」について，「乾燥は，とくに……」で始まる段落で「クチクラの外骨格により，昆虫は節水型の体をつくることができた(30字)」と述べている。

重要　問七　傍線部③前で③の理由として述べている①～④で，イは②，オは③の要旨になっている。

問八　傍線部④前で「被子植物がきれいな花をつけるのは」「昆虫の目を引き，受粉を助けてもらう(17字)」ためであることを述べている。

問九　傍線部⑤は英語の「アピール(appeal)」。

問十　傍線部⑥は，⑥前「運搬役(送粉者)……」で始まる一文の「最適」と同じ意味。

やや難　問十一　アは「昆虫以外の……」から続く2段落，オは「被子植物がきれいな……」で始まる段落でそれぞれ述べている。イの「体内に水を持たなくても」，ウの「環境の変化を受けにくい」，エの「優れた変異種は成長が遅い」はいずれも不適当。

三 (小説－心情・情景・細部の読み取り，空欄補充，ことばの意味，表現技法，敬語，記述力)

問一　Aは確かに，本当にという意味の「まさに」，Bはする必要のないことをわざわざするという意味の「あえて」，Cはしっかりとした印象であるさまを表す「きりっと」がそれぞれ当てはまる。

問二　二重傍線部ⓐは「なりゆき，事情」という意味。ⓑは「人からほめられるような立派な働き，功績」という意味。

問三　傍線部①後で，選んだ句について参加者それぞれが話していることを聞いて，季重なりや音の重なりなど，さらに俳句を理解した杏の様子が描かれているのでウが適当。アの「全員の口調がだんだんと強まっていく」，イの「句の問題点について」，議論を説明していないエはいずれも不適当。

問四　㋐は「鮎彦先生の指名……」で始まる段落の「自分の句」が当てはまる。㋑・㋒は，梅天さんの「『わしの……』」から始まる，鮎彦先生や鵙仁さんとの会話から㋑には「特選」，㋒には「秀逸」が当てはまる。㋓は「鮎彦先生の指名……」で始まる段落内容から「その句を選んだ」が当てはまる。

重要　問五　鵙仁さんが「『はい。先日……』」で始まるせりふで，「『板前さんはテキパキとした包丁さばきで，寿司を握ったりして……』」と話していることを参考にして，鵙仁さんが想像した情景を具体的に説明する。

問六　傍線部②のある〈選評〉の場面の前は，問四の「句会の進め方」にあるように「披講」で，この「披講」で鵙仁さんの句が多く選句されたことを②のように表しているのでアが適当。選評の前の披講にふれて説明していない他の選択肢は不適当。

基本　問七　イは秋の季語。

問八　波線部Xは相手の梅天さんが主語なので尊敬語の「おっしゃった」。Yは主語が話し手の鮎彦先生自身なので謙譲語の「いただき」。

やや難　問九　傍線部④は，「桜木杏」という名前には，春の季語である「桜」と夏の季語である「杏(あんず)」が二つ入っている，ということである。

重要　問十　鮎彦先生が「『なるほど……』」で始まるせりふで「『……意識的に季重なりにする……ことで，一句の深みが増す，表現の幅が広がる』」と話していること，また傍線部⑤直前のせりふからイが適当。⑤前で鮎彦先生が解説している話を部分的にしか説明していない他の選択肢は不適当。

重要　問十一　鮎彦先生や他の人の選評を聞いている杏が，「季重なり，またきょうもひとつ覚えたぞとノートにメモした」り，「〈な〉が三つ重なっているなんて，わたしにはそんな視点すら全然なかったもんなあ。俳句深すぎ……。」と思ったりしていることが描かれているので，これらの描写をふまえたエが適当。アは描かれていないので不適当。イの「厳しい評価にめげず」，ウの「皐月をライバル視して」も不適当。

★ワンポイントアドバイス★

論説文のタイトルやサブタイトルは，本文全体の要旨を表したものになっているので，何をテーマに論じているかをしっかり読み取ろう。

一般

2022年度

解　答　と　解　説

《2022年度の配点は解答欄に掲載してあります。》

＜算数解答＞《学校からの正答の発表はありません。》

1　(1)　2022　　(2)　$\frac{1}{3}$　　(3)　16.6　　(4)　$\frac{11}{30}$

2　(1)　50％　　(2)　7　　(3)　$5\frac{19}{25}$　説明：解説参照　　(4)　47m

3　(1)　19個　　(2)　190個　　(3)　4753個　　(4)　60300本

4　(1)　$50cm^2$　　(2)　$50cm^2$　　(3)　12秒後　　(4)　$54cm^2$

5　(1)　$28cm^2$　　(2)　$84cm^2$　　(3)　21：4　説明：解説参照　　(4)　9：4

○推定配点○

各5点×20　　計100点

＜算数解説＞

1　(四則計算)

(1)　2147－125＝2022

(2)　$\frac{14}{5}\times\frac{1}{16}\times\frac{40}{21}=\frac{1}{3}$

(3)　20－3.4＝16.6

(4)　$\frac{19}{16}\times\frac{8}{57}+0.04\times5=\frac{1}{6}+\frac{1}{5}=\frac{11}{30}$

重要　2　(割合と比，規則性，数の性質，平面図形，相似)

(1)　1月は2月の0.8倍，3月は2月の1.2倍より，1.2÷0.8＝1.5　したがって，3月は1月より，50％多い

(2)　1÷7＝0.142857～，2022÷6＝337　したがって，小数第2022位は7

(3)　分子…16，9の最小公倍数144　分母…125，25の最大公約数25　したがって，最小の分数は$\frac{144}{25}$

(4)　右図より，ビルAは46÷2＋24＝47(m)

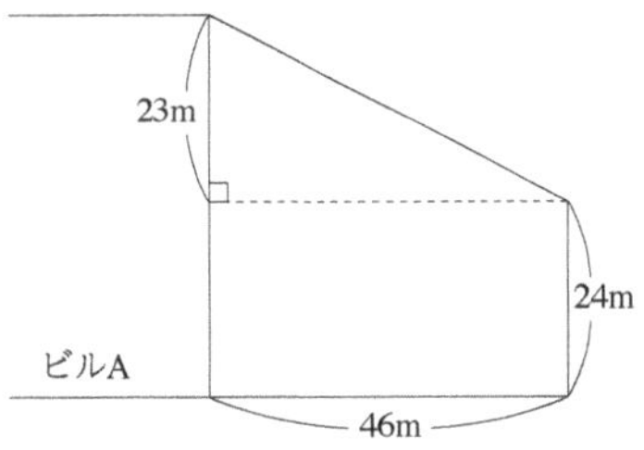

3　(平面図形，規則性)

基本　(1)　図1より，20段目の黒タイルは19個

重要　(2)　(1)より，(1＋19)×19÷2＝190(個)

重要　(3)　黒タイルで囲まれた白タイルは3段目に1個，99段目に97個　したがって，全部で(1＋97)×97÷2＝4753(個)

(4)　図2より，マッチ棒は3×(1＋200)×200÷2＝60300(本)

図1

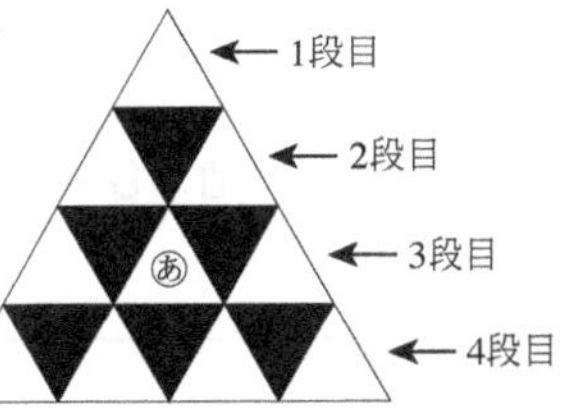

図2

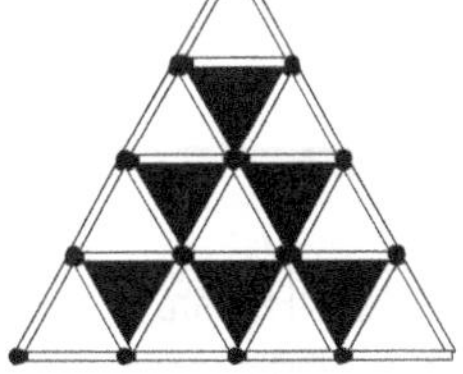

4　(速さの三公式と比，旅人算，平面図形)

基本　(1)　図アより，5×20÷2＝50(cm^2)

重要　(2)　図イより，10×10÷2＝50(cm^2)

(3)　(10＋20)×2÷(1＋4)＝12(秒後)

図ア

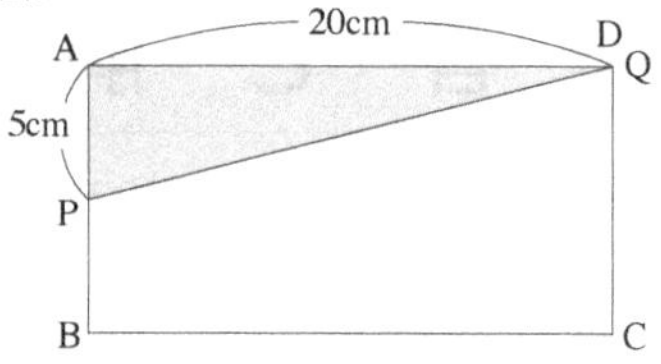

図イ

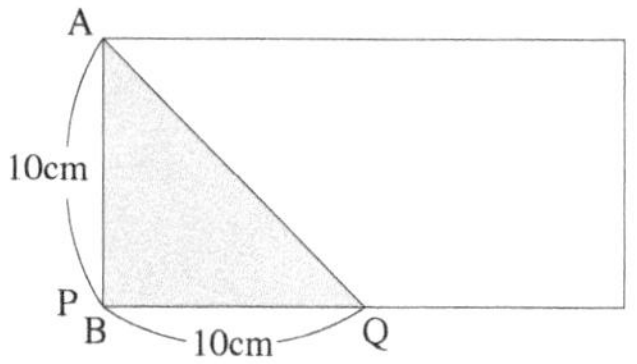

やや難　(4)　18秒後のRの位置…2×18＝36(cm)より，Cから左へ6cm　(3)と 図ウより，18秒後のPの位置…Bから上へ1×{18－(12＋2)}＝4(cm)　12秒後のQの位置…Cから左へ4×12－(20＋10)＝18(cm)　18秒後のQの位置…Cから上へ4×(18－12)－18＝6(cm)　したがって，図ウより，求める面積は10×20÷2－(4×14＋6×6)÷2＝54(cm^2)

図ウ

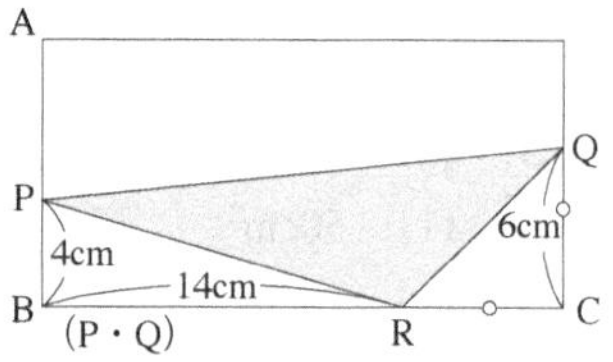

5　(平面図形，割合と比)

重要　(1)　右図より，12÷3×(3＋4)＝28(cm^2)

(2)　(1)とAF：FBより，28×3＝84(cm^2)

(3)　(1)・(2)より，84：(28－12)＝84：16＝21：4

やや難　(4)　三角形ABH…(3)より，12÷4×21＝63(cm^2)　したがって，(1)より，BD：DHは63：28＝9：4

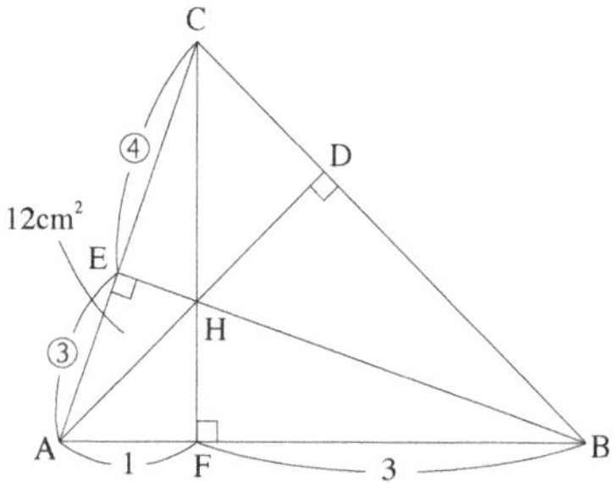

★ワンポイントアドバイス★

4(4)「三角形PQR」はあわてずに，18秒後の3点の位置をしっかり計算して確認しよう。5は「辺の比と対応する三角形の面積比」は簡単ではないが，問題自体は難しいレベルの問題ではない。

＜理科解答＞《学校からの正答の発表はありません。》

1　(1)　キ　(2)　イ　(3)　エ

2　(1)　ア，エ　(2)　ア　(3)　イ　(4)　上空に西から東へ偏西風が吹いているから。

3　(1)　54℃　(2)　a　①　b　③　(3)　f　(4)　dの方が2倍電流が大きい。

4　(1)　(名しょう)　うすい水酸化ナトリウム水溶液　(体積)　3cm^3

(2)　A，C，D，E　(3)　A，C

○推定配点○

1　各3点×3　2　(4)　4点　他　各3点×3　3　各4点×4　4　各4点×3

計50点

＜理科解説＞

1　(動物－セキツイ動物の種類)

重要　(1)　Aは一生を水中で生活し，えら呼吸を行う魚類である。Bは一生の途中で生活場所や呼吸方法が変わる両生類である。Cは一生肺呼吸をするが，冬になると体温が下がって動けなくなる変温動物のハ虫類である。Dは体温を一定に保つことのできる恒温動物のうち，卵をうむ鳥類である。Eは卵ではなく子をうむホ乳類である。ツバメは鳥類だからDに，イモリは両生類だからBにあてはまる。

(2)　(Ⅰ)は魚類の体温であり，冬になると体温が下がって動けなくなる変温動物である。(Ⅱ)はハ虫類の生活場所であり，多くは陸上である。

(3)　ア　誤り。Aの魚類の親には母乳はなく，子を育てない。　イ　誤り。Bの両生類の体表は粘膜でおおわれている。　ウ　誤り。Cのハ虫類のうむ卵の数は，多いものは数十個のものもあるが，たいていは数個～十数個である。　エ　正しい。Dの鳥類の親は，子の世話をして育てる。　オ　誤り。Eのホ乳類は，体温を一定に保つことができる恒温動物である。

2　(気象－低気圧の通過)

重要　(1)　雨の降っている3月13日は気温の上がり下がりが小さいが，晴れている3月14日は気温の上がり下がりが大きい。また，雨の降っている3月13日よりも，雨の止んだ3月14日の方が湿度が低い。

(2)　雷を伴うような強い雨を降らせる雲は，高さ方向に発達する積乱雲である。横方向に発達する乱層雲は，弱く長時間の雨を降らせる。他の雲は，まとまった雨を降らせることは少ない。

(3)　低気圧のまわりでは，上から見て反時計回りに風が吹く。そのため，低気圧が通過すると，風向が大きく変わる。表では，3月13日15時までは東寄りの風が多いが，18時からは西寄りの風が多い。よって，15時と18時の間に低気圧が通過したと考えられる。

(4)　日本など中緯度の上空には，地球を西から東へ回る偏西風が吹いている。春や秋の高気圧や低気圧は，偏西風に流されて西から東へ動くため，雨の降る範囲も西から東へ動くことが多い。

3　(電流のはたらき－電熱線のつなぎ方と発熱量)

(1)　図2を見ると，はじめ24℃だった水温が，5分後に34℃になっている。つまり，5分間で10℃上昇している。その3倍の時間である15分が経つと，水温は10×3＝30(℃)上昇する。よって，24＋30＝54(℃)になる。

やや難　(2)　まず，図3のbは電池が並列つなぎになっており，流れる電流は図1と同じである。そのため，水温の変化は図2と同じで，図4の③となる。次に，図3のaはbに比べて電池の電圧が2倍になっており，流れる電流も2倍になる。熱の量は(電流の大きさ)×(電圧の大きさ)で決まるので，図3のaはbに比べて発熱量は2×2＝4(倍)になる。図4の③の4倍の温度変化になっているのは①である。

(3)，(4)　図1の電圧，電流，発熱量を1として，図5のそれぞれの電熱線1本の電圧や電流と，2本合わせた発熱量を求めると次のようになる。

c　電熱線1本の電圧＝0.5，　電流＝0.5，　2本合わせた発熱量＝0.5×0.5×2＝0.5
d　電熱線1本の電圧＝1，　電流＝1，　2本合わせた発熱量＝1×1×2＝2
e　電熱線1本の電圧＝1，　電流＝1，　2本合わせた発熱量＝1×1×2＝2
f　電熱線1本の電圧＝2，　電流＝2，　2本合わせた発熱量＝2×2×2＝8
g　電熱線1本の電圧＝0.5，　電流＝0.5，　2本合わせた発熱量＝0.5×0.5×2＝0.5
h　電熱線1本の電圧＝1，　電流＝1，　2本合わせた発熱量＝1×1×2＝2

4　(水溶液の性質－中和の量的関係)

(1)　A～Eのうち，ちょうど中和しているものは，赤色リトマス紙も青色リトマス紙も色が変わっていないBである。Bの塩酸と水酸化ナトリウム水溶液の体積の比は6：10である。次にEを見ると，青色リトマス紙が赤色に変わっているので，混ぜた水溶液は酸性であり，中和するには水酸化ナトリウム水溶液が不足している。そこで，塩酸9cm^{3}を中和するのに必要な水酸化ナトリウム水溶液の体積を□cm^3とすると，Bと比較して，6：10＝9：□　より，□＝15(cm^3)となる。Eではすでに12cm^3入れているので，あと15－12＝3(cm^3)加えればよい。

(2)　リトマス紙の色の変化から，AとCはアルカリ性で，水酸化ナトリウム水溶液が余っており，DとEは酸性で塩酸が余っている。そして，Bは中性である。アルミニウムは，酸性とアルカリ性のどちらの水溶液にも溶けて水素が発生する。よって，A，C，D，Eにアルミニウムを入れると，水素の泡が出る。

重要 (3)　AとCはアルカリ性で，水酸化ナトリウム水溶液が余っている。水を蒸発させると，中和でできた食塩に混ざって，余った水酸化ナトリウムの固体も出てくる。一方，DとEは酸性で塩酸が余っている。しかし，塩酸に溶けているのは塩化水素という気体なので，水を蒸発させても，食塩以外は残らない。Bはちょうど中和しており，食塩以外は残らない。

★ワンポイントアドバイス★

基本的な事項は，ただ覚えこむのではなく，図表を利用してよく意味を理解して吸収していこう。

＜社会解答＞《学校からの正答の発表はありません。》

5 (1)　大津(市)　(2)　イ　(3)　イ　(4)　外様大名が江戸から遠くに配置されたのに対し，譜代大名は重要地や江戸の近くに配置された。　(5)　ア　(6)　イ　(7)　正長の徳政一揆[土一揆]　(8)　ウ　(9)　ウ

6 (1)　A　カ　B　ア　C　イ　(2)　(災害の名前)　東日本大震災　(記号)　ウ　(3)　白神(山地)　(4)　イ　(5)　ウ　(6)　減反

7 (1)　マニフェスト　(2)　直接(選挙)　(3)　落選者の票[死票]が当選者への票よりも多く，国民の意見が十分に反映されているとはいえないこと。　(4)　並立　(5)　エ　(6)　ア　(7)　エ

○推定配点○

各2点×25　　計50点

＜社会解説＞

5 (日本の歴史－滋賀県に関連する歴史の問題)

(1)　滋賀県の県庁所在地大津市は，滋賀県の南西端で琵琶湖の南端にあり京都府と隣接する。

重要 (2)　天智天皇は大化の改新の中大兄皇子が即位して天皇となった後の名。中大兄皇子は大化の改新からかなり時間が経ってから天皇となった。

(3)　イ　この内容は聖徳太子の十七条の憲法のもの。

やや難 (4)　外様大名は関ケ原の合戦以後に徳川に従うようになった大名であり，背く可能性があるということで，江戸や要地からは離れた場所に配置された。また上杉のように，従来の所領と比べると石高の低い場所に動かされたものもいた。

やや難 (5)　西からエイアウ。松江城と高知城の東西の位置関係は僅差だが，わずかに松江城の方が西に位置する。

(6)　イ　Aは正しい。Bは長篠の戦いではなく桶狭間の戦い。

基本 (7) 写真は1428年におこった正長の土一揆の記録のもの。

(8) ウ　関ケ原の戦いで東軍の徳川家康の軍勢に対して，西軍を率いたのは石田三成。

(9) ウ　勘合貿易が行われたのは室町時代。平安時代初期の中国にあった王朝は唐。

6 （日本の地理―東北地方の県に関する問題）

重要 (1) Aは福島県。東京オリンピックの野球やソフトボールの会場となったのが福島県営あづま球場で，鶴ヶ城は戊辰戦争の際の白虎隊が戦った場所として有名。Bは青森県。Cは秋田県。

(2) 東日本大震災は東北地方太平洋沖地震による大震災の総称として使われている。　ウ　アメリカでは2021年9月に日本産の全ての食品の輸入制限が撤廃されている。

基本 (3) 白神山地は青森県と秋田県の県境に広がる山地で，ここのブナの原生林が評価されて世界自然遺産となった。

(4) イの六ケ所村は青森県の下北半島にあり，小川原湖の北に位置する。原子力燃料の再処理施設の他，石油の備蓄基地や，風が強い場所なので風力発電の施設も多く存在する。アの東海村は茨城県にある，日本で最初の原子力発電所が設置された場所。ウの刈羽村は新潟県にあり，東京電力の柏崎刈羽原子力発電所がある。エの東通村は青森県の下北半島の北東端に位置し六ケ所村の北に隣接する村で，東北電力の東通原子力発電所がある。

基本 (5) アは宮城県，イは山形県，エは青森県の祭り。

(6) 減反は政府の政策で，農家の米の作付け面積を減らさせるもの。もともと太平洋戦争の際に，軍用の食糧の確保のために農家が生産するすべての米を国が買い上げ，それを国民に売る食糧管理制度が採用され，太平洋戦争後は食糧の増産と農家の保護のために国が米を買い上げる際の生産者米価の方が国が国民に米を売る際の消費者米価よりも高い状態になった。これが高度経済成長期に次第に食生活が豊かになる中で米の消費が減り，米が余るようになり，作付け転換や減反などの米に関する政策を政府が採るようになり，最終的には食糧管理制度を廃止し，現在の制度に変わった。

7 （政治―選挙，財政に関する問題）

(1) マニフェストは本来は「明確な」という意味の語で，何らかの組織が出す宣言にこの語が当てはめられていたものが，選挙の際の政権公約として使われるようになったもの。日本では従来からの選挙の際の各党が出していた公約に，具体的な数値や期限などを入れたものがマニフェストとして使われるようになった。

基本 (2) 直接選挙は有権者が直接投票するというもの。

やや難 (3) 千葉県Ⅱ選挙区ではD氏が当選することになるが，80000票で全体の200000の過半数にも達していないので，D氏以外の候補者に投じられた120000票が死票となり，D氏の獲得票よりも多くなっており民意を正しく反映したものとは言えないということになる。

基本 (4) 小選挙区比例代表並立制は小選挙区と比例代表の両方に同じ候補者が立候補できる仕組み。小選挙区の方で先に当落を確定し，小選挙区で落選した自身の所属政党の比例代表の候補者の中で予め各党が設定する順位で上位にいれば，比例で割り当てられた議席数によっては当選することもある。このため，小選挙区で落選したはずなのに当選している議員が結構な数存在しており，小選挙区制度の意味がないとも批判されている。

(5) 社会保障は社会的弱者の国民を国や自治体が救済するもので，エは別。

(6) アが正しい。イは入湯税の対象は一般の銭湯ではなく温泉施設で，国税ではなく市町村税の間接税になる。ウはふるさと納税では贈与税は免除にはならないので誤り。自分が居住している場所以外の自治体に所得税や住民税の還付金と2000円の自己負担金を回すことで返礼品が受け取れるのがふるさと納税。エは固定資産税は市町村税の直接税なので国税ではない。

(7)　エ　自動車税は都道府県に納める直接税で，軽自動車の場合には軽自動車税となり市町村に納める。アイウはいずれも間接税。

★ワンポイントアドバイス★

問題数はさほど多くはないが，短い試験時間でこなさなければならないので，解答できそうな設問を見つけて確実に答えていくことが合格への道筋。記述は最後にまわすのがよい。

＜国語解答＞《学校からの正答の発表はありません。》

一　A　①　たてる　②　つく　③　のむ　B　①　馬　②　生　③　産[地]　④　軽　C　①　いらっしゃい(ますか？)　②　もうし(ておりました。)　③　おっしゃっ(ていた)

二　問一　イ　問二　ア　問三　ところどこ　問四　イ　問五　国替え　問六　X　イメージ　Z　クリア　問七　(例)　江戸に幕府を開くこと。[江戸の開発を進めること。]　問八　イ　問九　エ　問十　Ⅰ　水[川・河](を治めるものは)　Ⅱ　国(を治めることに通じる)　問十一　ウ　問十二　(江戸を)人の住める土地に改造する(ことが可能である。)　問十三　ア

三　問一　ア　問二　X　エ　Y　イ　問三　不意　問四　ウ　問五　(例)　本番が近づき，緊張している[極度の緊張で，余裕がない](ため)　問六　ア　問七　Ⅰ　メンバーに　Ⅱ　感謝(の気持ちを伝えた)　問八　エ　問九　ウ　問十　イ　問十一　エ・オ

○推定配点○

一　各2点×10　二　問一・問二・問八　各2点×3　問七・問十二　各4点×2　他　各3点×9(問十完答)　三　問二・問十一　各2点×4　問五　4点　他　各3点×9　計100点

＜国語解説＞

一　(慣用句，漢字の書き取り，敬語)

やや難　A　意味はそれぞれ上から，①はもめ事などを起こす，相手に敬意を持つ，茶道でお茶を入れること。②は最も大事な部分を指摘する，本人の前で悪口を言う，犯人や逃亡者の行方がわかること。③はおそれや驚きなどで一瞬息を止める，つらい気持ちをこらえる，感動や驚きなどで言うのをやめること。

基本　B　①は竹馬，馬子(まご)。②は一生，生徒。③は土産(みやげ)，産声(うぶごえ)，または土地，地声。④は手軽，軽快。

重要　C　①は相手の「お母さん」なので尊敬語の「いらっしゃい」。②は自分の「母」なので謙譲語の「もうし(て)」。③は「先生」なので尊敬語の「おっしゃっ(て)」。

二　(論説文－表題・要旨・大意・細部の読み取り，接続語，空欄補充，ことばの意味，ことわざ，記述力)

問一　Aは直前の内容を理由とした内容が続いているので「だから」，Bは前後の内容を列挙しているので「また」，Cは直前の内容とは相反する内容が続いているので「しかし」がそれぞれ入る。

基本 問二　傍線部①の「綾」は，さまざまな模様や形のこと。

重要 問三　傍線部②の「寒村」について「江戸は言って……」で始まる段落で，「ところどころにある丘に神社を中心にした集落ができ，人々は細々と暮らしていました。(40字)」という江戸の様子を述べている。

問四　傍線部③は，江戸には「既得権」すなわちすでに持っている権利とその利益がない，ということなのでイが適当。

問五　傍線部④のある文は，家臣たちは④と言ったが，家康は結局「国替え」を受け入れた，ということである。

問六　Xには英語の「イメージ(image)」，Zも英語の「クリア(clear)」がそれぞれ入る。

やや難 問七　傍線部⑤は⑤前までの内容から「江戸に幕府を開くこと」あるいは⑤以降の内容から「江戸の開発を進めること」というような内容になる。

問八　傍線部⑥は「しもうさのくに」と読む。他の旧国名は，アは「上総国(かずさのくに)」，ウは「安房国(あわのくに)」，エは「常陸国(ひたちのくに)」。

重要 問九　「そもそも……」で始まる段落内容から，Yにはエが当てはまる。

問十　傍線部⑦直後の2段落内容から，Ⅰには「水」あるいは「川」「河」，Ⅱには「国」が当てはまる。

問十一　傍線部⑧の「地の利」は，土地のある場所や形状が物事をするのに都合がよく有利であること，という意味なのでウが適当。

問十二　「江戸周辺は……」で始まる段落で述べているように「人の住める土地に改造する(12字)」必要がある江戸に，最新技術を使えば傍線部⑨と家康は思ったということである。

重要 問十三　既得権がなく手つかずの江戸を天下の首都にするために，家康は50～100年先まで見通していたことを述べているのでアが適当。イは用心の上にも用心深く物事を行うこと，ウはどんなものでも細かく調べれば欠点や弱点が見つかるものであるということ，エは大げさなことを言ったり，計画したりすること。

三　(小説－心情・情景・細部の読み取り，空欄補充，ことばの意味，漢字の書き取り，記述力)

問一　Aは軽く何度も回転するさまを表す「くるくると」，Bは気持ちがみなぎって目が強く光っているさまを表す「ぎらぎらと」，Cは笑顔で目じりが下がるさまを表す「くしゃっと」がそれぞれ入る。

問二　Xはきまりが悪い，気まずいという意味。Yは不平や不満を表す表情。

基本 問三　Dの読みは「ふい」。

問四　傍線部①の「それ」は，全国大会に向けて，食べたものだけでなくさまざまなデータが書かれたトンのノートを指しているのでウが適当。大会に向けて念入りに準備していることを説明していない他の選択肢は不適当。

やや難 問五　冒頭の段落で描かれているように，大会の本番を前にして「緊張感は高まっていく」場面なので，このことをふまえて溝口が②のようにしている原因を説明する。

問六　傍線部③は歓声が漏れて聞こえてくる中，BREAKERSのメンバーが一馬の話を聞こうとしている様子なのでアが適当。③前の状況をふまえていない他の選択肢は不適当。

重要 問七　傍線部④前で，一馬はチームの「メンバーに」対して「『皆，ここまで一緒に来てくれてありがとう』」と「感謝」の気持ちを伝えていることが描かれている。

問八　冒頭の説明にもあるように，一馬たちのチームは全国大会に出場しており，そのことに一馬は皆に感謝していることも描かれているのでエが適当。アの「良い成績をおさめられた」は不適当。チームが全国大会に出場するほど成長したことを説明していない他の選択肢も不適当。

重要 問九　傍線部⑥は，今のこんな純粋な目の一馬を見てくれる家族はもういないことを思い，泣きそうになるのを我慢している晴希の様子なのでウが適当。他の選択肢は「目がしらに力を込めた」説明がいずれも不適当。

問十　傍線部⑦後で「観客席」に対して「もっともっと，このチームのことを見て欲しい」という晴希たちの心情が描かれているのでイが適当。観客に対する思いを説明していない他の選択肢は不適当。

重要 問十一　トンのノートのことや，一馬や晴希の思いが具体的に描かれているのでエは適当。一馬が皆への思いを話した後，「その目。」「一馬の声が揺れた。」「すごい。」など短い文で物語が展開しているのでオも適当。アの「一人一人丁寧に描く」，イの「比喩表現を多く用いる」，ウの「一馬の視点を通して」はいずれも不適当。

★ワンポイントアドバイス★

小説では，登場人物同士の関係もしっかり読み取っていこう。

2021年度

★★★★★★★★★★★★★★★★★★★★★★★

入　試　問　題

2021年度

成田高等学校付属中学校入試問題（第一志望）

【算　数】（50分）　＜満点：100点＞

1 次の計算をしなさい。

(1)　$8 \times 5 - 72 \div 9 \times 4$

(2)　$2\frac{5}{8} \div 5\frac{1}{4} + \frac{1}{2}$

(3)　$0.21 \times 0.03 \div 0.07$

(4)　$(5.21 - 1.45) \times \frac{1}{4} + \frac{3}{5}$

2 次の問いに答えなさい。

(1)　今，ゆきこさんと妹のともこさんの年齢《ねんれい》の差は８才です。今から７年後には，ゆきこさんの年齢はともこさんの年齢の２倍になります。ともこさんは今何才ですか。

(2)　28より小さい28の約数をすべてたすと，いくつになりますか。

(3)　次の数のうち２番目に小さい数を**ア**～**オ**から１つ選び，記号で答えなさい。

ア　$\frac{13}{3}$　　**イ**　$\frac{23}{13}$　　**ウ**　$\frac{33}{23}$　　**エ**　$\frac{43}{33}$　　**オ**　$\frac{53}{43}$

(4)　２％の食塩水が200ｇ入った容器Ａと６％の食塩水が300ｇ入った容器Ｂがあります。容器Ａに入っている半分の量の食塩水をこぼさないように容器Ｂに入れると，容器Ｂの食塩水は何％になりますか。

(5)　７で割って小数第２位を四捨五入すると，2.7になる整数は何ですか。図や式と言葉を使って説明しなさい。ただし，答えのみ書いた場合は不正解となります。

3 ゆうかさんは国語，算数，理科のテストをそれぞれ３回ずつ受けました。次の問いに答えなさい。

(1)　国語の３回の平均点は50点でした。１回目の点数が２回目の点数より５点高く，２回目の点数が３回目の点数より25点低いとき，１回目の点数を求めなさい。

(2)　算数の３回の平均点は50点でした。２回目の点数が１回目の点数の２倍より４点高く，３回目の点数が２回目の点数の半分であるとき，１回目の点数を求めなさい。

(3)　理科の１回目と２回目の平均点は50点で，２回目と３回目の平均点は60点でした。１回目の点数と３回目の点数では，どちらが何点高いですか。図や式と言葉を使って説明しなさい。ただし，答えのみ書いた場合は不正解となります。

4 図のように１辺が18㎝の正方形ABCDがあります。点ＰはAP：PD＝２：１とする辺AD上の点です。頂点Ｂが点Ｐに重なるように折り返したとき，AQ＝５㎝でした。次の問いに答えなさい。

⑴　辺PQの長さを求めなさい。

⑵　あと同じ大きさの角をい～かから**すべて**選び，記号で答えなさい。

⑶　辺PSの長さを求めなさい。

⑷　四角形PQRSの面積を求めなさい。

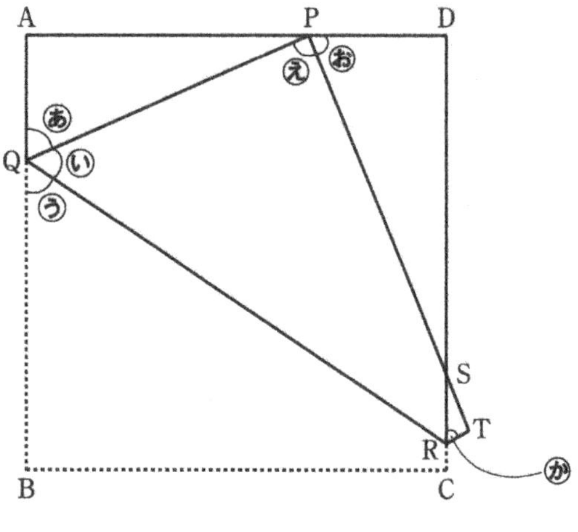

5 直線を軸として，図形を１回転させるとき，その図形が通過してできる立体を考えます。円周率を3.14として，次の問いに答えなさい。

⑴　図１の図形を，直線 ℓ を軸にして１回転させたときにできる立体の体積は何cm^{3}ですか。

⑵　図１の図形を，直線 ℓ を軸にして１回転させたときにできる立体の表面全体の面積は何cm^{2}ですか。

⑶　図２の図形を，直線 m を軸にして１回転させたときにできる立体の体積は何cm^{3}ですか。

⑷　図２の図形を，直線 m を軸にして１回転させたときにできる立体の表面全体の面積は何cm^{2}ですか。

図１

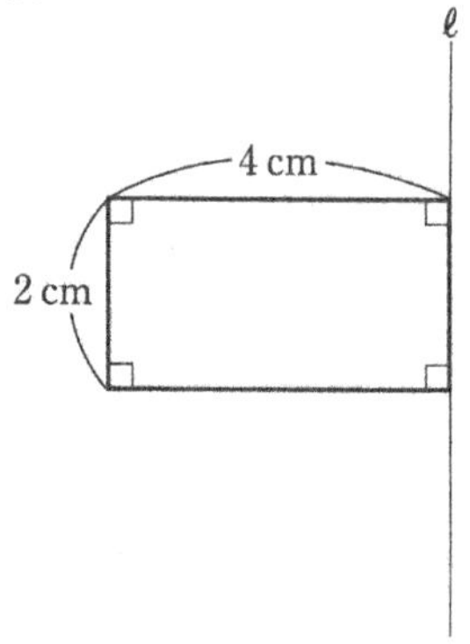

図２

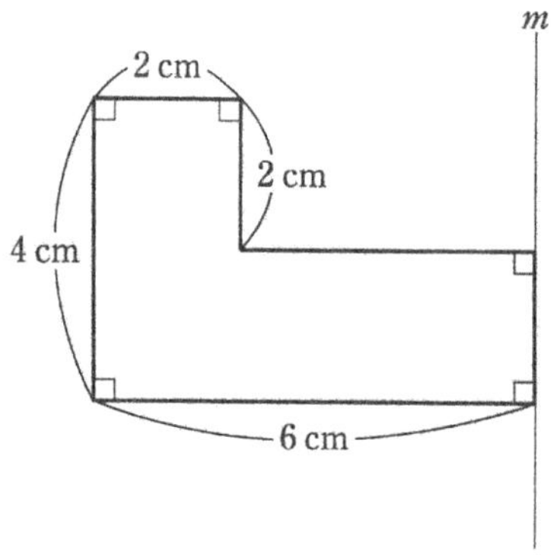

【理科・社会】（50分）　　＜満点：各50点＞

理科

1　アサガオの葉がデンプンをつくる条件を調べるために，以下の手順で実験を行いました。後の問いに答えなさい。

［実験手順］

①　アサガオの鉢《はち》植《う》えを用意し，暗所で一晩《ひとばん》置いた。

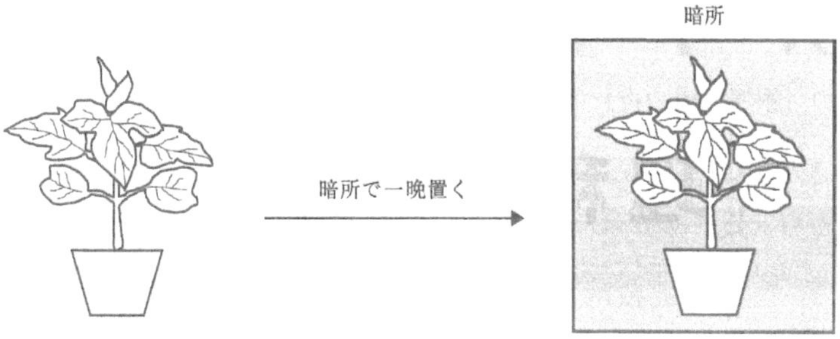

②　一晩置いた鉢植えの葉の中からふ入りの葉AとB，ふ入りでない葉CとDを選んだ。ここで，点線で囲まれている部分がふ入りの場所とする。

ふ入りの葉A　　ふ入りの葉B　　ふ入りでない葉C　　ふ入りでない葉D

③　それぞれの葉を以下の表に示した条件で日光に6時間当てた。

	条　件
葉A	葉に直接日光を当てた。
葉B	葉をアルミニウムはくで包み日光を当てた。
葉C	葉に直接日光を当てた。
葉D	葉をアルミニウムはくで包み日光を当てた。

④　葉A～Dのそれぞれの葉をエタノールでよく煮《に》てから水で洗ったあとに（　1　）をたらし，葉の色が青むらさき色に変化するかを確認した。

(1)　アサガオの花と同様に，おしべ・めしべが一つの花にあり，花びらがくっついている植物を，次の**ア～オ**から**すべて**選び，記号で答えなさい。

ア　イネ　　**イ**　ツツジ　　**ウ**　ヘチマ　　**エ**　タンポポ　　**オ**　アブラナ

(2)　文章中の（1）に入る薬品の名称《めいしょう》を答えなさい。

(3)　実験手順④で，次のページの**ア～カ**のどの部分が青むらさき色に変化しましたか。すべて選び，記号で答えなさい。

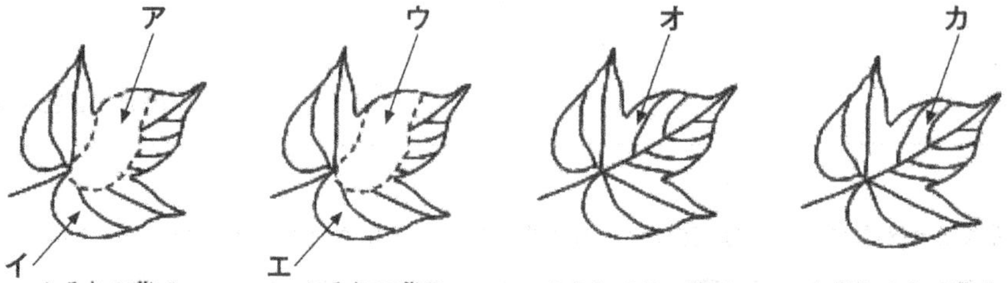

ふ入りの葉A　ふ入りの葉B　ふ入りでない葉C　ふ入りでない葉D

⑷　実験手順④で，エタノールで煮た理由を**15文字以内**で答えなさい。

2　宮沢賢治《みやざわけんじ》作の『銀河鉄道の夜』は，次のように始まります。

> 「ではみなさんは，そういうふうに川だと云《い》われたり，乳の流れたあとだと云われたりしていたこのぼんやりと白いものがほんとうは何かご承知ですか。」先生は，黒板に吊《つる》した大きな黒い星座の図の，上から下へ白くけぶった銀河帯のようなところを指《さ》しながら，みんなに問《とい》をかけました。
>
> （出典：青空文庫）

この文章でえがかれているのは天の川で，夏の夜空には天の川をはさむように夏の大三角形が観察できます。夏の大三角形をつくる星は明るく，白っぽい色をしていますが，ほかの星の中には赤っぽい色や青っぽい色をしているものもあります。それは（　A　）からです。後の問いに答えなさい。

⑴　銀河鉄道の夜が発表されたのは1934年のことです。東京23区内では1970年代以降，天の川を肉眼で観察することが難しくなりました。それはなぜですか。最も適当なものを，次の**ア**～**エ**から一つ選び，記号で答えなさい。

ア　星の明るさが暗くなったため。　**イ**　人工光が増えたため。
ウ　オゾンホールが広がったため。　**エ**　天の川の南中高度が下がったため。

⑵　夏の大三角形をつくる星のうち，ひこ星とも呼ばれる星の名称《めいしょう》は何ですか。次の**ア**～**エ**から一つ選び，記号で答えなさい。

ア　アルタイル　**イ**　アンタレス　**ウ**　デネブ　**エ**　ベガ

⑶　（A）には，星の色がことなって見える理由が入ります。最も適当なものを，次の**ア**～**エ**から一つ選び，記号で答えなさい。

ア　星の大きさがちがう　**イ**　星の南中高度がちがう
ウ　星の表面温度がちがう　**エ**　星までの距離《きょり》がちがう

3　LED電球は，通常の白熱電球と比べると寿命《じゅみょう》がかなり長いことが特徴《とくちょう》で，新しい照明として利用されています。白熱電球より明るく，熱くなりにくく，様々な色が表現しやすいといった特徴もあります。後の問いに答えなさい。

⑴　私たちの日常生活において，LED電球を使用する場合の方が白熱電球を使用する場合より優れている点があります。その優れている点として**適当でないもの**を，次のページの**ア**～**エ**から一つ選び，記号で答えなさい。

ア　LED電球の方が，可燃物が多い場所での使用において安全性が高い。

イ　LED電球の方が，電球を交かんするひん度が少ない。

ウ　LED電球の方が，明るくなるまでの時間が短い。

エ　LED電球の方が，紫外《しがい》線を多く出すため虫がよってこない。

(2)　LED電球の方が白熱電球よりも高価ですが，電気代が安くすみます。そのため，長時間使用すると，購入《こうにゅう》費用と電気代を合わせた総費用はLED電球の方が安くなります。表の条件の場合，LED電球の方が白熱電球より総費用が安くなるのは，使用時間が何時間をこえたときですか。

	1時間あたりの電気代	1個の値段
LED 電球	0.2 円	5700 円
白熱電球	2 円	300 円

(3)　平成28年度のLED電球を使用した信号機の普及率《ふきゅうりつ》は，全国平均が54.9％に対し，北海道では20.3％でした。北海道のような雪が多く降る地域での普及率が低い理由を，**10文字以上20文字以内**で答えなさい。

4　次の文章を読んで，後の問いに答えなさい。

気体Ａを液体Ｂにとかしたものを塩酸といいます。うすい塩酸に鉄をとかすと気体Ｃが発生します。気体Ｃと気体Ｄをまぜたものにマッチの火を近づけると，ポンと音を出して液体Ｂが生成します。気体Ｄはオキシドールに二酸化マンガンを加えて生成することができます。空気は気体Ｄと気体Ｅが主な成分ですが，わずかに気体Ｆなどもふくまれています。石灰水に気体Ｆを加えると石灰水が白くにごります。

(1)　気体Ｄの名称《めいしょう》を答えなさい。

(2)　気体Ａ，Ｃ，Ｄ，Ｅ，Ｆの中で，最も重い気体を一つ選び，記号で答えなさい。

(3)　下線部のように，うすい塩酸でとかすことができる金属を，次の**ア～オ**から**すべて**選び，記号で答えなさい。

ア　マグネシウム　　**イ**　亜鉛《あえん》　　**ウ**　金　　**エ**　銀　　**オ**　アルミニウム

(4)　気体Ｆを水にとかしたものを青色リトマス紙につけると色が変化しました。青色リトマス紙をつけたとき，同じように色が変化するものを，次の**ア～オ**から**すべて**選び，記号で答えなさい。

ア　石灰水　　**イ**　塩酸　　**ウ**　食塩水　　**エ**　酢《す》　　**オ**　アンモニア水

社会

5　次のページの表は，世界で流行した感染症とその説明を示したものです。これらを見て，後の問いに答えなさい。

(1)　［ 1 ］に当てはまる感染症の名称を**カタカナ３文字**で答えなさい。

(2)　下線部①の年には，琉球藩および琉球王国が廃止され，新しい県が設置されています。この県名を**漢字**で答えなさい。

(3)　下線部②では，人々は多くの税負担を強いられました。このうち，地方の特産物を都に納める税を何といいますか。正しいものを次の**ア～エ**から一つ選んで，記号で答えなさい。

ア　租　　**イ**　調　　**ウ**　庸　　**エ**　雑徭《ぞうよう》

名　　称	説　　明
1	下痢《げり》を主症状とする感染症。日本には幕末の開国とともに海外から持ち込まれ，①1879年と1886年の大流行ではそれぞれ年間10万人以上の死者を出した。
天然痘《とう》	感染力の強い天然痘ウイルスが引き起こす感染症。日本では②奈良時代に政権を担当していた③藤原不比等の息子たちが，天然痘により相次いで死去している。
結　核	結核菌によって起こる感染症。せきや発熱などの症状が長く続くのが特徴。日本では④明治時代末期から⑤大正時代にかけて徐々《じょじょ》に感染者数が増加した。⑥1894年に領事裁判権を撤廃した当時の外務大臣も，結核が原因で亡くなっている。
ペスト	ペスト菌による感染症。感染したノミにかまれることによってヒトにうつる。⑦この菌を発見した日本人は，2024年度に発行される予定の新しい千円札のデザインにも採用されている。
⑧COVID－19	新型コロナウイルスがヒトに感染することによって起こる感染症。日本では新型コロナウイルス感染拡大の状況を受け，2020年４月７日に政府による 2 宣言が出された。

(4)　下線部③は，初の本格的な律令を作成した中心人物であり，政治のしくみを整えました。この律令が制定された701年の元号を**漢字２文字**で答えなさい。

(5)　下線部④の1889年には，大日本帝国憲法が発布されました。この大日本帝国憲法と現行の日本国憲法を比較し，主権のあり方の違いについて説明しなさい。

(6)　下線部⑤に起こった出来事として**誤っているもの**を次の**ア**～**エ**から一つ選んで，記号で答えなさい。

ア　関東大震災が発生した。　**イ**　日本が第一次世界大戦に参戦した。
ウ　シベリア出兵が行われた。　**エ**　八幡製鉄所が完成した。

(7)　下線部⑥について，この外務大臣は誰ですか。正しいものを次の**ア**～**エ**から一つ選んで，記号で答えなさい。

ア　井上馨《かおる》　**イ**　陸奥宗光　**ウ**　小村寿太郎　**エ**　大隈重信

(8)　下線部⑦について，この人物は誰ですか。正しいものを次の**ア**～**エ**から一つ選んで，記号で答えなさい。

ア　北里柴三郎　**イ**　渋沢栄一　**ウ**　野口英世　**エ**　津田梅子

(9)　下線部⑧の集団感染が最初に確認された中国の都市はどこですか。正しいものを次の**ア**～**エ**から一つ選んで，記号で答えなさい。

ア　南京　**イ**　香港　**ウ**　武漢　**エ**　上海

(10)　2 に当てはまる語句として正しいものを次の**ア**～**エ**から一つ選んで，記号で答えなさい。

ア　危機管理　**イ**　非常事態　**ウ**　緊急事態　**エ**　災害危機

6 下の表は，関東地方の都県の面積と人口を表したものです。これらを見て，後の問いに答えなさい。

都　県	面　積（km^2）	人　口（万人）
A	2,416	920
B	3,798	735
C	5,158	626
D	6,362	194
E	2,194	1,392
F	6,408	193
G	6,097	286

※総務省統計局ホームページ「第２表　都道府県，男女別人口及び人口性比一総人口，日本人人口（2019年10月１日現在）」より

(1)　千葉県を表しているものを表中A～Gから一つ選んで，**アルファベット**で答えなさい。

(2)　表中Aには，1853年にペリーが来航し，翌年には日米間で条約が結ばれました。この条約の名称として正しいものを次の**ア**～**エ**から一つ選んで，記号で答えなさい。

ア　日米通商航海条約　　**イ**　日米和親条約

ウ　日米安全保障条約　　**エ**　日米修好通商条約

(3)　表中Bの西部では，1884年に税負担の軽減などを求めて農民が立ち上がった事件が起こりました。現在その地には，セメントの生産で有名な市が存在します。この市の名称として正しいものを次の**ア**～**エ**から一つ選んで，記号で答えなさい。

ア　川越《かわごえ》市　　**イ**　秩父《ちちぶ》市　　**ウ**　所沢市　　**エ**　狭山《さやま》市

(4)　表中Cには，939年に関東地方で起こった反乱をきっかけとして創建されたとされる寺院があります。この反乱を起こした人物として正しいものを次の**ア**～**エ**から一つ選んで，記号で答えなさい。

ア　源義家　　**イ**　藤原純友　　**ウ**　北条泰時　　**エ**　平将門

(5)　表中Dにある嬬恋《つまごい》村では，すずしい高原の気候をいかした野菜の生産がさかんです。2016年から2018年にかけ，都道府県別生産量で第１位となっている，この野菜として正しいものを次の**ア**～**エ**から一つ選んで，記号で答えなさい。

ア　キャベツ　　**イ**　タマネギ　　**ウ**　ピーマン　　**エ**　ジャガイモ

(6)　表中Eで最もさかんな工業として正しいものを次の**ア**～**エ**から一つ選んで，記号で答えなさい。

ア　造船業　　**イ**　鉄鋼業　　**ウ**　自動車産業　　**エ**　印刷業

(7)　表中Fには，江戸幕府３代将軍徳川家光によって大規模な改築が行われた日光東照宮があります。この徳川家光の時代に起こった出来事として正しいものを次の**ア**～**エ**から一つ選んで，記号で答えなさい。

ア　薩摩藩が琉球王国を征服した。　　**イ**　島原・天草一揆が発生した。

ウ　初めて武家諸法度が定められた。　　**エ**　享保の改革が行われた。

⑻　表中**G**の県庁所在地名を**漢字**で答えなさい。

⑼　関東地方には，越後山脈から流れ出す，流域面積が日本一の河川が流れています。この河川の名称を**漢字**で答えなさい。

7　次の文章を読んで，後の問いに答えなさい。

人権とは，人が生まれながらにして持っている権利のことをいいます。人が人間らしく生きていくためには，差別なく平等に扱われるなど，基本的人権が尊重されなければなりません。日本国憲法では，「侵《おか》すことのできない［　1　］の権利」と定められています。

世界に目を向けると，近代になってまず保障されたのは，①自由権でしたが，②産業革命が進展するにつれて，人々の貧富の差が大きくなり，大きな社会問題となりました。そこで，誰もが人間らしく豊かな生活を送ることが求められ，③社会権が主張されるようになりました。日本国憲法第25条には，「すべて国民は，健康で文化的な最低限度の生活を営む権利を有する。」と定められています。

また，人権が侵されないためには，民主政治の実現も必要不可欠です。このため，国民が政治に参加する権利として，④選挙権などが保障されています。日本における衆議院議員選挙では，⑤小選挙区比例代表並立制が導入されています。

⑴　［　1　］に当てはまる語句を**漢字２文字**で答えなさい。

⑵　下線部①の具体例として正しいものを次の**ア**～**エ**から一つ選んで，記号で答えなさい。

ア　騒音などの公害がない，快適な環境で生活を営むことができる。

イ　個人の住所や電話番号などが，みだりに公開されない。

ウ　個人の思想や政治信条などによって，不当に逮捕されない。

エ　人種・性別・身分などのあらゆる違いによって差別を受けない。

⑶　下線部②について，日本では明治時代に，劣悪《れつあく》な環境下での労働などが大きな社会問題となりました。そうした中で様々な社会運動が展開されましたが，この運動の内容について「資本家」「労働者」「ストライキ」という３つの語句を必ず用いて説明しなさい。

⑷　下線部③の保障について，世界で最初に明記したのは1919年にドイツで制定された「○○○○○憲法」でした。この○○○○○に入る語句を**カタカナ５文字**で答えなさい。

⑸　下線部④について，2020年７月５日に東京都知事選挙が行われました。この選挙で当選した人物として正しいものを次の**ア**～**エ**から一つ選んで，記号で答えなさい。

ア

イ

ウ

エ

※東京都知事選挙選挙公報・千葉県ホームページ・参議院ホームページ・大阪府ホームページより引用

⑹　下線部⑤を成立させたのは細川護熙《もりひろ》内閣です。この内閣の誕生により，ある政党による長期単独政権が終了しました。この政党の名称として正しいものを次の**ア**～**エ**から一つ選んで，記号で答えなさい。

ア　自由民主党　　**イ**　日本共産党　　**ウ**　民主党　　**エ**　日本社会党

ウ　複数の登場人物の視点を通して描写《びょうしゃ》することで、図書館に集まる高校生のそれぞれの心情が生き生きと表現されている。

エ　主人公とは正反対の性格を有する登場人物を比較して語ることで、人によって考え方が違うという真実を描き出している。

なさい。

ア　仕事を放棄《ほうき》する図書委員への怒りを表に出さない能見のことを敬愛している。

イ　図書委員の仕事を天職と思い頑張《がんば》っている能見の姿に強い感銘《かんめい》を受けている。

ウ　人の嫌がることにも嬉々《きき》として取り組む能見に対して尊敬の念を抱いている。

エ　図書委員の仕事を放り出さず働いている能見の真面目《まじめ》な姿に心打たれている。

問七　傍線部③「少し嬉しい」とあるが、その理由を「本」という語を用いて、**十五字以上二十字以内**で説明しなさい。

問八　傍線部④「望美に手渡された」とあるが、その結果として、どのようなことが起こったのか。適する部分を本文中から**二十二字**で抜き出しなさい。

問九　傍線部⑤「スルー」を言い換えた**二字**の熟語を本文中より抜き出しなさい。

問十　傍線部⑥「キャラを演じる」とはどのようなことか。本文中の語句を用いて**十五字以上二十字以内**で説明しなさい。

問十一　傍線部⑦「そこだけは正直に伝えよう」とあるが、その理由として最も適当なものを次の**ア**～**エ**から一つ選び、記号で答えなさい。

ア　綾に対しては今も納得できない気持ちを抱《いだ》いているものの、ここで綾に伝えなかったら綾と同じような人間になってしまうと考えているから。

イ　今は不仲になってしまっている綾ではあるが、これまでの楽しい思い出もあるのであまり冷たくしてしまうのも考え物だと思っているから。

ウ　綾の気持ちはともかく、自分が好きなものが認められた喜びは誰にも共通するものだと思うのでそこは公正に伝えるべきだと判断したから。

エ　綾のレビューが力作であったことを知っているため、他の生徒から評価され、本が借り出されるのも当然であると考えるようになったから。

問十二　傍線部⑧「本はつまり、役に立つ！」と望美が考えるのはなぜか、最も適当なものを次の**ア**～**エ**から一つ選び、記号で答えなさい。

ア　現実に起こることはすでに読書体験のなかで予習済みの事柄《ことがら》ばかりであり、対応も簡単に想定できることばかりだったから。

イ　本からの情報と自分の人生が混じりあうことで、本の内容と現在の自分の状況を比較《ひかく》し、客観的に捉《とら》えることができたから。

ウ　本からの知識は実際の高校生活から得られるものとは次元が違《ちが》う深いものであるため、尊重しなくてはならないと思うから。

エ　図書部での活動を通じて自分の経験と本の内容が混ざり合い、一つになったことが実感できたので、感謝の念が生じたから。

問十三　この文章の特徴《とくちょう》として最も適当なものを次の**ア**～**エ**から一つ選び、記号で答えなさい。

ア　会話だけにカギかっこを用いることで、それぞれの登場人物がどのような意図で発言をしたのかわかりやすくなっている。

イ　あるものを別のものに例えることによって、望美が他人をどのように見ているかが読者に伝わりやすいようになっている。

頼子は、そこはドラマっぽくなく、居間のソファに裸足《はだし》で飛び乗り、新聞をめくった。

「ね、頼子ね、弁当箱は大きいのに、家では晩御飯残した！」今や頼子ウォッチャーの仲間となった能見さんに教えてあげる。

「そう」能見さんは面白そうに笑う。

そこに綾が登美子と並んで入ってきた。カウンターの前を華麗《かれい》に「スルー」。

「綾」無視されてもいいや。名前を呼ぶ。綾は仕方なさそうに立ち止まる。登美子は戸惑《とまど》った顔。

「こないだレビューしてた本、さっき借りられたよ」貸し出しコーナーに入った、まだ真新しいカードを取り出して、かざしてみせる。綾の好きなものを私は理解できないかもしれないが、自分のレビューした本が借りられたら嬉しい気持ちは一緒のはず。⑦そこだけは正直に伝えよう。

「そう」一瞥《いちべつ》だけくれて、やはりすっすと部室に入っていってしまう。想像の中のスルーとほぼ同一の軌跡《きせき》。登美子がもっと戸惑った顔で綾の背中とカウンターの望美をきょろきょろと見比べて、綾を追う。

でもいいんだ。望美はまるで明るい気持ちだ。いつか仲直りできるかもしれないから、ではなくて——むしろ卒業したりすることで、綾だけではない、いろんな人とどんどん㋑疎遠《そえん》になっていくだろうと確信しているのだが——本を読んでいたことで、この気持ちを、殴られた痛みまで含めて、あらかじめ知っていたからだ。

⑧本はつまり、役に立つ！

（長嶋有『ぼくは落ち着きがない』光文社文庫より）

問一　文中に次の一文を入れるとき、最も適当な箇所《かしょ》をⅠ、Ⅱ、Ⅲ、Ⅳから一つ選び、記号で答えなさい。

本当は、誰とでも仲良しなんて無理だもの。

問二　A・Bに入れるのに最も適した語を次の**ア**～**エ**から一つ選び、記号で答えなさい。

A　**ア**　面食らった　**イ**　しょんぼりした　**ウ**　不快げな　**エ**　能面のような

B　**ア**　いみじくも　**イ**　あまつさえ　**ウ**　ていよく　**エ**　うかつにも

問三　二重傍線部ⓐ「詮方なし」・ⓑ「横紙破りに」の意味として適するものをそれぞれ**ア**～**エ**から一つ選び、記号で答えなさい。

ⓐ　詮方なし

ア　理解できない　**イ**　我慢《がまん》できない

ウ　仕方がない　**エ**　思い出したくない

ⓑ　横紙破りに

ア　ひっそりと　**イ**　自分を殺して

ウ　無理を押し通して　**エ**　常識知らずに

問四　波線部㋐「移行してしまう」・㋑「疎遠になっていく」の主語はそれぞれ何か、適することばを本文中より抜き出しなさい。

問五　傍線部①「なにもいわずにフケてしまう」とあるが、その理由を「～から」という答え方になるように「～」にあたる部分を本文中から**十一字**で抜き出しなさい。（「フケる」は「逃げる」の俗語《ぞくご》）

問六　傍線部②「戦場の最前線に～敬虔な気持ち」とあるが、この心境の説明として最も適当なものを次の**ア**～**エ**から一つ選び、記号で答えれた気がしてよりショックということではなくて、あるいは逆に「読書で救われる」という気持ちでもないのだが、とにかく今、自分は単に「気まずくて嫌《いや》だ」ではない感じ方になっている。

次に並んだ人の借りた本が、一学期の最後に刊行した「図書室便り」で、綾が推薦《すいせん》図書としてレビューを書いた本だった。

綾に教えてあげたいけど、きっとろくに口をきいてくれないだろう。綺麗《きれい》に⑤スルー。カウンターの前を、部室の扉《とびら》だけをみすえて素通りする姿がみえるようだ。

あの小説のやりとりが現実に混ざったということは、突然嫌われる（殴られる）ことが自然なことだったと、心のどこかで思っていたということだ。Ⅲ

「あの弁当箱の南出さん、きてないんですね」貸し出しの行列が一段落すると、横で能見さんがタイムリーなことをいう。おー、我がナイチンゲールよ。

「そうなの！」今まさに、rightといいたい。頼子のことの方が、私が無視されることなんかよりも今の私には重要なのだ。望美の返事の万感こもった強さに、能見さんは少し［A］顔。

ちょっと今の返事は芝居《しばい》がかってしまったか。望美はクリップ入れに手をのばして、視線を変える。パソコンの故障を知って嘆《なげ》く健太郎のオペラ歌手のような身振りを思い出し、笑いそうになる。

この世の中の人は、誰《だれ》もがただ会話するだけでも芝居がかる。即興《そっきょう》で「⑥キャラを演じる」。役割の中でボケたり、ツッこんだりもする。Ⅳ

部室の皆だけでない。誰もがテレビや本や、あるいは先人たちのふるまいや、それぞれの心の中に降り積もった情報を参照して、言葉を外部に発しているんだ。

上手にふるまえない人は、しんどい。当意即妙《とういそくみょう》に冗談《じょうだん》がいえたり、余計なこといわなかったり。「空気読めない」のは生きにくい。

頼子もときどきズレる。芝居以上に嘘《うそ》のようなふるまいになる。部室では受け入れられているけど教室ではどうだったろう。

とにかくⓑ横紙破りに生きている。世間に反抗《はんこう》したりしないで、普通に「皆」の中にひっそりしていて、でも間違いなく横紙破りだ。

それが「いろいろあるんだよ」だなんて。朝の思考に突然《とつぜん》戻る。休日の約束を反故《ほご》にした、子供向け漫画《まんが》の中の、大人の台詞《せりふ》そのままだ。

頼子の家の晩御飯は（弁当箱から類推するに）蛮族《ばんぞく》たちの酒宴のよう（牛一頭丸焼きとか）かと思ったが、普通だった。味噌汁《みそしる》と、御飯と、鮭《さけ》のソテーと、野菜の煮込みスープ（「ラタトゥイユ」とお母さんは教えてくれた）。

［B］、頼子は御飯を残した！

「もういい、食べたくない」といって。

「食べなさい」

「食欲ない」茶碗《ちゃわん》を置き、それに箸《はし》を載《の》せて立ち上がる頼子。

「そう」と母。そのやりとりにも驚いた。それこそ、ドラマの中みたいだ。

望美は御飯を残したことがない。帰り道、そのことに気を取られた。自分の家で同じことをいったら、怒鳴られる。一度「食欲ない」といって、茶碗の中の御飯を半分残して、深刻そうに立ち上がって部屋に引っ込んでみたい。

感じられるアラビアの国をもとに作られた。

三　次の文章を読んで、後の問いに答えなさい。

（あらすじ）　桜ヶ丘《さくらがおか》高校には各クラスから選抜《せんばつ》される「図書委員」と、自発的に図書室の管理をする「図書部」の二つがあり、望美は図書部の部員である。望美はちょっとしたことで同じ図書部員の綾《あや》との関係が悪くなっていて、登美子は望美のことを気にしながらも綾と仲良くしている。また、図書部員にはクラスで浮きがちな頼子がいて、女子なのにとても大きな弁当箱を持ってきていることで知られている。なお、本文中の登場人物のうち、「能見」だけが図書委員であり、それ以外の人名はすべて図書部の部員である。

　昨年もおととしもそうだったのだが、二学期になるとクラスの図書委員たちは皆《みな》、大体貸し出し当番に来なくなる。これは統計学的にも（調査すれば）裏付けがとれる。休んでも特に罰則《ばっそく》がないことを――委員の皆に横のつながりがなくとも、めいめいが――徐々《じょじょ》に知っていくのだ。一学期はまだ、低血圧とか、いろいろ理由を用意していたのがもう、①なにもいわずにフケてしまう。

　そんなのよくない、と望美は思わない。そんなのつまらないと思う。なにがつまらないのか、うまく言語化できないのだが。

　特に放課後の貸し出し当番はほぼ壊滅《かいめつ》状態で、だから二学期も唯一《ゆいいつ》きてくれている能見さんの、その手をとってひしと握《にぎ》りしめたくなる。②戦場の最前線に踏《ふ》みとどまった看護婦をみるような敬虔《けいけん》な気持ち。

「これ、貸し出しお願いします」

「はい」パソコンが壊れたのも、望美は③少し嬉《うれ》しい。故障がなおれば徐々に㋐移行してしまうのだろうが、それでも卒業式に手渡されるのが平たい電子式のカードじゃなく、自分の履歴《りれき》が目で見える紙のカードでよかったと思う。

　それは紙とか手書きといった事柄《ことがら》に「ぬくもり」があるからではない。情報が「現物」になって、目にみえるのが記憶《きおく》の「役に立つ」から、いいのだ。

　思い出とは情報のことだと望美は定義する。本も情報だから、現実の思い出と混ざることがある。

　たとえば、綾が「馬鹿にしている」と思って、よそよそしく接するのを望美は居心地悪く思っているが、単によそよそしい接し方をされるだけではなく、殴《なぐ》られたような錯覚《さっかく》がある。［Ⅰ］

　それは、たまたま最近読み終えた『サイダーハウス・ルール』という小説に、殴る場面があったから。主人公の口癖《くちぐせ》「ライト（そういうこと）」の繰《く》り返しに、ずっと共に暮らしている仲間の男がかっとなって殴りかかる。それは明らかに唐突《とうとつ》だったのに、主人公は殴られたのをⓐ詮方《せんかた》なしと了解《りょうかい》している。［Ⅱ］

「返却《へんきゃく》お願いします」

「はい、学年と名前をお願いします」望美は休まずに手を動かし、考えつづける。

　仲間の男は、単に繰り返される口癖に苛々《いらいら》したのではない、上下巻ある本を初めからそこまで読むことで、同じ「時間」を経験しないと分からない、殴りかからざるをえなかった「苛々」が④望美に手渡された。

　その読書と綾が急につんけんする現実とが、混ざりあっている。殴ら

イ　不思議な呪文を唱えることでただの岩壁が割れて洞窟があらわれること。

ウ　聞き手や読者に提供される華《はな》やかできらびやかな光景があること。

エ　願いをかなえるために使った魔法のランプの偉大な力のこと。

問八　傍線部⑥「語り草になる」とあるが、その理由として最も適当なものを次の**ア**～**エ**から一つ選び、記号で答えなさい。

ア　なんでもありな要素を含んでいることできらびやかなイメージがリアルな世界に近づく魅力があるから。

イ　ギリシャ神話の壮大なイメージを作品の中に取り入れることで色々な文化に触れられる魅力があるから。

ウ　自分が生活している中に別世界へと続く場所が隠されているかもしれないと夢想させる魅力があるから。

エ　不思議な場所にファンタスティックなイメージを見出すことでつらい現実を忘れさせる魅力があるから。

問九　傍線部⑦「多文化のごたまぜ」とあるが、ルイスがそのような書き方をした理由として最も適当なものを次の**ア**～**エ**から一つ選び、記号で答えなさい。

ア　『千一夜物語』の、さまざまな事物を列挙することで生まれるイメージが残っていたから。

イ　夢想した子どもたちにとって、物語の中の矛盾は現実を忘れさせてくれるものだったから。

ウ　幼少期に親友の作品を読んだことに触発され、物語を書こうとする気持ちが生まれたから。

エ　空想しがちな子どもにとってリアルな世界になるように、矛盾を引き起こそうとしたから。

問十　傍線部⑧「目のごちそう」とあるが、なぜ「目のごちそう」といえるのか。最も適当なものを次の**ア**～**エ**から一つ選び、記号で答えなさい。

ア　現実では手に入るはずがない高価な宝石や宝を入手し、想像の中だけでもお金持ちになったような気にさせるから。

イ　現実ではつり合うはずもない身分のお姫さまと結婚することで、現在の自分の立場や地位を忘れさせてくれるから。

ウ　現実ではありえないようなキャラクターを多く登場させることで、日常を離れた世界を空想させる効果があるから。

エ　現実では決してありえない世界が近くにあるという設定によって、自分が別の世界につながっていると思えるから。

問十一　本文の内容として最も適当なものを次の**ア**～**オ**から**二つ**選び、記号で答えなさい。

ア　『千一夜物語』は家族の間で伝えられたものではなく、職業としての話し手によって伝えられたと考えられる。

イ　アラジンのように裕福になりたいという思いから、読者は宝石のきらびやかな光景に心がひかれる。

ウ　「アリババと四十人の盗賊」にはきらびやかなイメージは出てこないため、読者は物語に魅力を感じない。

エ　トールキンは読者にとって現実的な世界となるように、自身の物語の舞台《ぶたい》を作る際に細かく念入りに工夫をした。

オ　カロールメン国は、イギリス人のルイスにとってエキゾチックにたちにとっての、ダイヤモンド、真珠《しんじゅ》、螺鈿《らでん》、月長石、ルビー、柘榴《ざくろ》石、ヒヤシンス石、珊瑚《さんご》、光玉髄《こうぎょくずい》などのオンパレードに匹敵《ひってき》するものだったのだろう。私は物語の矛盾が気になるほうで、「サンタクロースやミシンまでは出てこないほうが……」と思ってしまうが、衣装だんすのなかの別世界を夢想する子どもの心にとっては、「ナルニア国ものがたり」の盛りだくさんな登場人物たちは、宝石の果物さながらの⑧目のごちそうなのかもしれない。

（脇明子『魔法ファンタジーの世界』岩波新書より）

注1　金無垢――まぜ物のない純粋の金。純金。
注2　紗――透《す》き目があらく、軽くて薄《うす》い織物。
注3　モティーフ――芸術作品において表現の動機となる題材。
注4　トールキン――イギリスの作家・英語学者。『指輪物語』など空想物語で有名。

問一　[A]～[D]に入ることばの組み合わせとして最も適当なものを次の**ア**～**エ**から一つ選び、記号で答えなさい。

ア　A　でも　B　だが　C　まるで　D　また
イ　A　やはり　B　そして　C　まるで　D　ところが
ウ　A　でも　B　だが　C　なぜなら　D　ところが
エ　A　やはり　B　そして　C　なぜなら　D　また

問二　傍線部①「目がくらんで」のここでの意味として最も適当なものを次の**ア**～**エ**から一つ選び、記号で答えなさい。

ア　誘惑《ゆうわく》に負けて　**イ**　呆然《ぼうぜん》として
ウ　圧倒《あっとう》されて　**エ**　落ち着かなくて

問三　傍線部②「なんでもない」を「○○だ」と言い換える時、○○に当てはまる**二字**の熟語を答えなさい。

問四　[X]、[Y]に入ることばとして最も適当なものを次の**ア**～**エ**から一つずつ選び、記号で答えなさい。

X　**ア**　まじまじと　**イ**　ありありと　**ウ**　さめざめと
　　エ　おめおめと
Y　**ア**　仰々《ぎょうぎょう》しい　**イ**　うつくしい　**ウ**　やましい
　　エ　つつましい

問五　傍線部③「そんな満足感」とあるが、筆者がこのように表現する理由として最も適当なものを次の**ア**～**エ**から一つ選び、記号で答えなさい。

ア　通常の昔話の展開として予想される通り幸福な結末で物語が終わることに対して、反対の考えであると述べるため。
イ　貧しかった若者がありえない宝を手に入れるというストーリーは、ありふれているのではと疑問視しているため。
ウ　具体的な描写により、読者の想像力に訴《うった》えるきらびやかで豪華なイメージのことを、やりすぎだと思っているため。
エ　現実世界には存在しない、読者を喜ばせるための現実離れした魔法の力のことを、子供のものだと決めつけるため。

問六　傍線部④「二十世紀前半の人々にとっての映画」とはどういうものだったか。「～もの」という答え方になるように「～」にあたる部分を本文中から**二十字**で抜き出しなさい。

問七　傍線部⑤「ファンタスティックなイメージ」の説明として**当てはまらないもの**を、次の**ア**～**エ**から一つ選び、記号で答えなさい。

ア　山のように積み上げられた金貨を手に入れて大金持ちになること。

の魔法の働きは、そんな［Y］夢をかなえるなどという域をはるかに超《こ》えている。宝石の果物を運ぶ八十人の豪奢《ごうしゃ》な奴隷たちの行列にしても、アラジンが最初に地下の洞窟で見つけた、ありとあらゆる宝石の果物が実る果樹園にしても、それが聞き手の心をとらえるのは、自分も運がよければアラジンのように裕福《ゆうふく》になれるかもしれないと思うからではなく、きらびやかな光景を夢見て現実を忘れられるからであったはずだ。

　もうひとつの名高い物語、「アリババと四十人の盗賊《とうぞく》」には、そんなふうにきらびやかなイメージは出てこず、盗賊の洞窟に忍《しの》びこんだアリババが手に入れるのは、単純明快な金貨ばかりだ。［B］、この物語が人々の心をとらえてきたのは、アリババがいともたやすく山のような金貨を手に入れ、金持ちになったからではなく、「胡麻《ごま》よ、開け！」という呪文《じゅもん》でただの岩壁《いわかべ》と見えたものが二つに割れ、洞窟が姿をあらわしたからではないだろうか。言い換《か》えれば、盗賊たちの洞窟は、そこに富が隠《かく》されているから魅力的《みりょくてき》なのではなく、魔法でしか開かない隠された洞窟であるから魅力的なのであって、ここでも、⑤ファンタスティックなイメージの喜びが、現実的な欲望をしのいでいる。

　この盗賊たちの洞窟や、アラジンが入った宝石の果物の実る果樹園は、なんでもない岩壁や、さびしい谷間の岩の下に隠れているが、このことも空想の楽しみを増やしてくれる。［C］、自分の生活圏《せいかつけん》のなかにも、ひょっとするとそんな不思議な場所が隠れているのではないかと、夢想することができるからだ。ルイスの「ナルニア国ものがたり」の第一巻『ライオンと魔女』の衣装だんすが、ファンタジーへの導入のモティーフ[注3]として⑥語り草になるのも、まさにそれに似た魅力を持っているからではないだろうか。「衣装だんす」というと、ちょっと特別な感じだが、洋服だんすならどこにでもある。自分の家の洋服だんすも、なかにもぐりこんだら、不思議な別世界へと続いているかもしれない――そう夢想した子どもが、どれほどたくさんいることだろう。

　たぶんそれが、「ナルニア国ものがたり」という作品が、「なんでもあり」と言いたくなるほど雑多な要素を含んでいることの、ひとつの理由ではないだろうか。ルイスがこの作品を書きはじめたのは、親友であったトールキン[注4]の創作活動に触発《しょくはつ》されたからだが、トールキンのほうは、物語の舞台《ぶたい》となる別世界「中つ国」を作っていくに際し、それが読者にとってリアルな世界となるように、かなり抑制《よくせい》を心がけて、緻密《ちみつ》な工夫をこらしている。［D］ルイスのナルニアでは、まずギリシャ神話のフォーンが出てきたと思うと、次はトナカイのひくそりに乗った魔女と小人、そして、家に家具やオーブンばかりかミシンまで持っているビーバー一家、サンタクロース、巨人《きょじん》といった具合に、いくつもの文化、さまざまな種類の物語にまたがるファンタスティックな者たちが、次から次へと姿をあらわす。あとの巻には竜《りゅう》も出てくるし、第五巻『馬と少年』の舞台となるカロールメン国は、興味深いことに、まさに『千一夜物語』の世界である。この⑦多文化のごたまぜは、どうしても物語に矛盾《むじゅん》を引き起こし、しばしばやっかいの種になっていることも否定できない。

　それでもルイスがこんな書き方を選んだのは、子ども時代に楽しんだと思われる『千一夜物語』のきらびやかなイメージのオンパレードが、忘れがたかったからではないだろうか。物語というものが大好きだったルイスにとっては、ライオンや魔女、巨人や小人、フォーンや木の精ドリアード、もの言うネズミやビーバーたちは、『千一夜物語』の語り手

【国語】（五〇分）〈満点：一〇〇点〉

一 次のA・B・Cの各問いに答えなさい。

A 次の①～⑤の語を打ち消す際に用いる漢字一字をそれぞれ答えなさい。

① 気力　② 常識　③ 人気　④ 成年　⑤ 都合

B 次の①～⑤の俳句と短歌の（　）に入ることばとして最も適当なものをそれぞれア～エの中から一つ選び、記号で答えなさい。

① うつむいて何を思案の（　　）の花

ア うめ　イ ゆり　ウ あやめ　エ さくら

② いつしかに春の名残となりにけり昆布《こんぶ》干場の（　　）の花

ア たんぽぽ　イ コスモス　ウ あじさい　エ りんどう

③ 金色のちひさき鳥のかたちして（　　）ちるなり夕日の岡《おか》に

ア すずめ　イ 星くず　ウ いちょう　エ すすき

④ （　　）終日《ひねもす》のたりのたりかな

ア 春一番　イ 春の海　ウ 冬隣《ふゆどな》り　エ 隙間風《すきまかぜ》

⑤ （　　）の種に縞《しま》あり斑馬《しまうま》の

ア 朝顔　イ 菜の花　ウ 向日葵《ひまわり》　エ 赤なす

C 次の①～④の説明に当てはまることわざの中には、二種類の動物が使われている。その動物の名前をそれぞれ**ひらがな**で答えなさい。

① 長寿《ちょうじゅ》でめでたいこと。

② 自分には力がないのに、強い人の力を借りていばる人のこと。

③ とても仲が悪いこと。

④ 苦手なものに直面し体がすくんで動けないこと。

二 次の文章を読んで、後の問いに答えなさい。

「アラジンと魔法《まほう》のランプ」は、母親と二人暮らしの貧しい若者アラジンが、たちの悪い魔法使いにだまされ、地下の洞窟《どうくつ》へ魔法のランプを取りにいかされるが、結局はそのランプを自分のものにし、それをこすったら出てくる鬼神《きじん》の力を借りて、お姫《ひめ》さまと結婚《けっこん》してしまうという物語だ。王さまはアラジンの母親が持参した宝に①目がくらんで、一応結婚を許すものの、支度金《したくきん》としてさらに莫大《ばくだい》な宝を要求する。［A］アラジンにはランプの鬼神がついているから、注1金無垢《きんむく》の大皿四十枚に宝石の果物を山盛りにするくらい、②なんでもない。それを頭にのせて運ぶのは、美しく着飾《きかざ》った四十人の女奴隷《どれい》で、おなじく豪勢《ごうせい》な身なりをした四十人の男の奴隷たちが付き添《そ》う。語り手は、大皿の一枚一枚にかけられた注2紗《しゃ》の覆《おお》いが「金の花模様を織り出した絹」であるといったことまで、事細かに語り、ファンタスティックできらびやかな光景を［X］想像させてくれる。ここで聞き手は、「これでアラジンはお姫さまと結婚できるんだ、よかったよかった」とも思うだろうが、③そんな満足感よりも、現実にはけっして見られないものを見た心の目の喜びのほうが、さらに大きいのではないだろうか。

こんな物語が、家族のなかで年寄りから子どもへと語り継《つ》がれてきたとは考えにくく、やはり、旅をしてまわる職業的語り手を想定すべきだろう。質素で殺風景な生活を送っていた人々にとって、語り手が音楽もまじえて語ってくれる物語は、④二十世紀前半の人々にとっての映画がそうであったように、現実を忘れて楽しめるひとときの夢だったにちがいない。もちろんその夢には、もう少しましな暮らしがしたい、などといった、現実的な夢も含まれていたことだろう。だが、『千一夜物語』

2021年度

成田高等学校付属中学校入試問題（一般）

【算　数】（50分）　＜満点：100点＞

1　次の計算をしなさい。

(1)　$25-3\times8\div2-3$

(2)　$\left(\frac{5}{7}-\frac{1}{5}\right)\div\frac{9}{2}\times\frac{7}{12}$

(3)　$0.25+\frac{1}{3}-0.7\div\frac{21}{5}$

(4)　$(0.37+1.03)\times\frac{3}{7}+\left(1\frac{2}{5}-\frac{3}{5}\right)$

2　次の問いに答えなさい。

(1)　1個20円のガムと1個60円のアメをあわせて30個買ったところ，代金は840円になりました。ガムを何個買いましたか。

(2)　家から学校まで行くのに，時速4㎞で歩くより時速6㎞で歩くほうが10分早く学校に着きます。家から学校までの道のりは何㎞ですか。

(3)　ある本を1日目は全体の$\frac{1}{4}$を読み，2日目は残りの$\frac{1}{6}$を読んだところ，175ページ残っていました。この本は全部で何ページありますか。

(4)　12％の食塩水200ｇに水を300ｇ加えます。この食塩水から200ｇ取り出して，3％の食塩水200ｇに混ぜると何％の食塩水ができますか。

3　図は清少納言《せいしょうなごん》の知恵《ちえ》の板という正方形を7つの図形に切り分けたものです。辺ABは10㎝で，AE＝EB＝BF＝FC＝CG＝GD＝DH＝HA，EI＝IF，AJ＝JK＝KL＝LC，HM＝MGです。
次の問いに答えなさい。

(1)　三角形ACDの面積を求めなさい。

(2)　台形ACGHの面積を求めなさい。また，その過程を図や式と言葉を使って説明しなさい。ただし，答えのみ書いた場合は不正解となります。

(3)　正方形EIKJの面積を求めなさい。

(4)　ALを1辺とする正方形の面積を求めなさい。

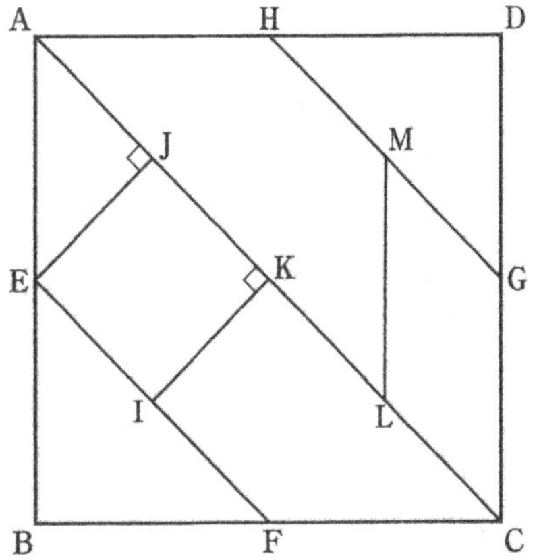

4 ②，③，④の３個の玉が入った袋《ふくろ》があります。大小２個のさいころを同時に投げて，出た目の合計Ａを求めます。Ａが２の倍数のときは②を，Ａが３の倍数のときは③を，Ａが４の倍数のときは④を袋から取り出します。

例えば，大きいさいころの目が６，小さいさいころの目が２のときは，Ａは８で，８は２の倍数であり，４の倍数でもあるので②と④を取り出します。次の問いに答えなさい。

(1) 袋の中に入っている玉が，すべて取り出される目の出方は何通りありますか。

(2) 袋の中に入っている玉を１個も取り出さない目の出方は何通りありますか。図や式と言葉を使って説明しなさい。ただし，答えのみ書いた場合は不正解となります。

(3) 袋の中に入っている玉が，ちょうど２個となる目の出方は何通りありますか。

(4) 袋の中に入っている玉が，ちょうど１個となる目の出方は何通りありますか。

5 図１は１辺の長さが６㎝の立方体から半径１㎝の円柱の半分をまっすぐくりぬいた立体です。この立体を立体Ａとします。図２は図１を正面から見た図です。図３は立体Ａを真上から見た図で，影のついた部分の正方形から向かいあう面まで垂直にくりぬいてできた立体を立体Ｂとします（図４）。円周率を3.14として，次の問いに答えなさい。

(1) 立体Ａの体積は何cm^3ですか。

(2) 立体Ａを作るときに取り除いた立体の表面全体の面積は何cm^2ですか。

(3) 立体Ｂの体積は何cm^3ですか。

(4) 立体Ｂの表面全体の面積は何cm^2ですか。

図１

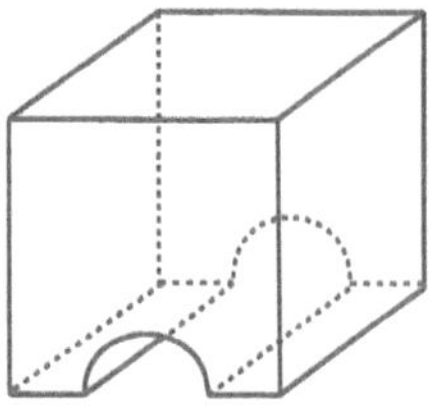

図２

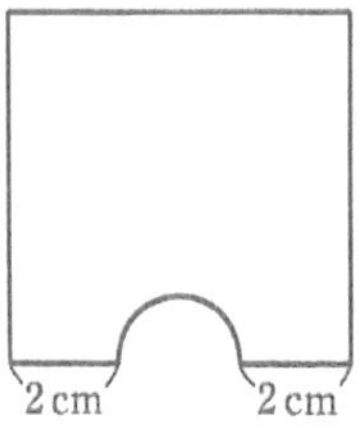

図３

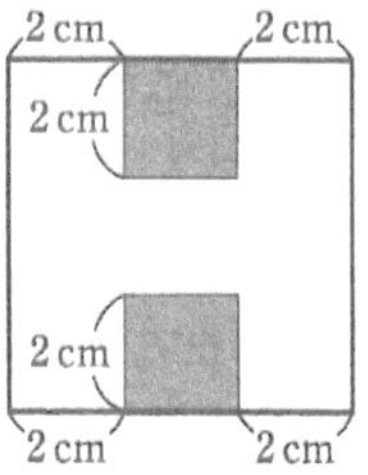

図４

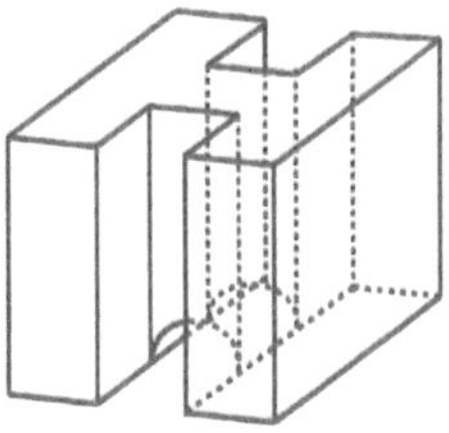

【理科・社会】（50分）　＜満点：各50点＞

理科

1　図はヒトの全身の骨格を表したものです。後の問いに答えなさい。

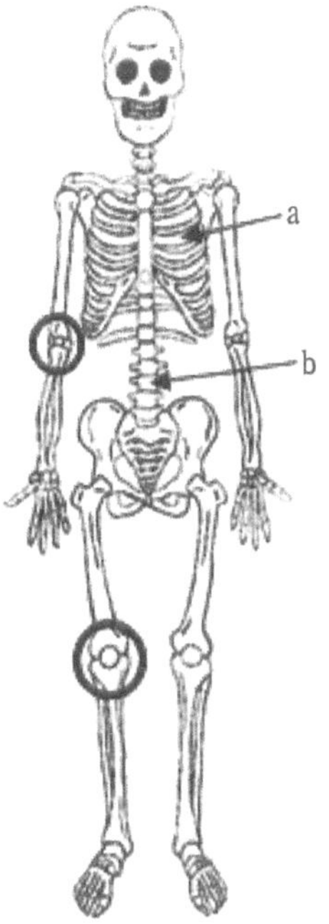

(1)　図の黒丸○で示された，骨と骨のつなぎ目を何といいますか。**漢字２文字**で答えなさい。

(2)　図のａ，ｂの骨の役割の組み合せとして正しいものを，次の**ア～エ**から一つ選び，記号で答えなさい。

	ａの役割	ｂの役割
ア	内臓を守る	体を支える
イ	内臓を守る	内臓を支える
ウ	肩《かた》と胸の骨をつなぐ	体を支える
エ	肩と胸の骨をつなぐ	内臓を支える

(3)　次の**ア～オ**からｂの骨がある動物を**すべて**選び，記号で答えなさい。

ア　カニ　　**イ**　アリ　　**ウ**　メダカ　　**エ**　ヘビ　　**オ**　タコ

2　海岸の崖《がけ》などには，さまざまな粒が重なって，しま模様に見えるものがあります。このしま模様のことを（　Ａ　）と呼びます。（　Ａ　）のでき方を理解するために実験１・２をそれぞれ行いました。後の問いに答えなさい。

【実験１】

①　図１のように水の入ったペットボトルに砂・れき・どろを入れ，ふたを閉めた。

②　ペットボトルをふって，砂・れき・どろをよく混ぜた。

③　ペットボトルの底を下にして，平らな机の上にしばらく置いたところ，砂・れき・どろがそれぞれ分かれて沈《しず》み，水平に重なってたい積した。

図１

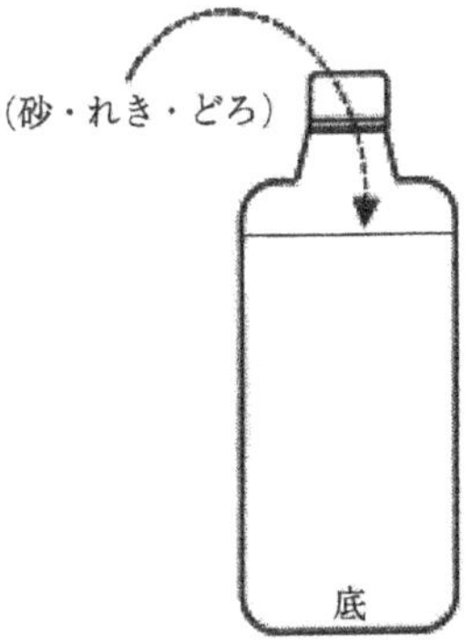

水の入ったペットボトル

【実験２】

①　次のページの図２のような装置を組み立て，水そうに水を入れた。

②　しゃ面に，砂・れき・どろをのせた。

③　しゃ面の上からじょうろで水を注ぐと，砂・れき・どろが流されて水中でたい積した。

④　砂・れき・どろが流された距離《きょり》を観察した。

図２

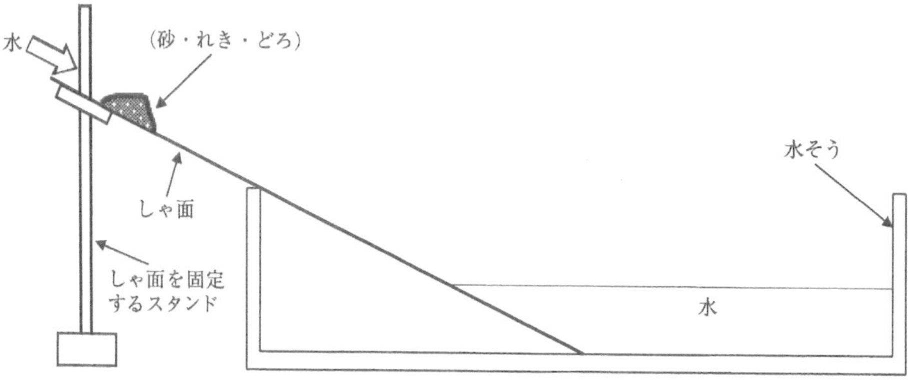

⑴　文章中の（A）に入る語句を**漢字２文字**で答えなさい。

⑵　実験１で，砂・れき・どろがペットボトルの底からたい積した順に左から並べたものはどれですか。最も適当なものを，次の**ア**～**カ**から一つ選び，記号で答えなさい。

ア　砂・れき・どろ　　**イ**　砂・どろ・れき　　**ウ**　どろ・れき・砂
エ　どろ・砂・れき　　**オ**　れき・砂・どろ　　**カ**　れき・どろ・砂

⑶　実験２で，砂・れき・どろの流された距離が長い順に左から並べたものはどれですか。最も適当なものを，次の**ア**～**カ**から一つ選び，記号で答えなさい。

ア　砂・れき・どろ　　**イ**　砂・どろ・れき　　**ウ**　どろ・れき・砂
エ　どろ・砂・れき　　**オ**　れき・砂・どろ　　**カ**　れき・どろ・砂

⑷　ある地点のボーリング調査をしたところ，図３のようにさまざまな粒がたい積していることがわかりました。これらの粒が海の底でたい積した時代に，水深がどのように変化したことがわかりますか。**20文字以内**で説明しなさい。

図３

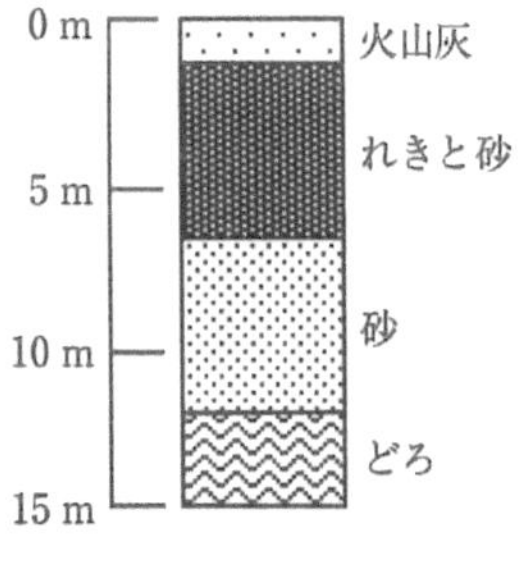

3　表（次のページ）のA～Eの条件で，図１のようにふりこをふらせました。糸の重さやおもりの大きさ，空気の抵抗《ていこう》は考えないものとして，後の問いに答えなさい。

図１

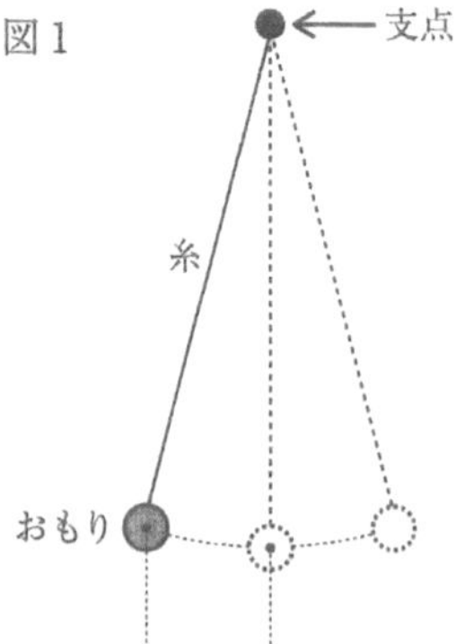

表

条件	糸の長さ（cm）	おもりの重さ（g）	ふれはば（cm）
A	40	50	10
B	40	150	20
C	40	150	30
D	60	100	30
E	60	150	20

(1)　A～Eの条件で，図１のようにふりこをそれぞれ10往復させました。10往復にかかる時間は何通りありますか。

(2)　Dの条件で，図２のように支点から30cmの地点Xにくぎを打ちふりこをふらせました。ふり始めたあと，おもりはどこまで上がりますか。最も適当なものを，右の**ア**～**オ**から一つ選び，記号で答えなさい。

図２

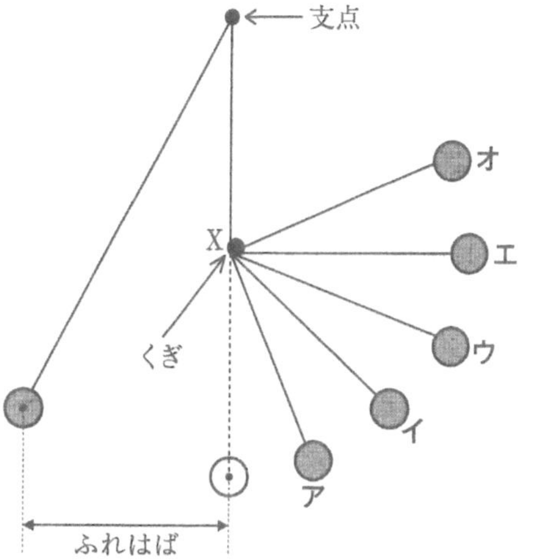

次に，図３のようにふりこと台車と机を用意し，おもりが支点の真下にきたとき台車に垂直に当たるようにふりこをつくりました。表のA～Eの条件でふりこをふらせ，静止した台車におもりを当て，台車が机上を進んだ距離《きょり》を調べました。どの条件でも台車は机から落ちませんでした。

図３

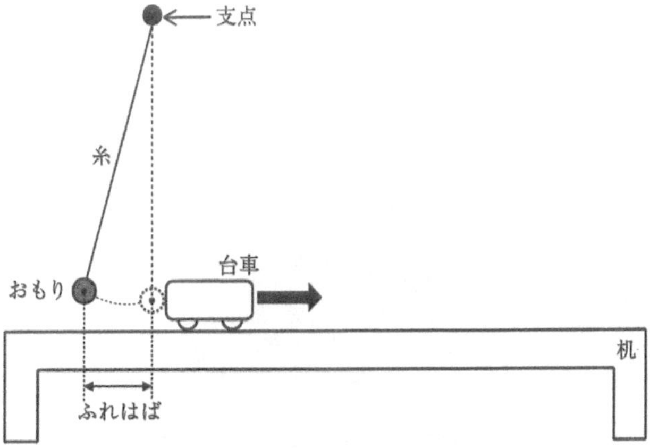

⑶　A，B，Cの条件で，図3のように静止した台車におもりを当てました。台車が最も遠くまで進んだ条件はどれですか。A～Cから一つ選び，記号で答えなさい。

⑷　B，C，Eの条件で，図3のように静止した台車におもりを当てました。結果を比べたところ，台車が進んだ距離は，長い順に108㎝，48㎝，32㎝でした。糸の長さを60㎝，おもりの重さを150g，ふれはばを30㎝にすると，台車は何㎝進みますか。

4　オレンジなどのかんきつ類の皮には，リモネンという液体が多く含《ふく》まれます。リモネンは発泡《ぽう》ポリスチレン（発泡スチロール）をとかす性質があります。この現象は化学変化が起きているわけではなく，食塩が水にとける現象と同じです。発泡ポリスチレンはポリスチレンに空気を混ぜこんでつくられています。リモネンを使って実験1・2をしました。後の問いに答えなさい。ただし，発泡ポリスチレン中の空気の重さは無視できるものとします。

【実験1】

15gの発泡ポリスチレンをリモネン10gに入れると，ぶくぶくと泡《あわ》を出しながらすべてとけた。

【実験2】

実験1でできたよう液からリモネンを蒸発させ，残ったポリスチレンの体積を測定したところ，14.3㎤だった。

⑴　実験1でできたよう液の濃度《のうど》は何％ですか。

⑵　実験1でとかした発泡ポリスチレンの体積は，実験2で得られたポリスチレンの体積の何倍ですか。小数第一位を四捨五入して，整数で答えなさい。ここで，発泡ポリスチレン1㎤の重さは0.015gとします。

⑶　工事や建設の現場では，使用した大量の発泡ポリスチレンを運ぱんしやすくするために，リモネンが用いられることがあります。その理由を，「リモネンにとかすことで」に続けて**20文字以内**で答えなさい。

社会

5　康之《やすゆき》君は夏休みを利用し，千葉県の歴史を学ぶために県内の神社・仏閣を巡りました。次の**A**～**D**は，それらの写真と，康之君のレポートです。これについて，後の問いに答えなさい。

A

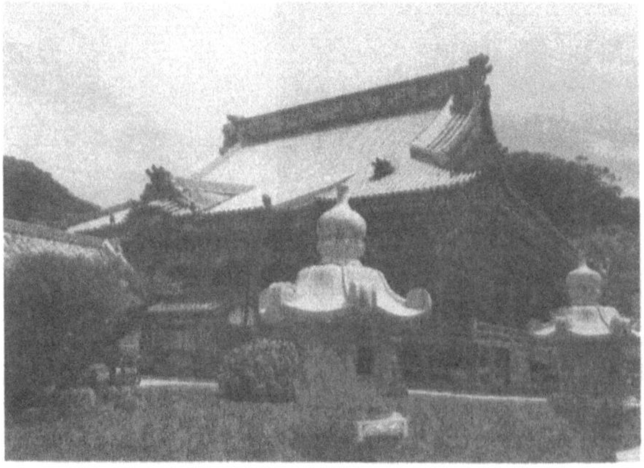

この写真は，鴨川市にある小湊山誕生寺《こみなとさんたんじょうじ》という寺院のお堂です。この寺院は，①鎌倉時代に，あ

る仏教の宗派を開いた僧が生まれた場所に建てられたとされています。この僧は，「南《な》無《む》妙法蓮《みょうほうれん》華経《げきょう》」と題目を唱えれば救われるという教えを説きました。また，鎌倉幕府を批判したことから，伊豆や佐渡に流されました。

B

この写真は，香取市にある香取神宮の楼門《ろうもん》です。香取神宮は古来より武神として信仰されてきました。この楼門は，江戸時代に建てられたもので，国の重要文化財に指定されています。掲げられている額の「香取神宮」の文字は，②日露戦争で活躍した軍人である ③ によって書かれたものです。境内《けいだい》では，自衛隊の練習艦であった「かとり」の錨《いかり》などもみることができます。

C

この写真は，成田市にある鳴鐘山東勝寺《めいしょうざんとうしょうじ》の境内にある ④ のお墓です。この人物はこの地域の名主で，⑤佐倉藩の重税などを当時の将軍徳川家綱に直接訴えたと言われています。後の時代には，この人物をモデルにした文芸作品が著《あらわ》されたり，歌舞伎が上演されたりしました。

D

この写真は，市原市にある西願寺阿弥陀堂《さいがんじあみだどう》です。この阿弥陀堂は，⑥室町時代後期の1495年に平《へい》蔵城《ぞうじょう》の城主であった土橋《つちはし》平蔵が，鎌倉の大工に命じて建てさせたものです。宋から伝えられた禅宗《ぜんしゅう》様《よう》と呼ばれる建築様式であり，国の重要文化財に指定されています。建てられた当時は金箔《きんぱく》がはられていたことから「平蔵の⑦光堂」とも呼ばれています。

(1)　Aで述べられている仏教の宗派を開いた人物を次の**ア**～**エ**から一つ選んで，記号で答えなさい。

ア　栄西　　**イ**　最澄　　**ウ**　日蓮　　**エ**　法然

(2)　下線部①の時代の仏教に関する文として，**誤っているもの**を次の**ア**～**エ**から一つ選んで，記号で答えなさい。

ア　運慶《うんけい》・快慶《かいけい》によって，東大寺南大門の金剛力士像《こんごうりきしぞう》がつくられました。

イ　この時代には，仏教がすたれてしまう末法の考え方が広まりました。

ウ　坐禅《ざぜん》によって修行をする禅宗が，中国から日本に伝わりました。

エ　この時代に開かれた仏教の宗派は，その教えが分かりやすく，実行しやすかったために，多くの武士や民衆の間に広まっていきました。

(3)　下線部②の戦争が起こった背景には様々な出来事が関係しています。開戦前のロシアの行動と，その行動に対する日本の危機意識という点から，次の【　】内の語句を必ず用いて，その背景について簡単に説明しなさい。

【　占領　・　韓国　】

(4)　下線部②を終結させた講和条約を，締結《ていけつ》された都市の名前から何といいますか。答えなさい。

(5)　[③] に当てはまる人物は，日本海海戦において，当時，世界屈指のロシア艦隊を破った人物です。次の**ア**～**エ**から一つ選んで，記号で答えなさい。

ア　山本五十六《やまもといそろく》　**イ**　東条英機《とうじょうひでき》　**ウ**　東郷平八郎《とうごうへいはちろう》　**エ**　伊藤博文《いとうひろぶみ》

(6)　[④] に当てはまる人物の名前を答えなさい。

(7)　下線部⑤の藩主であった堀田正睦《ほったまさよし》は，日米修好通商条約の締結の際にアメリカ総領事であったハリスとの交渉にあたりました。この日米修好通商条約に関する説明として**誤っているもの**を後の**ア**～**エ**から一つ選んで，記号で答えなさい。

ア　この条約により，横浜・長崎・新潟・神戸の各港が新たに開港されました。

イ　この条約は，関税自主権の欠如や領事裁判権の承認など，日本にとっては不平等な内容のものでした。

ウ　この条約は，大老の井伊直弼により，朝廷の許可を得ずに結ばれました。

エ　この条約は，アメリカ船へ燃料・水・食料などを補給するために，日本に開国を迫ったことから結ばれました。

(8)　下線部⑥の時代の出来事を述べた次の**ア**～**エ**を，起こった順に並べ替えて答えなさい。

ア　北山文化を代表する建造物である金閣寺が建てられました。

イ　応仁の乱が始まり，多くの守護大名が東軍と西軍の二手に分かれて戦いました。

ウ　足利尊氏が，建武の新政を行った後醍醐天皇を倒しました。

エ　織田信長が，足利義昭を京都から追放しました。

(9)　下線部⑦について，松尾芭蕉の『奥の細道』の中で同じく「光堂」と呼ばれる建造物に中尊寺金色堂があります。中尊寺は岩手県の何という町にありますか。**漢字２文字**で答えなさい。

6　後の(1)～(3)の略地図の線で囲まれた部分は，隣り合う２つの県の県境を消して表したものです。それぞれの説明文を参考にしながら，当てはまる２つの県名をそれぞれ答えなさい。（湖や島については省略してあります。また，濃い線は海岸線を表しています。）

(1)

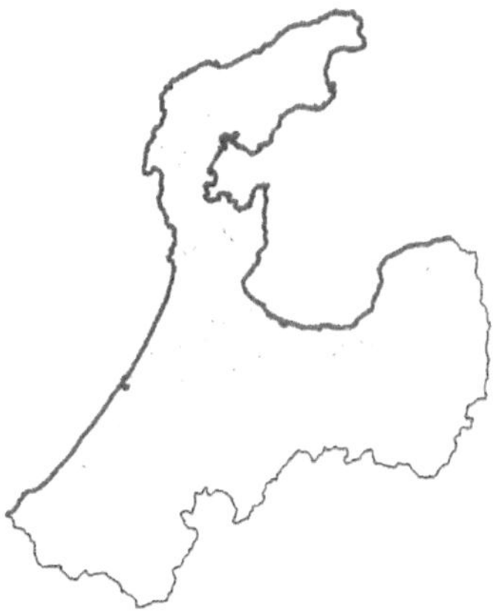

• 一方の県では，漆《うるし》を使用した伝統工芸品が有名です。

• 一方の県には，世界遺産に登録されている合掌造りの集落があります。

(2)

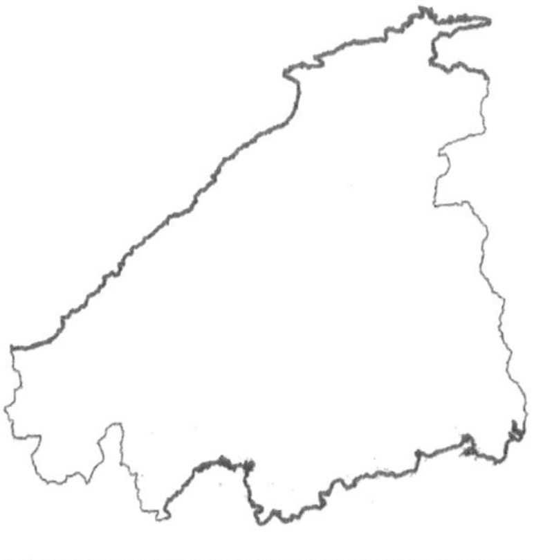

• 一方の県の海沿いには，自動車関連の工場や製鉄所が多くみられます。

• 一方の県には，シジミの産地として有名な湖があります。

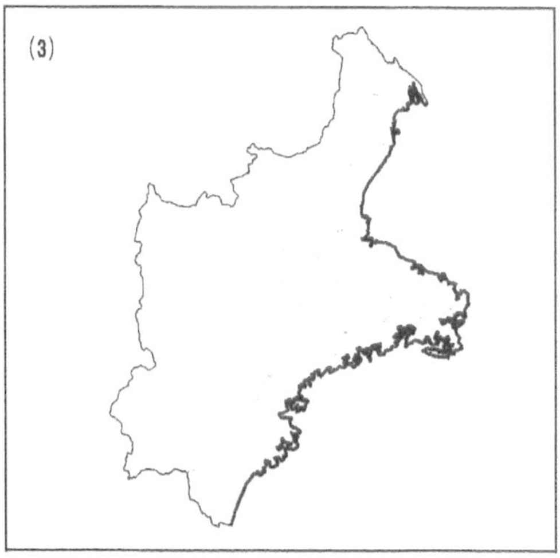

・一方の県には，かつて都がおかれました。

・一方の県では，四大公害病の一つであるぜんそくが発生しました。

7　次の地図とA～Cの説明文を読み，後の問いに答えなさい。

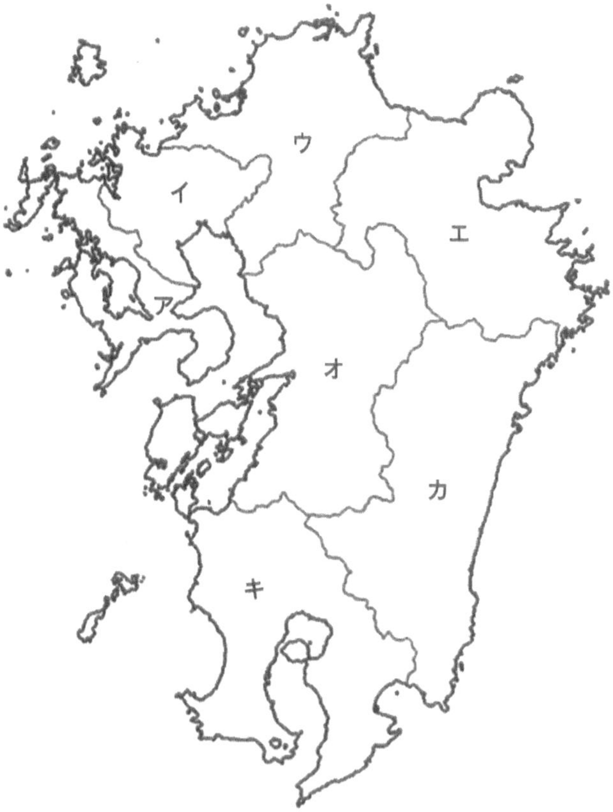

A　①火山灰でおおわれた台地が広がっています。そこでは，さつまいもや茶の栽培がさかんです。豚やにわとりの飼育が有名で，特に黒豚は，この県を代表するブランド品となっています。宇宙開発基地があることでも知られています。

B　世界有数のカルデラを持つ山があります。トマトやスイカが日本有数の生産量をほこります。

2016年には地震による被害，②2022年７月には，記録的な豪雨《ごうう》の影響《えいきょう》による河川の氾濫《はんらん》などの大きな被害にあいました。

C　「日本神話ゆかりの地」として有名です。また，温暖な気候を活かした農作物の栽培が有名です。③ピーマンやきゅうりなどの栽培については，高知平野と同様にビニールハウスを使用するなどの方法をとっています。

⑴　**A**～**C**に当たる県を，地図中の**ア**～**キ**から一つずつ選んで，記号で答えなさい。

⑵　**A**の県における下線部①のような台地を何といいますか。答えなさい。

⑶　下線部②について，**B**県内で氾濫を起こした河川を次の**ア**～**エ**から一つ選んで，記号で答えなさい。

ア　北上川《きたかみがわ》　　**イ**　球磨川《くまがわ》　　**ウ**　四万十川《しまんとがわ》　　**エ**　千曲川《ちくまがわ》

⑷　下線部③の栽培方法について，その名称と具体的な内容について，解答欄に当てはまるように説明しなさい。

8　次の国会，内閣に関する文章を読み，後の問いに答えなさい。

①国会は国の政治の方向を決める機関で，法律を定めることができる唯一の ② 機関です。③国会は，選挙で選ばれた国民の代表者である国会議員で構成されるため，「国権の最高機関」と定められています。国会の決定は，議員の多数決によって決められます。

国会は，④衆議院と参議院で構成されていますが，これは国会としての意思を慎重《しんちょう》に決める為であり，衆議院と参議院の両方がそれぞれ話し合いを行い，⑤両院が賛成した時にこの意思が決定されるのが原則になっています。

⑥内閣は国会で決められた国家予算や法律に基づいて実際に政治を行う行政機関で，その下に省や庁が置かれ，政治の実務を分担して行っています。内閣は，その最高責任者である内閣総理大臣と国務大臣で構成され，この全員が参加する ⑦ で政治の進め方を決定します。

⑴　下線部①について，衆議院議員総選挙から30日以内に召集され，内閣総理大臣を指名する国会を「○○国会」といいます。この○○に入る語句を次の**ア**～**エ**から一つ選んで，記号で答えなさい。

ア　緊急　　**イ**　通常　　**ウ**　臨時　　**エ**　特別

⑵　② に当てはまる語句を**漢字２文字**で答えなさい。

⑶　下線部③のような政治制度を「○○○○制」といいます。この○○○○に入る語句を**漢字４文字**で答えなさい。

⑷　下線部④について述べた文として，正しいものを次の**ア**～**エ**から一つ選んで，記号で答えなさい。

ア　内閣総理大臣の権限である解散は，衆議院・参議院の両方で行われます。

イ　それぞれの任期については，衆議院が６年，参議院が４年と定められています。

ウ　選挙権については，衆議院も参議院も満18歳以上と定められています。

エ　被選挙権については，衆議院が満30歳以上，参議院が満25歳以上と定められています。

⑸　下線部⑤に関連して，衆議院には参議院よりも強い権限が認められる場合があり，これを「衆議院の優越《ゆうえつ》」といいます。その内容として**誤っているもの**を次の**ア**～**エ**から一つ選んで，記号で答えなさい。

ア　憲法改正案の可決　　**イ**　法律案の可決　　**ウ**　内閣不信任案の決議　　**エ**　予算の議決

⑹　下線部⑥について述べた文として，正しいものを次の**ア**～**エ**から一つ選んで，記号で答えなさい。

ア　内閣の一員である国務大臣については，国会議員しか就任できません。

イ　内閣は，裁判官などの国家公務員の任命や監督は行いません。

ウ　内閣は，最高裁判所の長官の指名ならびに任命を行います。

エ　内閣は，天皇の国事行為に対して助言と承認を行うとともに，その行為に対して責任を負います。

⑺　［⑦］に当てはまる語句を答えなさい。

い。

ア　何もできないと思っていた悠人が背中をさすってくれたことを嬉しく思うとともに、変に大人びているように感じて面白かったから。

イ　子守唄が悠人の心に届いていたことを喜ばしいと感じているとともに、子どもが母親を守ろうとしている様子が滑稽《こっけい》だと思ったから。

ウ　まだ幼いと思っていた悠人の成長を目の当たりにした喜びとともに、必要以上に悠人を心配していたことを恥ずかしく感じたから。

エ　悠人がいろいろなことを学んで成長していることを実感して感動しているとともに、親子の立場が逆転したようでおかしかったから。

問十一　傍線部⑨「深刻なおももち」とあるが、それはなぜか。最も適当なものを次の**ア**～**エ**から一つ選び、記号で答えなさい。

ア　急に目の前で母が泣きだしたのでただごとではないと感じているから。

イ　母が泣くようなオルゴールを作った店員に対し怒《いか》りを覚えているから。

ウ　泣きながら笑う母を見て何が起きているのか強く興味をひかれたから。

エ　泣いている母を初めて見たので守ってあげたいと強く心に決めたから。

問十二　傍線部⑩「いつしか涙はとまっていた」とあるが、それはなぜか。最も適当なものを次の**ア**～**エ**から一つ選び、記号で答えなさい。

ア　和らいだ表情を見せた悠人を見た瞬間《しゅんかん》、わが子のかわいらしさにほほえましい気持ちになったから。

イ　幼く耳の聞こえない悠人を守っていかなければいけないので、涙を止めようという意識が強く働いたから。

ウ　悠人の優しい表情と心地よく響《ひび》くオルゴールの子守唄の音色の中で、おだやかな気持ちになったから。

エ　悠人への想いがオルゴールの音色となって流れてきたことに大いに感動して泣き、涙が枯《か》れ果てたから。

問十三　本文の内容として合うものを次の**ア**～**エ**から一つ選び、記号で答えなさい。

ア　幼い頃から悠人の心の中に留まっていた子守唄の音色を、店員が悠人からくみ取ってオルゴールにした。

イ　耳の聞こえない店員がオルゴールを作ったことに不信感があった美咲は、悠人の反応を見て印象を変えた。

ウ　美咲が幼い悠人のためによく歌っていた子守唄は、悠人がまだ赤ん坊だったときに一番好きな歌だった。

エ　泣いていた母をなぐさめた悠人は、母からの感謝の言葉をかすかに聞くことができるくらいに耳が回復した。

配している。

問三　傍線部③「すまして続けた」とはどういう様子か。最も適当なものを次の**ア**～**エ**から一つ選び、記号で答えなさい。

ア　美咲の反応を気にせず、何事もないかのような様子。
イ　美咲の反応に動揺《どうよう》して、取りつくろおうとする様子。
ウ　美咲の反応をからかって、得意げになっている様子。
エ　美咲の反応を無視して、取り合おうとはしない様子。

問四　X には「～するとすぐに」という意味を表すことばが入る。ここに入る適当なことばを**ひらがな二字**で答えなさい。

問五　傍線部④「こういうの」とは何を表しているのか。「～こと」に続く形になるように「～」の部分を**十五字以内**で答えなさい。

問六　傍線部⑤「店員は熱いコーヒーをじっくり味わうふうでもなかった」とあるが、それはなぜか。最も適当なものを次の**ア**～**エ**から一つ選び、記号で答えなさい。

ア　悠人のものになるオルゴールが気に入ってもらえるか不安だから。
イ　コーヒーの感想よりも自分の話を聞いてほしいと思っているから。
ウ　コーヒーの話題で終わってしまうのではないかと焦《あせ》っているから。
エ　客のために作ったオルゴールを早く聞かせたいと思っているから。

問七　Y に入ることばとして最も適当なものを次の**ア**～**エ**から一つ選び、記号で答えなさい。

ア　目を三角にし　**イ**　目をつぶり
ウ　目をかけ　**エ**　目を落とし

問八　傍線部⑥「呆然として聴いた」のはなぜか。最も適当なものを次の**ア**～**エ**から一つ選び、記号で答えなさい。

ア　息子に対してよく歌っていた子守唄が流れてきて、あまりの意外さに驚いているから。
イ　速くなったり遅くなったりと安定しなかった素朴な音色に、とても感動しているから。
ウ　どうして初対面の男性店員がこの子守唄を知っているのか、疑わしく思っているから。
エ　かつてよく歌っていた素朴な子守唄が聞こえてきて、当時を懐《なつ》かしく感じているから。

問九　傍線部⑦「美咲の目の前で青い箱がにじんだ」とはどういうことか。最も適当なものを次の**ア**～**エ**から一つ選び、記号で答えなさい。

ア　悠人のためによく歌っていた子守唄を店員がわかってくれたことに感動して涙が止まらないということ。
イ　自分が歌っていた子守唄が悠人の心にしっかりと響いていたことが嬉《うれ》しくて涙が止まらないということ。
ウ　直接子守唄を歌ってあげたいのに悠人の耳が聞こえていないことが悲しくて涙が止まらないということ。
エ　悠人が赤ん坊のときに耳のことに気づいてあげられなかったことが悔《くや》しくて涙が止まらないということ。

問十　傍線部⑧「美咲は泣きながら小さく笑った」とあるが、それはなぜか。最も適当なものを次の**ア**～**エ**から一つ選び、記号で答えなさ速くなったり遅《おそ》くなったり、たどたどしかった旋律《せんりつ》は、やがて安定した。素朴《そぼく》な音色を、美咲は⑥呆然《ぼうぜん》として聴いた。

よく知っている曲だった。美咲自身が、何度となく歌った。悠人のために。

めったに泣いたりぐずったりしない赤ん坊《ぼう》だった悠人だが、寝《ね》つきだけはあまりよくなかった。世界で起きているはずの楽しいことをどうしても見逃《のが》すまいと心に決めているかのように、つぶらな瞳《ひとみ》をぱっちりと見開いて、いつまでも眠《ねむ》ろうとしなかった。まだ耳のことを知る前、息子を眠りに誘《さそ》おうと、美咲は繰《く》り返し歌った。あるときは腕《うで》に抱《だ》き、揺《ゆ》すってあやしながら。あるときはベッドに寝かせて、ぽんぽんと優しくおなかをたたいてやりながら。

わたしの声は、この子に届いていた。

⑦美咲の目の前で青い箱がにじんだ。ゆるやかに動いている、悠人のぷっくりした手もぼやけた。とっさに紙ナプキンをつかみ、目もとに押しあてる。

オルゴールの音がとぎれた。

薄《うす》いナプキンはたちまち湿《しめ》ってしまい、美咲はポケットからハンカチを出した。何度も目を拭《ぬぐ》っている間、悠人がぎこちなく背中をなでてくれた。あたたかい手のひらの感触《かんしょく》が、心地いい。

この子はわたしが考える以上に、いろんなことを学んでいるのだ。誰《だれ》から教えられたわけでもないだろうに、涙《なみだ》を流している人間がいれば、背中をさすって慰《なぐさ》めようとする。

わたしが悠人のそばについている、と思っていた。なにがなんでもこの子を守る、と思っていた。でもこれでは逆だ。悠人がわたしのそばについて、わたしを守ってくれている。なんだか妙《みょう》におかしくなってきて、⑧美咲は泣きながら小さく笑った。

「ごめんね」

泣いてはいけない。悲しいわけではなくうれしいから泣いているのだと、悠人に伝えるのは難しい。

難しいけれど、それでも伝えたい。

「ありがとう」

⑨深刻なおももちで美咲の目をのぞきこんでいた悠人が、表情を和らげた。

美咲の耳の中に、そして心の中にも、安らかな子守唄が響《ひび》きわたる。やわらかい音色に包まれて、⑩いつしか涙はとまっていた。

（瀧羽麻子『ありえないほどうるさいオルゴール店』幻冬舎より）

問一　傍線部①「〇〇〇下さい」を座ることを丁寧《ていねい》にお願いする言い方になるように、〇〇〇の部分を**ひらがな三字**で答えなさい。

問二　傍線部②「美咲の内心」とはどのようなものか。最も適当なものを次の**ア**～**エ**から一つ選び、記号で答えなさい。

ア　いつ来るのか約束していないのに、コーヒーの準備ができていて喜んでいる。

イ　補聴器をつけていないのに、二人の足音が聞こえたという店員を疑っている。

ウ　来店の連絡をしていたわけではないのに、椅子が用意されていて驚いている。

エ　連絡《れんらく》せずに来店をしたので、オルゴールが用意されているのか心といって悠人のためのオルゴールを作成した。そのオルゴールを受け取りに二人は再びオルゴール専門店に向かった。

店は先週と変わらず、ひっそりと静かだった。

「いらっしゃいませ。お待ちしておりました」

店員は美咲たちを覚えていたようで、にっこり笑った。奥《おく》のテーブルの前に、すでに椅子《いす》がふたつ出してある。

「どうぞ、①〇〇〇下さい」

愛想よくうながされ、美咲は悠人と並んで腰《こし》かけた。いつ来ると約束していたわけでもないのに、ずいぶん準備がいい。

「おふたりの足音が聞こえたので」

②美咲の内心を見透《す》かしたかのように、店員が言った。

これは彼流の冗談《じょうだん》なのだろうか。前回見かけた耳の器具のことも頭をよぎり、美咲は反応に困ったが、彼は③すまして続けた。

「もうじきコーヒーができます。お子さんには、ジュースを」

言い終える　X　、背後でからんとベルが鳴った。

店に入ってきたのは、白いエプロンをつけた、おかっぱ頭の若い娘《むすめ》だった。両手で持った銀色の盆《ぼん》に、真っ白なソーサーつきのカップがふたつと、黄色いジュースの入ったガラスのコップがひとつ、のっている。コーヒーのいい香《かお》りが漂《ただよ》ってくる。悠人も鼻をひくひくさせて、しずしずと近づいてくる彼女を目で追っている。

彼女はテーブルの上に紙のナプキンとコースターを手際よく並べ、三人分の飲みものを置くと、さっと一礼して出ていった。

「いつもお向かいにお願いしてるんです。僕《ぼく》はどうも、④こういうのは得意じゃないもので」

それにしても、本当に準備がいい。まさか足音が実際に聞こえたわけではないだろうから、客が店に入っていくのが見えたらすぐに飲みものを用意して持ってくるように、あらかじめ頼《たの》んでおいたのだろうか。しかも、コーヒーの香りをかぐ限り、作り置きではなくきちんと淹《い》れられたもののようだ。

ひと口飲んで、それは確信に変わった。

「おいしい」

「でしょう。ここのコーヒーは絶品なんです」

うれしそうに言ったわりに、⑤店員は熱いコーヒーをじっくり味わうふうでもなかった。申し訳程度に口をつけたきりでカップを置き、居ずまいを正す。

「では、お聴《き》きになりますか」

前のめりの体勢とまっすぐなまなざしが、教室で描いた絵やつんできた草花を見せてくるときの悠人と、そっくりだった。

美咲は隣《となり》を見やった。両足をぶらぶらさせてジュースを飲んでいた悠人が、こくりとうなずいた。

「こちらです」

店員がテーブルの下から青い小箱を出し、悠人の正面にそっと置いた。

「どうぞ」

悠人が両手を伸《の》ばして箱を引き寄せた。ふたを開け、中の器械に　Y　つつ、細い持ち手を指でつまんでそろそろと回しはじめる。

流れ出したのは、子守唄《こもりうた》だった。

に続く形になるように「〜」の部分を**十字以上十五字以内**で答えなさい。（句読点や記号も一字とする）

問七　傍線部⑤・⑥のこの文章中での意味として最も適当なものを次の**ア**〜**エ**から一つずつ選び、記号で答えなさい。

⑤「うかつ」

ア　不相応　**イ**　不本意　**ウ**　不得手　**エ**　不注意

⑥「表相」

ア　外観　**イ**　実態　**ウ**　気配　**エ**　本性

問八　傍線部⑦「可愛がっていた前科」とあるが、筆者がこのような表現をした理由として最も適当なものを、次の**ア**〜**エ**の中から一つ選び、記号で答えなさい。

ア　当時可愛がっていた飼い猫に裏切られたという辛い過去があるから。

イ　よく知っているものに対してのえこひいきがあったと自覚したから。

ウ　ガマガエルという特定の醜い生物に対しての申し訳なさがあるから。

エ　生き物たちを「可愛い」と思うことは下に見ていることになるから。

問九　傍線部⑧「タメ口もきけます」とあるが、筆者がカエルに対してこのような態度をとる理由として最も適当なものを、次の**ア**〜**エ**の中から一つ選び、記号で答えなさい。（なお、「タメ口」は相手を対等に扱う話し方の俗語《ぞくご》）

ア　カエルとの間には多少の関係性があるから。

イ　カエルには見た目の可愛らしさがあるから。

ウ　ヘビとは違って人間を襲《おそ》うことがないから。

エ　ヘビと比較すると苦手なものではないから。

問十　[Z]に当てはまることばを文章中から**二字**の熟語で抜き出しなさい。

問十一　本文の内容に合うものを次の中から**二つ**選び、記号で答えなさい。

ア　筆者は、動物に対し「美しい」「醜い」と思うことに疑問を感じている。

イ　筆者は、ヘビのことを「自分とは関係のない他者」であると思っている。

ウ　筆者は、ヘビやカエルが好きではないが「醜い」とまでは思っていない。

エ　筆者は、好き嫌いによって動物への態度を変えることを問題視している。

オ　筆者は、本来のあり方で生活している動物に対して美しさを感じている。

[三]

次の文章を読んで後の問いに答えなさい。

（あらすじ）美咲の三歳《さんさい》の息子である悠人《ゆうと》は先天性の難聴《なんちょう》で耳が聞こえない。美咲が悠人と共に何となく入ったお店はオルゴール専門店で、経営しているのは耳に補聴器のようなものをつけている不思議な男性店員だった。店員は「心の中の音を聴いてオリジナルのオルゴールを作る」

対して愛情深いというわけでもありません。ネコと目が合って、「なんだよ、手前ェはよー」と、ネコに対して喧嘩腰《けんかごし》になるのはしょっちゅうです。

ネコに対してなら、「可愛い」と思って⑦可愛がっていた前科もあります。ネコに対してなら、「知ってる」と思って喧嘩腰にもなれます。憎《にく》まれ口をたたける程度には仲がいいかと思います。でも、ヘビやカエルはそうでもありません。カエルに対してなら「お前なにしてんの？」という⑧タメ口もきけますが、ヘビとはそうそう出会う機会もないので、「あ、ヘビだ」から先へは進めません。この先、カエルともっと頻繁《ひんぱん》に出会うようになったら、[c]、カエルを「美しい」と思うようになるかもしれません。ヘビに対しても、そういうことになるかもしれません。ならないかもしれません。

「自分とは関係のない他者」に対する私の反応は、「いきなり〝美しい〟と思う」と、「いきなり〝美しい〟とは思わない」の二つに分かれます。分かれるとして、この二つだけです。「いきなり〝美しい〟とは思わない」に分類されたものが、その先「〝美しい〟と思える」になることもありますが、ならないこともあります。なぜそういう分かれ方をするのかと言ったら、私も人間で、私にも私なりの[Z]があるからです。

（橋本治『人はなぜ「美しい」がわかるのか』ちくま新書より）

問一 [a]～[c]に入ることばの組み合わせとして最も適当なものを次の**ア**～**エ**から一つ選び、記号で答えなさい。

ア　a　つまり　b　むしろ　c　それでも
イ　a　だから　b　ただ　c　あるいは
ウ　a　そのうえ　b　むしろ　c　とりわけ
エ　a　おまけに　b　しかし　c　あるいは

問二 [X]・[Y]に入ることばとして最も適当なものを、それぞれ次の**ア**～**エ**の中から一つずつ選び、記号で答えなさい。

X　**ア** 社会　**イ** 規則　**ウ** 価値　**エ** 組織
Y　**ア** 評価できない　**イ** 見ていたくない
　ウ 見てはいけない　**エ** 認識できない

問三 傍線部①「存在に対する差別」とは、どういったことか。ここでの筆者の考えを「ヘビやカエルに対して」という書き出しに続く形で、**十五字以上二十字以内**で答えなさい。（句読点や記号も一字とする）

問四 傍線部②「『山道を行くヘビ』が教えてくれました」とあるが、何を教えてくれたというのか。その内容として最も適当なものを、次の**ア**～**エ**から一つ選び、記号で答えなさい。

ア 苦手な生き物でも何度も目にすることで「気持ち悪い」とは思わなくなるということ。
イ 野生動物がガラスやコンクリートに囲まれた生活に適応するのは、難しいということ。
ウ 山道で遭遇したヘビは動物園で見たヘビと違って、生き生きとしていたということ。
エ 本来自然の中にいるものが作られた環境の中にいるのは、不自然であるということ。

問五 傍線部③「いるもんだからいるもんだ」とはどういうことか。「～ということ」に続くように「～」の部分をこれより後の文章から**十字**で抜き出しなさい。

問六 傍線部④「それ」とはどのようなことを指しているか。「～こと」

たことがありました。自然環境《かんきょう》の中にいるヘビを見たのはその時が最初でしたが、その時は「あ、ヘビだ」とだけ思いました。その後に何度も遭遇《そうぐう》していれば、「どこに行くの?」と思ったかもしれませんが、それっきりヘビとは会っていないので、私がまたどっかの自然環境の中でヘビと会っても、思うことは、ただ「あ、ヘビだ」だけでしょう。

山道を行くヘビを見て、別に「こわい」とも「気味悪い」とも思いませんでした。「ヘビはただヘビであるだけで、こわくも気味悪くもないのに、なんでヘビにへんな感情を持ってたかな?」と思って、その昔に動物園のヘビを見た時のことを思い出しました。思い出すと、その記憶《きおく》の中の映像はあまり気味がよくないので、「なぜだ?」と思いました。その答は、正面にガラスのはまったコンクリート製の穴ぐらの中にいるヘビの姿が、ヘビ本来のあり方とは異質だったからで、「その異質さが〝気持ち悪い〟を作り出していたのか」と思いました。大体私は、檻《おり》の中に飼われている動物を見るのが好きではありません。「動物本来のあり方」を人が歪《ゆが》めていて、どことなく薄汚《うすぎたな》いのです。それを、②「山道を行くヘビ」が教えてくれました。

東京ではあまり見かけませんが、地方で仕事をしていた時には、部屋の中にヤモリがいることがありました。「③いるもんだからいるもんだ」としか思いませんでしたが、あまり近くに来られると気が散るし、原稿《げんこう》用紙の上を歩き回られたりすると困るので、「ちょっとどいてね」と言って、つまんで部屋の外に出しました。初めはティッシュで包んだりもしましたが、④それに慣れて、直接さわっても別に害がないだろうと思うようになってからは、直接手でつまむようになりました。

（　b　）、「こんなことを書いてていいのかな」と思うのは、私には中学時代、友達と毛虫の投げっこをしていたという過去があって、私は別になんともなかったのですが、私と一緒に毛虫の投げっこをしていた友達は、次の日学校を休みました。私は「毛虫のせいではない」と思うのですが、もしかしたら「毛虫のせい」かもしれません。というわけで、「⑤うかつになんでもさわらない方がいい」くらいのことだけは書き添《そ》えておきます）

私は、「動物と話が出来る」と言われた伝説の聖人ではないので、「自分は動物と話が出来る」なんてことを考えません。特別に「動物が好き」というわけではありません。「そこに存在するものなら、〝存在するもの〟としてつきあっている方が自然だろう」と思っているだけです。だから、夜の道を大きなガマガエルが歩いているのを見ると、勝手に「なにしてんの?」と思います。それは、「一体どこから来たんだ?」で、「お前はどこに住んでんだ?」で、「こんなとこ歩いてて車に潰《つぶ》されても知らねーぞ」です。

私は別に、ガマガエルの「⑥表相」を見てはいません。それを言うなら、「ガマガエルという存在」を見ています。「存在」に美醜《びしゅう》はありませんから、別にガマガエルを気持ち悪いとも思いません。格別に「美しい」とも思いませんが。

私にとって動物というのは、「見るまでその存在を抹殺《まっさつ》されている他者」というものではないらしいです。「存在していて当たり前のもの」であるらしいです。そして、どうやらそのつきあいは、まだ浅いらしいです。それで、「美しい」かどうかを考えるより、「どうつきあうか」を考えてしまうらしいのです。それで、気がつくと「ガマガエルと話をする」の一歩手前まで行っているようです。別に、動物と親密で、動物に

【国　語】（五〇分）〈満点：一〇〇点〉

一　次のA～Cの各問いに答えなさい。

A　①～⑤について（　）の意味になるように、○の部分の**ひらがな**をそれぞれ答えなさい。（なお、○の数はひらがなの文字数である）

①「お○○つきの絵画」（保証されたもの）

②「お○○だてが整う」（準備ができたこと）

③「お○○○刀でかけつける」（大急ぎで行くこと）

④「結構なお○○○で」（茶道の作法）

⑤「お○○○さま」（太陽のこと）

B　次の**ア**～**オ**の四字熟語の○には漢数字が入る。それぞれの数を合計して数字が大きいものから順に記号で答えなさい。（なお、百・千・万などの「多い」という意味で用いられている語も具体的な数字として計算するものとする。それぞれの○に同じ数字が入ることもある）

ア　唯《ゆい》○無《む》○　**イ**　○発○中　**ウ**　○載《ざい》○遇《ぐう》　**エ**　○苦○苦

オ　○客○来

C　次の①～⑤のカタカナ語の意味として適するものを後の**ア**～**キ**からそれぞれ選び、記号で答えなさい。

①　プロトタイプ　②　アクセス　③　ハイブリッド

④　ポテンシャル　⑤　ドナー

ア　まとめ役　**イ**　雑種　**ウ**　試作品

エ　提供者　**オ**　潜在《せんざい》能力　**カ**　交通や連絡の便

キ　注文主

二　次の文章を読んで、後の問いに答えなさい。

人は、「利害」という自分の都合を前提にして生きています。それはそれで仕方がないことなので、私は別に「悪い」とも思いません。でも、人が「自分の都合」だけで生きていることは間違《まちが》いのないことです。

[a]人は、勝手なことを言います。

世の中には、ヘビやカエルの爬虫類《はちゅうるい》や両棲類《りょうせいるい》が嫌《きら》いな人はいくらでもいます。私も、あまり好きではありません。でも、それとは逆に、爬虫類や両棲類が好きな人もけっこういます。嫌いな人は「気持ちが悪い」と言い、好きな人は「可愛い」と言います。それを「美しい」と言う人もけっこういます。「好きか嫌いか」は、それを言う人間の都合で、「気持ち悪い」も当人の都合です。人は、自分の[X]体系に基づいて勝手なことを言います。だからといって、ヘビやカエルを「醜《みにく》い」とまで言う必要はないでしょう。「醜い」は「見にくい」で、それを[Y]と思う人間の都合なのです。

夜の住宅街を歩いていて、時々カエルと出っくわすことがあります。私はちょっとだけぎょっとして、「なにしてんの、お前？」と、カエルに対して思います。私は別にカエルに驚《おどろ》いているわけではなく、「突然《とつぜん》なにかが出現したという事態」に驚いているだけです。

ヘビやカエルがそんなに好きでもなかった私は、うっかりすると「気持ち悪い」の方向に傾《かたむ》いてしまいそうな過去を持っていましたが、「それは①存在に対する差別だな」と思って、改めようとしました。改めようとして、じっと見ようとして、じっと見て、別に「美しい」とは思いませんでしたが、「気持ち悪い」とも思わなくなりました。

山の中の道を独りで歩いている時、目の前をヘビが通って行くのを見

第一志望

2021年度

解　答　と　解　説

《2021年度の配点は解答欄に掲載してあります。》

<算数解答>《学校からの正答の発表はありません。》

1 (1) 8　(2) 1　(3) 0.09　(4) 1.54
2 (1) 1才　(2) 28　(3) エ　(4) 5%　(5) 19　説明：解説参照
3 (1) 45点　(2) 36点　(3) 3回目の方が20点高い　説明：解説参照
4 (1) 13cm　(2) (お)・(か)　(3) 15.6cm　(4) $124.8cm^2$
5 (1) $100.48cm^3$　(2) $150.72cm^2$　(3) $351.68cm^3$　(4) $427.04cm^2$

○推定配点○
各5点×20　計100点

<算数解説>

1 (四則計算)

(1) $40-32=8$
(2) $\frac{21}{8}\times\frac{4}{21}+\frac{1}{2}=1$
(3) $3\times0.03=0.09$
(4) $3.76\div4+0.6=1.54$

2 (年齢算，数の性質，割合と比，概数)

重要 (1) $8\div(2-1)-7=1$(才)
基本 (2) $1+2+14+4+7=28$
基本 (3) 最小の分数がオ，2番目に小さい分数はエ
重要 (4) $(100\times2+300\times6)\div(100+300)=20\div4=5$(%)
重要 (5) $2.65\times7=18.55$，$2.75\times7=19.25$より，19

重要 3 (平均算，割合と比，倍数算，消去算)

(1) 1回目の点数がアのとき，2回目の点数がア－5，3回目の点数がア＋20　したがって，1回目の点数は$(50\times3+5-20)\div3=45$(点)
(2) 1回目の点数がイのとき，2回目の点数がイ×2＋4，3回目の点数がイ＋2　したがって，1回目の点数は$(50\times3-6)\div4=36$(点)
(3) 1回目から3回目の点数がそれぞれカ，キ，クであるとき，カ＋キが$50\times2=100$(点)，キ＋クが$60\times2=120$(点)より，ク－カは$120-100=20$(点)　したがって，3回目の方が20点高い

4 (平面図形，割合と比，相似)

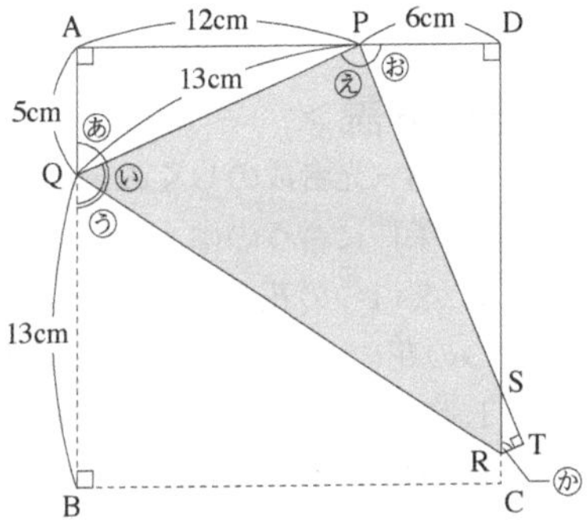

基本 (1) 右図より，$18-5=13$(cm)
重要 (2) 右図より，(お)・(か)
重要 (3) 直角三角形AQPとDPSの相似比は5：6であり，PSは

13×6÷5＝15.6(cm)

(4)　ST…18－15.6＝2.4(cm)　TR…2.4÷12×5＝1(cm)　　したがって，四角形PQRSは{(13＋1)×18－2.4×1}÷2＝126－1.2＝124.8(cm^{2})

5　(平面図形，立体図形，図形の移動)

基本　(1)　図Aより，4×4×3.14×2＝32×3.14＝100.48(cm^{3})

(2)　図Aより，8×3.14×2＋4×4×3.14×2＝48×3.14＝150.72(cm^{2})

図A

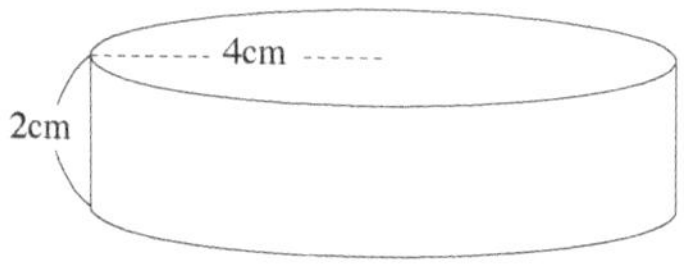

図B

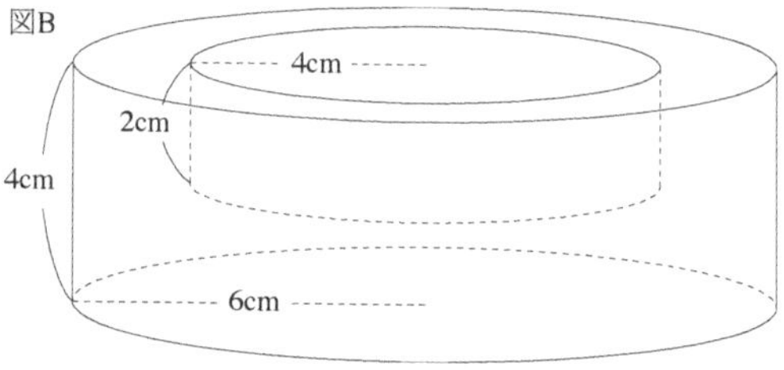

重要　(3)　図Bより，6×6×3.14×4－4×4×3.14×2＝112×3.14＝351.68(cm^{3})

やや難　(4)　上下から見た面の面積…6×6×3.14×2＝72×3.14(cm^{2})

側面積…12×3.14×4＋8×3.14×2＝64×3.14(cm^{2})

したがって，(72＋64)×3.14＝136×3.14＝427.04(cm^{2})

★ワンポイントアドバイス★

4「平面図形・相似」の問題では，直角三角形の3辺の長さの比が13：12：5であることを利用する。5(4)「表面積」は，あわてると失敗しやすいので，工夫して一度で正解するようにしよう。

＜理科解答＞《学校からの正答の発表はありません。》

1　(1)　イ，エ　(2)　ヨウ素液　(3)　イ，オ　(4)　葉の中の色素を抜くため。

2　(1)　イ　(2)　ア　(3)　ウ

3　(1)　エ　(2)　3000時間　(3)　信号機につもった雪がとけにくいから。

4　(1)　酸素　(2)　F　(3)　ア，イ，オ　(4)　イ，エ

○推定配点○

1　(1)，(2)　各3点×2（(1)完答）　他　各4点×2（(3)完答）　2　各3点×3

3　(1)　3点　他　各4点×2　4　各4点×4（(3)，(4)各完答）　計50点

＜理科解説＞

1　(植物－光合成のしくみ)

(1)　条件に合うのは，イ，エである。特にエは，多数の花の集まりがまるで1つの花のように見えるが，1つの花の中では5枚の花びらがくっついている合弁花である。アは，おしべ，めしべが1つの花にあるが，花びらを持たない。ウは，合弁花だが，お花とめ花に分かれている。オは，おしべ，めしべが1つの花にあるが，花弁が1枚ずつ離れている離弁花である。

(2)　デンプンがあるかどうかを調べる薬品のヨウ素液があてはまる。デンプンにヨウ素液をかけ

ると青紫色になる。

重要 (3) 光合成を行いデンプンができているのは，日光に当てた葉A，Cのうち，葉緑体のある緑色の部分，つまり，イ，オの部分である。ふ(斑)の部分は葉緑体のない白い部分であり，光合成はおこ行れない。

(4) 葉が緑色のままでは，ヨウ素液をかけたときの色の変化が見にくい。そのため，まずエタノールなどのアルコールに入れて温めて，葉色の色素(葉緑素)を抜き，葉を白くする。

2 (星と星座－星の観察)

(1) 天の川は遠くにある星の集まりが，夜空にぼんやりと光って見えるものである。そのため，都市部のように地上に灯りが多いところでは，空全体が明るく，天の川を見ることが難しい。アとエは誤りで，数十年程度で変化することはない。ウは事実だが，星の見え方とは関係がない。

(2) 夏の大三角の星は，七夕の伝説とのかかわりが深い。彦星(牽牛星)は，わし座のアルタイルである。織姫星(織女星)は，こと座のベガである。もう一つは，白鳥座のデネブである。

基本 (3) 星の色がちがうのは，星の表面温度がちがうためである。表面温度が高い順に，青白色，白色，黄色，赤色のような順になる。ア，イ，エとは直接の関係はない。

3 (回路と電流－LEDの特徴)

(1) ア：正しい。白熱電球は光ると同時に熱が発生するため，燃えやすい物の近くで使うと発火し危険である。イ：正しい。白熱電球に比べ，LED電球は寿命がとても長い。ウ：正しい。白熱電球は，電流を流し始めて温度が上がり明るくなるのに少し時間がかかるが，LED電球は電流が流れると同時に明るくなる。エ：誤り。紫外線を多く出すのは白熱電球の方である。

(2) 電球1個の値段は，LED電球のほうが5700－300＝5400(円)高い。しかし，1時間当たりの電気代は，2－0.2＝1.8(円)安い。そのため，5400÷1.8＝3000(時間)使うと，LED電球と白熱電球の総費用が同じになる。それ以上の時間使うと，LED電球の方が安い。例えば1日に10時間使うとすれば，1年未満でLED電球の方が安くなる。

(3) 白熱電球は光ると熱が発生するが，LED電球は熱が発生しない。そのため，LED電球の信号機の上に雪が積もるととけず，信号機が見えなくなり，交通事故の危険性が増す。そのため，雪の多い地方の自動車用信号機は，3色のランプがたてに並んでおり，傾けて設置することで雪が落ちやすくなっている。また，ヒーターを設置してとかす場合もある。令和3年現在では，自動車用信号機のうちLED電球の割合が，全国平均が68.9%，千葉県が53.9%なのに対し，北海道は33.2%である。ただし，同様に雪の多い秋田県が77.3%であり，必ずしも雪だけが原因というわけではない。北海道の面積が広く，信号機の数がたいへん多いことも関係している。

4 (気体の性質－さまざまな気体)

基本 (1) 塩酸は，塩化水素(A)を水(B)に溶かした水溶液である。うすい塩酸に鉄を溶かすと水素(C)が発生する。水素は燃える気体であり，酸素(D)と結びついて，水(B)ができる。

重要 (2) オキシドールに二酸化マンガンを加えると，酸素(D)が発生する。酸素は空気の約21%を占め，窒素(E)は空気の約78%を占める。石灰水に加えて白くにごるのは二酸化炭素(F)である。これらの気体のうち，最も重いのは二酸化炭素(F)，次いで塩化水素(A)である。酸素(D)は空気より少し重く，窒素(E)は空気より少し軽い。水素(C)は最も軽い。

(3) 金属のうち，金，銀，銅などは，塩酸を加えても溶けない。それ以外の金属は溶けて水素が発生する。

(4) 二酸化炭素(F)を水に溶かすと，弱い酸性の炭酸水となり，青色リトマス紙につけると赤色に変わる。選択肢のうち酸性の水溶液は，イとエである。アとオはアルカリ性で，ウは中性である。

★ワンポイントアドバイス★

問題文の意味をよくとらえ，整理し，基本的な知識を思い出しながらよく考えて答えを導こう。

＜社会解答＞《学校からの正答の発表はありません。》

5 (1) コレラ　(2) 沖縄県　(3) イ　(4) 大宝　(5) 大日本帝国憲法は天皇主権であり，日本国憲法は国民主権である。　(6) エ　(7) イ　(8) ア　(9) ウ　(10) ウ

6 (1) C　(2) イ　(3) イ　(4) エ　(5) ア　(6) エ　(7) イ　(8) 水戸市　(9) 利根川

7 (1) 永久　(2) ウ　(3) 資本家と労働者の対立が見られ，ストライキなどの労働争議が発生した。　(4) ワイマール憲法　(5) エ　(6) ア

○推定配点○

各2点×25　　計50点

＜社会解説＞

5 (日本の歴史－感染症に関連する歴史の問題)

(1) コレラはかつての日本にはなく，江戸時代の開国後に持ち込まれたもの。

重要 (2) 1869年の版籍奉還，1871年の廃藩置県のあと，1872年に琉球藩が設けられ，1879年に沖縄県が設置された。ここだけ別に扱ったのは中国に対して琉球は日本であるということをアピールするためであった。

(3) イ　調は各地の特産品を都に納めるもの。特産品はそれぞれの地域では何を納めるのかは指定されていた。アの租は米で，これは国司のもとに納めるもの。ウの庸は布を都に納めるか都で10日の労役を行うもの。ほとんどは布を納める形で行われ，この布は朝廷の財源となっていた。エの雑徭は国司の下で60日の労役を行うもの。

基本 (4) 701年の文武天皇の時代に出されたのが大宝律令で，当時の元号が名称となっている。

重要 (5) 主権は国の政治の在り方を最終的に決定する権限で，これを大日本帝国憲法では天皇が持つとし，日本国憲法では国民が持つとしている。

(6) 大正時代は1912年から26年までで，エの八幡製鉄所が完成するのは1901年。アは1923年，イは1914年，ウは1918年。

基本 (7) 1894年にイギリス相手に領事裁判権の撤廃に成功したのは陸奥宗光。関税自主権を1911年にアメリカ相手に交渉して回復させたのは小村寿太郎。

(8) ア　北里柴三郎は日本の感染症研究の草分け的存在で，ドイツのコッホの下で学んだあと帰国し北里研究所を設立した。

やや難 (9) ウ　武漢は長江の流域にある都市で，ここの市場のあたりから広がったとされている。

(10) ウ　新型コロナの流行に際して，政府は2020年の3月に学校の休校措置を一部の都道府県に出していたが，さらに4月にはそれを拡大し，企業などの活動についても自粛を求める緊急事態宣言を出した。

6 (日本の地理―関東地方の都県に関する問題)

(1) 千葉県はC。Aが神奈川県，Bが埼玉県，Dが群馬県，Eが東京都，Fが栃木県，Gが茨城県。東京都は1400万人近い人口を抱え，神奈川県，埼玉県，千葉県も政令指定都市があり人口が多い県となっている。

重要 (2) イ　1854年に日米間で結ばれたのは日米和親条約。同様のものを他にイギリス，オランダ，ロシアとも締結。

(3) イ　1884年に埼玉県の秩父で起こった農民反乱が秩父事件。この事件はその前に解散していた旧自由党員も加担し，大規模な反乱となり当時の埼玉県庁がおかれていた熊谷にまで農民たちが押しかけ，税の軽減などを訴えたもの。政府は断固とした措置をとり，反乱鎮圧後も反乱に加担した人々を執拗に追いかけた。

(4) エ　平将門は桓武平氏の流れをくむ関東土着の武士で，所領争いから一族の中での争いが起こり，そのことを朝廷からとがめられたことで反乱を起こした。

基本 (5) ア　群馬県の嬬恋村は夏のキャベツ栽培が有名。嬬恋村は群馬県の北西部にあり，浅間山の北に位置する。

(6) エ　東京都には首都であるため官公庁や企業，学校などが多数あり，かつては印刷業や出版・製本業といったものが他の道府県と比べ突出して多かった。

(7) イ　徳川家光の治世は1623年～1651年で，イは1637年。アは1609年，ウは1615年，エは1716年。

(8) 茨城県の県庁所在地は水戸市。

(9) 流域面積は，その河川に流れる水が集まってくる範囲で，利根川は群馬県と新潟県の県境の越後山脈に水源があり，またこの川へ流れ込む河川が多く，さらに利根川の河口近くにある霞ケ浦も利根川水系に含まれることから流域面積は広大なものになる。

7 (政治―人権，選挙などに関連する問題)

(1) 現在の日本国憲法では，人権を侵すことのできない永久の権利とし，制限するにしても公共の福祉に反する場合としている。

(2) ウの内容は身体の自由や精神の自由に関するもの。

やや難 (3) 明治時代の終わり頃から大正時代，昭和時代の戦前の時期にかけては，日本の中では労働者は資本家(雇用主)に対しては非常に弱い存在であり，労働組合も非合法なものであった。そのような中でも，度々，労働者が資本家に対して自分たちの待遇の改善などを求めてストライキを起こすこともあった。

(4) ワイマール憲法はドイツ共和国憲法ともいい，第一次世界大戦まで存在していたドイツ帝国が，大戦末期の革命で倒れ，新しくできたドイツ共和国の憲法として1919年に制定されたもの。

基本 (5) 2020年の東京都知事選挙で再選を果たしたのはエの小池百合子。アは前の千葉県知事の森田健作，イは立憲民主党の参議院議員の蓮舫，ウは元大阪市長，現大阪府知事の吉村洋文。

(6) ア　自由民主党は1955年に当時の自由党と民主党という二大保守派の政党が合体して誕生し，以来政権をずっとになっていたが，1993年の衆議院総選挙で自民党が大幅に議席を減らし過半数割れを起こして，野党が連合して細川護熙内閣が誕生したことで，自民党の政権が続いた時代が中断した。

★ワンポイントアドバイス★

基本的な問題が多いが，短い試験時間でこなさなければならないので，解答できそうな設問から確実に答えていくことが合格への道筋。地理や歴史よりも政治分野の方がやや難しいので最後にまわすのがよい。

<国語解答>《学校からの正答の発表はありません。》

一 A ① 無 ② 非 ③ 不 ④ 未 ⑤ 不 B ① イ ② ア
③ ウ ④ イ ⑤ ウ C ① つる・かめ ② とら・きつね
③ いぬ・さる ④ へび・かえる

二 問一 ウ 問二 ア 問三 容易[簡単] 問四 X イ Y エ 問五 ア
問六 きらびやかな光景を夢見て現実を忘れられる(もの) 問七 ア 問八 ウ
問九 ア 問十 ウ 問十一 ア・エ

三 問一 Ⅲ 問二 A ア B イ 問三 ⓐ ウ ⓑ ウ
問四 ㋐ (紙の)カード ㋑ 望美 問五 休んでも特に罰則がない(から)
問六 エ 問七 (例) 本を借りた履歴が直接見られるから。 問八 あの小説のやりとりが現実に混ざったということ[「気まずくて嫌だ」ではない感じ方になっている]
問九 無視 問十 (例) 空気を読んで，上手にふるまうこと。 問十一 ウ
問十二 イ 問十三 イ

○推定配点○

一 A 各1点×5 他 各2点×9(Cは各完答)
二 問二～問四・問十一 各2点×6 問六 4点 他 各3点×6
三 問一・問五・問十一～問十三 各3点×5 問七・問八・問十 各4点×3 他 各2点×8
計100点

<国語解説>

一 (ことわざ，漢字の書き取り，短歌・俳句)

基本 A 打消しの意味を表す接頭語には「不・無・非・未」があり，「不」は「ない」という単純な否定，「無」はこれまでもこの先もない状態，「非」はよくない状態や不適切な状態，「未」は現在はまだその状態にない，という意味なので，熟語の意味もふくめて区別する。

やや難 B 作者はそれぞれ，①は正岡子規，②は北原白秋，③は与謝野晶子，④は与謝蕪村，⑤は山口青邨。

重要 C ①は「鶴(つる)は千年，亀(かめ)は万年」。②は「虎(とら)の威(い)を借る狐(きつね)」。③は「犬猿(けんえん)の仲」。④は「蛇(へび)ににらまれた蛙(かえる)」。

二 (論説文－要旨・大意・細部の読み取り，接続語，空欄補充，ことばの意味，記述力)

問一 Aは直前の内容の予想とは反する内容が続いているので「でも」，Bは直前の内容とは相反する内容が続いているので「だが」，Cは直前の内容の理由が続いているので「なぜなら」，Dは前後の対照的な内容を対比させているので「ところが」がそれぞれ入る。

基本 問二 傍線部①は心を奪われて冷静な判断力がなくなる，という意味なのでアが適当。

問三 傍線部②はたいしたことない，問題にするほどではない，という意味なので「容易だ」ある

いは「簡単だ」と言い換えることができる。

問四　Xは目の前にあるかのようにはっきりと，という意味のイが入る。Yは質素でひかえめなさまという意味のエが入る。

重要　問五　傍線部③のある文では，聞き手はアラジンがお姫さまと結婚できてよかったという「満足感」より，現実には見られないものを見た心の目の喜びのほうが大きいということを述べているのでアが適当。③を得られる結末の物語ではないという考えを述べようとしていることを説明していない他の選択肢は不適当。

問六　傍線部④後で『千夜一夜物語』を④の例として，「聞き手の心をとらえるのは」「きらびやかな光景を夢見て現実を忘れられる」からであったことを述べているので，この部分を設問の指示に従って抜き出す。

問七　傍線部⑤のある段落で，アではなくイや「『千夜一夜物語』の魔法の働き」としてエを⑤として述べているので，アは当てはまらない。ウも⑤直前の段落で述べているので当てはまる。

重要　問八　傍線部⑥のある文は「『ライオンと魔女』の衣装だんす」も自分の生活圏にも魔法でしか開かない不思議な場所が隠れているという「アリババと四十人の盗賊」に似た魅力を持っている，ということを述べているのでウが適当。⑥前の内容をふまえた「魅力」を説明していない他の選択肢は不適当。

問九　傍線部⑦は「いくつもの文化，さまざまな種類の物語」が出てくる『千夜一夜物語』のことなのでアが適当。『千夜一夜物語』にふれていない他の選択肢は不適当。

重要　問十　傍線部⑧の文は，「ライオンや魔女……ビーバー」といった「盛りだくさんな登場人物たち」は「別世界を夢想する子どもの心にとっては」⑧なのかもしれない，ということを述べているのでウが適当。⑧の文脈を正確に説明していない他の選択肢は不適当。

やや難　問十一　アは「こんな物語が……」で始まる段落，エは「たぶんそれが……」で始まる段落でそれぞれ述べている。イの「アラジンのように裕福になりたいという思いから」，ウの「読者は物語に魅力を感じない」，オの「アラビアの国」はいずれも不適当。

三　（小説－心情・情景・細部の読み取り，空欄補充，ことばの意味，文と文節，記述力）

問一　一文の内容から，直前で綾に突然嫌われたことが自然なことだったという心情が描かれているⅢが適当。

問二　Aには予期しないことに驚きとまどうという意味のア，Bにはそのうえに，それだけでなくという意味のイがそれぞれ適当。

問三　二重傍線部ⓐの「詮方」は手段や方法という意味。ⓑの「紙」は和紙のことで，和紙は縦にはさけやすいが，横にはさけにくく，それをむりに横に破ろうとすることから。

問四　波線部㋐は「（紙の）カード」が電子式のカードに移行してしまう，ということ。㋑は「望美」がいろんな人と疎遠になっていくだろう，ということ。

問五　傍線部①の理由として①前で「休んでも特に罰則がない（11字）」ことが描かれている。

重要　問六　傍線部②は「二学期も唯一きてくれている能見さん」に対する気持ちなのでエが適当。アの「怒り」，イの「天職と思い」，ウの「嬉々として」はいずれも描かれていないので不適当。

問七　傍線部③の説明として③直後で「自分の履歴が目で見える紙のカードでよかった」という望美の心情が描かれているので，この部分を設問の指示に従ってまとめる。

問八　傍線部④＝小説『サイダーハウス・ルール』を読んだ後，「『気まずくて嫌だ』ではない感じ方になっている（22字）」あるいは「あの小説のやりとりが現実に混ざったということ（22字）」という望美の心情が描かれている。

基本　問九　傍線部⑤は無視する，聞き流す，という意味なので「『そうなの！』……」で始まる段落の

「無視」を抜き出す。

重要 問十　傍線部⑥後で⑥のようにできない人を「上手にふるまえない人は，しんどい……『空気読めない』のは生きにくい」と描いているので，この部分をふまえて⑥を具体的に説明する。

問十一　傍線部⑦直前で，綾がレビューした本が借りられ，その嬉しい気持ちは一緒のはず，という望美の心情が描かれているので，このことをふまえたウが適当。⑦直前の望みの心情をふまえていない他の選択肢は不適当。

重要 問十二　本文中ほどで小説を読んだことで小説と「現実とが，混ざりあっている」こと，また傍線部⑧の理由として⑧直前で，綾にスルーされても望美が明るい気持ちなのは綾やいろんな人と疎遠になっていくことを「本を読んでいたことで，この気持ちを……あらかじめ知っていたから」であることが描かれているので，これらをふまえたイが適当。本と現実が混ざりあうこと，現在を客観的に捉えられることを説明していない他の選択肢は不適当。

やや難 問十三　イは「たとえば，綾が……」で始まる段落，能見さんを「おー我がナイチンゲールよ」と思ったことなどで描かれている。会話以外にもカギかっこを用いているのでアは不適当。本文は望美の視点で描かれているのでウも不適当。エの「主人公とは正反対の性格」も描かれていないので不適当。

★ワンポイントアドバイス★

論説文では，本文のテーマに対する筆者の考えをていねいに読み取っていくことが重要だ。

一般

2021年度

解　答　と　解　説

《2021年度の配点は解答欄に掲載してあります。》

＜算数解答＞《学校からの正答の発表はありません。》

1　(1)　10　(2)　$\frac{1}{15}$　(3)　$\frac{5}{12}$　(4)　1.4

2　(1)　24個　(2)　2km　(3)　280ページ　(4)　3.9%

3　(1)　50cm^2　(2)　37.5cm^2　説明：解説参照　(3)　12.5cm^2　(4)　112.5cm^2

4　(1)　1通り　(2)　12通り　説明：解説参照　(3)　10通り　(4)　13通り

5　(1)　206.58cm^3　(2)　33.98cm^2　(3)　164.86cm^3　(4)　247.14cm^2

○推定配点○

各5点×20　計100点

＜算数解説＞

1　(四則計算)

(1)　25－(12＋3)＝10

(2)　$\frac{18}{35}\times\frac{2}{9}\times\frac{7}{12}=\frac{2}{5}\times\frac{1}{6}=\frac{1}{15}$

(3)　$\frac{1}{4}+\frac{1}{3}-\frac{7}{10}\times\frac{5}{21}=\frac{7}{12}-\frac{1}{6}=\frac{5}{12}$

(4)　$1.4\times\frac{3}{7}+\frac{4}{5}=0.6+0.8=1.4$

重要　2　(鶴亀算，差集め算，割合と比，相当算)

(1)　(60×30－840)÷(60－20)＝960÷40＝24(個)

(2)　12km歩くときの時間差…12÷4－12÷6＝1(時間)　したがって，道のりは12÷6＝2(km)

(3)　175÷5×6÷3×4＝210÷3×4＝280(ページ)

(4)　水を加えた後の濃さ…12÷(200＋300)×200＝4.8(%)　したがって，求める濃さは(4.8＋3)÷2＝3.9(%)

3　(平面図形，相似，割合と比)

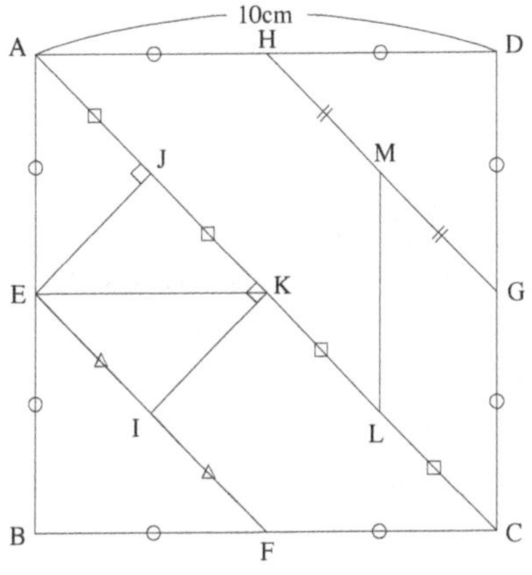

基本　(1)　右図より，10×10÷2＝50(cm^2)

基本　(2)　直角二等辺三角形DHGとDACの面積比は1：4であり(1)より，台形ACGHは50÷4×(4－1)＝37.5(cm^2)

【別解】50－5×5÷2＝37.5(cm^2)

重要　(3)　右図と(2)より，37.5÷6×2＝12.5(cm^2)

重要　(4)　(3)より，12.5×3×3＝112.5(cm^2)

4　(場合の数，数の性質)

重要　(1)　2，3，4の最小公倍数は12であり，A＝6＋6より，1通り

(2)　A＝5のとき…4通り　A＝7のとき…6通り　A＝11のとき…2通り　したがって，4＋6＋2＝12(通り)

やや難 (3)　取り出す玉で場合分けする。②のとき…(1，1)(4，6)(5，5)(6，4)の4通り　③のとき…(1，2)(2，1)(3，6)(4，5)(5，4)(6，3)の6通り　したがって，4+6=10(通り)

(4)　②と③のとき…(1，5)(2，4)(3，3)(4，2)(5，1)の5通り　②と④のとき…(1，3)(2，2)(3，1)(2，6)(3，5)(4，4)(5，3)(6，2)の8通り　したがって，5+8=13(通り)

図1

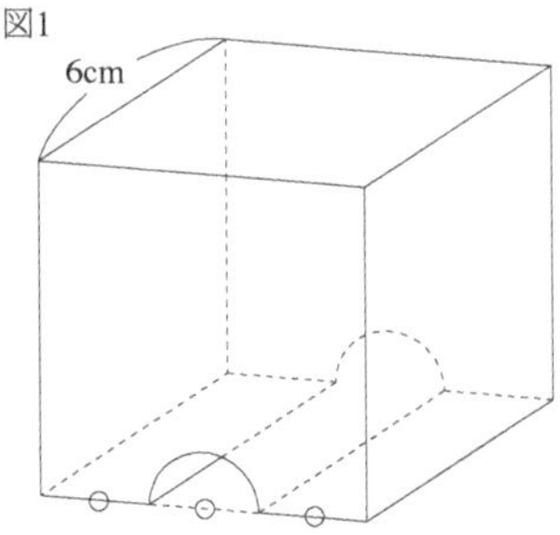

図4

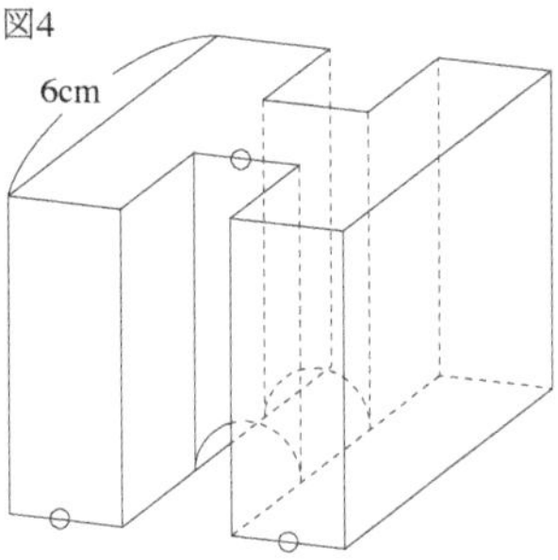

5　(平面図形，立体図形)

基本 (1)　図1より，(6×6−1×1×3.14÷2)×6=206.58(cm^3)

重要 (2)　図1より，(2+2×3.14÷2)×6+1×1×3.14=12+7×3.14=33.98(cm^2)

(3)　図4より，(6×4+2×2)×6−1×1×3.14÷2×2=28×6−3.14=164.86(cm^3)

やや難 (4)　上から見た面の面積…(3)より，28cm^2　下から見た面の面積…6×4+2×3.14÷2×2=24+2×3.14(cm^2)　側面積…(6+2×4)×2×6+(6×2−1×1×3.14÷2)×2=192−3.14(cm^2)　したがって，28+24+192+3.14=247.14(cm^2)

★ワンポイントアドバイス★

3(3)・(4)「平面図形・相似」に注意しよう。4(3)・(4)「場合の数・数の性質」はまちがいやすく，5(4)「表面積」もあわてると失敗しやすいので，工夫して一度で正解するようにしよう。

＜理科解答＞《学校からの正答の発表はありません。》

1　(1)　関節　(2)　ア　(3)　ウ，エ

2　(1)　地層　(2)　オ　(3)　エ　(4)　水深はしだいに浅くなった。

3　(1)　2通り　(2)　イ　(3)　C　(4)　72cm

4　(1)　60%　(2)　70倍　(3)　(リモネンにとかすことで)発泡ポリスチレンの体積が小さくなるから。

○推定配点○

1　各3点×3((3)完答)　2　(4)　4点　他　各3点×3　3　各4点×4

4　各4点×3　計50点

＜理科解説＞

1　(人体－ヒトの骨格のつくり)

(1)　骨と骨をつなぎ，動けるようになっている部分を，関節という。

重要 (2)　aのろっ骨は，内側に肺や心臓などがあり，それらを守るはたらきをしている。bの背骨は，からだを支えるはたらきをしている。

(3)　bの背骨を中心とした骨格を持つ動物のなかまをセキツイ動物という。ウの魚類，エのハ虫類がセキツイ動物にあてはまる。アの甲殻類と，イの昆虫類は節足動物で，オは軟体動物であり，

背骨はない。

2 (地層－地層のでき方)

(1) 泥や砂などが海底などに順に積み重なってできたものを地層といい，しま模様に見える。

(2) 実験1では，粒の大きいれきがはじめに沈み，次に砂で，最後に粒の小さい泥が沈む。そのため，底かられき，砂，泥の順に積もる。

重要 (3) 実験2では，粒の小さい泥が最も長い距離を流される。次が砂で，粒の大きいれきは流れる距離が最も短い。

(4) 地層は下から順に積もっているので，粒がだんだん大きくなっている。実験2と同じように考えると，小さい粒は陸から遠い深い海に積もり，大きい粒は陸の近くの浅い海に積もる。そのため，この土地ははじめ深い海で，徐々に水深が浅くなっていったとわかる。

3 (物体の運動－振り子と台車)

(1) 振り子が1往復する時間は，振り子の長さだけで決まり，おもりの重さやふれはばには関係しない。表では，糸の長さがA，B，Cが40cmで，D，Eが60cmの2通りだから，10往復の時間も2通りである。

基本 (2) 振り子の途中にくぎがあっても，おもりは最初と同じ高さのイまで上がる。

(3) 振り子が台車に当たって台車を動かすはたらきは，振り子の速さとおもりの重さの両方に関係する。A，B，Cは，糸の長さが同じだから，ふれはばが大きいほど，ぶつかるときの速さが速い。そして，おもりの重さも重いCが，最も遠くまで進む。

やや難 (4) B，C，Eの条件と，設問の条件は，おもりの重さが同じなので，振り子の速さが速い方が，台車が遠くまで動く。振り子の速さは，おもりの最初の高さによって決まる。そのようすを図にすると，次の通りである。

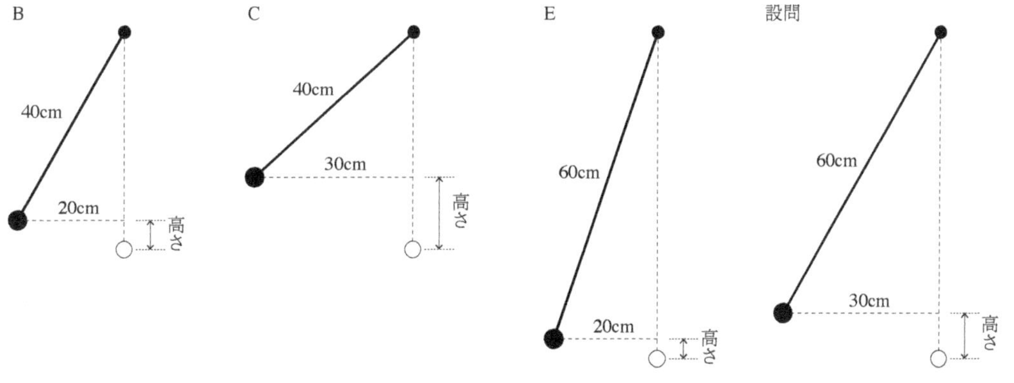

まず，BとCを比べると，ふれはばの大きいCの方が，最初の高さも高い。次に，BとEを比べると，Eの方が支点の位置での角度が小さく，最初の高さが低い。これらのことから，台車が進んだ距離は，長い順にCが108cm，Bが48cm，Eが32cmと決まる。設問の条件は，Bの条件をちょうど1.5倍したものなので，台車が進んだ距離も48cmを1.5倍して，48×1.5＝72(cm)となる。

4 (ものの溶け方－発泡ポリスチレンの溶解)

(1) 発泡ポリスチレン15gがリモネン10gに溶けた溶液の重さは，全体で25gである。よって，濃度は15÷25＝0.6となり60%である。

やや難 (2) 発泡ポリスチレン1cm^3の重さが0.015gなので，発泡ポリスチレン15gの体積は15÷0.015＝1000(cm^3)である。これが，実験1と実験2のあとは14.3cm^3になった。求める値は，1000÷14.3＝69.9…で，四捨五入により70倍となる。

(3) (2)の計算からわかるように，発泡ポリスチレンをいったんリモネンに溶かし，その後にリモネンを蒸発させると，体積が70分の1になった。これは，発泡ポリスチレンには多くのすき間があって空気が入っているためである。このように，実験1と実験2をおこなうと体積を大きく減らせるので，使い終わった発泡ポリスチレンを回収し運ぶには，都合がよい。

★ワンポイントアドバイス★

基本的な考え方や知識をしっかり身につけ，解ける問題を取りこぼさないようにていねいに解いていこう。

＜社会解答＞《学校からの正答の発表はありません。》

5 (1) ウ (2) イ (3) ロシアが占領したことにより，日本は，ロシアの韓国への進出に危機意識を持ったという背景。 (4) ポーツマス条約 (5) ウ
(6) 木内惣五郎[佐倉惣五郎] (7) エ (8) ウ→ア→イ→エ (9) 平泉町

6 (1) 石川県，富山県 (2) 島根県，広島県 (3) 三重県，奈良県

7 (1) A キ B オ C カ (2) シラス台地 (3) イ (4) 促成(栽培とは，)野菜の成長を早めて出荷時期をずらす栽培方法です。

8 (1) エ (2) 立法 (3) 間接民主(制) (4) ウ (5) ア (6) エ
(7) 閣議

○推定配点○

各2点×25 計50点

＜社会解説＞

5 (日本の歴史－千葉県に関連する歴史の問題)

(1) ウ 鎌倉時代に新たに出てきた仏教の6つの宗派のうち，日蓮が開いたのは法華宗(日蓮宗)。

(2) イ 末法思想が広がるのは平安時代。シャカの没後長い年月を経ると末法の世になるとされ，平安時代の1052年がその年と信じられ，来世で救われ極楽浄土に往生できるよう阿弥陀仏を信仰する浄土教が広まった。

やや難 (3) 日露戦争は，日清戦争後の三国干渉によってロシアへの敵対意識を日本が強めていた中で，義和団事件後にロシアが満州に軍を展開し占領したので，日本が狙っていた朝鮮半島をロシアも狙ってくるのではと危機感を募らせていた。

基本 (4) ポーツマス条約はアメリカのセオドア・ルーズヴェルト大統領が仲介して結ばれた条約で，ロシアが負けたようには見せずに日本の要求もある程度は満たせるラインで締結されたもの。ポーツマスはアメリカの北東部の軍港がある場所で，機密を保つために軍港の施設内でこの条約の交渉が行われ締結された。

(5) ウ 東郷平八郎は日本海軍の軍人で，日本の海軍を率いてロシアのバルチック艦隊を撃破し勝利に導いた。

やや難 (6) 佐倉惣五郎は下総(現在の千葉県北部)の佐倉藩の領内にいた名主で，領主の堀田氏が重税を課していたので，それをやめることを藩に求めたが受け入れられなかったため，四代将軍の家綱に直訴した。重税はこの結果，改善されたが，佐倉惣五郎と妻，その子は処罰された。

(7) エ　アメリカはまず1854年の日米和親条約で，日本を開国させて下田と函館の港を開かせ，ついで1858年の日米修好通商条約で開港させる港を増やし，不平等な内容も含む条約を締結したので，誤り。

(8) ウ　1335年に足利尊氏が反乱を起こす→ア　1397年金閣造営→イ　1467年応仁の乱勃発→エ　1573年足利義昭を追放　の順。

重要 (9) 平泉町は岩手県の南西部に位置し，西に奥羽山脈，東に北上川がある場所。

6 (日本の地理—隣接する都道府県に関する問題)

基本 (1) 石川県と富山県。漆の伝統工芸品が有名なのは石川県の輪島。富山県にある合掌造り集落は五箇山。白川郷は岐阜県にある。

(2) 広島はかつては造船が盛んだったが，現在は自動車工業も盛ん。島根県にある宍道湖がシジミで有名な湖。

基本 (3) 奈良には大和政権が誕生して以後しばらくの間政治の中心があり，初めて作られた中国式の都城の藤原京や平城京が置かれた。三重県で発生した四大公害病の一つが四日市ぜんそく。

7 (日本の地理—九州地方の地理の問題)

基本 (1) Aは火山灰でおおわれた台地，さつまいも，茶，黒豚からキの鹿児島県。Bは世界有数のカルデラ，トマトやスイカが日本有数の生産量などからオの熊本県。Cは日本神話ゆかりの地，温暖な気候を生かした農作物の栽培からカの宮崎県。

(2) シラス台地は鹿児島県や宮崎県に広がる火山灰が堆積した台地。

(3) 球磨川は日本三急流の一つでもある熊本県を流れる川。北上川は宮城県，岩手県を流れる川。四万十川は高知県を流れる清流で有名な川。千曲川は長野県を流れる川で，新潟県に入ると信濃川になる。

重要 (4) 促成栽培は温暖な気候の土地で，ビニルハウスや温室などを使うことで，他の土地では栽培，収穫が難しい時期に野菜などを出荷できるようにするもの。生産コストはかかるが，競争相手がいないので多少高くても売れるという利点がある。

8 (政治—国会，内閣に関する問題)

(1) 衆議院の解散総選挙の後に召集され，次の首相指名を行うのは特別国会。衆議院が任期満了で選挙の場合には臨時国会となる。

(2) 国会は唯一の立法機関である。国会以外で法律を制定することはできない。

重要 (3) すべての国民が政治に参加する直接民主制は理想ではあるが，現実的には無理なので，国民の代表者を選び，その代表者が政治を行う間接民主政治が現在では一般的になっている。

(4) アは，参議院には解散がないので誤り。イは任期が衆参で逆なので誤り。エは被選挙権の年齢が衆参で逆なので誤り。

重要 (5) ア　憲法改正案の可決に関しては衆参は対等なので誤り。

(6) アは国務大臣の過半数が国会議員であれば残りは議員でなくても可なので誤り。イは内閣は最高裁判所裁判官の任命や，その他の裁判所の裁判官の任命を行うので誤り。ウは最高裁判所の長官を指名するのは内閣だが，任命するのは天皇なので誤り。

(7) 内閣の話し合いは閣議で，国会とは異なり非公開で，多数決ではなく全会一致とされている。

★ワンポイントアドバイス★

短い試験時間でこなさなければならないので，解答できそうな設問を見つけて確実に答えていくことが合格への道筋。5の歴史はやや難しいので，最後に回すのがよいかもしれない。

＜国語解答＞《学校からの正答の発表はありません。》

一 A ① すみ ② ぜん ③ っとり ④ てまえ ⑤ てんと B オ→ウ→イ→エ→ア C ① ウ ② カ ③ イ ④ オ ⑤ エ

二 問一 イ 問二 X ウ Y イ 問三 (例) (ヘビやカエルに対して)当人の都合で「気持ち悪い」と思うこと。 問四 エ 問五 存在していて当たり前(ということ)
問六 (例) ヤモリをティッシュで包む[ヤモリをつまんで外に出す](こと。) 問七 ⑤ エ ⑥ ア 問八 イ 問九 ア 問十 都合 問十一 イ・ウ

三 問一 おかけ 問二 ウ 問三 ア 問四 なり 問五 (例) 食器や飲み物を用意する[客に手際よくおもてなしをする](こと。) 問六 エ 問七 エ 問八 ア
問九 イ 問十 エ 問十一 ア 問十二 ウ 問十三 ア

○推定配点○

一 B 3点(完答) 他 各2点×10

二 問二・問七・問十・問十一 各2点×7 問三・問六 各4点×2 他 各3点×5

三 問五 4点 他 各3点×12 計100点

＜国語解説＞

一 (ことばの意味，四字熟語)

基本 A ①は大名など権力や権限のある人が家臣などに保証することを書き記したことから。②は膳(ぜん)の上に食器や料理を並べて食事の準備をすることから。③は刀を腰に差す間もなく手に持ったまま向かうさまを表す。④は茶道でお茶を点(た)てることから。⑤は太陽が天空を通過する道を天道(てんとう)と言うことから。

重要 B アは「唯一無二」，イは「百発百中」，ウは「千載一遇」，エは「四苦八苦」，オは「千客万来」。

やや難 C ①は「試作品」のほか「原型」の意味もある。②は「アクセスの良い場所」などと用いる。③は異なる種類の動物などを人工的にかけ合わせて作られる。④は将来的に発揮できる可能性のある力のこと。⑤は特に，他人の治療のために血液や身体の一部を与える人のこと。

二 (論説文－要旨・大意・細部の読み取り，指示語，接続語，空欄補充，ことばの意味，記述力)

問一 aは直前の内容を理由とした内容が続いているので「だから」，bは直前の内容の例外が続いているので「ただ」，cは前後の内容を列挙して示しているので「あるいは」がそれぞれ入る。

問二 Xにはどれくらい大切か，役に立つかの基準という意味でウが入る。Yには「ヘビやカエル」に対して「見にくい」ということから「見ていたくない」とあるイが入る。

重要 問三 「世の中には……」で始まる段落で「『気持ち悪い』も当人の都合です」と述べていることをふまえて，傍線部①の「差別」を指定字数以内で具体的に説明する。

問四 傍線部②のある段落内容から，②は「『動物本来のあり方』を人が歪めてい」ることを教えてくれたということなので，このことをふまえたエが適当。②のある段落内容をふまえていない他の選択肢は不適当。

問五 傍線部③は「私にとって……」で始まる段落で述べているように「存在していて当たり前」ということである。

問六 傍線部④直前の内容から「ヤモリをティッシュで包むこと」あるいは「ヤモリをつまんで外に出すこと」というような内容で具体的に説明する。

基本 問七 傍線部⑤は注意が足りなくて心が行き届いていないこと。⑥は表面に現れている部分。

重要 問八　傍線部⑦のある段落で,「ネコに対して」は「憎まれ口をたたける程度には仲がいい」のに対し,「出会う機会もない」「ヘビやカエル」は「そうでもない」と述べていることから,このことをふまえたイが適当。「ネコ」と「ヘビやカエル」に対する違いを説明していない他の選択肢は不適当。

問九　「ヘビ」と比べて「頻繁に出会う」「カエル」は傍線部⑧である,ということなのでアが適当。「カエル」との関係を説明していない他の選択肢は不適当。

重要 問十　「自分とは関係のない他者」に対する筆者の反応として「〝美しい〟と思う」と「〝美しい〟とは思わない」の二つに分れる理由として,冒頭の2段落で,「自分の都合」「人間の都合」であることを述べているので,Zには「都合」が当てはまる。

やや難 問十一　イ・ウは最後の2段落で述べている。アの「疑問を感じている」,エの「問題視している」,オの「美しさを感じている」はいずれも述べていない。

三 (小説－心情・情景・細部の読み取り,指示語,空欄補充,ことばの意味,敬語,記述力)

基本 問一　傍線部①の「おかけ下さい」は「座る」の尊敬語。

問二　傍線部②は「いつ来ると約束していたわけでもないのに,ずいぶん準備がいい」という心情なのでウが適当。②直前の美咲の心情をふまえていない他の選択肢は不適当。

問三　傍線部③は反応に困っている美咲のことは気にせず,何でもないという様子を表しているのでアが適当。気にかけず何でもない様子という意味の「すまして」を説明していない他の選択肢は不適当。

問四　「なり」は接続助詞で,その動作と同時に次の動作が行われるという場合に用いられる。

やや難 問五　傍線部④は直前の「テーブルの上に紙のナプキンとコースターを手際よく並べ,……飲み物を置く」ことなので,これらをふまえ,客への対応としての具体的な内容を指定字数以内に説明する。

重要 問六　傍線部⑤後で,コーヒーを「申し訳程度に口をつけ」てすぐにオルゴールの話をしていることからエが適当。「『では,お聴きになりますか』前のめりの体勢」をふまえていない他の選択肢は不適当。

問七　Yには,視線を下に向けるという意味のエが適当。アは怒っている様子。イは目を閉じている様子。ウはひいきにするという意味。

問八　傍線部⑥の理由として前後で,オルゴールの曲が悠人のために美咲が何度となく歌った子守唄だったからであることが描かれているのでアが適当。子守唄であることに驚いていることを説明していない他の選択肢は不適当。

問九　傍線部⑦直前で「わたしの声は,この子に届いていた」という美咲の心情が描かれているのでイが適当。⑦直前の美咲の心情をふまえていない他の選択肢は不適当。

問十　傍線部⑥前で,悠人は「わたしが考える以上にいろんなことを学んでいる」,悠人を「守る,と思っていた」が「逆だ」と思っている美咲の心情が描かれているのでエが適当。⑥前の美咲の心情をふまえていない他の選択肢は不適当。

問十一　傍線部⑨は,泣いている美咲を心配して美咲の目をのぞきこんでいる悠人の表情なのでアが適当。美咲を心配していることをふまえていない他の選択肢は不適当。

重要 問十二　傍線部⑩前で描かれているように,悠人が表情を和らげ,子守唄のオルゴールのやわらかい音色によって,美咲の心がおだやかに落ち着いたことで⑩のようになっているので,これらの描写をふまえたウが適当。⑩前の描写をふまえ,美咲の心が落ち着いたことを説明していない他の選択肢は不適当。

重要 問十三　アは冒頭の説明,「流れ出したのは……」から始まる描写以降で描かれている。「不信感があった」とあるイ，悠人は先天性の難聴なのでウ，「耳が回復した」とあるエはいずれも合わない。

★ワンポイントアドバイス★

小説では，だれの視点で物語が描かれているかをしっかり確認しよう。

解答用紙集

○月×日 △曜日　天気（合格日和）

◆ご利用のみなさまへ
＊解答用紙の公表を行っていない学校につきましては、弊社の責任において、解答用紙を制作いたしました。
＊編集上の理由により一部縮小掲載した解答用紙がございます。
＊編集上の理由により一部実物と異なる形式の解答用紙がございます。

人間の最も偉大な力とは、その一番の弱点を克服したところから生まれてくるものである。 ――カール・ヒルティ――

東京学参株式会社

成田高等学校付属中学校(第一志望)　2024年度　◇算数◇

※ 128%に拡大していただくと，解答欄は実物大になります。

1

(1)	(2)	(3)	(4)

2

(1)	(2)	(3)
円	度	回

(4)

3

(1)	(2)	(3)	(4)
分	分速　m	分速　m	分速　m

4

(1)	(2)	(3)	(4)
cm^2	cm	縦　cm 横　cm	枚

5

(1)①	(1)②	(2)①
cm^3	cm^2	cm^3

(2)②

成田高等学校付属中学校(第一志望)　2024年度

◇理科◇

※解答欄は実物大です。

1

(1)	(2)	(3)

2

(1)	(2)

(3)

3

(1)	(2)

(3)

4

(1)	(2)	(3)
	g	%

※解答欄は実物大です。

5

(1)	(2)	(3)	(4)	(5)

(6)

(7)

6

(1)	(2)	(3)	(4)	(5)

(6)

(7)

7

(1)	(2)	(3)	(4)

(5)	(6)	(7)

２０２４年度　成田高等学校付属中学校（第一志望）

◇国語◇

※１３３％に拡大していただくと、解答欄は実物大になります。

一

A ①　②　③

B ①　②　③　④

C ①　②　③　④

二

問一 A　B　C

問二 (1)　(2)

問三

問四

問五　問六 ハ

問七

問八　問九

問十 知識や「知能」で　時期。

問十一

三

問一　問二

問三　手助けをしてくれる存在。

問四 A　C　問五

問六 長年　のに、久しぶりに名前で呼ばれたから。

問七　問八　問九

問十　問十一

成田高等学校付属中学校（一般）　2024年度　◇算数◇

※ 132％に拡大していただくと，解答欄は実物大になります。

1

(1)	(2)	(3)	(4)

2

(1)	(2)	(3)	(4)
個	円	通り	cm^2

3

(1)①

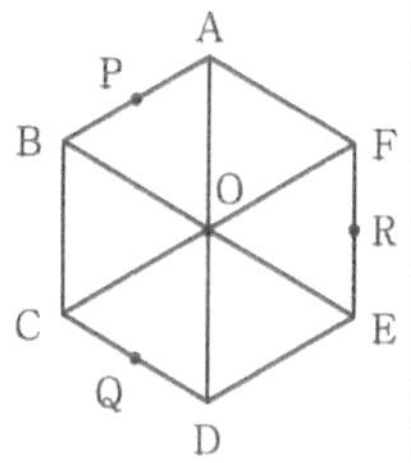

(1)②	(2)①	(2)②
：	：	：

4

(1)	(2)
上り：時速　km 下り：時速　km	

(3)	(4)
時間　分後	時間　分後

5

(1)			
ア	イ	ウ	エ

(2)①		(2)②	(2)③
ウの倍数　個	エの倍数　個	個	

成田高等学校付属中学校（一般）　2024年度

◇理科◇

※解答欄は実物大です。

1

(1)	(2)

(3)									

2

(1)	(2)	(3)

3

(1)	(2)

(3)

作用点に加わる力の大きさは,

4

(1)	(2)	(3)

※解答欄は実物大です。

5

(1)				(2)
A	B	C	D	市

(3)	(4)	(5)
	,	

(6)

(7)

6

(1)	(2)

(3)

(4)	(5)	(6)	(7)

7

(1)	(2)	(3)

(4)	(5)

(6)	(7)

◇国語◇

成田高等学校付属中学校（一般）　２０２４年度

※１３５％に拡大していただくと，解答欄は実物大になります。

一

A ① ② ③ ④

B ① Y X　② Y X　③ Y X　④ Y X

C ① ② ③ ④

二

問一 オ ～ ル　問二　問三

問四　問五　問六

問七 a　b

問八 → →　問九

問十 人の個性とは、　だから。

問十一

三

問一　問二 ⓐ ⓑ

問三 ～　問四

問五　問六　問七

問八

問九

問十 娘の前で母親をほめる父親にあきれるいっぽうで、　を誇らしく思っている。

問十一　問十二

成田高等学校付属中学校(第一志望)　2023年度

◇算数◇

※ 130%に拡大していただくと，解答欄は実物大になります。

1

(1)	(2)	(3)	(4)

2

(1)
分　秒

(2)	(3)	(4)
度	g	日間

3

(1)	(2)	(3)	(4)
cm^2	cm^2	：	：

4

(1)	(2)	(3)	(4)

5

(1)	(2)	(3)
cm	cm^3	：

(4)

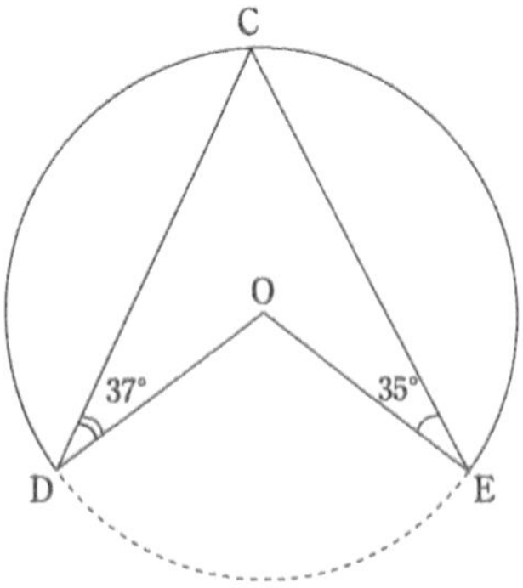

cm^3

成田高等学校付属中学校(第一志望)　2023年度

◇理科◇

※ 133％に拡大していただくと，解答欄は実物大になります。

1

(1)	(2)	(3)

2

(1)	(2)

(3)
地球温暖化により空気中の

3

(1)	(2)

(3)

4

(1)	(2)	(3)

※ 133%に拡大していただくと，解答欄は実物大になります。

5

(1)		(2)		(3)		(4)	
(5)	人物						
(6)	政治の特徴						
(7)		(8)		(9)			

6

(1)	A	B	C	D	(2)		(3)		
(4)		(5)	温泉	(6)					

7

(1)		(2)		(3)				
(4)								
(5)		(6)	島	(7)				

2023年度　成田高等学校付属中学校(第一志望)

◇国語◇

※139%に拡大していただくと、解答欄は実物大になります。

一

A ① ② ③ ④

B ① ② ③

C ① ② ③ ④

二

問一 A B C

問二　問三　問四

問五 → → →

問六

問七　問八　問九 モ　問十

問十一　問十二

三

問一 A B　問二　問三

問四 自分に対する恐れ

問五　問六　問七

問八 弘晃が　に耐える気持ち

問九　問十　問十一

成田高等学校付属中学校（一般）　2023年度　　◇算数◇

※ 130％に拡大していただくと，解答欄は実物大になります。

1

(1)	(2)	(3)	(4)

2

(1)	(2)	(3)
午前　　時　　分	万円	km

3

(1)	(3)
個	
(2) ①	
個	
(2) ②	
個	個

4

(1)	(2)
cm^2	
(3)	
cm^2	
(4)	
cm^2	回転

5

(1) ①	(1) ②	(2) ①	(2) ②
枚	cm^2	cm^2	か所

(3)
cm

成田高等学校付属中学校(一般)　2023年度

◇理科◇

※ 133％に拡大していただくと，解答欄は実物大になります。

1

(1)

(2)	(3)

(4)

2

(1)	(2)	(3)

3

(1)	(2)
	℃

4

(1)	(2)
%	g

(3)

成田高等学校付属中学校(一般)　2023年度

◇社会◇

※ 133％に拡大していただくと，解答欄は実物大になります。

5

(1)		(2)		(3)		(4)		(5)	
(6)									
(7)									
(8)		(9)							

6

(1)		(2)		(3)		(4)	
(5)	名称			人物			
(6)							

7

(1)		(2)		(3)	
(4)		(5)		(6)	
(7)	I			II	

2023年度　成田高等学校付属中学校(一般)

◇国語◇

※139%に拡大していただくと、解答欄は実物大になります。

一

A　①　②　③　④

B　① X Y　② X Y　③ X Y　④ X Y

C　①　②　③　④

二

問一　問二　問三　〜

問四　→　→　→

問五　問六　ト　ド　問七　方　方

問八　もの

問九　問十　問十一

三

問一　ⓐ　ⓑ　問二　問三

問四

問五　問六　問七　問八

問九　好きでもない女の先輩に　こと

問十　問十一　問十二

成田高等学校付属中学校(第一志望)　2022年度

◇算数◇

※ 130％に拡大していただくと，解答欄は実物大になります。

1

(1)	(2)	(3)	(4)

2

(1)	(2)	(3)
g	才	度

(4)
交差点から見て，(　　　)に(　　　)km 離れた地点

3

(1)①	(1)②	(2)①	(2)②
	cm^3		cm^3

4

(1)	(2)	(3)	(4)
倍	倍	倍	cm^2

5

(1)①	(1)②
円	
(2)	
円	
(3)	
円	

成田高等学校付属中学校（第一志望）　2022年度

◇理科◇

※ 133%に拡大していただくと，解答欄は実物大になります。

1

(1)	(2)	(3)

2

(1)	(2)	(3)	(4)

(5)									

3

(1)	(2)	(3)
		分後

4

(1)									

ときに発生するエネルギー

(2)	(3)	(4)

※ 133%に拡大していただくと，解答欄は実物大になります。

5

(1)		(2)		(3)			
(4)	I		II		(5)		
(6)		(7)					

6

(1)		(2)		(3)	
(4)		(5)		(6)	
(7)					
(8)					

7

(1)		(2)		(3)		(4)	
(5)	I		II				
	III						
(6)							

◇国語◇

成田高等学校付属中学校（第一志望）　２０２２年度

※１３３％に拡大していただくと、解答欄は実物大になります。

一

A ① ② ③

B ① ② ③

C ① ② ③ ④ ⑤

二

問一　問二　問三　問四　問五

問六　初め　終わり　から。

問七

問八　必要があるから。

問九　問十　問十一

三

問一　問二　ⓐ　ⓑ　問三

問四　㋐　㋑　㋒　㋓

問五　様子

問六　問七

問八　X　Y

問九

問十　問十一

成田高等学校付属中学校（一般）　2022年度　　◇算数◇

※ 130％に拡大していただくと，解答欄は実物大になります。

1

(1)	(2)	(3)	(4)

2

(1)	(2)
％	

(3)

(4)
m

3

(1)	(2)	(3)	(4)
個	個	個	本

4

(1)	(2)	(3)	(4)
cm^2	cm^2	秒後	cm^2

5

(1)	(2)
cm^2	cm^2

(3)

(4)
：

成田高等学校付属中学校（一般）　2022年度

◇理科◇

※ 130%に拡大していただくと，解答欄は実物大になります。

1

(1)	(2)	(3)

2

(1)	(2)	(3)

(4)

3

(1)	(2)		(3)
℃	a	b	

(4)

4

(1)	
水よう液の名しょう	体積　cm^3

(2)	(3)

成田高等学校付属中学校（一般）　2022年度

◇社会◇

※ 130％に拡大していただくと，解答欄は実物大になります。

5

(1)	市	(2)		(3)	
(4)					
(5)		(6)		(7)	
(8)		(9)			

6

(1)	A	B	C		
(2)	災害の名前	記号	(3)	山地	
(4)		(5)		(6)	

7

(1)		(2)	選挙				
(3)							
(4)		(5)		(6)		(7)	

◇国語◇

成田高等学校付属中学校（一般）　２０２２年度

※１３２％に拡大していただくと，解答欄は実物大になります。

一

A　①　②　③

B　①　②　③　④

C
①　ますか？
②　ておりました。
③　ていた

二

問一　問二　問三

問四　問五

問六　X　Z

問七

問八　問九

問十　I　を治めるものは　II　を治めることに通じる

問十一

問十二　江戸を　ことが可能である。

問十三

三

問一　問二　X　Y　問三　問四

問五　ため

問六

問七　I　に　II　の気持ちを伝えた

問八　問九　問十　問十一

成田高等学校付属中学校(第一志望)　2021年度

◇算数◇

※ 130%に拡大していただくと，解答欄は実物大になります。

1

(1)	(2)	(3)	(4)

2

(1)	(2)	(3)	(4)
才			%

(5)

3

(1)	(2)
点	点

(3)

4

(1)	(2)	(3)	(4)
cm		cm	cm^2

5

(1)	(2)	(3)	(4)
cm^3	cm^2	cm^3	cm^2

成田高等学校付属中学校(第一志望)　2021年度

◇理科◇

※ 130%に拡大していただくと，解答欄は実物大になります。

1

(1)	(2)	(3)

(4)									

2

(1)	(2)	(3)

3

(1)	(2)
	時間

(3)									

4

(1)	(2)

(3)	(4)

成田高等学校付属中学校（第一志望）　2021年度　◇社会◇

※ 130％に拡大していただくと，解答欄は実物大になります。

5

(1)		(2)	県	(3)		(4)	
(5)							
(6)		(7)		(8)		(9)	
(10)							

6

(1)		(2)		(3)		(4)		(5)		(6)	
(7)		(8)	市	(9)	川						

7

(1)		(2)	
(3)			
(4)	憲法	(5)	
(6)			

２０２１年度

成田高等学校付属中学校(第一志望)

※１３２%に拡大していただくと、解答欄は実物大になります。

◇国語◇

一

A	①		②		③		④		⑤	

B	①		②		③		④		⑤	

C	①		②	
	③		④	

二

問一		問二		問三	

問四	X		Y		問五	

問六		もの

問七		問八		問九		問十		問十一	

三

問一		問二	A		B		問三	ⓐ		ⓑ	

問四	㋐		㋑	

問五		から	問六	

問七	

問八	

問九	

問十	

問十一		問十二		問十三	

成田高等学校付属中学校(一般)　2021年度

◇算数◇

※ 130%に拡大していただくと，解答欄は実物大になります。

1

(1)	(2)	(3)	(4)

2

(1)	(2)	(3)	(4)
個	km	ページ	%

3

(1)	(2)
cm^2	

(3)	(4)
cm^2	cm^2

4

(1)	(2)
通り	

(3)	(4)
通り	通り

5

(1)	(2)	(3)	(4)
cm^3	cm^2	cm^3	cm^2

成田高等学校付属中学校（一般）　2021年度

◇理科◇

※ 130％に拡大していただくと，解答欄は実物大になります。

1

(1)	(2)	(3)

2

(1)	(2)	(3)

(4)

3

(1)	(2)	(3)	(4)
通り			cm

4

(1)	(2)
％	倍

(3)
リモネンにとかすことで

※ 130%に拡大していただくと，解答欄は実物大になります。

5

(1)		(2)					
(3)							
(4)	条約	(5)		(6)			
(7)		(8)	→ → →				
(9)	町						

6

(1)	県	県
(2)	県	県
(3)	県	県

7

(1)	A	B	C	(2)		(3)	
(4)	栽培とは,						

8

(1)		(2)		(3)	制	(4)	
(5)		(6)		(7)			

◇国語◇

成田高等学校付属中学校（一般）　２０２１年度

※１３２％に拡大していただくと、解答欄は実物大になります。

一

A　①　②　③　④　⑤

B　→　→　→　→

C　①　②　③　④　⑤

二

問一

問二　X　Y

問三　ヘビやカエルに対して

問四

問五　ということ

問六　こと。

問七　⑤　⑥

問八　問九　問十　問十一

三

問一　問二　問三　問四

問五　こと。

問六　問七　問八　問九

問十　問十一　問十二　問十三

MEMO

大切なことはメモしておこうネ！

MEMO

大切なことはメモしておこうネ！

MEMO

大切なことはメモしておこうネ！

MEMO

大切なことはメモしておこうネ！

MEMO

大切なことはメモしておこうネ！

MEMO

大切なことはメモしておこうネ！

〈ダウンロードコンテンツについて〉

　本問題集のダウンロードコンテンツ、弊社ホームページで配信しております。現在ご利用いただけるのは「2025年度受験用」に対応したもので、**2025年3月末日**までダウンロード可能です。弊社ホームページにアクセスの上、ご利用ください。
※配信期間が終了いたしますと、ご利用いただけませんのでご了承ください。

中学別入試過去問題シリーズ
成田高等学校付属中学校　2025年度
ISBN978-4-8141-3222-5

[発行所] 東京学参株式会社
〒153-0043　東京都目黒区東山2-6-4

書籍の内容についてのお問い合わせは右のQRコードから ⇒

※書籍の内容についてのお電話でのお問い合わせ、本書の内容を超えたご質問には対応できませんのでご了承ください。

2024年4月17日　初版